林慶彰著

明代考據學研究

臺灣學生書局印行

修訂本序

本書原爲筆者在東吳大學中國文學研究所博士班之畢業論文。當時，印製三百本，繳交給學校和贈送師友、學生，用去一百本。所餘兩百本，交由臺灣學生書局出版。一年間竟全部售罄。由於本書僅爲筆者在博士班肄業時之習作，書中之論點必多不成熟；且畢業三年來，治學方法和對資料處理方式也稍異於前，本已不擬重印。然由於各方需用此書者仍夥，原出版者屢次催告應再版，遂有修訂出版之計畫。

本書之修訂，大抵根據下列三方面之指導來進行：一是論文考試委員之意見。當時校內考試委員有臺灣大學吳宏一教授、師範大學黃錦鋐教授、戴璉璋教授、政治大學李威熊教授、中央大學蔡信發教授；教育部論文考試委員有臺灣大學丁邦新教授、師範大學李鍌教授、政治大學高明教授、中央大學胡自逢教授、輔仁大學王靜芝教授、文化大學潘重規教授等。二是清華大學「明代文學與社會」研討會與會學人之建議。該討論會曾邀筆者，於民國七十二年十二月三十日，就本書之內容提出報告。與會學人有魏子雲教授、王德毅教授、喬衍琯教授、周志文教授、陳萬益教授、姚榮松教授、呂正惠教授、王國良教授、簡錦松教授、詹海雲教授、蔡英俊教授等。三是其他師友之指示。臺灣大學王秋桂教授、師範大學陳郁夫教授；當時在臺灣訪問研究，現任教於加州大學洛杉磯校區之艾爾曼（Benjamin A. Elman）教授；當時在澳洲國立大學攻讀博士學位之李卓然教授等，或口頭訂正，或來函賜教。各位教授之指導，對本書之修訂皆大有助益。其中，有建議更改書名爲「明代考據學家研究」或「明代考據學史」者，因恐學界誤爲另一書，尚未遵辦外，其餘各項建議，皆已斟酌採入。所修訂之內容，約可釐爲數項：

1. 勘正誤字：本書出版時，附有勘誤表，勘正百餘處。此次校正誤字，和更動不妥文字，約有數百處。

2. 更正引文：當時因時間不足，某些引文未及詳核原書。今皆尋出原書詳加核對，更動百餘處。

3. 增加附注：有應注而未及注者，則增注；有已注而稍欠詳盡者，亦酌加資料。兩者計有數十處。

4. 修訂內文：有明顯之疏漏，或論證不夠周延者，則略加修正，此亦有十數處。

至於受全書體例限制，無法詳細論述者，筆者已陸續發表論文加以補充，計有：「晚明經學的復興運動」（中國書目季刊十八卷三期，民國七十三年十二月）、「楊愼之經學」（國立中央圖書館館刊十八卷二期，民國七十四年十二月）、「明代的漢宋學問題」（東吳文史學報五期，民國七十五年八月）等三篇。現又以「清初之群經辨僞學」爲題，探究清順治、康熙年間考辨經學之成果，以作爲接續本書之研究工作。則有關明代和清初考據工作之成果，將有一較明晰之概念。

筆者除應感謝上文提及之二十餘位教授外，昌瑞卿師和劉兆祐師多年來之指導和提攜，也一併申謝。

民國七十五年六月林慶彰序於東吳大學中國文學系

序

近世或以考據爲清人之事，故論清學之成就者，皆就其考據之得失觀之，此蓋是也。而論明代學術者，或闡述其心性之學，或讚譽其小品文，或發揚其小說、戲曲，未聞就考據以探究明人之學術者，蓋明人從事考據者固不多，然以實事求是之態度，從事客觀之探討，而能發前人所未發者，亦不乏其人。探究諸考據學家之成就及影響，亦表彰明學之一端也，本論文卽爲此而作。

研究明學，余以爲有三難：其一，資料凌亂：明人之著作見存於今者，不下數萬種，惟散見於國內外各圖書館，卽庋藏於國內者，亦未經整理，難以充分引用。其二，明人刻書草率，魯魚亥豕，郭公夏五，觸目皆是，至有不可卒讀者，閱讀明人之著作，輒事倍功半。其三，明人好奇炫博，引資料以奇僻爲尙，至有不明所出而沒爲己有者。欲以原書覆按，實戛戛其難。至於喜以奇僻字爲文，尤不易閱讀與了解，有此三難，研究明學實非易易。本論文雖旨在探究明人之學，惟有此三難，蓋以學殖有限，實爲草創之作而已。

明人之從事考據者，雖不若清代之衆，然亦可得數十人，考據著作亦達百種，實難一一考究之。故本論文於明代考據家之擇定，據下列原則：其一爲開考據之風者，楊愼是也；其二爲某一學科研究之開創者，如：楊愼、焦竑、陳第之研究古音；楊愼、胡應麟之研究俗文學；梅鷟之考古文尚書等是；其三爲學風之修正者，如陳耀文、胡應麟是也；其四爲考據謹嚴者，如周嬰、方以智等是；其五爲集考據之大成者，方以智是也。至於王世貞，因乏足資稽考之考據學專著，故闕而不論；顧炎武則以其著作多成於清初，亦未專章討論，僅於行文中述及而已。據此所得之考據家有楊愼、梅鷟、陳耀文、胡應麟、焦竑、陳第、周嬰、方以智等八人。

全書緒論外，分十章，緒論先釐清考據與考據學之關係，次敍述明以前考據工作之概況。首章明代考據學總論，以明代之考據學乃因理學家內部之要求、反廢學運動、復古運動、楊愼之特起與書肆業之發展相糅合而成。考據之內容甚爲廣泛，經書、文字音義、史事、典制、地理、古器物、動植物與詩文等皆及之，而好奇炫博爲共同之傾向。

二至九章分論前述八位考據家。二章楊愼，述其生平、治學方向及考經書、文字音義、史地等項外，特措意於其反宋學、開創學風之貢獻。三章梅鷟，梅氏承宋朱熹、元吳澄之緒，辨古文尚書，本章特分析考據方法之得失，以見其成就。四章陳耀文，其正楊糾駁楊愼，精萃者多，本章述其糾駁之成就。五章胡應麟，其所著四部正譌爲吾國第一部有系統之辨僞專著；糾駁楊愼，與陳耀文同功；提倡俗文學之研究，則爲前人所不及，皆分節論述之。六章焦竑，焦氏爲兼顧義理與考據之學者，其考據可見學風演變之趨向。七章陳第，其毛詩古音考、屈宋古音義，雖承楊愼、焦竑而來，然方法縝密，有導清學之功。八章周嬰，雖未有開創之功，然考證態度謹嚴，可見明中葉至明末日趨謹嚴之學風。九章方以智，其通雅集前人考據學之大成，於研究文字音義，方法新頴，貢獻特多，故表彰之。末章結論，清學實導源於中明之楊愼，其學風實承明人而來。後人以爲明代無考據學，甚或以空疏不學譏之，皆非持平之論也。

本論文篇題爲先師　屈翼鵬先生所授。民國六十八年二月十六日　先生仙逝，承　昌瑞卿師與劉兆祐師賜予指導，始克完成。撰作期間，論文大綱之擬定，研究材料之蒐集，問題疑難之辨證，均承昌師與　劉師之指示。文稿並經二師校閱再三，本論文若有何創見，皆二師之功也。惟前人尚無有關之論述，取資無由，故雖參考圖書數百種，於內容之安排，資料之取捨，必多思慮不周者，敬祈海內外賢達賜予指正，則一字之賜，亦吾師也。

寫作期間，承國立中央圖書館閱覽組張主任錦郎先生、國立清華大學陳萬益博士、國立成功大學張永堂博士、澳州國立大學李焯然先生、本校王國良兄，或惠借資料，或提示大作，謹此一併致謝。

中華民國七十二年四月林慶彰序於東吳大學中國文學研究所

明代考據學研究　目次

第四章　梅　鷟

第五章　陳耀文

第六章 胡應麟

第七章　焦竑

第八章　陳　第

第九章　周　嬰

第十章　方以智

第一章　緒　論

第一節　考據與考據學

自清乾隆、嘉慶年間，考據蔚爲士林之風氣後，批評考據之非者亦接踵而生，方東樹漢學商兌，其著者也。道光、咸豐間，國事日非，以之歸咎於考據者亦頗不乏人。民國以後，如熊十力先生，更以清儒之考據爲排擊高深學術；唐君毅先生，則以清代爲民族精神文化之降落。徐復觀、韋政通先生排擊清儒尤不餘遺力①。馴至而有考據與義理之爭②。依此觀之，考據之罪大矣。然則考據爲何？其與考據學問之關係又如何？實有先釐清之必要。

考據又稱考證，前人有種種不同之定義，江永云：「考歷代之名物、象數、典章制度，實有據者也。」③今人毛子水先生亦云：「考據是指草木鳥獸和典章制度的探討言。」④此或非爲考據下嚴格之定義，然江、毛二氏所謂考據，乃指有特定對象之治學工作。依此，如非名物、典制之探究，似無考據矣。此種觀念不甚周延，彼等所以將考據限定於考名物、典制，蓋此種科目，非賴考據無以明其眞象，後人遂以考據專屬之矣。

另有一說，如今人錢穆（賓四）先生云：「考據僅為從事學問之一方法，學問已入門，遇有疑難，必通考據。」⑤高明（仲華）先生也云：「所謂考據之學，又稱考證之學，是一種求眞象的學術，要考求眞象，必須要有充分的證據，站在客觀的立場，運用科學的方法，來從事於研究。」⑥錢、高兩先生，以為考據僅是一種治學之方法，其目的乃在解決學術之疑難以明其眞象。岑仲勉亦云：

考據者治學方法之一，文哲用之，實科亦須用之，文事用之，武備亦須用之。今人於敵酋山本五十六之死因，第二戰場地點之蠡測，其進行討論，何嘗不出以考據方式。若夫結果如何，則猶淮南子所云：「柳下惠見飴曰：『可以養老』；盜跖見飴曰：『可以黏牡。』」存乎其人，不存乎其法，并無考據有用或無用之問題⑦。

岑先生之文作於抗戰期間，故舉時事為例。然其言通達，足掃一切障翳。考據既為一種治學方法，則必有其論辨之程序。此種程序，卽為考據方法。其法每因考據之對象或材料而有所異同，然必有其共通之原則，玆敘之如左：

(1)資料之蒐集：考據既為一種文獻工作，則資料愈多，證據也愈堅強。前代考據家每有抄書之說，卽蒐集資料之一法也。

(2)資料之檢覈：引用原始資料應注意眞偽問題。引用他人資料，則檢查是否與原書相符？其解釋是否周延？

(3)歸納與演繹：將許多同類之事例，比較參究，尋出通則，是為歸納之應用。然於尋得某些類例後，亦可預作假設，然後找類例以證成之，此卽演繹法之應用也。歸納與假設時交相爲用，並非孤立之方法。

此卽考據論辨方法之程序也。若果將治學之過程分成數種層次，則文獻資料之考據，或僅研究過程之第一層次而已。此種層次所需之論辨方法，實已構成學問之條件。若有某一時代之學者，僅措意於此等層次，而形成一種風氣。自可視此等治學方法，爲考據學或考據學派。

是知考據乃是一種治學方法，其本身並無特定學科對象，亦無是非善惡之別。清人之考據所以迭遭非議，乃因彼等以考據爲治學之全體過程，段玉裁云：「考覈者學問之全體。」⑧又云：「義理、辭章未有不從考覈而得者，……蓋由考覈以通乎性與天道，既通性與天道，而考覈益精，文章愈盛。」⑨皆誤解考據之眞義所致也。

吾人既知考據之眞義，則於清代考據學之種種流弊，亦應有同情之了解，固不必大聲張伐，鳴鼓而攻之。如能辨其得失，以昭烱戒，是亦發揚傳統學術之道也。本文探究明代考據之學，卽本此意爲之。

附注

①熊十力先生之言，見熊氏著，「讀經示要」（台北市，洪氏出版社，民國六十七年），卷二，頁一一五。唐君毅先生之言，見「中國清代以來學術文化精神之省察」，收入「人文精神之重建」（台北市，台灣學生書局，民國六十九年），頁一〇五。徐復觀先生之言，見「清代漢學衡論」，大陸雜誌五十四卷四期（民國六十六年

四月）；韋政通先生之言，見「訓詁明則義理明一主斷之意義及其限制」，民主評論一二卷一四期（民國五〇年七月）。

②考據與義理之爭，實卽漢宋之爭，此自清代卽有之。此所云者，乃民國四十五年十二月四日毛子水先生，於中央日報撰「論考據與義理」一文而引起。當時參加討論者有毛子水、張春樹、李實（徐復觀）、陳拱、萬先法等人，論辨文字有李實撰，「兩篇難懂的文章」，民主評論八卷一期（民國四十六年一月）；毛子水撰，「再論考據與義理」，中央日報六版，民國四十六年三月十二日；陳拱撰，「關於義理之學」，民主評論八卷八、九期（民國四十六年四、五月）；「答毛子水先生再論考據與義理」，民主評論，八卷八期（民國四十六年四月）；張春樹撰，「論考據與義理之爭」，中央日報六版，民國四十六年八月六日；徐復觀撰，「考據與義理之爭的插曲」，民主評論八卷十七、八期，民國四十六年九月；萬先法撰，「論考據與義理的關係以及義理之驗證」，民主評論八卷二二、二三期，民國四十六年十一、十二月。

③見江藩撰，「經解入門」（台北市，廣文書局，民國六十六年），頁一三五。

④見毛子水撰，「論考據和義理」，中央日報六版，民國四十五年十二月四日。

⑤見錢穆先生撰，「新亞學報發刊辭」，「新亞學報」，第一期（民國四十四年八月）。

⑥見高明先生撰，「中華學術的體系」，收入「國學方法論叢總論編」（台北市，學人文教出版社，民國六十八年），頁三二一。

⑦見岑仲勉撰，「考據舉例」，「圖書季刊」，新五卷四期（民國三十三年十二月），頁二九。岑氏引文黏「牡

」誤爲「牝」。

⑧段玉裁，「經韻樓集」，卷八，頁一一，娛親雅言序。見「段玉裁遺書」（台北市，大化書局，民國六十六年），下冊，頁一○一○。

⑨段玉裁，「經韻樓集補編」，卷上，頁八。見「段玉裁遺書」，下冊，頁一一五七。

第二節　明以前考據學概況

考據既爲一種治學方法，則古代一有學術活動，必有某種形態之考據存在。惟以文獻闕佚，不得其詳。今可考知者，孔子時已有考據之事。子曰：「夏禮吾能言之，杞不足徵也；殷禮吾能言之，宋不足徵也。文獻不足故也，足則吾能徵之矣。」（論語八佾篇）孔子謂文獻不足，故杞、宋之事不足徵。此必從事考訂後之感歎也。至如昭公十二年公羊傳云：「伯于陽者何？公子陽生也。子曰：我乃知之矣。」何休釋之云：

子，謂孔子；乃，乃是歲也。時孔子年二十三，具知其事，後作春秋。案史記，知「公」誤爲「伯」，「子」誤爲「于」，「陽」在，「生」刊滅闕。

是知「伯于陽」爲「公子陽生」之誤，孔子已逐字校之矣。又呂氏春秋察傳篇云：

子夏之晉，過衞，有讀史記者，曰：「晉師三豕涉河。」子夏曰：「非也，是己亥也。夫己與三相近；豕與亥相似。」至於晉而問之，則曰：「晉師己亥涉河也。」

子夏以「三豕」、「己亥」因形近而誤。段玉裁云：「校書何放乎？放乎孔子。」①俞樾亦云：「讀書必逐字校對，亦孔氏之家法也。」②段、俞二氏皆以爲校讎之事倣自孔門。而校讎卽爲最基本之考據工作也。

由秦而漢，典籍或篇章亡佚，或字句訛脫，或眞僞可疑，或典制不明。凡此，皆有賴於考訂始可明其眞相。漢成帝時，詔請劉向、歆父子校書，卽爲文獻復原而設。其校書之程序有蒐集圖書、比勘文字、辨別眞僞、釐定篇次、寫定敍錄、分類編目等③。其中比勘文字、辨別眞僞，卽爲考據之工作。劉氏父子之辨僞，或未詳列其辨證過程，然必經某種程度之辨證思維程序。此種程序筆之於書，卽爲考據之形態，略而不書者，自不得視爲非考據也。

自兩漢中葉以來，章句之學大盛，學者說經也日繁，漢志云：「說五字之文，至於二、三萬言。」桓譚新論亦云：「秦近君能說堯典篇目，兩字之說，至十餘萬言，但說『曰若稽古』，三萬言。」④說解三、五字，得二、三萬言，所以如此，無非欲明所說解之字之眞相，而說解之過程，必含有辨證之程序在也。至於馬融之辨漢初僞泰誓，實爲一首尾完足之辨證文字，玆錄之如左：

(1)泰誓後得，案其文似若淺露。……

(2)八百諸侯不召自來，不期同時，不謀同辭，及火復於上，至於王屋，流爲鵰，至五，以穀俱來，舉火神怪，得無在子所不語中乎？

(3)春秋引泰誓曰：「民之所欲，天必從之。」國語引泰誓曰：「朕夢協朕卜，襲于休祥，戎商必克。」孟子引泰誓曰：「我武維揚，侵于之疆，取彼凶殘，我伐用張，于湯有光。」孫卿引泰誓曰：「獨夫受。」禮記引泰誓曰：「予克受，非予武，惟朕文考無罪；受克予，非朕文考有罪，惟予小子無良。」今文泰誓皆無此言，吾見書傳多矣。所引泰誓而不在泰誓者甚多，弗復悉記，略舉五事以明之，亦可知矣⑤。

首段就內容辨之，次段就事理辨之，三段就引文不合辨之。以證成漢初之泰誓非先秦之泰誓，辨證過程細密完整。於此可知考據工作至東漢末已甚爲詳密周備。至若蔡邕之獨斷，考證古代典禮輿服，可取者實多。大儒鄭玄遍注群經，辨字句之訛誤，正讀音之歧異，考名物制度等，或稍嫌簡略，然其以考據方法注書本無疑義。其餘如六藝論、駁五經異義等，亦皆考據之要籍也。漢人傳經於秦火之後，其職志爲復經典之舊，欲復其舊，非賴考辨不可。今人每以漢人之學爲考訂之學，其說則是矣。如以考訂之學譏之，則似不明漢人之職志所在也。

魏晉以後，玄風大熾，士大夫或品鑒人物，或說理談玄，已無暇顧及辨訂之事。此時唯晉崔豹之古今注可注意。崔氏書分輿服、都邑、音樂、鳥獸、魚蟲、草木、雜註、問答釋義等類，各類所輯條目不等，各條亦因材料性質之不同，而有長短之異，如「薤露、蒿里」一條⑥，崔氏先敍明該歌之性質、作者，次記其內容。末考其演變之迹。其書具有此種考訂規模者甚多，實爲考古者所應取資。

至南北朝受佛教講經之影響，有所謂義疏之學⑦。南朝受魏、晉玄風之影響，義疏頗涉玄理，北朝承兩漢之緒，重在正字句、辨名物。今北朝諸家經疏雖亡，然可從淸人之輯佚本⑧，略窺其內容大概。此外，北齊顏之推之顏氏家訓，亦間涉考據，此亦北學重考據之一佐證也。

唐初孔穎達撰五經正義，所採雖爲南學⑨，然特重字句訓詁與名物之考證。其時注史之風甚熾，如：司馬貞史記索隱、張守節史記正義、顏師古漢書注等，或明音義，或正史事，或詳典制，開歷史考據之風。柳宗元之論辨諸子，以鶡冠子、亢倉子、鬼谷子、文子、列子爲僞書，論證精確。尤可注意者，其時雜考證之書間出，如：封演之封氏聞見記、李涪之刊誤、蘇鶚之蘇氏演義、李匡乂之資暇集、邱光庭之兼明書等皆是也。此等著作將古載籍中有疑誤者，分別摘出辨證，並明定其是非。

宋人特具懷疑精神，或疑經義之不合理，或疑經書之作者，或疑經文之脫簡、錯簡、訛字等。學者如歐陽修之易童子問、毛詩本義；包恢之六官疑辨，王安石之左氏解，葉夢得之春秋考，葉適習學記言、王柏之書疑、詩疑等，皆疑經改經之名著。諸書雖未必詳舉證據，定其眞僞或是非，然考據必得有懷疑精神爲之助，始能發現問題。故其書亦爲吾人研究考據時所應措意⑩。當時折衷於字句訓詁者，如：范處義之詩補傳、呂祖謙之呂氏家塾讀書記與左傳說、程公說之春秋分紀、李如圭之儀禮集釋、楊復之儀禮圖，以及邢昺之論語、孝經、爾雅疏，亦皆長於考證，惟未能取精用弘耳。史學書如吳縝之新唐書糾繆、五代史纂誤，劉攽之兩漢書考誤，司馬光之資治通鑑考異，皆專考一書史事之誤。雜考之書，如宋祁筆記、沈括夢溪筆談、黃朝英靖康緗素雜記、吳曾能改齋漫錄、姚寬西溪叢語、洪邁容齋隨筆、孫奕示兒編、程大昌考古編與演繁露、王楙野客叢書、陸游老學菴筆記等，諸家承繼唐人之傳統，於未決之問題，重新辨證；新發現之問題，則多所論辨之。

宋人之中，須提出討論者爲大儒朱熹之考據學。朱子博極群書，其考據之語，分見朱子語類、朱子文集與朱子雜學辨中。其考據之成就，約可分兩點論之：其一，校勘古籍，如：劉共父、張敬夫據胡文定家傳本刻二程集，朱子貽書辨難，雖一字之異，一名之變，亦不惜旁稽博證。晚年更撰韓文考異，於校勘之方法頗多發揮，雖清儒亦自嘆不如也。其二，辨訂群書，如辨僞古文尙書、毛詩序、左傳、禮記及其他載籍。其中以疑古文尙書影響後人最大⑪。然朱子並不以考據爲治學之最終目的，故云：「論爲學，考證已是末流，況此（指考草木）又考證之末流，恐自此不須更留意，却且收拾身心向裏做些工夫。」⑫朱子蓋以考據爲治學之一端而已，如以一端爲全體，恐忘却身心修養等向內之工夫也。此種認識，最爲正確。惜明、清考據家未能明其意耳。

此外，宋末元初之黃震、王應麟、方回亦爲傑出之考據家。黃震之黃氏日鈔，頗多辨僞之語。應麟著有周易鄭康成注、詩考、詩地理考、漢藝文志考證、漢制考、通鑑地理通釋、困學紀聞等，前兩種爲輯佚之作，開後代輯佚之風。後六種爲考訂之作。困學紀聞雜考諸事，精粹者多，故清代翁元圻曾注之，閻若璩、全祖望、程瑤田、何焯、錢大昕、屠繼序箋之，萬希槐又爲之集證。猶有未盡者，可見其精博⑬。然應麟爲學之目的，乃在提倡漢學，此不可不知者也。方回有續古今考，爲續魏了翁古今考而作，全書考證典章制度、古器物等所涉甚廣⑭。至於元代其他考據之書，如：趙汸之春秋集傳、楊燧之詩傳名物考、黃澤之二禮祭祀述略與殷周諸侯禘祫考，亦頗可注意。

以上爲上古至元代，考據工作之大較也。大抵而言，唐以前之考據工作較爲瑣碎，可謂爲考據學之萌芽期，入宋以後，規模較大，疑經、考史、校勘、輯佚皆有之，可謂爲考據學之成長期。至明中葉以後學者爭奇炫博，考據已蔚爲潮流，清乾、嘉時乃成爲學者唯一之學術工作。故明、清可視爲考據學之發達期。然如就宋以前與明、清之考據實際分析，可知唐、宋人並未刻意作縝密詳博之辨證。明中葉以後，辨證一事有蒐證至數十或數百條者。此種博證精神，自爲唐、宋人所不及，而兩者之分別即在此也。

附注

①段玉裁，「經韻樓集」，卷八，頁五，經義雜記序。見「段玉裁遺書」（台北市，大化書局，民國六十六年），冊下，頁一〇〇七。

②兪樾，「春在堂雜文六編」，卷七，頁七，見「春在堂全書」（台北市，中國文獻出版社，民國五十七年），冊四，頁二九一八。兪氏將「三豕涉河」事，誤作子貢。

③劉氏父子校書之成就，可參蔣元卿撰，「校讎學史」（台北市，台灣商務印書館，民國五十八年），頁二九—三八。

④見「新校漢書藝文志」（台北市，世界書局，民國五十二年），頁二〇。

⑤見孔穎達撰，「尙書注疏」（台北縣，藝文印書館，民國五十四年，十三經注疏本），卷一一，泰誓上，頁二—三。

⑥「薤露、蒿里」條原文如下：「薤露、蒿里，並喪歌也，出田橫門人。橫自殺，門人傷之，爲作悲歌，言人命如薤上露，易晞滅也。亦謂人死，魂魄歸于蒿里，故用二章。其一曰：『薤上朝露何易晞，露晞明朝更復落，人死一去何時歸！』其二曰：『蒿里誰家地？聚歛精魄無賢愚，鬼伯一何相催促，人命不得少踟躕。』至武帝時，李延年乃分二章爲二曲，薤露送王公貴人，蒿里送士大夫庶人，使挽柩者歌之，世亦呼爲挽歌，亦謂之長短歌。言人壽命長短定分，不可妄求也。」見崔豹撰，「古今註」，卷中，頁一二。收入「晉唐劄記六種」（台北市，

世界書局，民國五十二年）內。

⑦有關佛教講經與經學義疏之關係，詳見牟潤孫撰，「論儒釋兩家之講經與義疏」，「新亞學報」，四卷二期（民國六十年二月），頁三五三—四一三。

⑧詳見馬國翰，「玉函山房輯佚書」（台北縣，文海出版社，民國六十年），册一、二。

⑨周易用王弼注，尙書用僞孔傳，左傳用杜預集解，皆南方之學。詳見馬宗霍撰，「中國經學史」（台北市，台灣商務印書館，民國五十七年），第九章，隋唐之經學，頁九五—六。

⑩有關宋人疑經問題之論述，可參考屈翼鵬師撰，「宋人之疑經的風氣」，收入屈師著，「書傭論學集」（台北市，台灣開明書店，民國五十八年），頁二三六—四四；葉國良撰，「宋人疑經改經考」（國立臺灣大學中國文學研究所碩士論文，民國六十七年）。

⑪有關朱子考據學之論述，詳見錢穆先生撰，「朱子新學案」（台北市，作者自印本，民國六十年），册五，朱子之校勘學、朱子之辨僞學與朱子之考據學等篇。

⑫見「朱文公文集」（台北市，台灣商務印書館，民國六十八年，四部叢刊正編本），卷五九，頁二一，答吳斗南。

⑬參見馬瀛撰，「國學概論」（台北市，德華出版社，民國六十七年），第三編，第八章，考據學，頁四七七。有關王應麟學術成就，可參考：呂美雀撰：「王應麟著述考」（國立台灣大學中國文學研究所碩士論文，民國六十一年）；莊謙一撰，「王厚齋學術考略」（台北市，文史哲出版社，民國六十七年）；何澤恒撰，「王應麟的經

史學」（國立台灣大學中國文學研究所博士論文，民國七十年）。

⑭有關方回之學術成就，可參考：潘柏澄撰，「方虛谷研究」（台北市，新文豐出版公司，民國六十七年）；許清雲撰，「方虛谷之詩及其詩學」（私立東吳大學中國文學研究所博士論文，民國七十年）。

第二章　明代考據學總論

第一節　明中葉前之學術環境

唐末以來之儒學復興運動，經北宋邵雍、張載、周敦頤、程顥、程頤等五子之經營，儒學已展現新機。至南宋朱熹更承二程兄弟之學而集理學之大成。朱子之學重博觀泛覽，故其遍注群書，並一一爲之考據。此種博學之傾向，如追溯其源，厥爲先秦之荀子。與朱子同時稍後之陸象山，乃宋代理學之異軍，其學術淵源甚不明晰，然其嘗自謂承孟子之學①。象山之學欲人發明本心，故云：「心之體甚大，若能盡我之心，便與天同，爲學只是理會此。」②後人論朱、陸異同者，每喜以此立言。陸象山年譜云：

鵝湖之會，論及教人。元晦之意，欲令人泛觀博覽，而後歸之約，二陸（陸九齡、九淵）之意，欲先發明人之本心，而後使之博覽。朱以陸之教人爲太簡，陸以朱之教人爲支離，此頗不合。先生更欲與元晦辨，以爲堯舜之前何書可讀？復齋（陸九齡）止之③。

後人復將此分爲「道問學」與「尊德性」之別。經簡化後之朱陸之學，看似分別甚大，其實，僅輢重輢輕之別而已。蓋象山亦教人讀書④，非如後人之糟粕六經也。然朱陸之異同，正爲此後明學發展之源頭，故不得不辨也。

朱子歿後，不及百年，南宋淪亡，元人入主中國。元初諸帝於我國文化甚表重視，於是朱學漸行於北方。元仁宗皇慶二年（一三一三），頒行科場條例，規定首場考試爲明經、經疑二問，皆就四書命題，並以朱子之章句、集注爲準。經義一道，周易用程傳、朱子本義，尚書用蔡沈集傳，詩經用朱子詩集傳，春秋用三傳及胡安國傳、禮記則用古注。此爲朱學官學化之始。朱學既爲功名利祿所必經之途，勢非專心鑽研不可，其學遂大行於天下矣。

明初，朱學得宋濂、王禕、方孝孺、薛瑄、吳與弼等人之發揚，更如日中天。宋濂等人推重朱子之語甚夥，如宋濂云：

自孟子之歿，大道晦冥，世人擿埴而索塗者，千有餘載。天生濂、洛、關、閩四夫子，始揭白日於中天，萬象森列，無不畢見，其功固偉矣。而集其大成者，唯考亭子朱子而已⑤。

此可謂爲明初推重朱學之典型言論。其他各家推重之言甚多，玆不舉。其時之科舉仍以朱學爲準，而命題則略仿宋經義，行文則仿古人語氣，體用排偶，謂之八股文，通謂之制義、時文⑥。此種制度箝制明代士人之思想甚鉅，亦此後學風浮濫之主因也。永樂間，又頒四書五經大全，廢古注疏不用，士人遂與古學隔絕，且由於四書五經大全皆「僅取已成之書，抄謄一過，上欺朝廷，下誑士子。」⑦士人不得古學植基，僅肄習抄襲剽竊之大全，顧炎武所謂「自八股行而古學棄，大全出而經說亡。」⑧實非過激之言也。

當時朱學派之薛瑄、吳與弼等，已漸遠離朱子「卽物窮理」「博學審問」之教，而偏重於躬行實踐一途。明史本傳云：

瑄學一本程朱，其修己教人，以復性爲主，充養邃密，言動咸可法。嘗曰：「自考亭以還，斯道已大明，無煩著作，直須躬行耳」⑨。

程朱以來所謂博學致知之精神，已逐漸消失，故云：「爲學只是要知性復性而已。」⑩而吳與弼更拘拘於身心之涵養，感情之抑制而已。朱學至此，遂變爲一學問簡陋，生活拘謹，思想迂腐之學派矣。

而革新此學風者乃受教於吳與弼之陳獻章（白沙）。明史儒林傳序云：

原夫明初諸儒，皆朱子門人之支流餘裔，師承有自，矩矱秩然。曹端、胡居仁篤踐履，謹繩墨，守儒先之正傳，無敢改錯。學術之分，則自陳獻章、王守仁始⑪。

此最足說明明初至明中葉學術演變之趨勢。白沙之所以轉向心學之路，自與其多次科場落第有關。因屢試不第，於八股之箝制思想，自有某種程度之不滿，轉而反對官學化之朱學，乃必然之事。其學由虛靜入手，主張藉靜坐以見道，此與中斷兩百年之陸學遙相契會，白沙既藉靜坐以養出端倪，則所謂讀書之事，或不爲其所措意。蓋自象山倡本心自足，「六經注我」，則古人所傳之經典，已可有可無。故白沙云：

古人棄糟粕，糟粕非眞傳。……吾能握其機，何必窺陳編⑫。

又云：

> 朽生何所營，東坐復西坐，搔頭白髮少，攤地青蓑破，千卷萬卷書，全功歸在我，吾心能自得，
> 糟粕安用那⑬。

此正是糟粕六經，廢棄古學之明證。至王陽明出，近承獻章，而遙契象山，力倡致良知，以矯朱學之弊。然由於陽明誤以朱學專主「道問學」，陸專主「尊德性」，故其矯朱學之弊，特措意於讀書問題。傳習錄答顧東橋書云：

> 有訓詁之學，而傳之以爲名；有記誦之學，而言之以爲博；有詞章之學，而侈之以爲麗。若是者紛紛籍籍，群起角立於天下，又不知其幾家。萬徑千蹊，莫知所適。……記誦之廣，適以長其敖也；知識之多，適以行其惡也；聞見之博，適以肆其辨也；辭章之富，適以飾其僞也⑭。

此爲陽明反對「道問學」最明確之表示。其朱子晚年定論，所錄朱子之書簡，全爲朱子讀書無益之議論。此亦可證成陽明反「道問學」之說也。

陽明之弟子遍全國，有浙中、江右、泰州三大派。浙中派之王畿（龍谿）等，更單提「致良知」一事，主張現成良知，遂至猖狂而不自知。泰州派更將王學之自由解放精神發揮至盡，此卽後人所謂之狂禪也。黃宗羲云：「陽明先生之學，有泰州、龍谿而風行天下，亦因泰州、龍谿而漸失其傳。泰州、龍谿時時不滿其師說，益啟瞿曇之秘而歸之師，蓋躋陽明而爲禪矣。」⑮宗羲之言，蓋當時實錄。

就陳獻章、王陽明之掙脫宋學桎梏，開創新學風言之，乃是一種求解放、求自由之運動。然王門弟子單提陽明狂放之處而肆意發揮，其弊也生。至隆慶、萬曆以後，人心敗壞，禮法蕩然，蓋王學末流有

以導之也。

弘治、正德間，文壇上亦有所謂復古運動。領導者為前七子之李夢陽、何景明。明史李夢陽傳云：

夢陽才思雄鷙，卓然以復古自命。弘治時宰相李東陽主文柄，天下翕然從之。夢陽獨譏其萎弱，倡言文必秦、漢，詩必盛唐，非是者弗道。……與何景明、徐禎卿、邊貢、康海、王九思、王廷相號為七子，皆卑視一世，而夢陽尤甚⑯。

復古之具體主張為「文必秦漢、詩必盛唐」。以為唐宋以來之文不足法，是亦一種反宋學之運動。李、何之復古，或主創造，或主模擬，方法雖不同，其不足以復古則一。才智平庸者學之，則徒事剽竊而已。艾南英曾論其失云：

弘治之世，邪說興，勸天下士無讀唐以後書，驕心盛氣，不復考韓、歐大家立言之旨。又以所持既狹，中無實學，相率取司馬遷、班固之言，摘其字句，分門纂類，因仍附合⑰。

所謂復古無異邯鄲學步。其後，遂有唐順之、王愼中之反動，嘉靖後雖有後七子之復古，然亦不過承前人之緒，依樣畫葫蘆而已⑱。

王學之革新運動與前七子之復古運動結合後之學風，吳辰伯曾有深入之論述。吳氏云：「談性理者以實踐標榜，掩其不讀書之陋，談文學者以復古號召，倡不讀漢後書之說，兩家互相應合，形成一種淺薄浮泛之學風，卽有一二傑出之士，亦復泛涉淺嘗，依傍門戶，不能自立一說，進一解，蠅襲蛙傳，風靡一世。」⑲學風至此，如：王鏊、楊愼、黃佐等人，自不得不起而革新矣。

附注

①陸象山云：「竊不自揆，區區之學，自謂孟子之後，至是而始一明也。見「陸九淵集」（台北市，里仁書局，民國七十年），卷一〇，頁一三四，與路彥彬。

②見「陸九淵集」，卷三四，語錄上。

③同注②，卷三六，頁四九一。

④或問讀六經當先看何人解註？象山云：「須先精看古注，如讀左傳則杜預注不可不精看。大概先須理會文義分明，則讀之其理自明白。然古註惟趙岐解孟子，文義多略。」同注②，語錄上，頁四〇九。

⑤見宋濂撰，「宋學士文集」（台北市，台灣商務印書館，民國五十六年，國學基本叢書本），卷五八，頁九六五，理學纂言序。

⑥見張廷玉撰，「明史」（台北市，鼎文書局，民國六十四年），卷六九，選擧志二，頁一六九三。

⑦見顧炎武撰，「日知錄」（台北市，明倫出版社，民國五十九年），卷二〇，頁五二五。

⑧同注⑦，頁五二六。

⑨見張廷玉撰，「明史」，卷二八二，頁七二二八，薛瑄傳。

⑩見薛瑄撰，「讀書續錄」（文淵閣四庫全書本），卷二，頁十六。

⑪同注⑨，卷二八二，頁七二二二。

⑫見陳獻章撰，「白沙子全集」（台北市，河洛出版社，民國六十三年），卷六，頁二，答張內翰廷祥書括而成詩呈胡希仁提學。

⑬同注⑫，頁九，藤蓑五首之五。

⑭見葉紹鈞點注，「傳習錄」（台北市，台灣商務印書館，民國七十二年），卷中，頁一三三。

⑮見「明儒學案」，卷三二，泰州學案，頁六二。

⑯見「明史」，卷二八六，頁七三四八。

⑰見周亮工撰，「因樹屋書影」（台北市，世界書局，民國五十二年），頁五。

⑱有關前後七子復古運動之論述，可參考王重翰撰，「明代文學復古之論戰」，廣大學報一卷一期（民國三十八年三月）；王貴苓撰，「明代前後七子的復古」，收入「詩與詩人」（台北市，文學雜誌社，民國四十八年），頁一〇五—一二七；龔顯宗撰，「明代七子派詩文論產生之背景」，靜宜學報四期（民國七十年六月），頁九一—一二一。

⑲見吳晗撰，「胡應麟年譜」，清華學報九卷一期（民國二十三年一月），頁二〇三。

第二節　明代考據學風之興起

明代中葉之學術環境，既由心學家與復古運動相激盪而形成一種淺薄浮泛之風。此時，偶有不滿者倡之於前，卽可蔚爲另一種風氣。考證學風亦卽由此種淺薄浮泛中掙脫而出。玆就其興起之因，析爲五點論之：

㈠理學內部之要求：陽明良知之說所形成之流弊，卽理學中人亦已有所自覺。與陽明同時之王廷相，已提出糾正，而强調見聞之重要。王氏云：

> 夫聖賢之所以爲知者，不過思與見聞之會而已。世之儒者乃曰思慮見聞爲有知，不足爲知之至，別出德性之知爲無知，以爲大知。嗟呼！其禪乎！不思甚矣①。

此譏斥時人以思慮見聞非知之至之弊也。廷相又云：

> 近世儒者務爲好高之論，別出德性之知，以爲知之至，而淺博學、審問、愼思、明辯之知爲不足，而不知聖人雖生知，惟性善、近道二者而已，其因習、因悟、因過、因疑之知，與人大同，況禮樂名物，古今事變，亦必待學而後知哉②！

此强調聖人之生知、僅性善、近道二者而已。至於禮樂名物，古今事變等事，必須待經驗之學習始可知，非生而知之也。

與王廷相同時，而爲朱學健將之羅欽順，曾因陽明朱子晚年定論，首致書攻擊陽明。其已知徒事理論之探討，實不易解決朱陸之異同問題。故於困知記中時徵引孟子，以批評陸象山言義理之非，以爲皆應徵之於經傳③。

王廷相與羅欽順皆具有朱學之傾向，或不足以證明當時理學家於經典之體認。然陽明爲解決所謂朱陸之異同，亦從經典之編輯、考訂入手。其編朱子書簡爲朱子晚年定論，並主張恢復大學古本，皆欲藉典籍之考證以解決義理之問題。陽明云：

> 大學古本，乃孔門相傳舊本耳，朱子疑其有所脫誤，而改正補緝之，在某則謂其本無脫誤，悉從其舊而已矣。……今讀其文詞，既明白而可通；論其工夫，又易簡而可入，亦何所按據，而斷其此段之必在於彼，彼段之必在於此；與此之如何而缺，彼之如何而補，而遂改正補緝之，無乃重於背朱，而輕於叛孔已乎④！

此既以古本大學爲孔門之眞，則已透露義理之取捨，必得取證於經典之研究。此後理學家於大學之闡釋甚多，如管志道、唐伯元、周從龍、鄒德溥、錢一本等人，甚至宗信豐坊之僞石經大學⑤，卽可知理學家渴求於經典之心切矣。

理學家此種以經典解決義理之爭之傾向，已足見學風發展之端倪，故余英時先生云：「理學發展到了這一步，就無可避免地要逼出考證來。」⑥

㈡廢學之反動：當時人所以廢棄古學，乃因舉業之陋，與王學家之糟粕經書糅雜而成。故時人之反廢學，亦以此兩者爲攻擊之重心。楊愼云：

> 伊川謂治經遺道，引韓非子買櫝還珠，然猶知有經也。……今之學者謂六經皆聖人之蹟，不必學。又謂格物者非窮理也。……是全不在我，全不用工。是無櫝而欲市珠，無筌而欲得魚也⑦。

此議理學家無櫝而欲市珠，無筌而欲得魚。又如楊時喬最不喜陽明之學，闢之甚力，尤惡羅汝芳。官通政時具疏曰：

> 佛氏之學，初不溷於儒，乃汝芳假聖賢仁義心性之言，倡爲見性成佛之教，謂吾學直捷，不假修爲，於是以傳注爲支離，以經書爲糟粕，以躬行實踐爲迂腐，以綱紀法度爲桎梏，踰閑蕩檢，反道亂德，莫此爲甚，請敕所司明禁，用彰風教⑧。

是知當時持正之士已明糾其謬。此皆當時反廢學之言論，其時行宋人之學，反宋學必定回復至漢、唐之學。故時人多倡言古注疏之重要，如王鏊云：

> 鄭玄之徒，箋注訓釋不遺餘力，雖未盡得聖經微旨，而其功不可誣也。宋儒性理之學行，漢儒之說盡廢，然其間有不可得而廢者，今猶見於十三經注疏，幸閩中尚有其板、好古者不可不考也。使閩板或亡，則漢儒之學幾乎熄矣⑨。

王氏表彰鄭玄之功，以爲漢人之說不可廢。楊愼亦云：

> 六經自火於秦，傳注于漢，疏釋于唐，議論於宋，日起而日變，學者亦當知其先後，近世學者往往舍傳注疏釋，便讀宋儒之議論，蓋不知議論之學自傳注疏釋出，特更作正大高明之論爾。傳注

疏釋之於經，十得其六、七，宋儒用力之勤，剷僞以眞，補其三、四而備之也⑩。

用修强調宋儒之學出於漢儒，漢人於經得十之六、七，宋人僅得其三、四而已。與用修同時之黃佐，更以爲「十三經注疏中，多有可取者。」⑪稍晚於用修之鄭曉亦云：「宋儒取資漢儒者，十之七、八。宋諸經書傳注，儘有不及漢儒者。」⑫此類之語甚多。皆可證當時人於漢人古注疏之重視。

漢人之治經，以復古爲職志，故特重文字訓詁、典制之考訂與眞僞之辨，明人提倡漢學，自不可自免於文字訓詁之外。故中明以後之考經者卽由此入手。

㈢復古運動之影響：當時之復古運動，與理學家欲掙脫宋學而另開學風之動機，幾完全相同。復古之風於考證之學，實有相當之影響。朱希祖嘗肯定兩者之關係云：

> 竊謂淸代考據之學，其淵源實在乎明弘治、嘉靖間前後七子文章之復古。當李夢陽，何景明輩之昌言復古也，規模秦、漢，使學者無讀唐以後書；非是，則詆爲宋學，李攀龍、王世貞輩繼之，其風彌盛。然欲作秦、漢之文，必先能讀古書，欲讀古書，必先能識古字，於是說文之學興焉。……然古書之難讀，不僅在字形，而尤在字音，於是音韻之學興焉⑬。

朱氏雖知復古運動足以導發考證之學，然於復古與明人好奇之關係，則未予闡發。前七子復古之口號爲「文必秦漢」、「詩必盛唐」，秦、漢、盛唐爲宋之古。復古之先決條件，爲讀古人之書。唐代以前之書，流傳至明代者已不多。時人又不知復古之眞義爲何，遂由復古轉而爲好古，然所謂古者必較罕見，罕見則奇，由好古而好奇，其間僅爲一念之延伸而已。李樂嘗云：

今天下文士務怪逞奇，不如是，不足以投時好而取青紫，何可深罪⑭。

士人之好奇者遂以奇書相尙，故姚士粦見胡應麟有搜神記，竟大爲駭異⑮。而考據家循此好奇好異之風而下，必至窮搜緯秘，考奇事、考僻典之事，遂層出不窮矣。

余英時先生論明代考據學風，似僅措意於理學家內部之要求，及時人之反廢學而已。於復古運動與考據之關係則闕而不論。蓋不探究此兩者之關係，於明代之考據學何以以炫博好奇之形態出現，則終未能充分解釋也。

㈣楊愼之特起：理學家王陽明之反朱學運動，風起雲湧，蔚爲全國之運動。其時楊愼之提倡考據，亦能鼓動風潮。楊愼爲當時宰相楊廷和之子。顯赫之家世，加之學識淵博，已爲當時人所崇仰。世宗嘉靖三年（一五二四），用修之爭大禮，與廷臣撼殿門大哭，聲徹殿庭。其風骨更爲時人所津津樂道，也爲時人出處進退之一典範。用修貶謫滇南後，著作隨成隨刋，時人翻刻爭閱，蔚爲風氣。故胡應麟云：

今所撰諸書，盛行海內。大而穹宇，細入肖翹，耳目八埏，靡不該綜，卽惠施、黃繚之辯，未足侈也⑯。

足見海內士人於用修之景仰。用修之書踳駁雜沓，訛誤又多，然士人因其特殊之身世，博雜之學識及反宋學之先鋒，故群而效之。考據學風自駸駸然盛矣。由於用修之書，訛誤過甚，故糾之者亦接踵而出，周亮工云：

楊用修先生丹鉛錄出，而陳晦伯（耀文）正楊繼之，胡元瑞（應麟）筆叢又繼之，時人顏曰：「正

「正楊」。當時如周方叔（嬰）、謝在杭（肇淛）、畢湖目諸君子集中，與用修爲難者，不止一人⑰。

與用修爲難者固不止周亮工所引諸人，如王世貞、焦竑等皆是也。至徵引用修之說者，更隨處有之。蓋糾用修，卽勝用修，能勝用修，自爲士林所重，是衆人皆樂此而不疲也。

用修之考證，可以好奇炫博四字賅之，故其考經、史、子、集之不足，又以考僻事、僻典爲尚。明代考據學所以走入雜博僻異之途，用修實不能辭其咎。

㈤刻書業之興盛：考證工作，必植基於大量之文獻資料，故考證風氣之興衰，與刻書業有極密切之關係。明代之刻書，弘治、正德以前，多聚於閩中。厥後蘇州漸盛，萬曆以後，南京及杭州，書坊蔚然興起⑱。書坊皆能迎合士人之需求，多刻奇僻博雜之書。單刋零册固不必論矣，如范氏二十種奇書，古今逸史，兩京遺編，漢魏叢書，秘册彙函，三代遺書，寶顏堂秘笈，秘書九種，津逮秘書等，皆爲龐然巨帙。檢其內容，多六朝前之奇僻書，則明代士人之好尚，亦可見矣。

由於士人之好奇，加以江南經濟之富庶，藏書之風甚熾。成化以降，如：朱存理、楊循吉、文徵明、何良俊、陸深、王世貞、范欽、項元忭等，皆藏書甚富。萬曆以後，如：胡應麟、焦竑、趙琦美、錢謙益、祁承㸁、鈕世玉、陳第，謝肇淛、徐𤊹、曹學佺，並爲藏書大家⑲。其中如王世貞、胡應麟、焦竑、陳第、謝肇淛、徐𤊹等，亦以考據名家。於此足證考據之風與藏書之關係。

此外，當時政治黑暗，學者仕途受阻，亦有助於考據之風。蓋士人仕途受阻，雖不一定從事於考據，然徵之楊愼、陳耀文、胡應麟、焦竑、陳第等人境遇，殆皆於貶官或辭官後，始有志於考訂之事。則此種因素亦不可忽略也。

上述諸種因素相爲糅雜，考據之風遂蔚然盛矣。

附注

①見王廷相撰，「王廷相哲學選集」（台北市，河洛出版社，民國六十三年），頁八五—六。

②同上，頁六八。

③見羅欽順撰，「困知記」（台北市，廣文書局，民國六十七年），卷二，頁一四—八。

④見葉紹鈞點注，「傳習錄」（台北市，台灣商務印書館，民國七十一年），卷中，頁一六六。

⑤詳見林慶彰撰，「豐坊與姚士粦」（私立東吳大學中國文學研究所碩士論文，民國六十七年），頁一八〇—一八九。

⑥見余英時先生撰，「從宋明理學的發展論清代思想史」，中國學人二期（民國五十九年九月），頁一九—四一。

⑦見焦竑編，「升菴外集」（台北市，台灣學生書局，民國六十年），卷六〇，頁一四，珠櫝魚筌條。

⑧見張廷玉撰，「明史」（台北市，鼎文書局，民國六十四年），卷二二四，楊時喬傳，頁五九〇九。

⑨見王鏊撰，「震澤長語」（台北縣，藝文印書館，民國五十四年百部叢書集成影印寶顏堂秘笈本），卷上，頁一下。

⑩同注⑦，卷六〇，頁一，劉靜修論學條。

⑪見黃宗羲編「明儒學案」（台北市，河洛出版社，民國六十三年），卷五一，諸儒學案中五，頁一一，與崔垣野書。

⑫見費密撰，「弘道書」，卷上，頁二〇一一〇收入「費氏遺書三種」（民國九年刊本）。此外，黃洪憲云：「經藝奧微，漢儒精通其旨。使非注疏先行于世，則扃鐍未啓，宋儒之學未必能窺其堂奧。即使宋儒生經殘籍滅之之後，其所窺識未必能過注疏也。矧漢去古未遠，表章之後，遺書肆出；諸儒校讎未必無據，焉可盡訾哉？」（出處同前）皆可見明人表彰漢學之功。

⑬見朱希祖撰，清代通史初版序。引自蕭一山撰，「清代通史」（台北市，台灣商務印書館，民國五十二年），卷上，頁九四一。

⑭見李樂撰，「見聞雜記」（明萬曆間朱國楨校刊本），卷五，頁七二。

⑮見胡應麟撰，「甲乙剩言」（台北市，新興書局，民國六十三年，筆記小說大觀四編本），頁六，知己傳條。明人其他好奇書者，詳見林慶彰撰，「豐坊與姚士粦」，緒言。

⑯見胡應麟撰，「少室山房筆叢」（台北市，世界書局，民國五十一年），頁七一，丹鉛新錄引。

⑰見周亮工撰，「因樹屋書影」（台北市，世界書局，民國五十二年），卷八，頁二二〇。

⑱見屈翼鵬師、昌瑞卿師撰，「圖書板本學要略」（台北市，中華文化出版事業社，民國五十三年）卷二，頁五七。

⑲參見袁同禮撰，「明代私家藏書考略」（香港，中山圖書公司，不注出版年，與「清代藏書家考」合冊），頁七三—九一。

第三節　明代考據學之內容

自來論明代學術者皆鄙夷明人之空疏不學，僅劉師培氏於所著國學發微謂明學之可貴者有十①。劉氏所說明代學術，大抵與本文所說之考據學相合，則下文有關明人考據學之內容，正可印證劉氏之說，亦反駁鄙夷明學者之一有力證據也。

明代之考據學，既由心學之空氣中掙脫而出，故特重實學，其所考涉及範圍甚廣，玆先分考經書、考文字音義、辨僞書、考史地、考動植物、考民間文學等敍述之。再就其共同之特色提出討論，則明人之考據內涵與特徵如何，皆可了然矣。

㈠考經書：當時科舉所採者爲宋人經注，反科舉之陋，卽反宋儒之經說也。楊愼云：「宋儒之失在廢漢儒而自用己見耳。」②焦竑亦云：「國初硏經者皆依朱注及古注疏，奉行者執泥更甚於唐、宋。近日稍稍自出意見，以伸其說，此足破前代之謬。」③既反宋學而回至漢學之藩籬，則於漢儒及其經注必多所表彰。升菴外集中此類之語甚多。朱睦㮮更著授經圖，以明漢學之源流。至如熊過之周易象旨決錄，魏濬之易義古象通、何楷之古周易訂詁；袁仁之尙書砭蔡編；朱謀㙔之詩故、馮應京之六家詩名物疏等，雖未必爲考據謹嚴之作，然意在表彰漢學則一。至如楊愼、焦竑之考訂字義、並存經書異文，陳士元之著五經異文、周應賓之九經考異，皆與漢人之學無異矣。另如姚士粦之輯陸氏易解，胡震亨之重輯鄭玄易注，則承王應麟之緒，而導清人於先路矣。

至於詩古音之研究，更由楊愼、焦竑等開其風氣，陳第承之，作毛詩古音考、屈宋古音義等，卽顧炎武音學五書之先鋒也。此皆可見明代考據家復興經學之苦心孤詣。

㈡考文字音義：理學家糟粕文字，反動者卽以重文字糾之，時人已漸悟及通讀古書必先明字學，焦竑云：「今人不通字學，而欲讀古書，難矣哉！」[4]卽時人重字學之明證。考據家之辨訂字義、離析字音，卽爲通讀古書之用也。此外，聯緜字之研究更爲前人所不及。此風由楊愼啟之，焦竑承其緒，至方以智集其大成。彼等於方言俗語之重視，更應爲吾人所注意。楊愼曾云：「凡觀一代書，須曉一代語，觀一方書，須通一方之言，不得不爾也。」[5]方以智更云：「愚歷考古今音義，可知鄉談隨世變而改矣，不攷世變之言，豈能通古今之詁，而是正名物乎？」[6]故楊愼、焦竑、周嬰、方以智等人，於其書皆有考方言之卷帙與條目。岳元聲更著方言據一書輯錄古今各地方言數十條。

至晚明更有說文之研究，此事肇端於趙宧光之說文長箋，至方以智始以其博洽之學識糾說文之訛誤數十則。其後顧炎武日知錄之匡說文，亦當時風氣所趨也。

㈢辨訂僞書：宋之朱熹、葉適與黃震皆有辨僞之作。明初宋濂著諸子辨，辨子部僞書數十種，惟宋氏之書皆以議論發之，未詳舉證據以辨。至梅鷟，承朱熹與吳澄辨古文尚書之緒，斷古文尚書爲晉人之作。此種懷疑精神，當時人或不甚措意，然於清初閻若璩、毛奇齡則頗有啟發作用。胡應麟之四部正譌，更爲吾國辨僞書之第一部專著。其書於辨僞之方法、原則，多所發明。所立之辨僞八法，一直爲後人所沿用。至於楊愼、鄭曉、焦竑、歸有光、方以智等人，皆有零瑣之辨僞文字，足見辨僞亦明代考據學之傳統也。

㈣考訂史地：考訂史事之訛誤者，各家皆有之，成就皆不著，不須專論。至於考地理，楊愼强調應身歷其境，其說曰：「故知山川經絡，苟非目覩身歷，而欲據文字定之，鮮有不失者矣。」⑦用修貶謫滇南時，更實際考察山川形勢，其所考述雖頗有差訛，然以實地考察，作爲考訂地理之基礎條件，則爲後代之徐宏祖、方以智、顧炎武等所承繼。徐宏祖嘗著江源考⑧，卽其實地考察西南山川之記錄。顧炎武之天下郡國利病書、肇域志皆其考察有得之作也。

其時研究水經之風漸盛，朱謀㙔之水經注箋，顧炎武更譽爲「有明一部書」也⑨。周嬰巵林亦有析酈一節，以糾酈道元水經注之誤。方以智於考地輿時，譏水經注之誤者亦有多條。至清初殆無人不研究地理矣。

㈤考動植物：多識鳥獸草木蟲魚，本爲孔門之傳統，故後代之儒者，於此事皆頗爲注意。用修升菴外集卷末六卷皆考動植物。馮應京之六家詩名物疏，何楷之毛詩世本古義，毛晉之毛詩陸疏廣要，皆就毛詩之名物旁徵博引，以明其是非者也。至於李時珍之本草綱目，收藥用植物一千八百八十二種，每一植物皆能辨疑正誤，洵爲考植物之大寶庫也。方以智則以爲通曉方言，有助於動植物之考訂。其說云：「草木鳥獸之名，最難考究，蓋各方各代隨時變更，東璧（李時珍）窮一生之力，已正唐、宋舛誤十之五六，而猶有誤者，須足跡徧天下，通曉方言，方能核之。」⑩此後，清人毛奇齡之續詩傳鳥名、陳啟源毛詩稽古編、朱鶴齡之毛詩通義，皆承明人之緒而作者也。

(六)考民間文學：民間傳說、戲曲、通俗小說皆可視爲民間文學。考民間傳說之風始於楊愼，其後陳耀文、王世貞、胡應麟、來斯行、方以智亦皆有所考。然民間傳說每因地域或時間之不同，而有不同之內容。明代考據家似缺乏此種認識，每每欲窮根究柢，定其眞僞是非，故考辨之言雖多，終未解決問題也。至於戲曲一事，則胡應麟特爲措意，或考角色，或考本事，實有啟導後人研究之功也。

又如糾楊愼之誤，亦爲明代考據家之一大要事。前文述之已多矣，茲不贅。此外，天文、官制、樂曲、金石、詩詞字句，亦皆略能及之。凡此，皆足證明代考據之雜博。雜博不能構成系統學術，固無大礙。由雜博進而炫奇，則爲明代考據家之一大病矣。

明代士人之好奇炫博，實導因於前七子之復古。前文述之已詳。此種好奇之風氣，用於聚書，則專蒐秘笈異書，用之於文字，則以古文古篆刻書⑪，奇形怪狀，不一而足。當時考據家之好奇，可由下列諸事覘知：

1編輯奇字書：此類書籍甚多，其要者有楊愼之奇字韻，陳士元古俗字略、朱謀㙔古文奇字輯解、張位問奇集、張萱古文奇字、張岱奇字問等皆是也。

2考奇事僻典：此事亦肇始於用修，其所著異魚圖贊、希姓錄，皆好奇而作也。此後王世貞弇山堂別集有皇明奇事，胡應麟更是好奇之尤者，所著經籍會通，凡奇僻事必考之，如考姓存名缺者、名在姓亡者，考仙道姓名特異者⑫。至周嬰卮林更變本加厲，考解鳥語之人，考婦人雙名，男人雙名⑬等。而陶涵中之男子雙名記，李肇亨之婦女雙名記，則走火入魔矣。楊慎於此等奇事、僻典，僅信手拈來，並未刻意考證，後人沿波而起，必欲勝之而後快，則愈陷愈深，愈不知所終矣。

好奇之外，炫博亦爲明代士人一大病。四庫提要云：「明人著書好誇博奧，一核其實，多屬子虛，萬曆以後，風氣類然。」⑭故張存紳之雅俗稽言，前列書目千餘種，提要譏其「多唐以來所不著錄，大抵抄自類書，又或標其篇名爲書目，顛倒錯亂。」⑮而胡應麟有華陽博議，專錄史傳中之博物事，是以此相尚矣。至於離析文字音義，焦竑筆乘敦字有九音，韻會小補有十四音，通雅則有十七音；升菴外集苴字有十四音，通雅有十七音，卮林則以爲有數十音；筆乘離有十六義、卮林則以爲十六義外，尚有一百六十義。又如青雲一詞，楊慎、陳耀文、余懋學麗事館余氏辨林、周嬰等皆有考，所舉證據一家勝似一家，幾如抄書競賽。

至於改書、竊書，甚至作僞書，可謂不勝枚舉，顧炎武云：「吾讀有明弘治以後經解之書，皆隱沒古人名字，將爲己說者也。」⑯又云：「萬曆間人多好改竄古書，人心之邪，風氣之變，自此而始。」⑰明乎此，考據家之隨意刪略引文，隱沒前人之言，如楊慎之僞作雜事秘辛、王世貞之作短長說，實亦不忍苛責矣。

綜前所述，明人之考據實可用「好奇炫博」四字該之。此等風氣至明末清初始漸歇息。考據家因好奇炫博，必汲汲於蒐尋奇事僻典，考經考史等事，已無暇兼顧。視此種考據爲畸形發展亦不爲過也。

附注

①見劉師培撰，「國學發微」（台北市，國民出版社，民國四十八年），頁四八—五〇。茲將各條抄錄如左：

(一)梅鷟作尚書考異，又作尚書譜以辨正古文尚書，其持論具有根柢，則近儒閻、惠、江、王之說所由出也。而古文尚書之僞，自此大明。若陳第尚書疏衍，則篤信古文，與梅立異，是猶西河、伯詩之互辯耳。

(二)朱謀瑋作詩故，以小序首句爲主，說詩確宗漢詁，而馮復京作六家詩名物疏、毛晉作毛詩陸疏廣要，咸引據淹博，乃近儒陳氏毛詩稽古編、包氏毛詩禮徵之濫觴。

(三)朱謀瑋作易象通，以爲自周迄漢，治易者咸以象爲主，深闢陳、邵言數之說。厥後二黃及胡渭之書，均闢陳、邵之圖，而惠氏、張氏治易，均以象爲主，實則朱氏開其先。

(四)陸粲作左傳附註、馮時可作左傳釋，均以發明訓詁，根據經典，近儒顧氏、惠氏補正杜註之失，大抵取法于斯書。

(五)方孝孺、王守仁均主復大學古本，近世汪中作大學評議，與之相同。

(六)1.趙宧光、趙撝謙均治說文，若陳矩說文韻譜，以韻爲綱、田藝衡大明同文集，以諧聲之字爲部首，以從此字得聲之字爲子，則近儒黃春谷、朱駿聲，字以右旁爲聲之說所由昉也。

2.楊愼作古音叢目、古音獵要、古音餘、古音略例、陳第作毛詩古音考、屈宋古音義、程元初作周易韻叶、張獻翼作讀易韻考、潘恩作詩韻輯略、屠峻作楚騷協音，雖昧于古韻分部之說，然考訂多精，則近顧、江、戴、孔、段、王，考訂古韻所由昉也。

3. 楊慎作六書練證，六書索隱、古文韻語、古音駢字、奇字韻，李氏舜臣作古文考，則近儒桂、段、錢、阮，考證古籀，訂正金石所由昉也。

4. 王元信作切字正譜、陳競謀作元音統韻、呂維祺作音韻日月燈，則近儒江氏四聲清切韻、洪氏示兒切語所由昉也。

5. 駢雅作于朱謀㙔，通雅作于方以智，則有資于訓詁。疊韻譜于黃景昉，雙聲譜于林霍，則有裨于聲音。

(七)黃道周作洪範明義，又作表記、緇衣、坊記、儒行集說，近儒莊氏說經之書，發明微言大義，多用此體。

(八)焦竑作經籍志，由通志校讎略，上探劉氏七略之旨，近代浙東學派宗之。章氏作文史、校讎二通義，多采其言。

(九)趙孟靜表彰荀學，並以楊、墨之學亦出于古先王，焦竑立說略同。近儒雜治子書，如孫、汪之表墨子、汪、錢之表荀卿，皆暗師其說。

(十)楊慎、焦竑，皆深斥考亭之學，與近儒江藩、戴震之說略同。

劉氏所述大抵持其平。惟第三點以朱謀㙔之易象通開清人研究漢易之先，似有待斟酌。因熊過之周易象旨決錄、陳士元之易象鈎解，皆提倡漢學。二書皆在朱氏書之前。

②見焦竑編，「升菴外集」(台北市，學生書局，民國六十年)，卷二六，頁四。

③見焦竑撰，「焦氏筆乘續集」(台北市，台灣商務印書館，民國六十年)，卷三，頁二〇二，注疏條。

④見焦竑撰，「焦氏筆乘」，卷二，頁三二，徐廣注誤條。

⑤同注②，卷六三，頁四，阿堵條。

⑥見「通雅」（四庫全書珍本四集），卷首一，頁三〇。

⑦同注②，卷五，頁一四，石熊峰滹沱河條。

⑧見「徐霞客遊記」（台北市，鼎文書局，民國六十二年），卷二〇，頁六。

⑨見梁啓超撰，「中國近三百年學術史」（台北市，台灣中華書局，民國五十八年），頁二四一。

⑩見「通雅」，凡例，頁二。

⑪如嘉靖間有篆文本「陽春白雪」，見鄭振鐸撰，「中國文學研究」（台北市，坊印本，不注出版時地），頁八三六。另陳鳳梧有「六經篆文」四十四卷；朱永仁有「篆書孝經」一卷、「忠經」一卷。詳見黃虞稷撰，「千頃堂書目」（台北市，廣文書局，民國五十六年，書目叢編本），卷三，經部，頁一三、三九。魏校更用古篆寫「大學指歸」二卷、「考異」一卷，見「四庫提要」（台北縣，藝文印書館，民國五十八年），卷三七，經部，四書類存目，頁八，大學指歸二卷、考異一卷提要。

⑫見胡應麟撰，「少室山房筆叢」（台北市，世界書局，民國五十二年），「經籍會通」，卷三，頁四三。「玉壺遐覽」，卷二，頁五八九—九〇。

⑬見周嬰撰，「巵林」（台北市，世界書局，民國五十二年，與「少室山房筆叢」合冊），卷五，頁一二八、一三九、一四一。

⑭同注⑪，卷一四六，子部道家類，頁二七，莊子翼八卷提要。
⑮同注⑪，卷一二六，子部，雜家類存目三，頁一八，雅俗稽言四十卷提要。
⑯見顧炎武撰，「日知錄」（台北市，明倫出版社，民國五十九年），卷二〇，頁五四二，竊書條。
⑰同上，頁五四四，改書條。

第三章 楊慎

第一節 生平與考據學著作

一、生平

楊慎，字用修，號升菴，原籍四川新都（今四川新都縣）。孝宗弘治元年（一四八八）生於北京之孝順衚衕，世宗嘉靖三十八年（一五五九）七月卒，年七十二。

其先爲江西盧陵人，六世祖世賢，元末避歐祥之亂，徙楚麻城，再避紅軍之亂，乃入蜀居新都。世賢生壽山，習春秋，善歐書。壽山有子二，曰遠、曰政。政傳子三，曰春、曰惠、曰哲，春乃用修之大父也。官湖廣提學僉事。春有子七，長曰廷和，由翰林院庶吉士歷官少師，兼太子太師，首相兩朝。嘉靖三年（一五二四）因大禮議免官。七年（一五二八）六月卒。廷和有子四，長即慎；次曰惇，號敍菴，嘉靖二年（一五二三）進士，官兵部職方主事；三曰恒，號貞菴，廕中書舍人，陞大理右寺副；四曰忱，號孚菴，正德十一年（一五一六）舉人。

用修岐嶷穎達，七歲母夫人教之句讀，並授以唐絕句，輒成誦。年十二，大父授以易，兩旬而浹，不遺一字。年十九，與同鄉士馮訓、石天柱、夏邦謨、劉景宇、程啟充爲麗澤會；更與即墨藍田、永昌張含結社唱和。

武宗正德二年（一五〇七），用修年二十，歸應四川鄉試，督學劉丙奇之曰：「吾不能如歐陽公，乃得子如蘇軾。」是秋，果擢易魁。翌年春試，主考王鏊、梁儲得用修文，已置之首選，卷偶失燭，遂下第。正德六年（一五一一）禮部試第二，廷試第一，授翰林修撰。十一年（一五一六）爲經筵展書官，及校文獻通考。次年，武皇遊幸宣化、大同、榆林諸邊，返而復往，用修上疏切諫，不報，乃以養疾乞歸。十五年（一五二〇）九月，仍舊官。次年（一五二一）四月，世宗皇帝卽位，八月開經筵，用修爲講官。嘉靖元年（一五二二），用修代世宗祀江瀆及蜀藩諸陵寢。次年，纂修武宗實錄，於朝典事必直書。

嘉靖三年（一五二四）廷臣數爭大禮，與張璁、桂萼等相持不下，用修偕同列三十六人上言：「臣等與萼輩學術不同，議論亦異。臣等所執者，程頤、朱熹之說也。萼等所執者，冷褒、段猶之餘也。今陛下既超擢萼輩，不以臣等言爲是，臣等不能與同列，願賜罷斥。」①帝怒，切責，停俸有差。踰月，又偕學士豐熙等疏諫。不得命，偕廷臣伏左順門力諫。帝震怒，命執首事八人下詔獄。於是用修及檢討王元正等撼門大哭，聲徹殿廷。帝益怒，悉下詔獄，廷杖之。閱十日，有言前此朝罷，群臣已散，用修、元正及給事中劉濟、安磐、張漢卿、張原，御史王時柯實糾衆伏哭。乃再杖七人於廷。用修、元正、濟並謫戍。用修得雲南永昌衞（今雲南省保山縣）。先是廷和當國，盡斥錦衣冒濫官。及是伺諸途，將害用修。用修知而謹備之。至臨清始散去。

嘉靖四年（一五二五）正月，至雲南，病馳萬里，羸憊特甚，而巡撫黃衷促且甚，用修力疾冒險抵永昌，幾不起。巡按郭楠極爲存護，卜館雲峰居之。五年（一五二六）聞父廷和疾，馳至家。廷和喜，疾愈。還永昌，聞尋甸安銓，武定鳳朝文作亂，率僮奴及步卒百餘，馳赴木密所與守臣擊敗賊。八年（一五二九）丁憂，奔告巡撫歐陽重請於朝，獲歸葬，十一年（一五三二）正月，布政高公韶聘修雲南通志，館於滇之武侯祠，時鄉大夫有欲冒嗣潁川侯傅友德以覬世爵者，用修以爲不可，其人乃乘張羅峰復相，流言中傷之，遂去。自是二十餘年，或歸蜀，或居雲南會城，或留戍所，大吏咸善視之。並與雲南之名流張含、王廷表、楊士雲、李元陽、唐錡、吳懋等，優遊山水，飲酒賦詩。

嘉靖三十六年（一五五七）六月，長子同仁卒。八月，弟惇卒。用修痛悼倍於尋常。三十八年（一五五九）春，還戍所。六月，遘疾。七月六日卒。時雲南巡撫游居敬命殯歸新都。三十九年（一五六〇）冬，祔葬於廷和墓側。隆慶元年（一五六七），穆宗卽位，奉遺詔追贈光祿寺少卿。天啟中追諡文憲。

用修孝友性成，穎敏過人，家學相承，益以該博，凡宇宙名物之廣，經史百家之奧，下至稗官小說之微，醫卜技能草木蟲魚之細，靡不究心多識，闡其理，博其趣，而訂其訛謬焉。用修嘗語人曰：「資性不足恃，日新德業，當自心力中來」，故好學窮理，老而彌篤。又嘗自贊曰：「臨利不敢先人，見義不敢後身，雖無補於事業，求不負乎君親，遭逢太平，以處安邊，歌咏擊壤，以終餘年，天之顧畀，厚矣篤矣，吾之涯分，止矣足矣。蓋困而享，冲而盈，寵爲辱，平爲福者耶！」此乃用修自狀實錄②。

二、考據學著作

用修之著述駁雜繁富，從未有人知其總數。王世貞藝苑巵言列用修之著作四十三種，編纂者四十六種，計八十九種③。然兩類中頗有重複，可知世貞僅雜鈔書目，並未蒐求原書，詳核內容。李贄續藏書列用修之著述一百十七種④。焦竑升菴外集題識云：

> 明興博雅饒著述者，無如楊升菴先生，向讀墓文載其所著書百又九種，可謂富矣。嗣余所得往往又出所知之外。蓋先生謫居無事，遇物成書。有不可以數計者，余購之數十年，所覩記已爾，則余所不及聞者，抑又多矣！（升菴外集目錄，頁七）

題識後附用修之著作一百三十八種。周亮工所錄楊升菴先生著書目，除錄焦竑升菴外集所列之一百三十八種書外，另有別載一目，收用修所著書一百十六種。然其中頗多重複，且以單篇短文爲書，體例不純⑤。胡應麟云：「凡用修所輯諸書幾百種。」⑥明史楊愼傳云：「詩文外，雜著至一百餘種。」⑦四庫提要云：「平生所敍錄不下二百餘種。」⑧函海本升菴先生年譜更云：「平生著述四百餘種，散逸頗多，學者恨未睹其全。」⑨可知，從未有確知用修著作之總數者。筆者彙集各書目所著錄，及各書所述及者，得用修之著述二百五十餘種。

其有關考證之作，多以丹鉛爲名，計有：丹鉛錄、丹鉛別錄、丹鉛續錄、丹鉛要錄、丹鉛餘錄、丹鉛閏錄、丹鉛贅錄、丹鉛摘錄、丹鉛總錄、丹鉛雜錄等十種。顧其志攬茝微言云：「古之罪人以丹書其籍，魏志緣坐配沒爲工樂雜戶者，用赤紙爲籍，其卷以鉛爲軸。」⑩用修名在尺籍，故寄意於此也。其中，丹鉛摘錄十三卷爲用修就諸錄自爲刪薙，刻於嘉靖二十六年（一五四七）。而丹鉛總錄二十七卷，則其門人梁佐就諸錄重加刪併而成。總錄一出，諸錄遂微⑪。又有譚苑醍醐九卷，亦皆考證之語，與丹鉛諸錄大致相出入，而亦頗有不同。其名「醍醐」者，謂「從乳出酪，從酪出酥，從生酥出熟酥，從熟酥出醍醐。」⑫蓋自諸錄中擷其精華以成書者也。然用修有關考證之著作，固不止上述十餘書而已，其他偏部短記，涉及考證者尤多。

明萬曆四十五年（一六一七），焦竑（弱侯）輯編用修所著書，其升菴外集題識云：

> 鄙意先生詩文勒爲正集；其所選輯批評自爲一書者，爲雜集；至所考證論議總歸說部爲外集。
> （升菴外集目錄，頁七）

是知弱侯所編有正集、雜集、外集。正集所收皆爲詩文，如：升菴玉堂集、升菴文集、升菴詩集、南中集、南中續集、連夜吟卷、滇南月節詞、高嶢十二景詩等十五種。雜集所收爲用修所選輯批評自爲一書者，如：管子敍錄、水經補注、風雅逸編、古文韻語、金石古文、赤牘清裁、轉注古音略等八十三種。而考證論議說部則入外集。弱侯又云：

> 外集爲余鄉葉循甫遵、豫章王曰常嗣經共爲排纂，而余實先後之司成，顧公（起元）、汪公（煇）則嘉與而剞劂焉。（升菴外集目錄，頁七）

可知參與編輯者爲葉遵、王嗣經兩人。刊刻者爲顧起元、汪煇。外集所收書有：

(1)丹鉛錄　(2)丹鉛總錄　(3)丹鉛別錄　(4)丹鉛要錄　(5)丹鉛閏錄
(6)丹鉛贅錄　(7)丹鉛續錄　(8)丹鉛餘錄　(9)丹鉛摘錄　(10)秇林伐山
(11)清暑錄　(12)墐戶錄　(13)莊子闕誤　(14)楊子卮言　(15)卮言閏集
(16)譚苑醍醐　(17)經言指要　(18)升菴經說　(19)升菴詩話　(20)詩話補遺
(21)墨池瑣錄　(22)古諺　(23)古今風謠　(24)詞品　(25)詞品拾遺
(26)希姓錄　(27)謝華啟秀　(28)千里面談　(29)寫韻樓雜錄　(30)晴雨曆
(31)錄異記　(32)異魚圖贊　(33)龍宇雜俎　(34)蒼珥紀遊　(35)滇程記
(36)滇載記　(37)山海經補注　(38)蜥籛瓴筆

計三十八種。其中，如：古諺、古今風謠、希姓錄、謝華啟秀、錄異記、龍宇雜俎、蒼珥紀遊、滇程記、滇載記等，皆非考證之作，然用修考證之書，大抵盡萃於斯。

弱侯輯編是書之方法，詳於顧序，謂：「外集（部帙）尤多。異者疏之，同者合之，復者刪之，疑者闕之，誤者正之。就一部之中，別之以類；就一類之內，辨之以目。巨細畢收，綱維不紊。」（升菴外集序）可知，弱侯乃就三十八種書之內容，依其性質，分類排比。得二十七類，一百卷，其類目爲：(1)天文、(2)地理、(3)宮室、(4)人物、(5)器物、(6)飲食、(7)經說、(8)史說、(9)子說、(10)雜說、(11)文藝、(12)文事、(13)人事、(14)文事、(15)瑣語、(16)俗言、(17)古文韻語、(18)古音略例、(19)騷賦、(20)詩品、(21)古今風謠、(22)古今諺、(23)詞品、(24)字說、(25)畫品、(26)動物、(27)植物。每一類又分細目，如：人物類分官制、兵農、隱逸、養生、仙釋、婦女等目；經說類分周易、尙書、毛詩、春秋左傳（附公、穀）、禮記、周禮、儀禮戴記、論語、孟子、爾雅等目。然所分各類並非妥當，如：卷五十四至卷五十六爲文事，卷六十至六十一又爲文事。且有一事而分見兩類者，如：「河圖緯」一條：

茅山志引河圖要元篇云：「句金之壇，其間有陵，兵病不起，洪波不登。」又曰：「乃有地脈，土良水清，句曲之山，金壇之陵，可以度世，上昇曲城。」要元篇，蓋漢世緯書，後漢書志注不載，其目僅見此焉。

既見於地理類（卷四，頁五），又入雜說類（卷四十九，頁九）。至於校刋不精，魯魚豕亥，更所在多有。

然用修有關考證之書，蒐羅畢具。有此一編，其他單刋諸書可廢矣。故本章有關用修考證成果之論述，均取自是書⑬。

附注

①見張廷玉撰，「明史」（台北市，鼎文書局，民國六十四年影印本），卷一九二，楊愼傳，頁五〇八二。

②用修之生平資料有明簡紹芳編，「楊文憲公年譜」一卷（古棠書屋叢書本）；陳文燭編，「楊升菴太史愼年譜」（國朝獻徵錄卷二十一內）；李贄撰，「修撰楊公傳」（續藏書卷二十六）不著編者之「升菴先生年譜」（函海本升菴全集卷首）；清程封編，「楊升菴先生年譜」一卷（清道光新都縣志卷十內）；明史卷一九二楊愼傳

等。本節採自陳文燭編「年譜」與「明史」楊慎傳。

③王世貞撰，見「藝苑卮言」（台北縣，藝文印書館，民國四十八年），卷六，頁十。

④李贄撰，「續藏書」（台北市，台灣學生書局，民國六十三年），卷二十六，頁五〇一，楊慎傳附。

⑤見徐乾學撰，「傳是樓書目」（民國四年仁和王氏鉛印本），卷末附。

⑥胡應麟撰，「藝林學山」，卷八。「少室山房筆叢」（台北市，世界書局，民國五十二年），卷二十六，頁三四一，升菴詩話條。

⑦同註①，頁五〇八三。

⑧見「四庫提要」（台北縣，藝文印書館，民國五十八年），卷一一九，子部雜家類三，丹鉛餘錄十七卷提要。

⑨見「升菴全集」（台北市，台灣商務印書館，民國四十六年，國學基本叢書本），卷首。

⑩同註⑧。

⑪同註⑧。

⑫見楊慎撰，「譚苑醍醐」（台北市，廣文書局，民國五十九年），頁一，原序。

⑬本小節參考劉兆祐師撰，「升菴外集敍錄」，「升菴外集」（台北市，台灣學生書局，民國六十年影印本），卷首。

第二節　治學方向

在中明心學和復古風潮籠罩中，用修之出現，無異一顆慧星。其掙脫宋學羈絆，倡復漢學運動，並開創數百年考據學風之貢獻，正可與王陽明之心學相媲美。今人於用修之貢獻皆不甚了了，故有必要詳加論述，以彰潛德之幽光。

一、淵博之學識

用修學識之博洽，泰半由於家學淵源。陳文燭所撰年譜云：

七歲，母夫人教之句讀，併授以唐絕句，輒成誦，又以筆管印紙作圈，令公（指用修）書字於中曰：「吾雖不知書，然卽此則楷正，自可觀矣。」公奮志誦讀，不出外戶①。

用修之勤學，及母夫人之刻意教導，使其髫齡卽嶄露頭角。用修曾隨父入京師，偶作黃葉詩，李東陽見之曰：「此非尋常子所能，吾小友也。」乃進之門下，命擬出師表及傅奕請沙汰僧尼表，東陽覽之，謂不減唐、宋詞人②。

武宗正德六年（一五一一），用修廷試第一，授翰林院修撰，參與校書工作，學識更加精進。十二年（一五一二）武宗皇帝閱文獻通考，天文星名有「注張」，因命內閣取秘書通考別本，又作「汪張」，顧問欽天監，亦不知爲何星。武宗使內使下問翰林院。用修嘗記此事云：

> 內使下問翰林院，同館相視愕然，愼曰：「注張，柳星也。」周禮：「以注鳴者。」註：「注，咮也。鳥喙也，音呪。南方朱鳥七宿，柳爲鳥之咮也。」史記律書：「西至於注張。」漢書天文志：「柳爲鳥喙。」因取史記、漢書二條示內使以復。同館戲曰：「子言誠辨且博矣，不涉於私習天文之禁乎！」③

此事最足見用修之博學。又嘉靖初給事中張翀上疏言時政，中「論學術不正」一條，有「𠚍宇嵬瑣」之語，上以此四字問內閣，值用修在史館，卽取荀子非十二子篇以復。蔣敬所喜曰：「用修之博何減古之蘇頌乎？近日之學，謂不必讀書考古，不必格物致知，正荀子所謂𠚍宇嵬瑣者也。」④此皆用修博識之明證也。

至於時人更贊譽有加，林之盛云：「用修之博，有明一人。」又云：「明興稱博學饒著述者，蓋無如愼。」⑤海陽王煇亦云：

> 升菴先生起成都，潛心窺古作者，自墳、典、丘、索以來諸書，下及稗官小說，無幽不燭，無異不頌，無巨不舉，無纖不破，蓋胸中具一大武庫焉，故凡搜奇摘艷，爲人所目駴者，一經指點，遂若夏葛冬裘，凡狃見溺聞，爲人所意忽者，一經拈出，遂若冰綃火布，是寧啻與蘇、李鼎峙，實兼之也⑥。

陳文燭升菴年譜亦云：

凡宇宙名物，經史百家，下至稗官小說，醫卜、技能、草木、蟲魚，靡不究心多識，闡其理，博其趣，而訂其訛謬焉⑦。

此皆贊其博學之語也。徵之用修數百種之著述，實非過譽之言。今觀焦竑所編升菴外集一百卷，分天文、地理、宮室、人物、器用、飲食、經說、史說、子說、雜說、文藝、文事、人事、詩品、詞品、字說、動物、植物諸類，亦足佐證前人之言。

用修既有博洽之學識，於當時浮薄淺妄之學風必有批評，如：

近日學禪士夫，乃束書不觀，口無雅談，手寫訛字，寧不愧於僧徒乎⑧。

又云：

今之淺學，舍經史子集而勦小說，以爲無根之游談⑨。

而於當時定爲官學之朱子，更攻詰批評不遺餘力。蓋朱子之學爲當時士人求取利祿之工具，用修之批評，卽用以反俗學之陋。反俗學卽反宋學，由反宋學而重視古經古注，卽高擧漢學之旗幟矣。用修書提倡漢學之言，可謂不勝枚擧，如：

或問楊子曰：「子於諸經多取漢儒而不取宋儒，何哉！」答之曰：「宋儒言之精者，吾何嘗不取，顧宋儒之失在廢漢儒而自用己見耳⑩。

其解詩經：「睍睆黃鳥」云：「今注皆以爲鳥聲，似不及古注之爲得。」⑪又堯典：「百姓昭明」，僞孔傳以百姓爲有爵命者，用修云：「安國，漢人，孔子之後，其說必有所授。」⑫此種提倡漢學之運動，即是考據學之萌芽。其後承用修者，如：梅鷟、陳耀文、朱謀㙔、朱睦㮮、胡應麟、焦竑、陳第、方以智等人，皆重古注、重漢學，甚至實際從事經書之考訂研究，即由用修啟迪之也。

二、考據工作之特徵

用修既反宋學，倡漢學，並實際從事考證，且有前人所不及之成就，則其考據工作必有值得一述者，玆述其特徵如左：

㈠懷疑精神：用修之學所以能掙脫宋人羈絆，自創新說，即得力於其懷疑精神，其云：

信信，信也；疑疑，亦信也。古之學者，成于善疑，今之學者，畫于不疑。談經者曰：「吾知有朱而已，朱之類義亦精義也。」言詩者曰：「吾知有杜而已，杜之齟句亦秀句也。」寧爲佞，不肯爲忠，寧爲僻，不肯爲通⑬。

此譏斥當時學者僅知信守前人舊說，而不知變通，故曰：「今之學者，畫于不疑。」用修雖貴古注，然並不溺于古人之訓詁，故宋人注之誤者批駁之，即漢人說之訛謬者，亦不偏袒。此即其不苟同、不附和，不隨波逐流精神之表現。

由於其特有之懷疑精神，勘正古書訛誤而確實可從者甚多。下節論用修考經書時，將詳述之。此可證其考證之貢獻。

㈡博證精神：考證工作，必先蒐集證據，蒐證之第一步爲抄書。用修於資料之抄集，最見用心，曾云：

> 愼執鞭古昔，頗合軌葛（葛洪）、王（王筠）。自束髮以來，手所抄集，帙成踰百，卷計越千⑭。

此卽其勤於抄書之明證。由抄書所累積而成之證據，卽用修考據能博證之主因。明代以前之考據家，多非刻意引證，至用修始博引之，故吾人每見其旁徵博引，上下古今，有持證數十條者。此卽用修「觀書所以貴博證」之表現也。

㈢善用輔助工具：今人每以清人考據之善用輔助工具，而贊譽不置，實則用修已具此種精神。由於其博洽多聞，考經典時，非但能以經典本文互證，更能兼用音韻學、金石、方志、書畫等輔助工具以證成已說。

1.音韻學：用修之考文字音義，開後人研究小學之風。其古音學之知識雖不如陳第之明晰，然利用聲音相通轉之理，以考詩音，正訛字、訛音，則始於用修也。其所著轉注古音略等書，卽其利用音韻學考證之總成績。

2.金石學：用修閑於金石之學，故最能利用金石資料爲考證之資，如：范曄後漢書以嚴光爲餘姚人，用修引後漢書任延傳，以爲嚴光爲避亂江南者，又引嚴子陵碑：「子陵，新野人，避亂江南，娶梅福女，因居會稽。」以證范曄之非⑮。用修又云：

> 自漢、魏、六朝至唐，宮中衣皆尚窄，非惟便於趨承，亦以示儉爲天下先也。觀馮緄墓石闕刻美人

可見⑯。

此以墓石闕刻，證古人宮衣尙窄。此類例子，用修書中甚夥。今人王國維先生提倡地下資料與書本資料互證，曰「二重證據」⑰。觀用修之考證，實已導風氣於先矣。

3.方志：用修曾引長安志以證杜常華清宮詩之「曉風」，應作「曉星」⑱。後人每以此爲引方志證詩之嚆矢也。

4.書畫：用修亦善於用畫爲考證之資，如詩經：「有頍者弁」士冠禮鄭注：「滕、薛名蔮爲頍，今未笄冠者着卷頍象之所生也。」用修以爲古畫婦女有頭施紺羃者，即此也。⑱ 此利用古畫證古人之服飾。

此外，如利用詩文、筆記、方言俗語，亦皆爲用修所擅長。此皆成就用修博洽考證學之主因也。然用修由於貶謫滇南，高材無所用，遂以考證爲遊戲之資，復以其生性嗜奇，故考證之好奇炫博者亦隨處有之，後人之譏刺用修者卽在此也。

用修之心態固足以抵消其部份考證之成就，然其提倡漢學，開往後四百年考據學風之貢獻，吾人仍應予以肯定，並表彰之。

附注

①見陳文燭撰，「楊升菴太史愼年譜」。收入焦竑編，「國朝獻徵錄」(台北市，台灣學生書局，民國六十年，影印本)，卷二一，頁五一。

②同注①。

③見焦竑編，「升菴外集」（台北市，台灣學生書局，民國六十年），卷一，頁一九，注張條。又見林之盛撰，「皇明應謚名臣備考錄」（明萬曆原刊本），卷三，頁四五。

④同注③，卷六〇，頁一三，喬宇鬼瑣條。

⑤林之盛撰，「皇明應謚名臣備考錄」，卷三，頁四八。

⑥汪煇撰，「楊升菴先生外集跋語」，見「升菴外集」，卷首。

⑦同注①，頁五七。

⑧同注③，卷一三，頁一一，遠公文藻條。

⑨同注③，卷三七，頁一七，李泰伯不喜孟子條。

⑩同注③，卷二六，頁三，日中星鳥條。

⑪同注③，卷二八，頁一三，緜蠻睍睆條。

⑫同注③，卷二六，頁二，百姓昭明條。

⑬見楊愼撰，「丹鉛續錄」（台北市，台灣商務印書館，民國五十五年，叢書集成簡編本），頁一，「丹鉛續錄序」。

⑭見楊愼撰，「丹鉛別錄序」。「升菴全集」（台北市，台灣商務印書館，民國四十六年，國學基本叢書本），卷二，頁二八。原序作「王融」，胡應麟勘正爲「王筠」，茲據改。

⑮同注③，卷一二，頁二，嚴子陵條。
⑯同注③，卷一六，頁八，宮衣尙窄條。
⑰王國維古史新證第一章總論：「吾輩生於今日，幸於紙上之材料外，更得地下之新材料。由此種材料，我輩固得據以補正紙上之材料，亦得證明古書之某部分全爲實錄，即百家不雅馴之言，亦不無表示一面之事實。此二重證據法，惟在今日始得爲之。」王氏所說，即以紙上材料與地下材料互證，此即「二重證據」。此點于大成有更深入之闡述，詳見于大成撰，「二重證據」。「理選樓論學稿」（台北市，台灣學生書局，民國六十八年），頁五〇一—五六一。
⑱詳見紀昀等撰，「四庫提要」（台北縣，藝文印書館，民國五十八年），卷七十，史部地理類三，頁十二，長安志二十卷提要。
⑲同注③，卷一六，頁七，巾幗條。

第三節　考訂經書

前節述用修之爲學方向時，已論及用修之重經、重注疏，實爲漢學復興之前奏，然後儒于其說經文字，每多輕忽之，僅續修四庫提要譽其爲「明人經說之翹楚」①，較得其平。用修之經說，具見於焦竑所編升菴外集卷二十四至卷三十七，計十四卷。清李調元函海收升菴經說十四卷，即據此翻刻而成。卷中諸條或闡明經義，或釐定字音，或考證字句，雖精粗不一，然皆表現不因襲舊說之創新精神。後人以經學復興於清代，實則於用修經說中，已見其端倪。

一、周易、尚書

用修之說易，有發揮義理者，如：太極、陰陽、小過六爻、魂魄諸條是也。有釐定字音者，如：位正當也、盱豫、束帛戔戔、頤音陽諸條是也。另有考證字義者數十條，爲用修說易之重點，各條之考證，或詳或略，皆一反前人之說，其攻擊朱子者尤多。玆擇其要者述之如左：

1.否卦九五：「其亡其亡，繫于苞桑。」後之解易者，皆以苞桑爲固結之喩。用修以爲：苞桑，非固結之物，蓋古人朽索、六馬、虎尾、春冰之類也。其舉證云：

陸宣公收復河北後請罷兵狀云：「邦國之杌隉，綿綿聯聯，若苞桑綴旒，幸而不殊者屢矣。」②

按：苞桑，叢桑也。蓋物應繫于大木，方能鞏固；桑而叢生，其柔可知，繫于柔木，其危可知，故云：「其亡其亡，繫于苞桑。」用修以苞桑為朽索、六馬、虎尾、春冰之類，雖非是，然其具懷疑精神則可嘉也。

2.大過九二：「枯楊生稊，老夫得其女妻。」朱子周易本義云：「稊，根也，榮於下者也。」用修駁之云：

(1)稊，按字書本不訓根，據易爻初為木本，或可象根，至二爻則非根矣。

(2)柳之發榮自末稍始，唐詩所謂「解凍風來末上青」也，不自下而榮。其說戾矣③。

用修駁之是也。周易集解引虞翻曰：「稊，稚也，楊葉未舒稱稊。」是知稊訓葉之初生，不訓根也。枯楊生稊，猶云枯稊生葉也，乃反枯為榮之象。

3.遯卦上九：「肥遯，無不利。」子夏曰：「肥，饒裕也。」後世有飛遯之說，如：淮南子：「遯而能飛，吉孰大焉。」用修云：古文肥作𩇯，字或誤作蜚，遂有飛遯之說④。此可備一說。

4.漸卦六二：「鴻漸于般。」今本作「磐」，王弼云：「磐，山石之安者。」朱熹周易本義云：「磐，大石也。」用修云：

裴龍駒注云：「般，水涯堆也。」史漢武紀所引作磐。今易解作大石，鴻固不棲石也。因磐字從石而誤其說耳⑤。

孟康注亦云：「般，水涯堆也。」清王引之亦以為應作水涯堆解，王氏就前後爻關係云：「初爻漸于干；

干，水涯也；二爻漸于般，般爲水涯堆，則高於水涯矣；三爻漸于陸，則又高於水涯堆矣。」⑥可證成用修之說。

5.易繫辭傳：「冶容誨淫」，用修以爲古字「冶」「蠱」通用，舉證云：

(1)冶容誨淫，太平廣記引之作「蠱容誨婬」。

(2)南都賦：「侍者蠱媚，巾幘鮮明。」五臣注作「冶媚」。

(3)馬融廣成頌古冶字作蠱字⑦。

按：蠱、冶二字古書多通用，周嬰卮林曾舉數例，如：維摩詰經有妖蠱語，唐沙門玄應音義云：「蠱，周易作冶。」張衡思玄賦：「咸妖麗以蠱媚。」章懷注曰：「蠱音野。」⑧皆可證成用修之說。

此外，希夷易圖與易圖考證兩條，譏朱子不云後天圖續於邵康節爲「掩耳盜鐘」、「藏頭露尾」⑨；朱子引用誤字條，則舉朱子引文之誤，如：繫辭傳：「鼓萬物而不與聖人同憂」，朱子引程子：「天地無心而成化，聖人有心而無爲。」「無心」實應作「不宰」；「參伍以變」注引韓非子：「參之以比物，伍之以合參。」韓非本文實作「伍之以合虛」⑩等皆是。蓋當時說易者皆一準於朱子，用修攻擊之，實出於反權威之心態也。

用修之說尙書，於前人之說，或引述之，或譏駁之，蓋實事求是，擇善而從者也。玆述其要者：

1.蔡沈書集傳云：「百姓者畿內之民，黎民者四方之民。」用修斥爲「不通古今之說」，又駁之云：

聖人之視民遠近一也，豈分畿內與四方哉！百姓蓋祿而有土，仕而有爵者。能自明其德而後協同萬國，萬國諸侯協和而後黎民變時雍，此其序也。若以百姓爲民庶，則黎民又是何物。亦豈有民庶先於諸侯者哉！⑪

此以百姓爲有爵命者，百姓既爲有爵命者，則今之舜典以「百姓如喪考妣」爲一句，「三年四海遏密八音」爲一句，實不協文義。用修以爲應句讀作「百姓如喪考妣三年，四海遏密八音」，其說曰：

百姓有爵命者也，爲君斬衰三年，禮也。禮不下庶人，且有服賈力役農畝之事，豈能皆服斬衰，則但「遏密八音」而已。此當時君喪禮制⑫。

此因百姓之說而正舜典句讀之誤者也。

2.舜典：「咨！汝二十有二人」。馬融以爲合十二牧十二人，四岳四人，及禹、垂、益、伯夷、夔、龍等計之⑬。後之說尚書者皆採馬氏之說。宋人孔平仲則以爲四岳爲一人，合稷、契、皋陶爲二十二人，用修深然其說，舉證云：

(1)漢書：「三公一人，爲三老；次卿一人，爲五更。」注：「五更，知五行者。」安知四岳非知四方者乎？

(2)書內有「百揆四岳」，以四岳爲四人，則百揆亦須百人矣。

(3)劉珥江曰：「五官中郎未聞五箇，四門博士豈是四人。」⑭

此外，用修又以明翰林之五經博士，欽天監之五官挈壺，皆僅一人，證成孔平仲之說。按：用修之說是也。馬融以四岳爲四人，而擯除稷、契、皋陶三人，以其「居官久，有成功，但述而美之。無所復勅。」

實非通達之言。

3.舜典云：「舜生三十徵庸，三十在位，五十載，陟方乃死。」「陟方」二字，蔡沈書集傳釋爲「升遐」，用修駁之云：

(1)「陟方乃死」，家語作「五十載陟方岳死于蒼梧之野」，以方爲方岳，正與國語「舜勤民事而野死」之文合，而文義亦順。

(2)今注以「升遐」訓之，與下文「乃死」重複。

(3)左思吳都賦：「梁岷豈有陟方之館，行宮之基與。」以陟方對行宮，蓋以爲天下巡狩事也。亦與國語、家語合。⑮

此用修以「陟方」之「方」爲「方岳」，謂舜登方岳而卒於蒼梧之野，於義爲得。蔡沈之說非是也。

4.世本云：「化益作井」，宋衷以爲化益卽伯益，用修證成之云：

(1)荀子成相篇：「傳禹平天下，躬親爲民行勞苦，得益（伯益）、皐陶、橫革、直成爲輔。」

(2)呂氏春秋云：「得陶、化益、眞成、橫革之交五人佐禹。」

可知益（伯益）卽化益，眞成卽直成⑯。宋衷之說是也。

以上爲用修說尚書之得者，至如：舜七始詠條，以「切韻之法，自舜世已然。」⑰睿作聖條云：「目擊道存之謂睿，故其字從目，聲入心通之謂聖，故其字從耳，故曰聖人時人之耳目。」⑱則牽强附會，向壁虛造之言，不足深信也。

二、詩經

用修之說詩，並不專主一家，於毛、鄭時有駁正，對朱傳也頗有微言。其論詩序，以朱子之廢序爲矯枉過正，非平心折中之論⑲。論大小雅，則採嚴粲之說，以爲純乎雅之體者爲雅之大，雜乎風之體者爲雅之小⑳。篇中又多錄諸書所引詩經之異文，然用力最多者，應推詩義之闡釋與詩音之釐定二項。

㈠詩義之闡釋：由於年代懸遠，加以後人傳鈔之誤，說詩者於詩義之解釋也每有不同，牽强附會者有之，迂曲難通者亦不少。用修於前賢說詩違礙處，每能旁徵博引，反覆論證，迭有新見。用修詩說四卷中，考訂詩義者數十條，玆擇其要者述之如左：

1.豳風東山：「町畽鹿場」，「町畽」二字，後人皆據毛傳釋爲「鹿跡」，用修以爲應解作「田野」。其證云：

⑴舉漢人之說：毛公云：「鹿跡也。」說文云：「禽獸所踐處。」

⑵正漢人之誤：用修以爲漢人之所以誤解，乃因「町畽」下有「鹿場」二字，遂用「鹿跡」、「獸踐」附會之。實則，鹿跡、獸踐可解鹿場，不可解町畽。

⑶推尋詩句之意：詩人之意爲征夫久不歸，町畽之地，已踐爲鹿場，並非町畽卽鹿場。

⑷羅列證據：說文將「町畽」入田部，可見並非鹿跡或獸踐。左傳有「町原防，井衍沃」，干寶注云：「町，小頃。」張衡西京賦有「編町成篁」之句，注云：「町，畎畝。」此外，王充論衡：

「町町如荆軻之廬。」石鼓文：「原隰既垣，疆理曈曈。」召伯敦銘：「予既曈商。」莊子：「舜舉於童土之地。」成玄英疏：「童，土曈也。」四條皆指田野，並無鹿跡之說㉑。朱熹詩集傳釋「町曈」二字云：「舍旁隙地也。無人焉，故鹿以爲場也。」㉒可見以「町曈」非「鹿跡」，朱子已先發之。用修旁徵博引，以證成前人之說，亦不爲無功。

2.小雅正月：「民今之無祿，天夭是椓。」用修以爲「天夭」當作「夭夭」，其引證云：

(1)張衡云：「利端始萌，害漸亦牙，速速方轂，夭夭亦加，欲豐其屋，乃蔀其家。」可知張衡以「天夭」爲「夭夭」。

(2)詩中佌佌、速速、夭夭連文，如作「天夭」，與詩中句法不合。

(3)「夭夭」之意自然，「天夭」則失之牽强。

(4)王安石詩：「栩栩幽入夢，夭夭老者居。」亦祖張衡說㉓。

「天夭」二字，韓詩與蜀石經正作「夭夭」。且檜風隰有萇楚：「夭之沃沃」之「夭」，作名詞用，正可比證㉔。用修雖不及引韓詩及蜀石經爲佐證，然能引張衡之說，又能以句法爲證，證據亦充足。

3.大雅緜：「自土沮漆」㉕，毛傳云：「土，居也。」朱熹詩集傳：「土，地也。」用修則以爲「土」當作「杜」，其證云：

詩曰：「生民之初，自土沮漆。」齊詩作「自杜沮漆」，言公劉避狄而來居杜與漆、沮之地。杜、水名，卽杜陽也。據文義作杜爲長㉖。

王引之經義述聞之說正與此合㉗。今人皆以此說爲王氏之創見，不知二百餘年前之用修已先發之矣。

4.大雅崧高：「往近王舅」，毛傳云：「近，已也。」鄭箋云：「近，辭也。」用修引朱公遷說：

說文：𨑒，从辵从丌，丌音基，楷書作迸，與近相似而誤也。㉘

此以「近」爲「𨑒」字之誤。清代學者惠棟、段玉裁，皆有考證，其說與用修暗合㉙。

5.前人說詩，每以辟雍爲天子之學，泮宮爲諸侯之學，朱熹詩集傳亦云：「諸侯之學，鄉村之宮，謂之泮宮。」㉚用修則以爲辟雍乃宮名，泮宮乃泮水旁之宮。其舉證云：

(1)說文：「辟雍」作「廦廱」，許愼云：「廦，墻也；廱，天子享宴廦廱也。」魯詩：「騶虞，文王囿名也。辟雍，大王宮名也。」以說文、魯詩之解觀之，則與詩：「鎬京辟雍」、「於樂辟雍」之義皆合。

(2)辟雍爲天子學名，泮宮爲諸侯學名，自王制始有此說，王制出於漢文帝時曲儒之筆，並不可信。

(3)孟子曰：「夏曰校、殷曰序、周曰庠。學則三代共之。」使天子之學曰辟雍，爲周之制，則孟子固言之矣。

(4)既曰「辟雍」，而周頌振鷺又云：「于彼西雍」；考古圖又有「胥雍」，可知辟雍、西雍、胥雍，皆爲宮名。

(5)魯頌既曰「泮宮」，又曰「泮水」、「泮林」，可知泮宮乃泮水旁之宮，泮林爲泮水旁之林。

(6)魯有泮水，故因水名以名其宮，卽使魯之學在水旁而名泮宮，如王制之說，當時天下百二十國諸

侯之學，豈皆在泮水之旁乎？而皆名泮宮邪？㉛

用修此條最爲博辯，清方中履古今釋疑中辟雍、泮宮非學名條，也引用修之說㉜。姚際恒詩經通論：「泮宮，宋戴仲培，明楊用修皆以爲泮水之宮，非學名，其說誠然。」㉝戴震毛鄭詩考正、馬瑞辰毛詩傳箋通釋、方玉潤詩經原始所論亦與用修相合㉞。足見用修之說確鑿有據。

㈡詩音之釐定：用修論古今音之不同云：「予綴古音一書，或以今韻反切不同規予者，予曰：既曰古音，豈能悉合今韻乎？」㉟既知古音不同今音，考古音必用古代韻語資料，而詩經又是古韻語之祖，故用修之古音著作，如：轉注古音略五卷、古音略例一卷、古音餘五卷、古音獵要五卷等，時舉詩經爲例。有關用修之古音學將於下節論之。本小節舉升菴外集中之論詩音者數則，以見其研究歸納之功。

1.鄘風柏舟：「實維我儀」，用修以爲「儀」音「俄」，舉證云：

(1)柏舟：「實維我儀」叶「在彼中河」。

(2)菁菁者莪：「樂且有儀」叶「在彼中阿」。

(3)東山：「九十其儀」叶「其舊如之何」。

(4)太玄：「各遵其儀」叶「不偏不頗」。

(5)史記徐廣音「檥船」作「蛾船」。

(6)漢隸「蓼莪」作「蓼儀」。㊱

2.衞風氓：「女也不爽」，用修以爲「爽」字應讀平聲，舉證云：

(1)氓：「女也不爽」叶「士貳其行」。
(2)蓼蕭：「其德不爽」叶「壽考不忘」。
(3)老子：「五味令人口爽」；左傳：「唐公有兩肅爽」；楚辭：「厲而不爽」，音全同。㊲

3.鄭風羔裘：「洵直且侯」，用修以為「侯」音「胡」；舉證云：
(1)羔裘：「洵直且侯」叶「羔裘如濡」。
(2)史記匈奴傳「胡王」，漢書作「侯王」。
(3)易林：「季姬踟躕，望我城隅；終日至暮，不見齊侯。」
(4)又：「范子妙才僇辱傷膚，然後相國封為應侯。」
(5)張衡西京賦：「增昭儀于婕妤，賢既公而且侯；許趙氏以無上，思致董於有虞。」
(6)呂氏春秋：「今侯渫過而弗辭。」㊳

此外用修又能利用當時語言「俗呼喉嚨為胡嚨」為證，洵為難得。

4.齊風雞鳴：「匪東方則明」，用修以為「明」字音「芒」，舉證云：
(1)雞鳴：「匪東方則明」叶「月出之光」。
(2)板：「昊天曰明」叶「及爾出王」。
(3)周易：「天下文明」上叶「陽氣潛藏」，下叶「與時偕行」。
(4)尚書：「元首明哉，股肱良哉，庶事康哉。」

(5)荀子：「契玄王生，昭明歸藏。」

(6)白虎通：「清明風者，清芒也。」㊴

5.小雅出車：「雨雪載塗」，用修以爲「塗」音「余」，舉證云：

(1)出車：「昔我往矣，黍稷方華，今我來思，雨雪載塗。」「塗」與「華」押韻。

(2)易林：「雨雪載塗，東行破車，旅人無家。」

(3)柳詩：「善幻迷水火，齊諧笑拍塗；東門牛屨飯，中散蝨空爬。」㊵

以上所舉爲升菴外集中言詩古音之犖犖大者而已。其後，焦竑筆乘有古詩無叶音條㊶，陳第更著毛詩古音考四卷，所考之字多至四百四十餘，且將所舉之例，釐爲本證、旁證。此皆聞用修之風而起者也。今人每以考詩音始自陳第，實不免以雲仍爲高曾。

三、三傳、三禮

用修之說三傳，亦不主一家，於左傳則頗譏刺杜預之說，至公羊、穀梁附會之言，亦能隨事駁正。茲舉要者如左：

1.左傳僖公四年，管仲責楚國，苞茅不入，無以縮酒，且追問當年周昭王何以南征而不復？屈完對曰：「貢之不入，寡君之罪也，敢不共給？昭王之不復，君其問諸水濱！」杜注以爲昭王時漢水非楚境，故不受罪。用修駁之云：

(1)楚始封於殷代，楚苦縣瀨鄉在漢水東北，則漢水於西周之際豈有未屬楚者乎？

(2)詩商頌殷武：「奮伐荊楚，罙入其阻。」鄭注：「罙入方城之阻也。」方城在今漢水北，豈昭王時未屬楚乎？

(3)屈完以齊桓所問之大，不敢他對，但請自問於水濱，而人莫之知也。㊷

用修以漢水北之苦縣、方城早已屬楚，則漢水自爲楚境，其說是也。竹添光鴻左傳會箋，亦引用修之說以駁杜預之非㊸。

2.左傳僖公四年，「晉獻公欲以驪姬爲夫人，卜之，不吉；筮之吉。公曰：從筮。卜人曰：筮短龜長，不如從長。」杜預注曰：「筮數龜象，象長數短。」用修譏爲瞽說。孔穎達云：「神以知來，知以藏往，然則知來藏往，是爲極妙，雖龜之長無以加，……若至理而言，卜筮實無長短。」用修譏其知杜氏之謬而不敢規之。遂辯駁之云：

> 獻公卜驪姬，卜吉而筮凶。卜人曰：「筮之辭所言理短，龜之辭所言理長。」故下文遂引龜辭，蓋卽立驪姬一事，而非謂筮龜有長短也㊹。

此以左傳本文證杜預注之謬。左傳會箋以爲楊說可從㊺。

3.左傳僖公二十三年，秦伯將納公子重耳，公子賦河水。杜預注：「河水，逸詩，義取河水朝宗于海。」用修引韋昭云：

> 河水，當作沔水，字之誤也。「沔彼流水，朝宗於海。」言己反國，當朝事秦㊻。

江永群經補義亦以此說爲是，以爲沔水詩：「嗟我兄弟，邦人諸友，莫肯念亂，誰無父母」，亦欲以此感動秦伯，望其念亂而返己歸也㊼。

4.左傳襄公三十一年：「繕完葺墻，以待賓客。」用修云：「繕也，完也，葺也，一義也；一墻也，繕未足而又加完與葺焉。於義爲複。」以爲非古人修辭體要。唐李涪刊誤以爲「完」當作「宇」，用修述之云：

審「完」字乃「宇」字之誤。曰：「繕宇葺墻」，辭無複義，亦昭矣。㊽

用修之說是也。或云：「完借爲院，院，垣也。」㊾則繕院與葺墻，義複矣。實不如用修說之通達。

5.春秋僖公十五年：「己卯晦，震夷伯之廟。」公羊傳以爲春秋不書晦，朔有事則書，晦雖有事亦不書。故以「己卯晦」之「晦」爲冥，穀梁傳襲之。用修則以爲晦乃三十日，並舉春秋書晦者另有成公十六年：「甲午晦，晉侯及楚子、鄭伯戰于鄢陵，楚子、鄭師敗績。」以駁之。且更引前賢之言：

(1)劉歆曰：「及朔書朔，及晦書晦。」

(2)劉原父曰：「晦、朔，天之所有，取朔棄晦，乖僞之深者。」㊿

以明公羊、穀梁之非。且左傳以爲陣不違晦，故成公十六年晉與楚、鄭之戰，楚、鄭以晦而敗。用修斥爲「勦說之無理者」。

至於，以士會當作士會，則頗爲陳耀文所譏[51]；且引前賢之文，不注所出者，亦頗有之[52]。然小疵不害大醇，可取者實多。

禮本徵實之學，漢、唐注疏已臻極致。故自宋以來，學者多推尋於字句之間，考證少而論辯多。用修之說禮。大抵兼考證與論辨；於周禮頗取杜子春與鄭司農，鄭玄注疏漏之處，亦能刊正之。至於儀禮、禮記，則左右采獲，不主一家。茲擇要述之如左：

1.周禮九嬪鄭注，述群妃御見之法，以爲「卑者宜先，尊者宜後。女御八十一人，當九夕；世婦二十七人，當三夕；九嬪九人，當一夕；三夫人當一夕，后當一夕。亦十五日而徧，自望後反之。」用修以爲迂且謬，駁之云：

(1)苟如此，則王后一月之間，不過兩御于王，當其朔與晦爾。不知小盡之月肯通融否？是又奪三夫人之一夕矣。

(2)王后當夕之外，三夫人一夕，其餘皆九人一夕。且聖王制禮，本以防淫，黃老養生，亦惟寡欲，一人之身而一夕九合，雖金石之軀，亦將亟銷而速澌矣。

(3)況古者人君，圜丘、方澤、朝日、夕月、山川、社稷、禴、祠、烝、嘗，爲禮至緐，動輒三日齋，七日戒，而可以無夕不御女乎？是齊高緯、金海陵之所不爲，而謂聖世有此制乎！[53]

用修此說最爲確當，足破鄭玄之謬。

2.曲禮一篇，鄭玄以爲篇中記吉、凶、軍、賓、嘉五禮之事，故名之。孔穎達正義更就鄭說發揮之。用修則以爲：

曲者一偏一曲之謂，中庸言「致曲」，易大傳言「曲成」。老子云：「曲則全」。莊子云：「曲士不可以語於道。」易又言：「其言曲而中指。」人言曰心曲、衷曲；地名韋曲、杜曲；皆同義。曲禮者，言禮之小節雜事，而非大體之全文也。㊹

按：曲禮一篇，所記多禮文之細微曲折者，其上篇尤致詳於言語、飲食、灑掃、應對、進退之法。卽用修所云：「曲禮者，言禮之小節雜事。」鄭、孔之說非是。

3. 禮記王制：「方伯爲朝天子，皆有湯沐之邑，於天子之縣內，視元士。」用修以爲此說襲自公羊傳：「天子有事于泰山，諸侯皆從泰山之下，諸侯皆有湯沐之邑。」故先引前賢駁公羊傳之說云：

(1)許愼五經異義曰：「若如此，周千八百諸侯，盡京師地不能容之，不合事理之宜。」

(2)左傳云：「諸侯有功德於王室，京師有朝宿之邑，泰山有湯沐之邑。魯、周公之後；鄭、宣王母弟，有湯沐邑。其餘則否。」

(3)胡安國云：「成王以周公有大勳勞，故特賜之許田爲朝宿之邑。如皆有焉，盡天下之郊，不足爲其地矣。宣王以鄭伯母弟懿親，故特賜之祊田，爲湯沐之邑，如皆有焉，盡泰山之旁不足爲其邑矣。」㊺

三說可謂明盡，足破公羊之謬。其後，用修駁王制之說云：

漢儒刺六經作王制，又踵公羊之謬而益之曰：「視元士。」果如其說，則天子元士視附庸，附庸亦五十里，千八百諸侯，各有五十里之湯沐邑，則是二十五萬之地而後足也。又各有朝宿邑，亦二十五萬里而後足也。合之五十萬，盡王制、禹貢疆界而不足，不獨京師與泰山之旁矣。㊻

用修此說最諦，足破漢儒解經之謬。

4.禮記明堂位：「成王以周公有勳勞於天下，命魯公世祀周公以天子禮樂。」後儒遂以魯僭天子之禮，爲成王之賜，伯禽之受。用修大不以爲然，舉證駁之云：

呂氏春秋：「魯惠公請郊廟之禮於周天子，使史角往報之。」所謂天子，蓋平王也。使成王果賜伯禽，則惠公又何請之有？其曰天子使史角往報之，蓋亦未之許也。平王猶之不許，而謂成王賜之乎？[57]

可見魯僭用天子之禮，非成王、伯禽之本意。然則魯之僭禮，始於何時？用修釋之云：

(1)春秋桓公五年：「大雩。」雩之僭始於桓也。

(2)閔公二年：「吉禘于莊公。」禘之僭始於閔也。

(3)僖公三十一年：「四卜郊。」郊之僭始於僖也。

(4)魯頌閟宮三章，首言「乃命魯公，俾侯于東，錫之山川，土田附庸。」無異典也。其下乃曰：「周公之孫，莊公之子」，以及於「饗祀不忒，皇皇后帝，皇祖后稷。」蓋魯自伯禽而下，十有八世，自僖公始有郊祀，而詩人頌之。則其不出於成王之賜益明矣。[58]

用修所論極爲周詳，可見其禮學之造詣。焦竑筆乘續集曾襲用之[59]，晚清今文學家康有爲所論亦與此暗合[60]。

四、論語、孟子、爾雅

用修於論、孟二書，闡釋義理者多，如：夫子與點、齊桓晉文、用我吾爲東周、予欲無言、立賢無方、論性諸條皆是也。其有關考證者頗能正朱子之失，玆擇其要者述之如左：

1.論語雍也篇：「子曰：觚不觚，觚哉觚哉。」朱子云：「觚，稜也，或曰酒器，或曰木簡，皆器之有稜者也。」用修以爲孔子所嘆之觚爲酒器，非木簡，其說云：

(1)以觚爲簡，起于秦、漢以後，孔子未嘗見之也。

(2)以勢言之，酒觚可削而圓，木簡不可削而圓也。木簡而規圓之，豈不成趕麵杖耶！㊶

用修以竹木簡起於秦漢以後，雖不確㊷，然以孔子所嘆之觚爲酒器，今人則無異議。

2.論語先進篇：「賜不受命，而貨殖焉，億則屢中。」朱子云：「貨殖，貨財生殖也。」用修引說文：「殖，脂膏久也。」又引考工記弓人疏：「今人頭髮有脂膏者，謂之䐈。」證知殖與䐈通用，遂云：

貨殖謂藏積而不用，如脂膏久而致殖也。今以興生射利者爲殖，蓋借用字耳，後世遂以殖訓生，非也。㊸

按：段玉裁云：「脂膏以久而敗，財用以多藏而厚亡，故多積者謂之殖貨，引伸假借之義也。」㊹此可證成用修之說。

3.論語陽貨篇：「子曰：吾豈匏瓜也哉，焉能繫而不食。」朱子云：「匏瓜繫於一處，而不能飲食，人則不如是也。」用修駁之云：「吾豈匏瓜也哉，言匏苦而人不食之，非謂匏不能飲食也。植物之實何物能飲食哉。左傳曰：『匏不才，於人共濟而已。』正與孔子之言及詩匏有苦葉相合。」[65]

4. 論語微子篇：「周有八士，伯達、伯适、仲突、仲忽、叔夜、叔夏、季隨、季騧。」馬融以爲成王時人，劉向以爲宣王時人，朱子則綜合二家之說，云：「或曰成王時人，或曰宣王時人。」用修考之云：

(1)周書克殷解：「乃命南宮忽振鹿臺之財，乃命南宮百達、史佚遷九鼎三巫。」疑南宮忽卽仲忽，南宮百達卽伯達也。

(2)尚書有南宮括，疑卽伯适也。

用修以爲尚書南宮之姓與周書南宮之姓合，伯達、伯适與仲忽之名又合，似是無疑[66]。用修所考是也。惟史佚，卽叔夜，未及考出。清朱右曾云：「史佚，疑卽八士之叔夜，夜、佚聲相近。」[67]此可補用修之不足。

5. 孟子梁惠王篇：「梁惠王曰：晉國，天下莫强焉，叟之所知也，及寡人之身，東敗於齊，長子死焉，西喪地於秦七百里，南辱於楚。」魏本晉大夫，故惠王猶自謂晉國。惠王自述其國强弱變遷之勢，用修以爲注疏及朱子注皆不詳，故引戰國策云：

(1)甘茂謂秦王曰：「詩云：靡不有初，鮮克有終。梁君伐楚，勝齊，制韓、趙之兵，驅十二諸侯，朝天子於孟津，後子死，身布衣，而拘於秦。」

(2)蘇秦說齊閔王曰：魏王擁土千里，帶甲三十六萬，恃其强而拔邯鄲，又從十二諸侯朝天子，以西謀秦，秦用商鞅計，以言佯尊而驕之，魏王乃廣公宮，制丹衣，柱建九斿從七星之旗，此天子之位也。於是齊楚怒伐魏，殺其太子，覆其十萬之軍。魏王大恐，跣行而東，次於齊，然後天下乃捨之。當是時，秦王垂拱而受西河之外不以德。68

可知所謂天下莫强者，乃指伐楚、勝齊、拔邯鄲也。所謂西喪地于秦七百里，卽秦王垂拱而受西河之外也。此可補注疏及朱注之不足。

6. 孟子公孫丑篇：「德之流行，速於置郵而傳命。」朱注云：「置，驛也；郵，馹也。」用修釋其分別云：

(1)說文：「驛，置也。」置有安置之意，如今制云：「日行一程。」

(2)說文：「馹，傳也。」郵（傳）有過而不留之意，猶今制云：「倍道兼行。」

可知：「置緩而郵速，驛遲而馹疾。」此其分別也。用修以爲馹字見于左傳者有四條，皆言速馳之意：

(1)文公十六年：「楚子乘馹，會師于臨品。」

(2)襄公二十一年：「祁奚乘馹而見宣子。」

(3)襄公二十七年：「子木使馹謁諸王。」

(4)襄公二十八年：「吾將使馹奔問諸晉。」

後世不達馹字之意，以爲驛之省文，盡改馹字爲驛。左傳之精意遂隱矣69。段玉裁說文解字注所說與此相合70，可證成用修之說。

7.孟子盡心篇：「旱乾水溢則變置社稷。」朱子云：「祭祀不失禮，而土穀之神不能爲民禦災捍患，則毀其壇壝而更置之。」是朱子以「變置社稷」爲「毀其壇壝」。用修駁之云：

(1)左傳：「共工氏有子曰句龍，爲后土，后土爲社。有烈山氏之子曰柱，爲稷。自夏以上祀之。周弃亦爲稷，自商以來祀之。」

(2)祭法：「厲山氏之有天下也，其子曰農，能殖百穀；夏之衰也，周棄繼之，故祀以爲稷。共工氏之霸九州也，其子曰后土，能平九州，故祀以爲社。」是言變置之事也。

(3)尚書：「湯既勝夏，欲遷其社不可。」孔安國云：「湯革命創制，故變社稷而後世無及句龍者，故不可而止。」⑪

可知變社稷爲更置社神、稷神，非毀壇壝也。

8.爾雅之名，邢昺爾雅疏云：「爾，近也；雅，正也；謂其近於正也。」用修斥爲妄說，云：「雅可以訓正，爾不可以訓近，邇可訓近，而爾非近也。」遂考其義曰：

(1)說文，爾从㸚爲義，從尒爲聲，麗爾也。麗爾之爲言，猶靡麗也，猶織文之靡麗也。

(2)雅之爲言，取義于鳥，鳥有善德曰雅也。古人有嗚呼爲嘆辭，則雅爲正音可知。

(3)爾雅之云，猶麗則之云也。漢書：「文章爾雅，訓辭深厚。」以爾雅與深厚爲對，固知當解爲麗則而不可解爲近正也。

(4)若如近正之說，則但近正而已，猶未得爲正也。爾雅一書所載皆六經之言，有何不正而云近正乎？⑫

此歷引諸書，以證「爾雅」應解作「麗則」。用修論辯精詳，可備一說。

9.爾雅釋詁：「箌，大也。」郭璞注：「箌，義未聞。」用修引詩：「倬彼甫田。」韓詩「倬」作「箌」，以爲倬、箌音義同⑬。郝懿行爾雅義疏曾證成此說。然以爲「箌」應作「菿」，从艸不从竹⑭。

附注

①「續修四庫提要」（台北市，台灣商務印書館，民國六十年），經部，頁九七八，升菴經說十四卷提要。

②「升菴外集」（台北市，台灣學生書局，民國六十年），卷二四，頁一九，苞桑條。按：本篇名應作「收河中後請罷兵狀」。此爲用修記憶之誤。

③同上，卷二四，頁二二，楊稊柳稊條。

④同上，卷二五，頁一，肥遯條。

⑤同上，卷二五，頁六，鴻漸于般條。

⑥王引之，「經義述聞」，「重編本皇清經解」（台北縣，漢京出版事業公司，民國六十八年），冊一八，卷一一八〇，頁四四。

⑦「升菴外集」，卷二五，頁一一二，蠱治通用條。

⑧周嬰，「巵林」（台北市，世界書局，民國五十二年，與「少室山房筆叢」合冊），卷六，頁一五四，蠱治通用條。

⑨希夷易圖條，見「升菴外集」，卷二四，頁七；易圖考證條，同上，頁八。

⑩「升菴外集」，卷二四，頁七，朱子引用誤字條。

⑪同上，卷二六，頁一，百姓條。

⑫同上。

⑬史記集解引馬融曰：「稷、契、皐陶皆居官久，有成功，但述而美之，無所復勅。禹及垂已下皆初命，凡六人，與上十二牧四嶽，凡二十二人。」見「史記」（台北市，世界書局，民國六十一年），卷一，頁四二。

⑭「升菴外集」，卷二六，頁七，四岳爲一人條。

⑮「升菴外集」，卷二六，頁七，陟方條。

⑯同上，卷二六，頁一〇，化益條。

⑰同上，卷二六，頁八，舜七始詠條。

⑱同上，卷二六，頁一九，睿作聖條。

⑲同上，卷二七，頁一，詩小序條。

⑳同上，卷二八，頁二，大雅小雅條。

㉑同上，卷二七，頁二二，町畽條。

㉒朱熹，「詩集傳」（台北市，台灣中華書局，民國六十年），卷八，頁九五。

㉓「升菴外集」，卷二八，頁七，民今之無祿，天夭是椓條。

㉔見屈翼鵬師，「詩經釋義」（台北市，中國文化學院出版部，民國六十九年），頁三四九。

㉕按：「升菴外集」此句誤作「自土漆沮」。

㉖「升菴外集」，卷二八，頁一四，自土沮漆條。

㉗見王引之，「經義述聞」，毛詩中，頁二七。

㉘「升菴外集」，卷二九，頁一，往近王舅條。

㉙惠棟之說，見「九經古義」（台北縣，漢京文化事業公司，民國六十八年，重編皇清經解本）毛詩下，頁九，段玉裁之說，見「詩經小學」（台北縣，漢京文化事業公司，民國六十八年，重編皇清經解本），大雅，頁一四。

㉚見朱熹，「詩集傳」，卷二〇，頁二三九。

㉛「升菴外集」，卷二九，頁九，泮宮條。

㉜方中履，「古今釋疑」（台北市，台灣學生書局，民國六十年），卷七，頁四三。

㉝姚際恒，「詩經通論」（台北市，廣文書局，民國六十年），卷一八，頁三五〇。

㉞戴震之說，見「重編本皇清經解」，冊六，卷五六〇，頁一一。馬氏之說，見「重編本皇清經解續編」，冊四，卷三一，頁六。方氏之說，見「詩經原始」（台北縣，藝文印書館，民國四十九年），卷一八，頁六。

㉟「升菴外集」，卷二七，頁一五，零露漙兮條。

㊱同上，卷二七，頁九，實維我儀條。

㊲同上，卷二七，頁一二，女也不爽條。

㊳同上，卷二七，頁一四，洵直且俟條。

㊴同上，卷二七，頁一五，匪東方則明條。

㊵同上，卷二八，頁四，雨雪載塗條。

㊶焦竑，「筆乘」（台北市，台灣商務印書館，民國五十八年），卷三，頁六三。

㊷「升菴外集」，卷三〇，頁七，問諸水濱條。

㊸「左傳會箋」（台北市，廣文書局，民國五十八年），卷五，頁一五。

㊹「升菴外集」，卷三〇，頁八，筮短龜長條。

㊺「左傳會箋」，卷五，頁二〇。

㊻「升菴外集」，卷三〇，頁一二，公子賦河水條。

㊼江永，「群經補義」。見「重編本皇清經解」，冊十七，卷二五七，頁一六。

㊽「升菴外集」，卷三一，頁六，繕完葺牆以待賓客條。

㊾見楊伯峻，「春秋左傳注」（台北市，源流出版社，民國七十一年），頁一一八六。

㊿「升菴外集」，卷三〇，頁一一，己卯晦，震夷伯之廟條。

51陳耀文，「正楊」（台北市，台灣學生書局，民國六十年），卷一，頁二八。

52如「升菴外集」，卷三一，頁一〇，青鳥司啓條：「青鳥，鶬鴰也。鶬鴰于立春鳴，立夏止。」為杜預注文。齊侯疥遂痁條：「痁，梁元帝音該，當作痎。說文：兩日一發瘧也。按傳例因事曰遂，若痎已是瘧疾，何謂復言遂痁乎。」爲陸德明「經典釋文」之文，見陸氏，「春秋左氏音義」，卷五，頁二二。

(53)「升菴外集」，卷三四，頁四，群妃御見條。

(54)同上，卷三二，頁一，曲禮條。

(55)同上，卷三二，頁六，方伯爲朝天子，皆有湯沐之邑，於天子之縣內，視元士條。

(56)同上。

(57)同上，卷三二，頁一七，周公用天子禮樂條。

(58)同上。

(59)「筆乘續集」，卷五，頁二三九，明堂位條。

(60)見康有爲，「詩經說義」（台北市，文史哲出版社，民國六十八年），頁八八。

(61)「升菴外集」，卷三六，頁五，不觚條。

(62)按：「冊」字象徵一捆簡牘，編以絲繩二道，已見於甲骨文。且周代之典籍，亦有竹木簡之記載，如：尚書金縢：「史乃冊祝」；多士：「惟殷先人，有冊有典，殷革夏命。」

(63)「升菴外集」，卷三六，頁一〇，賜不受命而貨殖焉條。

(64)段玉裁，「說文解字注」（台北縣，漢京文化事業公司，民國六十九年），四篇下，頁一三。

(65)「升菴外集」，卷三六，頁二四，匏瓜條。

(66)同上，卷三六，頁二七，八士考條。

(67) 朱右曾，「逸周書集訓校釋」（台北市，世界書局，民國五十年），克殷第三十六。

(68) 「升菴外集」，卷三七，頁一，梁惠王遺事條。

(69) 同上，卷三七，頁四，置郵傳命條。

(70) 「說文解字注」，十篇上，頁一七，馹字下云：「俗字用馹爲驛。故左傳文公十六年傳注馹字，皆譌驛。成公五年以傳召伯宗，注曰：傳，驛也。驛卽馹之譌。」

(71) 「升菴外集」，卷三七，頁一六，變置社稷條。

(72) 同上，卷三七，頁一八，爾雅條。

(73) 同上，卷三七，頁一九，釗昄晊將業席大也條。

(74) 「爾雅義疏」（台北市，台灣中華書局，民國五十七年），釋詁上，頁五。

第四節　考訂文字音義

自心學家以直指本心爲教，文字之學已景廢響絕①，故明初以來百餘年間，有關小學之著作，僅有趙撝謙之聲音文字通②與六書本義二書而已。明中葉以後，復古之風漸熾，文字音義也漸受重視。而述作最夥者厥爲用修。

用修曾述其治小學之經過云：「愼自志學之年，已嗜六書之藝，枕籍說文，以爲折衷，迨今四十餘年矣。」③有關之著作有：

⑴文字學類：說文先訓、六書練證五卷、六書索隱五卷、奇字韻五卷、古音複字一卷、古音駢字一卷、俗言一卷。

⑵音韻學類：轉注古音略五卷、古音略例一卷、古音餘五卷、古音附錄一卷、古音獵要五卷、古音叢目五卷、古音拾遺五卷、古音後語一卷。

此外，散見於用修各雜考書之條目甚夥，焦竑輯編升菴外集，收入卷九〇與卷九一④。說文先訓、六書練證、六書索隱三書今未見。其餘諸書多收入四庫全書與函海中⑤。

據用修六書索隱序，可知其甚推重許愼說文解字，以許書「咸宗古今，不雜臆見，可謂有功小學矣。」至於後人之淆亂字學者，則施以極激烈之批評。用修云：

若鄭樵則師心妄駁，戴侗則肆手影撰，又字學之不幸也。……何物周伯溫者，聞見既陋，經術不通，類撼樹之蜉蝣，似篆沙之蝸蚓，字學之不幸，又十倍於戴與鄭矣。⑥

鄭樵通志有六書略，談六書不本說文而別出新解，故斥曰「師心妄駁」；戴侗，宋浙江人，編有六書故，以世俗字作鐘鼎文，故斥曰：「肆手影撰」；周伯溫，名伯琦，元饒州人，著有說文字原和六書正譌，二書半從許慎，半自爲說，淆亂許書較他人爲甚，故用修斥爲「何物」。由此可見用修於不遵許慎之說者，皆有所譏評。足見表彰漢學之功。

玆就用修考證之成果，分爲釐定字音、訂正字義、考訂聯緜字、考方言俗語等項敘述之。

一、釐訂字音

㈠多音字之分析：因用法不同而有多種讀音之字，即多音字。分析此種字音，頗有助於字義之了解。升菴外集中，此等條目甚多，如：空有四音、榜有四音、治字音、祇有兩音、賁字七音、苴有十四音、區音、邪字音、滇字三音、帆字音、屈字四音、沙漠沙幕兩音等條皆是也。玆舉例如左：

1.榜有四音：

(1)平聲作邦，船鬣也，又併船也。江賦：「宇宙澄寂，八風不翔。舟子于是搦棹涉人，于是檥榜」。又江湖中兩船相之曰「挨榜」。今江湖中盜暗曳船行刼曰「抽榜」是也。

(2)音彭，所以轉正弓弩，見柳文注。

⑶音綁，管也。

⑷音謗，進船也。（外集卷九〇，頁一一一）

2.屈字四音：

⑴九勿切，音與𡱈同。屈原，人名；屈產，河東地名。

⑵曲勿切，音與麴同。尺蠖之屈，與屈信之屈。

⑶渠勿切，音與倔強之屈同。漢書賈誼傳：「用之無度，物力必屈。」

⑷玉藻：「君命屈狄。」通作「闕省」，后服刻繪，爲衣不畫也。（卷九一，頁一二一）

3.苴有十四音：

⑴七閭切，麻也。

⑵子閭切，苴杖也。

⑶子旅切，履中薦也。

⑷布交切，天苴，地名，在益州。見史記注。

⑸子邪切，菜壤也，一曰獵場。

⑹似嗟切，苴咩城，在雲南。

⑺鉏加切，詩傳曰：「水中浮草也。」水草曰苴。字一作蒫，又作溠，今作渣，非。

⑻都賈切，土苴不精細也。

(9)側不切，糞草也。
(10)側魚切，說文曰：「酢菜也。」
(11)莊俱切，姓也。漢有苴氏。
(12)則吾切，芋藉祭也。
(13)將預切，糟魄也。
(14)子余切，苞苴囊貨也。（卷九〇，頁一九）

焦竑俗書刊誤與筆乘，皆有苴有十四音一條⑦，卽襲自用修者。此後，方子謙韻會小補列十四音，呂維祺音韻日月燈十五音，方以智十七音⑧，周嬰卮林則以爲有數十音⑨。可見明代學者於此等炫博之事，皆有莫大之興趣。

(二)考古音：所謂古音指周秦之音而言。音既隨世而變，則周秦之音必與後世之音大有不同。然前人於此種語音之變遷，觀念並不明瞭。故於讀古韻文有不合者，往往改讀字音，以求諧合。沈重毛詩音謂之協句，徐邈毛詩音謂之取韻，唐陸德明則謂之協韻。顏師古漢書注，又謂之「合韻」。此種「協句」、「取韻」、「協韻」、「合韻」之說，實卽古音學之萌芽。

陸德明又有「古人韻緩，不煩改字」之說。此似已悟及古音之理，然後人皆不明斯理，遇字不協，卽改字音以求「叶韻」。宋吳棫作韻補，於廣韻韻部注明其通轉，以證明韻緩之理，實爲古音研究之先導。至鄭庠作古音辨，分古音爲陽、支、先、虞、尤、覃六部，此卽古音分部之始也⑩。

降至明代，用修首言古音。其有關古音之著述，有轉注古音略、古音略例、古音錄、古音附錄、古音獵要、古音叢目、古音拾遺、古音後語等。其中轉注古音略、古音錄、古音附錄、古音叢目等五書，實應合爲一書。莫友芝云：

愼叢目等四書，雖各爲卷帙，而核其體例，實本一書，特以每得數卷，卽出問世，故標目各別耳。觀其獵要，東、冬二韻，共標鞠、朋、衆、務、調、夢、寵、誦、雙、明、萌、用、江十三字，與叢目東、冬所標全複，與古音錄東、冬所標亦複五字，是其參差互出，卽隨手成編，未歸劃一之明證也⑪。

莫氏未述及轉注古音略，或未見其書也。

諸書以轉注古音略最見重要。書前有答李仁夫論轉注書，言其著書之由及其古音觀念甚詳。玆歸納其要點爲三：

(1)轉注卽古音：用修云：「轉注也，古音也，一也，非有二也。」

(2)批評叶韻說之誤：用修云：「歐陽、二蘇、王介甫皆深於音韻，而賢者過之自信，謂四聲皆可轉，切響皆可通，其所推衍枝葉，出於易、詩、楚辭之外，不啻十之五六。如其說也，則盡南山之竹不足爲其書；窮萬籟之音，不足爲其韻矣……如其類而推之，則當呼『天』爲『鐵』，名『日』爲『忍』矣，可乎？不可乎？」

(3)增補吳棫之不足：用修云：「其才老所取已備者不復載；間有復者，或因其繆音誤解，改而正之；單聞孤證，補而廣之，故非剿說雷同也。」

按用修以一字數義，展轉注釋之說，以詮釋六書之轉注，謂展轉其聲，以注釋他字之用；古來叶韻，實不出轉注之例。其說不可通。此蓋用修觀念之謬誤，不足深辨。

轉注古音略等五書，皆仿宋吳棫韻補之例，以今韻分部，而以古音之相協者分隸之。茲就轉注古音略擧二例以概其餘：

1 施讀作移

(1)毛詩：「將其來施施。」
(2)石鼓文：「旞斿施施。」
(3)孟子：「施施從外來。」注：「斜施而行。」
(4)越絕書漁父歌曰：「日昭昭侵以施。」
(5)史記賈誼鵩鳥賦：「日斜庚子」作「日施庚子」。
(6)朱子楚辭說云：「斜亦施音。」
(7)漢書衞綰傳：「劍老人之所施。」
(8)易如淳讀施爲移。（轉注古音略，卷一，頁三）

2 明音茫

(1)易：「天下文明。」

(2)詩：「匪東方則明，月出之光。」

(3)書：「元首明哉，股肱良哉，庶事康哉。」

(4)白虎通：「清明風者清芒也。」

(5)荀子：「契元王生昭明。」

(6)歸藏筮辭：「空山之蒼蒼，八極之既張，乃有夫羲和職，日月以爲出入明。」（古音略，卷二，頁七）

用修之考古音用力甚勤。然限於學術水平，所論頗多謬誤。四庫提要論其書之訛誤甚多，玆舉例如左：

1關於轉注古音略者：

(1)二冬之龍字，引周禮龍勒雜色，謂當轉入三江。不知玉人上公用龍，鄭司農云：龍當爲尨，而左傳狐裘尨茸，卽詩之狐裘蒙戎，則尨當從龍轉龍，不當作莫江反也。

(2)蒸韻之朋字，用修引逸詩：「翹翹車乘，招我以弓，豈不欲往，畏我友朋」，謂當轉入一東，不知弓古音肱，有小戎、采綠、閟宮及楚辭、九歌諸條可證。則弓當從朋轉朋，不當讀爲蓬也⑫。

2關於古音略例者：

老子：「朝甚除，田甚蕪，倉甚虛，服文彩，帶利劍，厭飲食，資財有餘，是謂盜夸。」用修據韓非解老篇，改夸爲竽，謂竽方與餘字叶，柳子厚詩仍押盜夸，均誤。今考說文夸从大于聲，則夸之本音不作枯瓜切明矣。楚辭大招：「朱脣皓齒，嫭以姱只，比德好閑，習以都只。」集韻：「姱或作夸。」

又吳都賦：「列寺七里，俠棟楊路，屯營櫛比，廨署棊布，橫塘查下，邑屋隆夸，長于延屬，飛甍舛互。」是夸與餘爲韻，正得古音，而用修反斥之，殊爲失考⑬。

用修書之缺點雖多，然引證究爲博洽。四庫提要評之云：「蓋愼博洽過陳第，而洞曉古音之根柢，則不及之，故蒐輯秦漢古書，頗爲該備，而置之不得其所，遂往往舛漏抵牾，以其援據繁富，究非明人空疎者所及。」⑭是故其後之焦竑、陳第皆有取於其說，此後古音之學駸駸然盛矣，披荆斬棘之功，自應推用修也。

二、訂定字義

用修之考訂字義，散見升菴外集各卷中，前述考訂經書一節，糾前人解字之誤者實多，此亦其考字義成果之一，本小節就外集中都鄙、娃、欒欄、果楕、黔首、安字義、離字義、類字說、乙字音義、查字考、來麰丕三字相通、治作野、點與玷通、泣與澀通、夾俠古字通等條，擧例明之。

㈠闡釋字義者：

1.都鄙：都何以訓美？用修以爲都者鄙之對也。左傳：「都鄙有章。」淮南子：「始乎都者常卒乎鄙。」可見古書以都、鄙爲對。用修又釋之云：

⑴蓋天子所居輦轂之下，聲名文物之所聚，故其士女雍容閑雅之態生。今諺云：「京樣」，即古之所謂都，相如傳：「車從甚都」是也。

⑵邊氓所居蕞爾之邑，狐狸豺狼之所嘷，故其閭閻吝嗇村陋之狀出。今諺云「野樣」，卽古之所謂鄙。老子云：「衆人皆有以，而我獨頑似鄙」是也。（外集，卷八，頁一）

趙翼陔餘叢考云：「其實都鄙二字，蓋本周制，都乃天子諸侯所居之地，聲名文物之所聚，故其士女容止可觀，鄙則郊遂以外必多樸僿也。猶今人言京樣、京疑；樞氣、鄉氣也。」⑮此與用修之說若合符節。

2.安：用修以爲古文安爲語助，猶言抑也，或作安。引證云：

⑴荀子勸學：「安特將學雜志，順詩、書而已耳。」禮記三年問作「焉」。

⑵戰國策：「秦與韓爲上交，秦禍安移于梁矣！秦與梁爲上交，秦禍安移于趙矣！」

⑶呂氏春秋：「吳起謂商文曰：「置質爲臣，其主安重？釋璽辭官，其主安輕？」」（卷九〇，頁八）

皆可證古人以安爲語助。

3.乙：用修以爲乙字有數義：

⑴史記東方朔傳：「止，輒乙其處。」乙音黜，有所絕止，黜而記之曰乙。如今士人讀書以朱志其止處也。

⑵文字有遺落，勾其旁而添之，亦曰乙。唐試式：塗幾字，乙幾字是也。今試式亦然，而字作註也。註乃黜之訛耳。

⑶官府文書以朱書黜其要處亦曰乙。周禮注：「治中，治簿書之要也。」當其中而黜之曰中。（卷

九一，頁一二）

用修以爲乙有三義。而史記東方朔傳之乙音軋，爲讀書有所絕止之記號。清翟灝通俗編所述不及用修詳備，而日本瀧川氏之史記會注考證，卻引翟氏之說⑯。不知用修已先得之矣。

4.查：說文：「查，浮木也。」今作槎，非。槎，邪斫也。國語：「山不槎蘖。」是也。用修以爲今世混用莫知其非。遂舉例云：

(1)王子年拾遺記：「堯時巨查浮西海上，十二年一周天，名貫月查，一曰挂星查。」

(2)道藏歌詩：「扶桑不爲查。」

(3)王勃詩：「澀路擁崩查。」

(4)王勃送行序云：「夜查之客，猶對仙家，坐菊之賓，尚臨清賞。」

(5)駱賓王有浮查詩。

(6)劉道友有浮查賦。

(7)水經注臨海江邊有查浦。

(8)任希古詩：「泛查分寫漢。」

(9)孟浩然詩：「試垂竹竿釣，果得查頭鯿。」

(10)又云：「土風無縞紵，鄉味有查頭。」

(11)又云：「橋崩臥查擁，路險垂藤接。」（卷九八，頁三〇）

至於杜工部詩：「查上覓張騫。」又：「滄海有靈查。」亦用正字。惟七言絕：「空愛槎頭縮項鯿。」七言律：「奉使虛隨八月槎。」用俗字，用修以爲古體、近體不應用字頓殊，以爲七言絕與律乃俗夫競玩，遂肆妄改，古體讀之者少，俗目不擊，幸存舊文耳。

(二)考訂通假字：朱宗萊云：「六書之敍，叚借居末，其法蓋成於最後，而其用則較自餘五書爲廣，許書九千餘字中，無借義之字，與不可假借爲他義之字，蓋無幾焉。」又曰：「古今載籍，書本字者什二三，用借字者什七八。」⑰足見載籍中假借之多及其重要性。

然明以前於假借一事，殊少有系統之研究，至用修始略加措意。升菴外集及轉注古音略等書中考及文字假借之用雖不多。然已可見用修於此事之關心。玆舉數例如左：

1.冶借作野：用修以爲古冶字或借作野，舉證云：

(1)金陵有冶城。

(2)楊子江有「梅根野」，或作「冶」字，而音渚。

(3)齊武帝詩：「昨經樊鄧役，阻潮梅根冶；深懷悵往事，意滿辭不敍。」

(4)劉文房詩：「落日蕪湖色，空山梅冶烟。」

(5)孟浩然詩：「水溢梅根冶，烟迷楊葉洲。」（卷九一，頁六）

按：易繫辭傳：「冶容誨淫」，陸、虞、姚、王本，皆作野。台、予雙聲也⑱。

2.點與玷通：

(1)束皙補亡詩：「鮮侔晨葩，莫之點辱。」

(2)左思唐林兄弟贊：「二唐潔己，乃點乃污。」

(3)陸厥答內兄希叔詩：「既叨金馬署，復點銅駝門。」

(4)杜子美詩：「幾回青瑣點朝班。」（卷九一，頁一〇）

按：用修之說是也。司馬遷報任少卿書：「適足以見笑而自點耳。」杜甫詩：「反覆歸聖朝，點染無滌盪。」等皆其例也。

3.泣與澀通：

(1)素問：「脈泣則血虛。」

(2)又云：「寒氣入經，而稽遲泣而不行。」

(3)又云：「多食鹹則脈凝泣而變色。」（卷九一，頁一二）

用修以爲泣音義與澀同。按六書故：「泣與澀通。內經：寒氣入經，稽遲泣而不行。泣乃澀也。」⑲此可證成用修之說。

4.夾與俠通：「吳大帝築東興堤，左右結山俠築兩城。」注：「俠讀作夾。」用修以爲俠、夾二字通用。如：

(1)漢隸華山亭碑：「吏卒俠路。」

(2)晉、宋書有「俠轂隊。」（卷九一，頁一八）

此二者皆以俠爲夾。按：漢書叔孫通傳：「殿下郎中俠陛。」注：「與挾同。挾其兩旁。」⑳此可證成用修之說。

此後焦竑筆乘有古字有通用假借用條，舉古籍通假字一〇八則；方以智通雅中考通假字者更比比皆是。此皆聞用修之風而起，且後出轉精者也。

三、考訂聯緜字

所謂聯緜字，乃聲音相同或相近之兩個字，疊爲一詞。王力曾將聯緜字分爲三類：㈠疊字，即「關關」、「呦呦」、「淒淒」、「霏霏」之類。㈡雙聲聯緜，即「丁當」、「淋漓」之類。㈢疊韻聯緜，即「倉皇」、「龍鍾」之類㉑。王氏就疊字、雙聲、疊韻類分聯緜字，似未能完全凸顯聯緜字之特性。周法高以爲聯緜字具有左列特點：

(1)聯緜字之構成分子，大體在語音上有相同之處，如：雙聲、疊韻、疊字等。

(2)聯緜字所重在聲，所以在字形上往往很不固定。

(3)聯緜字大部爲狀語，又有一些爲名詞、歎詞等。

(4)聯緜字中有不少爲雙音語，即一個語位（morpheme）包含二個音節者㉒。

此即有關聯緜字較確切之界說也。

聯緜字在古籍中使用相當普遍，惟並未有人作系統之研究。至宋張有作復古篇二卷，始略有述及。

其後，元曹本作續復古篇四卷，亦有論說。至用修則作系統之收錄，成古音複字、古音駢字二書。茲就二書之內容舉例述之如左：

㈠考訂叠字，叠字又稱爲重言，今稱衍聲複詞。古音複字，專收叠字，以一東、二冬之順序排列。

1.忡忡：

(1)衝衝：憂也。詩：「憂心忡忡」。注：「忡忡，猶衝衝也。」

(2)𢥞𢥞：同上，楚辭九歌：「極勞心兮𢥞𢥞。」又：「心煩寃之𢥞𢥞」。

(3)爞爞：同上。爾雅：「爞爞、炎炎，熏也。」

(4)烛烛：同上，或省。

(5)蟲蟲：同上，雲漢詩。

(6)烔烔：後漢書引詩：「蘊隆烔烔。」

(7)𧓉𧓉：古衝字，見素問。（卷九二，頁一）

忡忡一詞，計收有八種寫法。另有「蚛蚛」、「充充」、「㤝㤝」爲用修所不及。

2.詵詵：

(1)詵詵：衆多也。詩螽斯：「螽斯羽，詵詵兮。」

(2)駪駪：詩皇皇者華：「駪駪征夫。」

(3)燊燊：說文引詩：「燊燊征夫。」

(4)佻佻：楚辭招魂：「往來佻佻。」注引詩：「佻佻征夫。」

(5)騂騂：詩角弓：「騂騂角弓。」

(6)觲觲：說文引詩：「觲觲角弓。」

(7)莘莘：宋玉賦：「縱縱莘莘。」

(8)甡甡：詩桑柔：「甡甡其鹿。」（卷九二，頁四）

然說文燊部燊字訓盛皃，云讀若詩曰：「莘莘征夫。」但證其同音耳。用修竟改作「燊燊征夫。」未免魯莽㉓。

3.苕苕：

(1)苕苕：楚辭引詩：「苕苕公子。」文選：「狀亭亭以苕苕。」又：「苕苕椅桐樹。」

(2)岧岧：魏文帝詩：「岧岧山上亭，皎皎雲間星。」

(3)迢迢：苕苕同。

(4)倜倜：佋同。荀子：「倜倜然其不及遠矣。」

(5)佋佋：同上。（卷九二，頁六）

用修所述有六種寫法，另有「迢迢」、「遼遼」為其所不及。

4.煢煢：

(1)睘睘：說文：「目驚視也。」詩杕杜：「獨行睘睘。」

⑵嬛嬛：詩：「嬛嬛在疚。」
⑶惸惸：憂也。詩正月：「憂心惸惸。」
⑷煢煢：同上。
⑸焭焭：同上。
⑹怞怞：同上。
⑺惌惌：同上。
⑻娉娉：獨也。詩：「哀此娉獨。」左傳：「娉娉余在疚。」又作嬛嬛、煢煢、焭焭。
⑼僒僒：同上。
⑽僥僥：同上。漢隸。（卷九二，頁八）

所述有十種寫法，另有「蛩蛩」、「營營」爲用修所不及。

5. 曖曖：

⑴曖曖：昏昧貌：楚辭離騷：「時曖曖其將罷兮。」
⑵薆薆：史記：「時若薆薆。」（卷九二，頁一七）

所述有兩種寫法，另有「藹藹」爲用修所不及。

㈡考訂雙聲疊韻聯緜字：升菴外集卷九三爲古音駢字，亦卽今人所謂之複音詞。複音詞中上下字有雙聲或疊韻之關係者，亦爲聯緜字之一種。用修此書亦依一東、二冬之順序排列，茲舉例如左：

1.旖旎：

(1)旖施：旖旎。

(2)倚移：同上。上林賦：「倚移從風。」

(3)猗萎：江賦。即猗移。

(4)猗狔：高堂賦。柔弱貌。（外集，卷九三，頁二下）

另有媚娜、阿那、阿難、猗靡、猗儺等十數種寫法爲用修所不及。

2.嘑沱：河名。

(1)滮池：說文引詩：「滮池北流。」

(2)滹池：見水經。

(3)亞駝：見秦詛楚文。

(4)滮沱：見字林。

(5)虖池：見周禮。

(6)嘑池：見史記。

(7)灌池：見山海經。

(8)滹池：見九州記。

(9)呼池：見禮記。

⑽惡池：見禮記禮器。（卷九三，頁八下）

另有呼池、虖沱、滮池、虖勺、呼池等寫法，爲用修所不及。

3.徜徉：

⑴相翔：見周禮。伺祝名。

⑵方洋：見吳王濞傳。

⑶彷徉：見楚辭。後倚貌。

⑷相佯：見馮衍賦。消遙貌。

⑸相羊：見漢武帝賦。猶翺翔也。

⑹常羊：見郊祀歌。

⑺常翔：見老子指歸。

⑻徜徉：見文選。（卷九三，頁九下）

用修以爲以上八條字畫雖異，其義則一。實則，另有仿佯、彷徉、仿洋、望羊、方羊、倘佯、尙佯、尙羊、襄羊、儴佯、倡佯、猖洋、尙陽、當羊、翔佯、相翔等十數種寫法爲用修所不及。

4.黽勉：

⑴閔勉：黽勉。漢五行志谷永疏：「閔勉遁樂。」

⑵蠠沒：見爾雅。

(3)密勿：漢書引詩：「黽勉從事」作「密勿從事。」故知密勿即黽勉也。（卷九三，頁一五下）

另有僶俛、俛勉、閔免、暋勉、牟勉、茂勉、侔莫、釛莫、文莫、罔莫、茂明、敃勉等十數種寫法，爲用修所不及。

5.匍匐：

(1)匍匐：見說文。

(2)蒲服：見史記。

(3)扶服：見禮記。（卷九三，頁二七下）

另有蒲伏、匍伏、簿伏、俯伏、膚伏、匍百、蒲望、委服等數種寫法，爲用修所不及。

此後，焦竑之筆乘，方子謙韻會小補、郝敬讀書通於此等聯緜字皆有蒐集，至方以智通雅卷六－八謰語；卷九、十重言，始集其大成。

四、考方言俗語

所謂方言，從前指各地不同之語言，今則指一國內標準語以外之各種語言。而研究方言，應就三方面觀之：㈠同字異音，即一字於各種方言中之不同讀法；㈡同義異詞，即同指一事而有各種不同之說法；㈢方言語法之歧異㉔。其中以第一種最重要。二、三種次之。

古人之研究方言，始於楊雄方言一書，其後宋人筆記，如洪邁容齋隨筆、劉昌詩蘆浦筆記皆有零星之記載㉑。至用修始著俗言一書，記古今方言俗語數十條。用修嘗云：「觀一代書，須曉一代語；觀一方書，須通一方之言。」㉖足見其於方言之重視。其所研究，殆著重於明方言之出典。至於同字異音、同義異詞等皆不之及。茲舉例述之。

1.利市：俗語利市，古亦有之，易說卦傳爲近利市三倍。左傳成公十六年：「爾有利市寶賄，我勿與知。」（外集，卷六三，頁二）此以「利市」一語出於左傳。

2.撫塵：北堂書鈔載東方朔與公孫弘書云：「同類之遊，不以遠近爲故，士大夫相知，何必以撫塵而遊，垂髮齊年偃伏以日數哉！」撫塵謂童子之戲，若佛書所謂聚沙也。（同上，頁三）此以撫塵一語出於東方朔。

3.拍張：南史：「王敬則脫朝服，袒裼以絳，糾髻奮臂拍張，武帝不悅曰：『三公豈宜如此。』敬則曰：『臣以拍張得三公，不可忘拍張也。』」拍張，蓋手搏捽胡之戲。又何偁有拍張賦。載籍中說拍張者惟此二處，人亦罕知。（同上，頁三）此以「拍張」一語出於王敬則。

4.磨鋊：南宋孔覬鑄錢議曰：「五銖錢周郭其上下，令不可磨取鋊。」五音譜：「磨礱漸銷曰鋊。」今俗謂磨光曰磨鋊是也。（同上，頁三下）此以「磨鋊」一語出於南宋孔覬。

5.阿堵：晉書云：「王衍口不言錢，晨起見錢堆床前，曰阿堵。」近世不解此，遂謂錢曰阿堵，可笑。晉人云阿堵，猶唐人曰若箇，今曰這箇也。故殷浩看佛經曰：「理亦應在阿堵中。」顧長康傳神曰：「精神妙處，正在阿堵中。」謝安謂桓溫曰：「明公何用壁後置阿堵輩。」（同上，頁四上）

6.寧馨：馨字晉人以爲語助辭。用修舉證云：

(1)晉書王衍傳：「何物老嫗，生此寧馨兒。」

(2)世說劉眞長（惔）語桓溫曰：「使君，如馨地寧或鬥戰求勝。」

(3)王導（原誤作「道」）與何次道（充）語，舉手指地曰：「正自爾馨。」

(4)王胡之（原誤作「朗之」）雪中詣王恬（原誤作「螭」，下同），持其臂，恬撥其手曰：「冷如鬼手馨，强來捉人臂。」

(5)劉惔譏殷浩云：「田舍兒，强學人作爾馨語。」（同上，頁四下）

用修以爲，以此觀之，其爲語辭了然，唐劉禹錫詩：「幾人猛省得寧馨。」得晉人語意矣。

7.殺：俗語太甚曰殺。音厦，引白居易半開花詩：「西日憑輕照，東風莫殺吹。」居易自注：「殺，去聲，音厦。」容齋隨筆序：「殺有好處。」元人傳奇：「忒風流惑殺思。」今京師語猶然。（同上，頁五）

8.重違：重，難也。言難違其意而勉從之也。孔叢子載孔子高謂平原君曰：「重違公子盛旨。」漢書孔光傳：「重違大臣正議。」蘇東坡鼂錯論：「又重違其意。」皆言難違其意而勉從也。近世不達此語，以重爲重大之重，失之矣。（同上，頁五下）

9.附近：俗語附近，古作傅近。仲長統昌言：「宦豎傅近房臥之內，交錯婦人之間。」（同上，頁六下）

10.子細：北史源思禮傳：「爲政當擧大綱，何必太子細也。」杜詩：「野橋分子細。」（同上，頁七），用修以爲「子細」一語出自北史源思禮傳。

11.危險：漢書宣元六王傳：「我危得之。」注云：「危，殆也。」我殆得爲天子，猶今之言險不得之也。或云險些。用修以爲今語「危險」，源出漢書宣元六王傳。

12.盪風杯：鄭熊番禺記：「廣俗，壻未見妻之父母，先飲一大杯曰盪風杯。」今亦有盪風冒雪之語。（同上，頁一〇）

13.另日：俗謂異日曰另日。另字音命令之令。然其字說文、玉篇無有也。只當作令日。戰國策：「趙、燕拜武靈王胡服之賜曰：『敬循衣服，以待令日。』」令日卽異日也。注謂令爲善，非也。（同上，頁一〇下）此以另日，當作令日，且糾戰國策注以令爲善之非。

14.無賴：史記高祖紀：「始大人常以臣無賴。」賴，利也。無利入于家也。或曰：江湖之間謂小兒多詐而狡猾爲無賴。（同上，頁一〇下）

綜上所引，用修之考俗語方言，殆僅考其出典而已。其後方以智通雅卷四九諺原，除承用修尋俗語之出典外，且能多引各地方言以證，此已及於同義異詞之硏究，可謂後出轉精者也。

附注

①楊愼六書索隱序云：「今日此學（指文字音義之學），景廢響絕，談性命者，不過剽程、朱之藩魄，工文辭者，

止于拾史、漢之贅牙，示以形聲孳乳，質以蒼、雅、林、統，反不若秦時刀筆之吏，漢代奇觚之童，而何以望古人之宮牆哉！」此段話最可見當時學風。見楊慎撰，「升菴全集」（台北市，台灣商務印書館，民國五十七年，國學基本叢書本），卷二，頁二〇。

②趙氏聲音文字通一百卷已亡佚。焦竑「筆乘」與郎瑛「七修類稿」，於趙氏書流傳經過皆略有記載。郎瑛云：「聲音文字統，計百冊，國初餘姚古則趙先生撰也。書學至趙爲極精，趙成此書爲至備，作亦不易成也。當時獻之於朝，藏之木天。正統間，修書中官夾借與中書舍人姜立綱，遂失全集，閣中止遺目錄數本。邱文莊見而恨之，批書尾曰：『盜此書者當身首異處。』予嘗聞之長老如此。昨會侍御張鳳溪云：『同年蕪湖周少參，易任溫州通判時，立綱之孫有事於周，已送此書，周不知其所以，因古則問於中書謝大中（大中，餘姚人）。』予始信前聞不誣。苟有少參相知，勸其進之於朝，此合浦之還珠也，庶不負古則平生精力。」見「七修類稿」（台北市，世界書局，民國五十二年），卷四〇，頁五八三，聲音文字統條。

③同註①。

④「升菴外集」卷八七至九三爲字說。卷八七爲墨池瑣錄，論書法；卷八八雜記書法之事；卷八九考碑刻；卷九二爲古音複字，即今所謂疊字也；卷九三爲古音駢字，即今所謂複音詞也。專考文字音義者祇卷九一與卷九二耳。

⑤四庫全書著錄有奇字韻、古音駢字、轉注古音略、古音略例、古音叢目等五種，存目者有六書索隱一種。清李調元所編函海收用修著作最夥，前述諸書殆皆收入。

⑥同註①。

⑦焦竑苴有十四音條，見「俗書刊誤」（四部善本叢書館影印文淵閣四庫全書本），卷一〇，頁五；又見「焦氏筆乘」（台北市，台灣商務印書館，民國六十年），卷六，頁一八。

⑧見「通雅」（台北市，台灣商務印書館，民國六十年，四庫珍本三集本），卷一，頁四。

⑨見「巵林」（台北市，世界書局，民國五十二年，與「少室山房筆叢」合冊），卷六，頁一七三。

⑩有關古音學發展簡史，參見張世祿撰，「中國古音學」(台北市，先知出版社，民國六十一年），頁八－二六；陳新雄先生撰，「古音學發微」（台北市，嘉新文化基金會，民國六十一年），頁一－二四〇。

⑪見莫友芝撰，「韻學源流」（台北市，華聯出版社，民國五十七年），頁一〇。

⑫見「四庫提要」（台北縣，藝文印書館，民國五十八年），卷四二，經部，小學類三，頁三一，轉注古音略五卷提要。

⑬同上，頁二九，古音略例一卷提要。

⑭同上，頁二七，古音叢目五卷提要。

⑮見趙翼撰，「陔餘叢考」（台北市，世界書局，民國四十九年），卷二二，頁二三，都鄙條。

⑯考證引通俗編云：「輒乙其處，謂止絕處乙而記之，如今人讀書，以朱識其所止作乙形，非甲乙之乙也。」見「史記會注考證」（台北縣，藝文印書館，民國六十一年），卷一二六，頁一五。

⑰見朱宗萊撰，「文字學音篇形義篇」（台北市，台灣學生書局，民國五十八年，三版），頁一三三－一三四。

⑱見朱駿聲撰，「說文通訓定聲」（台北縣，藝文印書館，民國六十四年），頁二二二。

⑲見戴侗撰，「六書故」（台北市，台灣商務印書館，四庫珍本六集本），卷六，頁六五。

⑳同⑱，頁二〇三。

㉑見王力撰，「中國語法理論」（台北市，泰順書局，民國六十年），下冊。頁一八三。

㉒見周法高撰，「聯緜字通說」，「中國語文論叢」（台北市，正中書局，民國五十三年），頁一三二。

㉓見方以智撰，「通雅」，卷九，頁二。

㉔見趙元任撰，「語言問題」（台北市，台灣大學文學院，不注出版年），第七講，方言跟標準語，頁九三－一〇二。

㉕見洪邁撰，「容齋隨筆」（台北市，大立出版社，民國七十年），卷四，頁五〇，寧馨阿堵條。劉昌詩撰，「蘆浦筆記」（台北市，新興書局，民國六十八年，筆記小說大觀二十一編本），卷一，頁二寧馨條，頁四阿堵條。

㉖見「升菴外集」，卷六三，頁四上。

第五節　考訂史地

一、史　事

兩宋之史學最爲發達，成一家言者，如司馬光通鑑是也。卽考訂史事之書，也迭有佳作，如吳縝之新唐書考異、五代史纂異，劉攽之兩漢書考異，司馬光之資治通鑑考異皆是也。入明，考史之書夐乎無聞。明中葉以後，考史之風始漸萌芽。

用修之史學，見於升菴外集卷三八至卷四五等八卷中，其說約可分爲三類，其一論史記之體例及其文字之妙。其二，史事之論評，尤著重於戰事之議論。其三，考史事之作。王世貞曾譏用修：「博於稗史，忽於正史」①殆用修之論史每誤故也。然用修以其博洽之學識及其懷疑精神，所考亦頗有可觀者，茲舉例如左：

㈠考史事

1.有關后稷始封至文王一千餘年僅十五世之說，司馬貞史記索隱與張守節正義，均曾致疑。用修於此事亦有申說。用修云：

史記、世本、國語載后稷至文王凡十五世。愚按后稷始封至文王卽位凡一千九十餘年而止十五世。可疑也。或曰：「上古人多壽考。」然而父子相繼三十年爲一世，常理也。以十五世而衍爲一千九十餘年，卽使人皆百歲，亦必六十而娶，八十始生子，而後可叶其數，豈有此理邪？稷與契同封，契至成湯四百二十餘年，凡九十四世，而稷至文王年倍而世半之，何稷之子皆長年，而契之子孫皆短世乎？此又可證也。（外集，卷三八，頁九）

按：此事顯爲史公之謬。梁玉繩史記志疑云：「史公不知國語十五王之誤，旣以不窋爲后稷子，又刪摍辟方三世不書，以求合於國語。」②此可證成用修之說也。

2.世人多言焚書乃李斯之意，甚至罪及荀卿，用修以爲作俑者爲韓非。其說曰：

(1)非之言曰：「世之愚學，皆不知治亂之情，讘詼多誦先古之言，以亂當世之治，又妄非有術之士，聽其言者危，用其言者亂。」

(2)又曰：「群臣爲學，門子好辨，可亡也。」

(3)又言：「舍法律而言先王者，上任之以國，王以是過予，而臣以此徒取矣。」（外集，卷三八，頁一九）

用修以爲此與李斯所言是古非今，若合符節，作俑者乃韓非，非斯也。按：韓非之言，固足以啟斯倡言焚書之說，是以韓非爲始作俑者，固不誣也。

3.嚴子陵：范曄後漢書嚴光傳以光爲餘姚人，而云：「少與光武同學。」用修以爲光武未嘗至餘姚，辨之云：

(1)任延傳云：「延，會稽都尉，到郡先詢延陵季子。時天下新定，道路未通，避亂江南者，未還中土，如董子儀、嚴子陵者，皆待以師友之禮。」則子陵僑居避亂江南明矣。

⑵嚴子陵碑云：「子陵，新野人，避亂江南，娶梅福女，因居會稽。」以此考之，與任延傳合。（外集，卷一二，頁二）

此以任延傳及嚴子陵碑正嚴光籍貫之誤也。王先謙作後漢書集解，於此事引董斯張之說③。董說雖與用修說相近，然不及嚴子陵碑，且後於用修數十年。由此可證後人眞能讀用修書者蓋尠也。

4.范仲淹之父：范仲淹鎭延安，夏人相戒曰：「小范老子胸中有數萬甲兵，不比大范老子也。」注：「大范名雍，仲淹之父。」用修以爲傳至今，無人知其誤者。遂考之云：

⑴范仲淹作范雍墓志云：「公諱雍，字伯淳，蜀人也。爲龍圖待制振武軍節度使，鎭延安，卒謚忠獻。」

⑵富鄭公作范文正公墓志云：「仲淹父名墉，爲錢俶掌書記，仲淹二歲而孤，隨妣陳氏，再適朱氏。」（外集，卷四四，頁八）

以此證知雍非仲淹之父，用修云：「世系且不明，則史之善惡是非顚倒多矣。」

5.王庭珪：陳桱續宋元綱目書王庭珪送胡銓詩：「逢秦檜之怒。」分注云：「貶辰州以死。」是知陳桱以王庭珪貶死於辰州。用修引羅大經鶴林玉露云：

王庭珪自檜死後還家，年八十九歲，孝宗召見，年老，足弱，令一孫扶上殿，孝宗慰諭再三，特官其孫。（外集，卷四四，頁二五）

據此，庭珪未嘗死於辰州也。用修以爲後世多以正史證小說之誤，小說信多詆訕，然拜官召見，昭昭在當時耳目，必不敢謬書如此，是小說亦可證正史之誤也。

㈡考官名：正史職官志與各種政書、會要，於官制述之詳矣。然諸書多述官制演變之迹，至於官名之所取義，大多略不之及。用修於各官命名之故，多能稽考之。玆述之如左：

1.尚書：劉熙釋名曰：「尚書者何也？尚，上也。言最在上總領之也。」韋昭辯釋名云：「尚猶奉也，百官言事者當省案平處奉之，故曰尚書也。又凡主天子之物，皆曰尚，尚衣、尚食等是也。」劉熙、韋昭釋尚字義不同。用修以爲：

> 春秋傳曰：「百官承事，朝而不夕。」承事者言事而奉其文書也。漢世官名尚書義取此。如淳漢書注曰：「主天子文書曰尚書，如主婿曰尚主。」漢制娶天子女曰尚公主，娶諸侯女曰承翁主。則尚猶承也，尚猶奉也。韋昭之解上協左傳，下合漢制，比於劉熙依字音杜撰遠矣。（外集，卷一〇，頁二）

用修以尚爲奉也、承也。取韋昭之說。

2.僕射：朱文公語錄引禮云：「僕人師扶左，射人師扶右。」卽周禮太僕之職，僕射之名蓋起於此。以其朝夕近君，後世承誤以爲宰相之號。據此則射字音赦，不當作夜音矣。（外集，卷一〇，頁三）

3.率更：唐官名有率更，歐陽詢嘗任是職。率更，太子之官屬，主干掫夜行，以備非常也。率，說文作衛，將衞也。省從率，音與帥同。率，將衞也。更，番直也。（外集，卷一〇，頁三）是知率更二字之義爲「將衞、番直。」

3.小鳳、小儀：唐人謂中書舍人爲小鳳，翰林學士爲大鳳，丞相爲老鳳。蓋以中書省有鳳池也。又謂儀部之長曰大儀，員外曰中儀，主事曰小儀。宋人猶襲其稱，張天覺自小鳳拜右揆是也。（外集，卷一〇，頁三）是知「小鳳」取名於鳳池也。

4.長流：古呼治獄參軍爲長流。帝王世統云：「少昊崩，其神降於長流之山，於祀主秋，秋官司寇，主刑罰也。」故取秋帝所居爲嘉名也。亦猶今稱刑官曰白雲司也。（卷一〇，頁四）是知「長流」乃因少昊崩於長流之山，於祀主秋，秋官司寇，主刑罰，故以爲名也。

5.十二軍：唐高祖武德中置十二軍，皆取天星爲名，以萬年道爲參旗軍，長安道爲鼓旗軍，富平道爲玄戈軍，醴泉道爲井鉞軍，同州道爲羽林軍，華州道爲騎官軍，寧州道爲折威軍，岐州道爲平道軍，邠州道爲招搖軍，麟州道爲苑遊軍，涇州道爲天紀軍，宜州道爲天節軍，李太白詩：「羽林十二將，羅列應星文。」正指此也。（外集，卷一一，頁一）

6.巡逴：今之場屋有巡綽官。綽，說文：「緩也。」詩：「寬兮綽兮。」相如賦：「便嬛綽約。」皆是寬緩之意。則「巡綽」當作「巡逴」。樂府：「伏知道，五更轉，一更刁斗鳴，校尉逴連城。」正是巡警之義。（外集，卷一〇，頁九）是知「巡綽官」當作「巡逴官」。

7.飲章：後漢書蔡邕傳：「一入牢獄，當爲楚毒所迫，促以飲章，辭情何緣復聞。」飲猶隱卻告人姓名，無可對問，今之匿名文書也。（外集，卷一〇，頁一一）此以「飲章」爲「匿名文書」。

8.三澣：俗以上澣、中澣、下澣爲上旬、中旬、下旬。蓋本唐制十日一休沐。故韋應物詩：「九日驅馳一日閑。」白樂天：「公假月三旬」。（外集，卷一〇，頁六）此以三澣得名於唐制。

另有刺史太守不同條，考漢代刺史與太守職守之不同；騎兵條④，以騎兵出於夷狄，皆確當之言，惟篇幅所限，不另引證。

二、地理

用修之考地理，有春秋地名考一卷⑤，另散見升菴外集卷三至卷七者條目亦多。其曾引郭璞山海經注：「山川或有同名而異實，或同實而異名，或一實而數名，歷代久遠，古今變易，未得詳也。」（升菴外集，卷四，頁二）如此紛紜之現象，欲治之而有得，實有待學者之親身體驗。用修云：

> 故知山川經絡，苟非目覩身歷，而欲據文字定之，鮮有不失者矣。（同上，卷五，頁一四）

欲目覩身歷，必得時時出遊，故用修之貶滇南，時與名流觀賞山川形勢，其所著雲南山川志一卷，殆即其觀覽有得之作也。

此外，特應注意者乃用修之重視水經。水經爲漢桑欽所作。後魏酈道元爲之注。宋陳振孫評其爲未精審，其後研之者遂少。入明以後經注相混，幾不可讀。用修則一反陳振孫之說，稱譽水經云：

> 以余嘗所經歷驗之，自吾西蜀至北都，水浮荆楚，陸走秦趙，經且萬餘里，名川支川問津者，無慮此書之十二，徵往所載，與今所見，無至泰忤，用是例其未經者，雖天下可知也。謂其爲未精審者，無乃厚誣與⑥。

更以水經可爲禹貢之義疏、山海經之補逸，其所以久湮於書篋，蓋知之者少也。且以酈道元注枝蔓太繁，遂删削之，以桑欽之書單刻流傳，且就水經注中抄出碑目一卷。此後研究刊刻水經者日多，如朱謀瑋之水經注箋即其著者也。啟導之功應推用修也。

茲將用修考地理之成果，分為考地名、考水道二類分述之：

㈠考地名：用修之考地名關涉甚廣，或考古今地名之變遷；或考地名之不同寫法；或考地名之命名；或考地名之音讀，頗為博洽。

1.金陵：楚子熊商以揚州之地有王氣，於是埋金以鎖之，置金陵邑，至秦始皇以金陵有都邑之氣，改曰秣陵。秦時術者言金陵地有王氣，始皇遣赭衣徒三千掘京峴山為長坑，泄其氣，遂名丹徒。漢又改秣陵為丹陽，吳曰建業，晉曰建康，東晉又曰丹陽，陳曰將州，唐曰江寧（卷九，頁五）此考金陵命名之由來，並述名稱之變遷也。

2.左擔：杜甫愁坐詩：「葭萌氐種迥，左擔犬戎存。」葭萌、左擔，皆地名。葭萌，人皆知之。左擔人罕曉也。用修引太平御覽明之云：

李充蜀記云：「蜀山自綿谷葭萌，道徑險窄，北來擔負者，不容易肩，謂之左擔道。（卷三，頁五）

此即左擔得名之由來也，用修謂當時解者數十家無一知者，又妄易左作立，可笑。

3.朐忍：漢書地理志有朐忍縣，顏師古注：「音劬。」誤也。用修云：

⑴說文：「朐，腊挺也。」其俱反。字既從句，與地名何干？

⑵通典作朐䏰。朐，音如順切；䏰，如尹切；讀如閏蠢。通典之音得之矣。而字作朐，則因漢志而誤也。

⑶當从朐乃叶閏字之音，朐䏰，蟲名，夔州地多此蟲，遂以爲名。（卷三，頁六）

此以朐忍，字應作朐䏰，本蟲名。音讀作「閏蠢」。而以爲二字之微，以顏師古、許愼、杜佑三家尚有誤舛，況當時不悅學者乎？

4.甘州：本月支國，漢匈奴轉得上所居，後魏爲張掖郡，改爲甘州，以甘峻山名之。山有松柏五木，美水茂草，多溫夏涼，又有仙人樹，人行山中，饑卽食之，飽不得持去，平居時亦不得見也。唐韋蟾詩云：「塞北江南舊有名」言其土地美沃，塞北之江南也。（卷三，頁一一）是知甘州以甘峻山得名。

5.五台山：史炤通鑑注曰：「五台在代州五台縣，山形互峙，相傳以爲文殊示現之處。」華嚴經疏云：「清涼山者，卽代州鴈門五台山也，以歲積堅冰，夏仍飛雪，曾無炎暑，故曰清涼。五峰聳出，頂無林木，有如叠土之台，故曰五台。」（卷四，頁二）此明五台山得名之由來也。

6.巫山：巫山者，巫咸以鴻術爲帝堯醫師，生爲上公，死爲貴神，封於斯山，因以名之（外集，卷四，頁九）。

7.五管：嶺南之地曰五管，乃統治之名，猶南中之六詔也。曰廣管、曰桂管、曰容管、曰邕管、曰瓊管。（卷四，頁一一）

此外，用修亦注意特殊地名之讀音，如：

(1)繅得：繅音鹿，縣在張掖。
(2)狋氏：音拳精，漢地理志代郡有狋氏縣。
(3)佷山，佷音恒，武陵縣名。
(4)牧靡，靡音麻，李奇云：「地出升麻，故名，在益州。」
(5)同並，並音伴，漢志載，縣在牂牁。
(6)黏蟬，蟬音提，漢地理志在樂浪。（卷三，頁九）

此種特殊讀音，或爲漢魏舊音，或爲方俗殊語，皆不可以平常字音讀之。其後焦竑俗書刊誤卷六略記駢字，筆乘續集夷狄名姓異音條，所輯更多，至方以智通雅卷十六專考地名異音，可謂後出轉精矣。

(二)考水道：中國之水道，以禹貢所記爲最早，惟禹貢爲北方人所作，於南方水道時多疏舛，加以時代淹久，滄海桑田，諸所記，皆已難以考究。前代學者又不敢疑經，於禹貢之失，百般彌縫，遂異說時起，紛如治絲。

入明以來，用修以其特異之懷疑精神，於禹貢水道，皆有考辨，雖所得不多，然其啟導後人研究之風，功實不可沒。

1.大江之源：以岷江爲江源，爲漢以後傳統之說，用修亦云：

江出岷山，其源實自蜀西戎萬山而來，至嘉州（今樂山）而沫水（今青衣江）自巂州合，大渡河穿夷界十山以會之。至敘州（今宜賓）而馬湖江（今金沙江）會之。又十五里而南廣江會之。…

（卷五，頁三）

按：此卽傳統以岷江爲江源之說也。用修，成都人，又謫居雲南三十餘載，於蜀、滇之地理必瞭如指掌，加其所目驗、觀察，仍未能突破傳統舊說，實不無遺憾也。

2.黃河之源：史記云：「河有兩源，一出葱嶺，一出于闐，合流東注蒲昌海，伏流地中南出積石。」此卽後人以黃河重源說之所本。至唐穆宗長慶元年（八二一），特派大理卿劉元鼎出使吐蕃，自隴西成紀出塞二千里，得河源於悶磨黎山。新唐書吐蕃傳所記河源云：

河源其間，流澄緩下，稍合衆流，色赤，行益遠，它水並注則濁⑦。

雖然，用修仍以爲非耳目聞見之實論，而以元都實所考，最爲有據。元世祖至元十七年（一二八〇）命都實佩金虎符往求河源。都實既受命，四閱月始抵河源，是冬還報，並圖其城傳位置以聞。其後潘昂霄得其說，撰爲河源志。用修引述其說云：

河源出吐蕃朶甘思西鄙，有泉百餘泓，沮洳渙散，方可七八十里，自上瞰之，如列星，群流奔輳，五七里滙二巨澤。自西而東經歷可半月，合赤賓河，其流浸大，始名黃河，然水猶淸，又一二日岐爲八九股，行可二十日，至朶甘思東北有大雪山，卽崑崙也。（卷五，頁十二）

用修以爲元有天下，薄海內外皆置驛使，通道絕域，如行國中，都實又特以河源事往，其所記載當有證據。用修遂云：然後知于闐、塩澤、崑崙、積石一皆河流所經，去源猶遠。（同上）

都實以河源出吐蕃朶甘思西鄙，實已足掃史記所云河有重源之翳障。然新翳障又出現，卽以崑崙爲河流經之地。此點元、明人皆信其說⑧，用修亦不能自外，實不無遺憾也。至清始恢復河源於崑崙之古說。

3.黑水之源：禹貢云：「華陽黑水惟梁州。」又云：「導黑水至於三危，入於南海。」鄭玄以為三危在鳥鼠之西而南當岷山，又在積石之西南，當黑水祠，黑水出其南脅。漢書地理志益州郡滇池有黑水祠。酈道元注水經，亦不能知黑水所在。馬端臨輿地考亦以為無以詳焉。用修則以為：

> 杜氏通典吐蕃有可跋海去赤嶺百里，方圓七十里東南流入西洱河，合流而東號曰漾濞水，又東南出會川為瀘水焉，瀘水卽黑水也。（卷五，頁六下）

用修且以其「寓雲南二十餘年，目擊耳聞，是以得其眞。」（同上）强調其所考之眞確。按：說文壚為黑剛土，盧弓矢為黑弓矢，是盧有黑義。夢溪筆談更云：「夷人謂黑為瀘」，則瀘水為黑水，就字義言之，實甚吻合⑨。足證用修所考之有據。而所謂黑水卽金沙江也。用修知黑水源於吐蕃，而不知其為長江之源，乃以為長江源於岷山，實亦知其一，不知其二。

4.三江：禹貢三江之說，最為紛挐，經百代而莫決。蔡沈書集傳以為松江下七十里分流東北入海為婁江，東南流者為東江，并松江為三江。黃震則以為吳松江、安亭江、白蜆江為三江。用修則以為蔡沈、黃震之說，皆於下流求之，名以地訛，號隨世改，恐非禹貢三江之說，而謂三江當於上流求之，遂云：

> (1)徐鉉注說文云：「江出岷山，至楚都名南江，至潯陽為九道名中江，至南徐州（當作潤州）名北江，入海。」

(2)郭璞山海經注：「岷山，大江所出也；崍山，南江水所出也。崌山，北江水所出也。（卷五，頁三）

用修謂三江皆發源於蜀，而注震澤。以是知禹貢紀其源而及其委。而云：「禹貢三江之說，當以此意求之，則予之言雖大禹復生，不能易矣。」（同上）按：用修，蜀人，此以三江皆發源於蜀，實其地域觀念作祟所致。實不足深辨。

5. 外水內水中水：宋劉裕遣朱齡石伐蜀寇譙縱，衆軍悉從外水取成都；臧憙從中水取廣漢；老弱乘高艦從內水向黃虎。所謂外水、中水、內水，史炤通鑑釋文云：「巴郡正對二水口，右則涪內水，左則蜀外水，自渝上戎瀘至蜀謂之外水。」所釋不甚明晰，用修以爲：

(1)外水即岷江，自重慶上敘州、嘉定州是也。

(2)內水即涪江，自重慶上合州、遂寧、潼綿是也。

(3)中水即沱江，自瀘州上富順、資、簡、金堂漢州是也。

而蜀所以稱四川者，乃取岷江、沱江、黑水、白水四大川以爲名也。用修外水、內水、中水之說，後爲方以智所襲用⑩。

6. 汶即岷：周禮、史記、漢書、山海經，岷山、岷江皆作汶。而周禮：「橘踰淮而北爲枳，鸜鵒不踰濟，貉踰汶則死。」鄭玄注以爲魯之汶水。用修云：

史記汶與岷同，謂汶江也。非汶上之汶。周禮言水土異性，故舉四瀆言。魯汶水濶不過十數里，

源不過二百里，揭厲皆渡。斯須往還，豈狐狢暫遊，生死頓隔哉！（卷五，頁六）

按：周禮之汶水，自指魯之汶水，用修必欲以汶水屬之四川之汶江。實亦地域之偏見也。至其以蜀之岷山、岷江，皆作汶，則得其實。段玉裁云：「漢人㟭山、㟭江字作汶山、汶江，以古音同讀如文之故，謂之假借可也。」⑪此可爲用修說之佐證。

用修之考水道雖無特殊之成就，然如江源、河源、三江等，皆千餘年來聚訟不決問題，用修能予以重視，形成一種風氣。其後徐霞客之發現江源，清初之重探河源，皆此種風氣有以導之也。

附注

①見王世貞撰，「藝苑卮言」（台北縣，藝文印書館，民國四十八年），卷六，頁一〇－一一。
②見梁玉繩撰，「史記志疑」（台北市，台灣學生書局，民國六十二年），卷一，頁三。
③見王先謙撰，「後漢書集解」（台北縣，藝文印書館，民國六十年），卷八三，頁五－六。
④刺史太守不同條，見「升菴外集」，卷一〇，頁五。騎兵條，同上書，卷一一，頁七。
⑤見黃虞稷撰，「千頃堂書目」（台北市，廣文書局，民國五十六年），卷二，經部，頁四〇。
⑥見「升菴全集」（台北市，台灣商務印書館，民國四十六年，國學基本叢書本），卷二，頁一七，水經序。
⑦見歐陽修等撰，「新唐書」（台北市，鼎文書局，民國六十八年），卷二一六下，吐蕃傳，頁六一〇四。
⑧參見岑仲勉撰，「黃河變遷史」（台北市，里仁書局，民國七十一年），頁五六－五七。

⑨見屈翼鵬師撰，「尚書集釋」（台北市，聯經出版事業公司，民國七十二年），頁六二。

⑩見方以智撰，「通雅」（台北市，台灣商務印書館，民國六十年，四庫珍本三集本），卷一五，頁一一。

⑪見段玉裁撰，「說文解字注」（台北縣，漢京文化事業公司，民國六十九年），十一篇上一，頁四八。

第六節　考據工作之缺失

用修考據工作之成就，已述之如前，至其考據疏失之因，前人已迭有指陳，茲歸納爲三點論之：

其一，態度輕率：用修本有高才，因議大禮貶謫蠻荒，智無所出，以考證爲排遣之方，故態度每流於輕率。四庫提要云：「論說考證，往往恃其强識，不及檢核原書，致多疏舛，又恃氣求勝，每說有窒礙，輒造古書以實之。」①卽是也。

其二，地域觀念所囿：用修，蜀人也，因地域觀念作祟，凡事與蜀略有干係者，皆不惜牽附之。故以大禹爲蜀人；禹穴亦在蜀；三江皆發源於蜀②。夤緣附會，不一而足。此皆囿於地域觀念所致。

其三，缺乏藎臣：當時思讀用修書者極多，故其著作隨出隨刋，未能詳加校訂，陳耀文云：「楊子之言，間多蕪翳，當由傳錄偶乏藎臣。」③卽是也。

後代考據之書，如陳耀文正楊、胡應麟丹鉛新錄、藝林學山等皆專糾用修而作者也。其他筆記之書，亦間有述及。陳、胡二氏所糾用修之誤，將於本書立章節論之。其他各家所論，亦於本書各章中隨文及之。本節所論用修之疏失，大都爲前人所不及者。茲分引文不注所出、妄刪引文、論證疏失三小節述之。

一、引文不注所出者

用修著作引前人之言，而不注所出者幾隨處有之。此或其謄錄資料時，未及加記出處，門弟子編其書時，不及詳辨，遂混合爲一，實非有意剽竊也。其後之學者，又受當時虛浮風氣之影響，遂公然剽竊。此恐非用修所得料及也。玆就其疏失，舉例如左：

1.影壁條：「楊惠之塑佛壁爲天下第一，郭熙見之，又出新意，遂令圬者不泥掌，止以手搶泥或凹或凸，乾則以墨隨其形迹，暈成峰巒林谷，加之樓閣人物，宛然天成，謂之影壁。」（升菴外集，卷九，頁五）按：此爲宋鄧椿畫繼之文④。

2.應田縣鼓條：「田當作朄，小鼓在大鼓旁也。聲轉字誤，變而作田。」（卷二九，頁五）按：此爲毛詩周頌有瞽鄭箋之文。

3.齊侯疥遂痁條：「痁，梁元帝因該，當作痎。說文：兩日一發瘧也。按傳例因事曰遂，若痎已是瘧疾，何謂復言遂痁乎？」（卷三一，頁一〇）按：此爲經典釋文春秋左氏音義之文⑤。

4.青鳥司啟條：「青鳥，鶬鴰也，鶬鴰于立春鳴，立夏止。」（卷三一，頁一〇下）按：此爲左傳昭公十七年杜預注文。「鶬鴰」，杜注作「鶬鴳」。

5.荷條：「荷，芙蕖；又名芙蓉，其莖茄，其葉蕸，其本密，其花爲菡萏，其實蓮，其根藕，其中的，的中薏。」（卷九八，頁一四）按：此爲爾雅釋草之文。「又名芙蓉。」乃郭璞注文。

6.瑣語條：「水涵太乙之中，精潤百物而行乎地中，風涵太玄之中，精動百物而行乎天上。」（卷六二，頁一三）按：此爲子華子之文。

另古今語言條襲自劉知幾史通；小司馬索隱條襲自晁公武郡齋讀書志；五雲太甲條襲自王應麟困學紀聞；笛搊條襲自沈括夢溪筆談⑥。胡應麟丹鉛新錄、藝林學山皆已指出，此不贅。此外，用修所引古籍，有該書早已亡佚，而轉引自類書或其他載籍者，用修皆不明言，如：

1.姑息條，引尸子云：「紂棄黎老之言而用姑息之語。」（卷三二，頁五）胡應麟云：「尸子，宋世已不傳，通考可證，凡用修所引，皆得之類書者。」⑦

2.秦子符子條，引秦子云：「玉壺必求其所以盛，干將必求其所以斷。無盛之卮，雖赤瓊碧瑻無貴也。不斷之劍，雖含影承光無取也。」符子曰：「太公涓釣於隱溪，跽而隱崖，不餌而釣，仰咏俯吟，暮則釋竿，其膝所處，石皆若臼。其跗觸崖若路。」（卷四八，頁一三）按：秦子條，前二句見文選鮑明遠白頭吟李善注引；下四句或爲用修杜撰。符子條，見太平御覽卷九三五引。

3.符子條：「周人有愛裘而好珍羞，欲爲千金之裘而與狐謀其皮，欲爲少牢之膳而與羊謀其羞，言未卒，狐相率逃於重丘之下，羊相呼藏於深林之中。故周人十年不制一裘，五年不具一牢，何則？周人之謀失之矣。」（卷四八，頁二四）按：此見太平御覽卷二八一。

轉引資料不明言，古人類皆有之。然以明代學者爲烈，蓋人人炫奇好博有以致之也。

二、妄刪引文

古人引書不若今人之逐字逐句引之，故執所引駁之原書，字句每多出入。至若將引文隨意刪削，實於明人為烈。用修貶謫雲南，無書可稽，諸所撰著，多憑記憶，故引書與原文相左者不知凡幾，此陳耀文、胡應麟已迭有指陳。茲特舉其刪削尤甚者論之。

1.甘泉宮條，引梁劉孝威詩：「漢家迎夏畢，避暑甘泉宮，校尉烏桓騎，待制樓煩弓。……」（卷八，頁二）按：「避暑」句下，應有「棧車鳴里鼓，駟馬駕相風」二句，用修妄刪之。

2.望杏瞻蒲條：引徐陵侯安都德政碑：「望杏敦耕，瞻蒲勸穡，室歌千耦，家喜萬鍾，春鶊始轉，必具籠筐。」（卷一一，頁一六）按：「家喜」句下應有「陌上成陰，桑中可詠」二句。

3.七槃舞條，引樂府晉杯槃舞歌：「……天與日，終與一，右迴左轉不相失，樽酒甘，絲竹清，願令諸君醉復醒。……」（卷二一，頁九）按：「右迴」句下應有「箏笛悲，酒舞疲，心中慷慨可健兒。」三句⑨，用修妄刪之。

4.魏豹彭越條，引史記：「魏豹、彭越，雖故賤，然已席卷千里，南面稱孤。懷叛逆之意，……」（卷四〇，頁九）按：據史記魏豹彭越列傳，「南面」句下應有「喋血乘勝，日有聞矣。」二句。

5.張協北邙賦條，引該賦曰：「陟巒丘之巉嶮，升逶迤之脩坂，回余車於峻嶺，聊送目於四遠。伊洛混而東流，帝居赫以崇顯，於是徘徊絕嶺，踟躕步趾，前瞻狼山，卻闚大坯，東眺虎牢，西睨熊耳，邪亘天際，旁極萬里，莽眩眼以芒昧，諒群形之維紀，爾乃地勢窊隆，丘墟陂陁，墳隴㟪疊，棊布星羅，松林槮映以攢列，玄木搜寥而振柯，壯漢氏之所營，望五陵之嵬峨。」（卷六六，頁二〇—二一）用修删略下列諸句：

(1)「聊送目」句下删「靈嶽鬱以造天，連岡巖以蹇產」二句。

(2)「帝居赫」句下删「山川汩其常弓，萬物化而代轉，何天地之難窮，悼人生之危淺，歎白日之西頹兮，哀世路之多蹇。」六句。

(3)「諒群形」句下删「臨千仞而俯看，似遊身于雲霓，撫長風以延佇，想凌天而舉翮，瞻冠蓋之悠悠，覩商旅之接栕。」六句。

(4)「望五陵」句下删「喪亂起而啟壞，僮豎登而作歌」二句⑩。

用修蓋欣賞其文句而引之，然所删皆感懷之句，則張協作賦之意亦無從追尋矣。陳耀文與胡應麟之糾用修，卽點畫之辨，字句之訛，皆未輕忽，而上舉五例，陳、胡二氏皆未及之，故特爲拈出，以爲後人之參考也。

三、論證訛誤者

用修考證之疏失，幾隨處有之，陳耀文、胡應麟、周嬰等人糾之已多，然亦有顯爲訛誤而前人未及諟正者，玆舉例如左：

1.孟光舉案條：用修與劉遠夫遊浣溪，遠夫問張衡詩「青玉案」是何物？用修以爲「青玉案」即「青玉盌」，案即盌也。並舉證云：

⑴南京人謂傳碗曰案酒，此可以證。

⑵孟光舉案，恒與齊眉，亦言進食舉碗。若是案卓，何能高舉。（卷一八，頁一）

用修實承宋人曾鞏之說而來，曾氏耳目志云：

孟光舉案，俗直謂几案耳。呂少衞云：「案乃古椀字，故舉與眉齊。張衡四愁詩：『何以報之青玉案。』謂青玉椀也⑪。

案：此說非是。所謂案，乃上食之木槃，即考工記玉人：「案十有二寸，棗栗，十有二列」是也。今日本稱一種方形木槃曰「御膳」（ゴゼン）即是⑫。

2.三絃所始條，用修云：「今之三絃始於元時，小山詞云：三絃玉指，雙鉤草字，題贈玉娥兒。」（卷二一，頁一七）按：西河詞話：「三弦起於秦，本三代鼗鼓之製而改形易響，謂之弦鞉。……唐時坐部多習之，故世遂以爲足樂，實非也。」⑬足證用修之非。

3.孫器之評詩條：用修云：「定陶孫器之評詩曰：魏武帝如幽燕老將，氣韻沈雄，曹子建如三河少年，風流自賞。」（卷七〇，頁五）按周亮工引夏振叔云：

其人姓敖名陶孫，而器之其字也。楊誤以敖陶爲地，而改敖爲定，以合郡邑之名，與誤認劉德升爲劉景升，索幼安爲管幼安者，同一可笑⑭。

按：評詩者應作敖陶孫，字器之，用修竟誤作定陶孫器之，可謂不考之至。

4.石經考條：「漢靈帝光和六年刻石鏤碑，載五經文於太學講堂前，此初刻也。蔡邕以熹平四年與五官中郎將堂谿典，彈議郎張訓、韓說，太史令單颺，奏求正定六經文字，靈帝許之。邕乃自書丹於碑，使工鐫刻，立於太學門外，此再刻也。」（卷八一，頁九）用修以為東漢末曾刊石經二次，一次為光和六年（一八三）；另一次為熹平四年（一七五）。按：漢石經始刊於熹平四年，立石於光和六年⑮，由蔡邕主其事，前後歷時九年，並無刊刻二次之說也。且用修以光和前於熹平，實大謬。

5.薜荔條：楚辭九歌：「披薜荔兮帶女蘿。」注：「薜荔，無根，緣物而生。」用修以為王逸不明言為何物。據本草：「絡石也，在石曰石鱗，在地曰地錦，繞叢木曰長春藤。」今京師人家假山種巴山虎是也（卷九八，頁一二）。按：植物名實圖考：「木蓮即薜荔，自江而南皆曰木饅頭，俗以其實中子，浸水為涼粉以解暑。」是知薜荔即木蓮，今人以實中子浸水揉搓成涼粉，俗稱「愛玉」者即是也⑯。

6.菱芰解條：梁伍安貧武陵記：「四角、三角曰芰，兩角曰菱。」用修以為菱乃今之菱角，芰乃今之雞頭。楚詞：「緝芰荷以為衣」，若是菱葉何可以為衣乎？又屈到嗜芰，蓋決明之菜，非水中之芰也。緣楚人名菱為芰，所以致後世之紛紛也（卷九八，頁一五）。按李時珍本草綱目以為其葉支散，故字从支，其角棱峭，故謂之菱，而俗呼為菱角也⑰。是知菱、芰本一物。用修強分之，非也。

至如舜七始詠條，以切韻之法舜世已有之⑱；犧尊條竟云孔穎達不及引楊簡之說⑲，此凡人皆知其誤，故不復辨之。

四、結 語

用修考證工作之疏失雖多，然以其博洽之學識與過人之懷疑精神，爲他人所不及者自亦不少。故其書流傳廣遠，影響後人綦深。玆錄當時人之說數則以印證之：

(1)用修著丹鉛餘錄等書，至數十百種，搜奇抉譎，擷采鉤隱，皆士所驟聞而學士大夫所望而駭歎者，以是聲譽籍甚，從同無異詞⑳。

(2)〔用修〕久居滇南，愈綜群籍，著作愈精，爲海內宗，風流雅致，人多稱之㉑。

(3)〔用修〕所著諸書，盛行海內。大而穹宇，細入肖翹，耳目八埏，靡不該綜，即惠施、黃繚之辨，未足侈也㉒。

(4)用修之言，世方社稷之㉓。

(5)今升菴文集盛行於世㉔。

足見用修於當時士林之影響力，士人仰慕之者讀其書，進而糾其書，考據之風遂駸駸然盛矣。明代考據之書，專糾用修之說者，如：陳耀文正楊，胡應麟丹鉛新錄、藝林學山，無名氏丹鉛續錄考證㉕等，固無論矣。他如王世貞藝苑卮言、焦竑筆乘、陳第毛詩古音考、陳元齡思問初編、孫能傳剡溪漫筆、余懋學麗事館余氏辨林、周祈名義考、徐𤊹筆精、來斯行槎菴小乘、張萱疑耀、方以智通雅、胡爌拾遺錄等，或糾駁，或引用用修之說者，隨處可見。至如王于之升菴新語四卷，更鈔撮丹鉛諸錄，另成一書。凡此，皆足證用修已居晚明士林之中心地位矣。

前人諟正或贊譽用修者雖多，致力於用修學術之研究者殆無一人，本論文所述亦僅用修學術之大略而已。玆歸納用修考據學之影響爲兩點：其一，反宋學之先鋒：用修之考據，糾駁朱子者特多，而朱子正是當時之官學，用修率先反宋學，正導清代反宋學之先路。其二，開創明代考據學風，並奠定明代博雜之考據規模，明代諸考據家不論糾楊或譽楊，無不受其影響。至清代考據之風，更直承用修而來。則用修於近代學術史之地位，於此可見。

附注

①見「四庫提要」（台北縣，藝文印書館，民國五十八年），卷一一九，子部，雜家類三，頁一，丹鉛餘錄十七卷提要。

②禹爲蜀人之說，見「升菴外集」（台北市，台灣學生書局，民國六十年），卷九〇，頁二〇，塗字音條。禹穴在蜀之說，同上書，卷五二，頁五，禹穴條。三江源於蜀之說，同上書，卷五，頁一，三江條。

③見胡應麟撰，「少室山房筆叢」（台北市，世界書局，民國五十一年），頁七一，丹鉛新錄引。

④見鄧椿撰，「畫繼」（台北縣，藝文印書館，民國五四—六〇年，百部叢書集成影印學津討源本），卷上，頁五。

⑤見陸德明撰，「經典釋文」春秋左氏音義，卷五，頁二一。「通志堂經解」（台北縣，漢京文化事業公司，民國六十九年），冊四〇。

⑥古今語言條，見「升菴外集」，卷三八，頁八；小司馬索隱條，見卷四〇，頁三；五雲太甲條，見卷七四，頁七七下。笛撾條，見卷二一，頁一七。
⑦胡應麟撰，「少室山房筆叢」，卷五，「丹鉛新錄」，卷一，頁七九。
⑧見嚴可均編，「全上古三代秦漢六朝文」（京都市，中文出版社，一九七五年），冊四，「全陳文」，卷一一，頁三。
⑨見丁福保編，「全漢三國晉南北朝詩」（京都市，中文出版社，一九七九年），頁二七五—六。
⑩同注⑧，冊二，「全晉文」，卷八五，頁六一—七。
⑪轉引自「康熙字典」（台北縣，藝文印書館，民國六十二年），卷五，頁一一八九。
⑫參見屈翼鵬師撰，「案」。收入屈師撰，「書傭論學集」（台北市，台灣開明書店，民國五十八年），頁三一八—二四。
⑬見毛奇齡撰，「西河詞話」（台北市，廣文書局，民國五十九年，詞話叢編本），卷二，頁一下。
⑭見周亮工撰，「因樹屋書影」（台北市，世界書局，民國五十二年），頁二一八。
⑮見張國淦撰，「歷代石經考」（台北市，鼎文書局，民國六十一年），頁一。
⑯參見方師鐸撰，「刨根兒集」（台北市，文星書店，民國五十四年），頁一。
⑰見李時珍撰，「本草綱目」（台北市，鼎文書局，民國六十二年），卷三三，頁一五。
⑱舜七始詠條，同註⑥書，卷二六，頁八。

⑲犧尊條，見「升菴外集」，卷三二，頁一三。

⑳李衮撰，正楊序。見陳耀文撰「正楊」（台北市，台灣學生書局，民國六十年），卷首。

㉑見顧祖訓編，「狀元圖考」（明萬曆三十五年刊清初武林陳氏增補本），卷二，頁四一下，楊愼條。

㉒同注③。

㉓同註③，頁二五八，藝林學山引。

㉔見李贄撰，「焚書」（台北市，河洛出版社，民國六十三年），卷五，頁二一一，唐貴梅傳。

㉕見黃虞稷撰，「千頃堂書目」（台北市，廣文書局，民國五十六年），卷一二，子部，頁三二下。

第四章 梅鷟

第一節 生平與著作

梅鷟，字鳴歧，號平埜，別號致齋①，旌德（今安徽省旌德縣）人，生卒年不詳，約正德（一五〇六—一五二一）、嘉靖（一五二一—一五六六）年間在世。

致齋幼與伯兄梅鶚同學②，博聞强記，研析經義③，擧正德八年（一五一三）鄉試。嘉靖二十二年（一五四三）任南京國子監六堂助教④。時國子監祭酒黃佐修南雍志，致齋與監丞趙恒、博士王製、周瑞助成之⑤。其中第十七、八卷經籍考，由致齋纂輯⑥。翌年，陞浙江常州府通判⑦。後官雲南鹽課司提擧⑧。

致齋著作甚多，計有：周易集瑩、古易考原、讀易記、尙書譜、尙書集瑩、尙書考正、尙書辨證、尙書考異、讀詩紀、詩經集瑩、春秋指要、讀春秋記、儀禮翼經⑨、大元圜註、童子問⑩、文集⑪、及南雍志經籍考等。什九皆爲考經之作，足見致齋經學之造詣。今存者僅古易考原、尙書譜、尙書考異、南雍志經籍考數書而已。

其中尙書譜、尙書考異二書，專辨古文尙書之僞，尤有功於經術。尙書譜五卷⑫，四庫提要譏其「徒以空言詆斥，無所依據。」「辭氣叫囂，動輒醜詈，亦非著書之體。」⑬然清閻若璩尙書古文疏證、惠棟古文尙書考頗引用之，足見仍有可取者。今尙書譜未見，無從論述。尙書考異本不分卷，清修四庫全書時，就范懋柱天一閣藏本分爲五卷⑭，清嘉慶十八年（一八一三）孫星衍據舊寫本刋刻時釐爲六卷。孫氏云：

> 今閻氏疏證及惠氏、宋氏之書，皆有刋本，惟梅氏考異在前，反不行於世，予嘗憾焉。揚州鮑君均嗜古敦素，屬爲開彫，嘉惠後學。因與顧君廣圻及鈕君樹玉，悉心讎校。按：各本卷數，字句繁簡殊異，或梅氏成書時又有更定，玆得舊寫本，合取其長，錄爲定本，共成六卷⑮。

可見孫星衍刋本，乃經顧廣圻、鈕樹玉讎校過之定本。其各卷之條目、字句，與四庫全書本頗多不同⑯。本章所論，據平津館本。

附注

①清陳炳德修，趙良霨纂「旌德縣志」（民國十四年石印本），卷八，人物，文苑傳，頁一六上，梅鷟傳云：「梅鷟，號致齋。」清光緒十八年浙江書局刋本「尙書考異」六卷，卷末朱琳跋云：「先生諱鷟，字鳴岐，號平埜，別號致齋。」此從朱琳跋。

②「旌德縣志」，卷八，人物，文苑傳，頁一五下，梅鶚傳云：「梅鶚，字百一，號鳧山，七都人。正德丁丑進

士。童子時見日中三足烏，弱冠志學，默而好深湛之思。家貧僻居，艱得書籍，聞有蓄古奇書者，輒踵門求觀借錄，日誦數萬言，過目不忘，爲文援筆立就。其讀六經，務去註釋，而思聖人之旨。讀先儒書，務根理要，而參六經之義。讀諸史非徹首徹尾該貫不釋手。登第後，益肆力于書，著作愈富，未經讎校而卒，年四十五。遺稿多散佚，惟凫山集四卷傳世。」

③「旌德縣志」，卷八，人物，文苑傳，頁一六上。

④黃佐「南雍志」（台北市，偉文圖書公司，民國六十五年），卷六，職官年表下，頁一三下。又明黃儒炳續南雍志（台北市，偉文圖書公司，民國六十五年），卷一一，職官表下，頁二七上。

⑤黃佐「南雍志」序云：「……會得故祭酒崔文敏公遺牘于坌蠹中，禮樂法制存焉，乃與監丞趙子恒、博士王子製、周子瑞、助教梅子鷟緒成之。」

⑥「四庫提要」（台北縣，藝文印書館，民國五十八年），卷八〇，史部，職官類存目，南廱志二四卷提要云：「其第十八卷經籍考，當時以委助教梅鷟成之。」按：第十七、十八卷爲經籍考，四庫提要云第十八卷者，誤也。

⑦同註④。

⑧清郭存莊修，趙淳等纂，白鹽井志（清乾隆二十三年刊本），卷三，官師，頁二上。按：該志將「梅鷟」誤作「梅鸞」。

⑨見清光緒十八年浙江書局刊本「尚書考異」卷末所附朱琳跋。

⑩同註③。

⑪「旌德縣志」，卷九，藝文書目，頁三。

⑫「千頃堂書目」與「四庫提要」皆題爲「尙書譜五卷」，「經義考」則題爲「讀書譜四卷」。

⑬「四庫提要」，卷十三，經部，書類存目一，頁一四，尙書譜五卷提要。

⑭「四庫提要」，卷一二，經部，書類二，頁一四，尙書考異五卷提要。

⑮見清嘉慶十九年（一八一四）刊平津館叢書本「尙書考異」，卷首，孫星衍序。

⑯四庫本條目順序略顯淩亂，且平津館本之條目，甚多爲四庫本所無。

第二節　著書之動機與尚書考異之體例

一、著書動機

疑古文尚書之僞者，始於宋人吳棫之書裨傳，其後朱熹、趙孟頫、吳澄、王充耘等皆有考辨。然各家或就古文尚書之傳授，或就文體疑之，未有詳列證據，以證其僞者。至致齋始用考證之法，將僞古文尚書二十五篇字句之來源一一檢出。致齋尚書譜序云：

朱子曰：「古文東晉時始出，前此諸儒皆未之見。」豈不痛切而明快哉！無而爲有，將以誰欺？安國不言，史記不載，使聖人正經反附會僞書以行世。隋、唐以來千餘年，自吳先生纂言之外，曾無一人爲聖經之忠臣義士者，豈不痛哉？予在嚴陵時已作此譜，草創未備，今加修飾，使古文廢興之由，先後眞僞之辨，如指諸掌。庶幾俾纂言之所未備，以承吳先生之志云①。

致齋之著書，乃不忍見眞書附僞書而行，嘆無人能爲聖經之忠臣義士，故以承吳澄之志爲己任。又：致齋於尚書考異序②略述僞古文尚書作僞之方法後，亦云：

愚每讀書至此，未嘗不嘆息痛恨于先儒也。夫所貴乎儒者之釋經，在能除聖經之蔽翳，使秕稗不得以雜嘉穀，魚目不得以混明珠，華丹不得以亂窈窕焉耳。今反崇信僞書，以囚奴正經，予畏聖人之言，故不得不是而正之，特作考異，使學者渙然知蔽塞之由，然後知余之恢復聖經，蓋有不得已焉，而非苟爲好辨者也③。則致齋所以汲汲於辨古文尚書之僞者。無非承吳澄之志，「除聖經之蔽翳，使秕稗不得以雜嘉穀，魚目不得以混明珠，華丹不得以亂窈窕。」此卽致齋著書之動機。亦其終身之職志也。

二、尚書考異之體例

尚書考異六卷，卷一錄諸家有關尚書之記載，兼辨其得失，計有：史記儒林傳、漢書藝文志、後漢書儒林傳、隋書經籍志、伏生今文尚書二十九篇、尚書大傳三卷、古文二十五篇、古文尚書十三卷、朱子語錄、孔安國尚書注十三卷、孔安國尚書序、舜典等十三節。

卷二至卷五，將僞古文尚書二十五篇字句之來源一一指出，並批駁其謬誤矛盾之處。卷二爲大禹謨、五子之歌、胤征三篇；卷三爲仲虺之誥、湯誥、伊訓、太甲上、太甲中、太甲下、咸有一德、說命上、說命中、說命下十篇；卷四爲泰誓上、泰誓中、泰誓下、武成、旅獒、微子之命、蔡仲之命七篇；卷五爲周官、君陳、畢命、君牙、冏命五篇。

卷六考伏生尚書字句之異，致齋云：「伏生所傳聖人之經爲晉人假壁藏古文之名擅改者多矣，此聖經之一厄也。不可得而知矣。猶幸徐廣、司馬貞等諸賢人君子，及唐人之正義略存一二，尚可考者謹列於左。」④致齋以伏生尚書字句頗爲晉人所删改，故依徐廣、司馬貞、尚書正義等所錄，一一加以考訂，以見晉人擅改之非。全卷計錄：堯典、皐陶謨、禹貢、甘誓、盤庚、高宗肜日、西伯戡耆、微子、牧誓、洪範、旅獒小序、金縢、大誥、洛誥（按：應作「康誥」）、酒誥、梓材、召誥、洛誥、多士、無逸、君奭、多方、賄息愼之命小序、呂刑、文侯之命小序、費誓、秦誓等篇字句百餘條。惟所論頗多武斷之言。

附注

①見朱彝尊「經義考」與張心澂「僞書通考」。朱、張兩氏皆誤爲「尙書考異」之序。

②「尙書考異序」見「四庫全書」本卷首，孫星衍平津館叢書本略去不錄。

③「尙書考異」（四庫全書本），序，頁三。

④「尙書考異」（台北縣，藝文印書館，百部叢書集成影印平津館叢書本），卷六，頁一。

第三節　駁正諸家尚書記載之誤

尚書考異卷一首錄史記儒林傳伏生傳，又錄漢書藝文志，指出兩書記載之異者數點。致齋云：

(1)古文經四十六卷，史記無此句。

(2)孔子纂書百篇，而爲之序，史記無此句。

(3)魯共王壞宅以書還孔氏事，史記不載。

(4)孔安國得古文尚書多十六篇，安國獻之，遭巫蠱事，未列於學官，史記不載。

(5)二十九卷，史記作二十九篇，蓋一篇爲一卷也。（卷一，頁三）

致齋以爲「宜從史記爲當」（卷一，頁三）。此種尊信古史料之態度，頗與近代史學方法相合。其駁正諸家記載之誤，亦皆依此立論。

一、駁隋書經籍志之誤

致齋以爲隋志有關尚書之記載，雖約史記、漢書爲之，然其言與史、漢乖違者有八：

(1)以伏生口傳二十八篇，又河內女子傳泰誓一篇，蓋以泰誓足二十九篇之數，遂使後人承訛踵誤。

(2)不志倪寬詣博士受業孔安國。

(3)不書「尹敏初習歐陽尚書，後授古文；周防師事蓋豫受古文尚書。」

(4)不書「孔僖，魯國魯人也，自安國以下世傳古文尚書。」

(5)於「扶風杜林傳古文尚書，同郡賈逵爲之作訓，馬融作傳，鄭玄亦爲之注」下，不書「由是古文尚書遂顯於世」。

(6)其下遂變文云：「然其所傳惟二十九篇，又雜以今文，非孔舊本，自餘絕無師說。」

(7)又云：「晉世秘府所存有古文尚書經文，今無有傳者。」

(8)又其後不書王肅得見安國古文尚書及皇甫謐、梁柳、鄭沖等所傳安國古文尚書次第。（卷一，頁五—六）。

而隋志所以有此八失，乃因：

(1)不知二十九篇本以序言，而非泰誓。

(2)不知都尉朝、庸生、倪寬、尹敏、蓋豫、周防、孔僖、杜林、賈逵、馬融、鄭玄所傳爲張霸所作，而以東晉梅賾所上之本，即都尉朝、庸生所傳者。（卷一，頁六）

致齋所駁，乃就古文傳授統系立論，頗能攻駁隋志之失。惟以古文十六篇爲張霸僞作，則失之未考。此點後文另有敍述，此不贅。

二、辨伏生二十九篇不含泰誓

孔穎達以爲泰誓本非伏生所傳，武帝之世始出而得行，史遷因以入於伏生所傳之內，故云伏生二十九篇①，蔡沈亦云：「伏生二十八篇本無泰誓，武帝時僞泰誓出，與伏生今書合爲二十九篇。」②而致齋以爲伏生書二十九篇俱足，本無泰誓一篇。致齋云：

(1)史記儒林傳言秦焚書，伏生壁藏之，其後兵大起，流亡。漢定，伏生求其書，亡數十篇，獨得二十九篇。卽以敎於齊、魯之間。……是二十九篇皆伏生壁藏者，安得謂今加泰誓一篇，而爲二十九篇哉！

(2)伏生於漢定兵熄之時，得二十九篇，正高、惠之間，其後至文帝時始授鼂錯，然又更景帝至武帝末年張霸僞泰誓始出。（卷一，頁七）

此以漢初伏生卽以二十九篇敎於齊、魯之間，且伏生得二十九篇在高、惠之世，泰誓則爲景帝或武帝時所出，故孔氏、蔡氏所云皆非也。

三、駁郡齋讀書志之非

鼂公武郡齋讀書志云：「伏勝，孝文時年且百歲，歐陽生、張生從學焉。音聲猶有訛誤，先後猶有差舛，重以篆隸之殊，不能無失，勝終之後，數子各論所聞，以己意彌縫其闕，而別作章句，又特撰大義，因經屬指名之曰傳，劉向校書得而上之。」（卷一，頁二三）致齋駁其誤云：

〔伏生〕年且百歲，乃授晁錯之時，今晁氏以爲歐陽生、張生當是時從學焉，則妄矣。當漢定求書，出其壁藏，卽以敎於齊、魯之間，年何嘗及百歲耶！（卷一，頁九）

據漢書儒林傳，歐陽生曾孫歐陽高爲武帝時博士③，則歐陽生師事伏生時，伏生必不及百歲。致齋所云是也。

晁氏郡齋讀書志又云：「安國古文尚書至晉、齊間始顯。……按：安國旣定古文，會有巫蠱事，不復以聞，藏於私家而已。是以鄭康成注禮記、韋昭注國語、杜預注左氏、趙岐注孟子，遇引今尚書所有之文，皆曰：『逸書』。蓋未嘗見古文故也。然嘗以禮記校說命、孟子校泰誓，大義雖不遠，而文不盡同，意者安國以隸古定時失之耳。」（卷一，頁二。）致齋駁之曰：

晁氏之言多未詳悉，蓋考焉而不精，故語焉而不詳也。首言安國古文尚書至晉、齊間始顯，是以晉人僞孔安國之古文，卽爲先漢眞安國之古文也。……晁氏乃曰：「會有巫蠱事，不復以聞，藏於私家而已。」是以康成等未嘗見古文。誠爲可笑之至也。（卷一，頁十六）

東晉時之僞古文，非西漢時之眞古文；康成亦非未見古文尚書者，致齋所駁皆是也。

附注

①「尚書注疏」（台北縣，藝文印書館，民國五十四年），卷一，頁一一〇。

②「書集傳」（台北市，大方出版社，民國六十七年），卷四，頁一〇四。

③漢書儒林傳云：「歐陽生，字和伯，千乘人也。事伏生，授倪寬。……歐陽、大小夏侯氏學皆出於寬，寬授歐陽生子，世世相傳，至曾孫高－子陽，爲博士。」

第四節　辨古文尚書之僞

致齋之辨僞，乃在提出不刊之證據。當時有以「子之攻詰古文，不遺餘力矣，其亦有所據乎？」問之者；致齋應之曰：「若無所據而妄爲之說，小子何敢？吾所據者，匪從天降，匪從地出，即以伏生之本經而發僞書之壘守也。」（卷二，頁二六）所謂「以伏生之本經而發僞書之壘守」，即以伏生二十九篇（僞古文析爲三十三篇），證僞古文二十五篇之僞。此即致齋「非從天降，非從地出」之證據，亦致齋所以自傲者也。

一、駁僞孔序之非

致齋先辨僞孔序乃依傍左傳、推尋漢志爲之。（卷一，頁一七）再逐段駁斥僞孔序之非。序云：

濟南伏生年過九十，失其本經，口以傳授，裁二十餘篇。

致齋駁之云：

(1)史、漢書皆云：伏生爲秦博士，以秦時焚書，伏生壁藏之，漢定求其書，亡數十篇，獨得二十九篇。則今文二十九篇者，正伏生壁藏之本經也。

(2)史、漢謂卽以敎於齊、魯之間者，言卽以其壁中所得二十九篇，敎於齊、魯之間也。所傳授者本

經，所講解發揮者出於伏生之口可也。豈有匿其壁出之本經，而口以傳授者耶。（卷一，頁二〇）

此舉史記、漢書之說，駁僞孔序所云伏生「失其本經」之謬。序又云：

伏生又以舜典合於堯典，益稷合於皐陶謨，盤庚三篇合爲一，康王之誥合於顧命，復出此序。並序，凡五十九篇，爲四十六卷。（卷一，頁二二）

致齋駁之云：

晉人以舜典合於堯典，歸咎於伏生，如此則何不先以「二十有八載，放勳乃殂落」爲「堯典曰」者，歸咎於孟子乎？又何不先以「有鰥在下」以起下文，使不可斷；「放勳乃殂落」，以承上文，使不可截者，歸咎虞之史臣乎？（卷一，頁二三）

按：孟子所引「二十八載，放勳乃殂落」，云「堯典曰」可見先秦時，堯、舜典本爲一篇。致齋所云是也。序又云：

其餘錯亂磨滅，弗可復知，悉上送官，藏之書府，以待能者。

所謂「其餘錯亂磨滅」，指五十八篇外之四十二篇已錯亂磨滅，弗可復知。致齋辨之云：

四十二篇之書，藏之壁中，未及二、三十年，遽盡不可讀，果何謂耶？……以今文考定二十五篇，字字句句無一脫誤，今於四十二篇之書，曾不能考定其片言半語，以傳後人，又何故耶？（卷一，頁二四）

此以五十八篇無一字脫誤，而四十二篇竟不存隻字片語，同藏於孔壁，何境遇如此之不同？可見爲晉人之妄說也。序又云：

承詔爲五十九篇作傳，……會國有巫蠱事，經籍道息，用不復以聞，傳之子孫，以貽後代。

致齋以爲漢書云遭巫蠱事，未列於學官，而未嘗言承詔作傳也。又云：

既云承詔爲五十九篇作傳，漢武雖暴，未至有焚書禁學之令頒行天下，安國豈得廢閣詔令，書傳成而不復以聞者哉！安國既不以聞矣，其後都尉朝，安國之弟子也，庸生輩受業於朝之弟子也，亦寂然未嘗言有安國之傳，何也。由是觀之，謂安國承詔作傳，不復以聞者，又妄說也。（卷一，頁二六）

此以安國之弟子都尉朝、庸生，亦不聞安國作傳，足見晉人之妄。

二、證堯、舜典本爲一篇

致齋既於尙書考異卷一孔安國尙書序一節辨堯、舜典本爲一篇矣，又於同卷舜典一節詳辨分堯、舜典爲二篇之非。致齋以爲舜典二字爲後人所竄增，其證爲：

(1)孟子引堯典曰：「二十有八載，放勳乃殂落。」

(2)司馬遷史記亦以「愼徽五典」接於堯典之下，原未嘗分。（卷一，頁二八）

可知堯、舜典本爲一篇。致齋以爲晉人所以增舜典二字，特不過如皐陶謨之復出益稷二字，蓋簡策繁重，初未嘗僞爲「曰若稽古」以下二十八字，至姚方興始增入之。

且堯典一篇文理通貫，血脈相連。致齋以爲分之爲二篇，則文意前後不能一貫，致齋云：

(1)堯吁驩兜之薦共工而未去也。其後曰：「流共工，放驩兜」，所以終此文意。
(2)堯咈僉之薦鯀而未至也。其後歷試諸難，又所以終此文意。
(3)堯曰：「我其試哉」，其後歷試諸難，又所以終此文意。（卷一，頁二九）

致齋以爲前文堯之吁共工、咈鯀，與後文「流共工于幽洲，……殛鯀于羽山」，文意一貫，如分爲二篇，則文意不終。又云：

篇首卽曰：「允恭克讓」，而克讓之實，正在「三載，汝陟帝位」之言，及受終文祖之事，離而二之，則克讓之言爲無徵虛設；受終之事，爲無首突出矣。（卷一，頁二九）

此以析堯典爲二篇，則克讓之言爲無徵。又云：

(1)依古文分之，則篇名堯典而訖於戒二女欽哉之語，於堯不得考其終。
(2)篇名舜典，而首「愼徽五典」之語，於舜不得考其始。
(3)依伏生書讀之，至「二十有八載，放勳乃殂落」，而後堯之終，血脈貫於前，而不可截「欽哉」以上爲堯典矣。
(4)起「有鰥在下，曰虞舜」，而後舜之始，文理通於後，而不可截「愼徽」以下爲舜典矣。（卷一，頁二九）

此以堯典一篇文理接續，首尾一事，故不可分爲二篇。又云：

「乃」者繼事之辭，史記伯夷列傳用「乃試之於位」綴於「岳牧咸薦」之下，與經合。今「乃命以位」之「乃」字，實出伯夷傳，而失其旨，何者？「帝曰：俞，予聞」，未嘗即命以位，必曰：「我其試哉」；必曰：「詢事考言，乃言厎可績。」今以「乃命以位」，綴於「元德升聞」之下，不見帝堯愼重歷試之意。（卷一，頁三〇）

此以「乃命以位」，綴於「玄德升聞」之下，不見帝堯愼重歷試之意。綜上數點，可見致齋純以堯典本文證僞古文堯、舜典本爲一篇，此卽致齋所云「以伏生之本經而發僞書之墨守」也。

此外，致齋又以爲「愼徽五典」以下所加二十八字乃隋開皇時人所杜撰。而僞稱姚方興得之於大航頭者，實欲神奇其事，使後人信之云耳（卷一，頁三一）。

三、斥大禹謨變亂經體

尙書考異卷二專辨大禹謨之僞。致齋以爲「廿有五篇之中，獨禹謨一篇長且多於他篇，若以振發其奇異，而非寂寥短章之比也。最所用心者在此篇，最爲訛謬者亦在此篇。」（卷二，頁二〇）因大禹謨乃作僞者最所用心者，亦最爲訛謬者，故致齋反覆論證，作僞者遂無所遁形。玆述之如左。

按尙書文體，有典、謨、訓、誥、誓、命六體，後又增入貢、征、歌、範四體，合爲十體。十體各有所指，不得相亂。而大禹謨一篇，致齋以爲：

變亂聖經之體者，大禹謨是也。凡伏生書，典則典、謨則謨、誓則誓，典、謨、誓雜者未之有也。今此篇自篇首至「萬世永賴，時乃功」，謨之體也。自「帝曰：格汝禹」至「率百官若帝之初」，

> 典之體也。自「帝曰！咨，禹惟時有苗弗率」至「七旬有苗格」，誓之體也。混三體而成一篇，吾故曰變亂聖經之體者，大禹謨是也。（卷二，頁二〇）

致齋以大禹謨一篇雜謨、典、誓三體爲一，故云：「變亂聖經之體者，大禹謨是也。」

致齋且舉例證明其變亂之迹，「曰若稽古大禹，曰文命，敷于四海，祗承于帝」條云：

> 首句倣堯典、皐陶謨，雖兩倣之，而倣皐陶謨之意多，故不曰「帝禹」，而曰「大禹」。蓋此篇以謨稱故也。雖曰以謨稱，然事體莫重於受禪，主意尤注於擬典，故即以「文命」二字倣「放勳」二字，又恐人得以跡其迹，下文「后克艱」二句，復轉而倣皐陶謨也。（卷二，頁二一）

大禹謨一篇篇首數句既仿堯典，又仿皐陶謨，足見其文體不純，亦足見其變亂經體。且非僅雜謨、典、誓三體爲一，且反易謨、典、誓之體。致齋云：

> 皐陶謨：禹之戒帝曰：「毋若丹朱傲。」舜之命禹曰：「汝毋面從，退有後言。」交相儆戒如此，而此篇禹以六府、三事自述，而帝以「地平天成，萬世永賴歸功。」是反易謨之體也。（卷二，頁一）

此以大禹謨反易謨之體。致齋又云：

> 堯典曰：「乃言底可績」，可之一言，豈以舜之功爲有餘哉！正天子告臣之體，默寓儆勉之意，今此篇曰：「惟汝賢」「懋乃德」「嘉乃丕績」，則諛禹之詞也。曰：「人心惟危，道心惟微，惟精惟一。」則少禹之詞也。至於詢事考言，以爲愼重，受禪之實事，曾無片語，是反易典之體

也。（卷二，頁一）

此以大禹謨反易典之體。致齋又云：

古者誓師而出，無敵於天下，今會后誓命，歷三旬之久，而苗民逆命，是苗之誓，茫無成算，猶在甘、湯、太、牧之下也。而可乎？是反易誓之體也。（卷二，頁一）

此以大禹謨反易誓之體。

大禹謨一篇所以兼用謨、典、誓三體者，致齋以爲：「原其初意，專爲禹受禪而作，恃堯曰首章而發意，嫌其太寂寥，故首之以謨，終之以誓。自今觀之，皋陶謨內已備載禹之謨矣，而又有大禹謨篇，豈得不爲長文哉！」（卷二，頁二一）此推測大禹謨兼用謨、典、誓三體之因也。

至於大禹謨篇中襲用他書文句，或文意扞格之處，致齋亦一一指出，以下兩小節將有論及。

四、襲用他書所引尚書文句

眞古文尚書之佚文，有爲前人所引用者，僞作古文尚書者，皆一一襲用。僞古文二十五篇中，引用眞古文字句者不知凡幾，致齋皆一一指出。茲舉其要者於左：

1. 大禹謨：「禹曰：朕德罔克，民不依，皋陶邁種德，德乃降，黎民懷之。」致齋以爲此引自左傳莊公八年所引夏書：「皋陶邁種德，德乃降，姑務修德，以待時乎！」（卷二，頁七）

2. 大禹謨：「念茲在茲，釋茲在茲，名言茲在茲，允出茲在茲，惟念帝功。」致齋以爲此引自左傳襄公二十一年所引夏書「念茲在茲，釋茲在茲，名言茲在茲，允出茲在茲。惟帝念功，將謂由己壹也。信由己壹而後功可念也。」（卷二，頁八）

3.大禹謨：「與其殺不辜，寧失不經。」致齋以爲此二句引自左傳襄公二十六年所引夏書：「與其殺不辜，寧失不經。」（卷二，頁九）

4.五子之歌：「其三曰：惟彼陶唐，有此冀方，今失厥道，亂其紀綱，乃厎滅亡。」致齋以爲此引自左傳哀公六年所引夏書：「惟彼陶唐，帥彼天常，有此冀方，今失其行，亂其紀綱，乃滅而亡。」惟歌中無「帥彼天常」一句，下亦微異。「其行」，歌作「厥道」；「乃滅而亡」，歌作「乃厎滅亡」。（卷二，頁三四）

5.胤征：「每歲孟春，遒人以木鐸徇于路，官師相規，工執藝事以諫，其或不恭，邦有常刑。」致齋以爲此引自左傳襄公十四年所引夏書：「遒人以木鐸徇於路，官師相規，工執藝事以諫。」（卷二，頁三七）

6.胤征：「政典曰：先時者殺無赦，不及時者殺無赦。」致齋以爲此引自荀子君臣篇所引尙書：「先時者殺無赦，不逮時者，殺無赦。」（卷二，頁三八）

7.太甲上：「無越厥命以自覆，愼乃儉德，惟懷永圖，若虞機張，往省括于度，則釋。」致齋以爲此引自緇衣所引太甲：「無越厥命以自覆也，若虞機張，往省括于厥度，則釋。」僞書妄增「愼乃」二字，刪削「也」、「厥」二字。（卷三，頁一六）

8.太甲中：「天作孽，猶可違；自作孽，不可逭。」致齋以爲此四句孟子、禮記緇衣曾引之。緇衣所引，首二句作「天作孽，可違也。」（卷三，頁一八）

9.咸有一德：「七世之廟，可以觀德，萬夫之長，可以觀政。」致齋以爲此引自呂氏春秋所引商書：「五世之廟，可以觀怪，萬夫之長，可以生謀。」僞書將「五世」易爲「七世」；「觀怪」易爲「觀德」；「生謀」易爲「觀政」（卷三，頁二五）

10.說命中：「惟口起羞，惟甲冑起戎，惟衣裳在笥，惟干戈省厥躬。」致齋以爲此引自緇衣所引兌命：「惟口起羞，惟甲冑起兵，惟衣裳在笥，惟干戈省厥躬。」僞書易「兵」爲「戎」。（卷三，頁三〇）

11.泰誓中：「天視自我民視，天聽自我民聽，百姓有過，在予一人，今朕必往。」致齋以爲此引自孟子所引泰誓：「天視自我民視，天聽自我民聽。」卷四，頁一二）

12.泰誓下：「予克受，非予武；惟朕文考無罪。受克予，非朕文考有罪，惟予小子無良。」致齋以爲此引自坊記所引泰誓：「予克紂，非予武，惟朕文考無罪，紂克予，非朕文考有罪，惟予小子無良。」二「紂」字，僞書皆易爲「受」字。（卷四，頁一五）

13.武成：「惟一月壬辰，旁死魄，越翼癸巳，王朝步自周，于征伐商。」致齋以爲此引自前漢書律歷志所引周書武成：「惟一月壬辰，旁死霸，若翼日癸巳，武王乃朝步自周，于征伐紂。」僞書易「霸」爲「魄」；易「若」爲「越」；易「武王」爲「王」。（卷四，頁一六）

14.君陳：「爾有嘉謀嘉猷，則入告爾后于內，爾乃順之于外，曰：斯謀斯猷，惟我后之德，嗚呼，臣人咸若時，惟良顯哉！」致齋以爲此引自坊記所引君陳：「爾有嘉謀嘉猷，則入告爾君于內，女乃順之于外，曰：此謀此猷，惟我君之德，於乎，是惟良顯哉！」僞書易「君」爲「后」；易「此」爲「斯」，且增「臣人咸若時」一句。（卷五，頁一五）

此外，襲用眞古文尚書文句者甚多，玆不具舉。於此亦可見作僞者之用心矣。

五、襲用他書文句

僞古文尚書襲用他書文句，或一字不改照錄，或略加更動。致齋皆一一尋出其來源。玆舉其要者，以見作僞者之智巧，及致齋辨僞之苦心。

1大禹謨：「野無遺賢，萬邦咸寧，稽于衆，舍己從人，不虐無告。」致齋以爲「野無遺賢」，見詩小序；「萬邦咸寧」，見易大傳；「舍己從人」、「無告」，見孟子。（卷二，頁三）

2大禹謨：「禹曰：於帝念哉，德惟善政，政在養民。水、火、金、木、土、穀，惟修；正德利用厚生，惟和；九功惟敍，九敍爲歌。戒之用修，董之用威，勸之以九歌，俾勿壞。」致齋以爲此一節全宗左傳。文公六年，郤文公曰：「命在養民。」文公七年，郤缺言於宣子，引夏書止曰：「戒之用休，董之用威，勸之以九歌，勿使壞。」而無上文一段。但其下釋之曰：「九功之德，皆可歌也，謂之九歌。六府三事，謂之九功；水、火、金、木、土、穀，謂之六府；正德、利用、厚生，謂之三事。」今修飾其文於上如此。……此章果有上文數語，則郤缺決不訓釋於下，觀郤缺訓釋於下，則上文決無此長語。

（卷二，頁五）

3.大禹謨：「人心惟危，道心惟微，惟精惟一，允執厥中。」致齋以爲「允執厥中」，引自論語堯曰篇；其餘三言則掇拾荀子解蔽篇所引道經：「人心之危，道心之微，危微之幾，惟明君子而後能知之。」而成（卷二，頁一三）

4.胤征：「火炎崑岡，玉石俱焚，天吏逸德，烈于猛火，殲厥渠魁，脅從罔治，舊染汚俗，咸與惟新。」致齋引晉書袁宏三國名臣贊云：「滄海橫流，玉石同碎。」又劉琨傳：「火炎崑岡。」又漢董卓傳論曰：「崑岡之火，自茲而焚。」可見僞書襲用晉人語（卷二，頁三八）

5.仲虺之誥：「乃葛伯仇餉，初征自葛，東征西夷怨，南征北狄怨，曰：奚獨後予，攸徂之民，室家相慶，曰徯予后，后來其蘇，民之戴商，厥惟舊哉！」致齋以爲此一節全約孟子之言，但增「民之戴商，厥惟舊哉」二句，以爲綴結之語耳。」（卷三，頁三）

6.湯誥：「凡我造邦，無從匪彝，無即慆淫，各守爾典，以承天休。」致齋以爲此引自周語單子之言：天道賞善而罰淫，故凡我造國，無從匪彝，無即慆淫，各守爾典，以承天休。」（卷三，頁九）

7.太甲下：「若升高，必自下；若陟遐，必自邇。」致齋以爲此襲自中庸：「辟如行遠，必自邇；辟如登高，必自卑。」（卷三，頁二一）

8.說命上：「若金，用汝作礪，若濟巨川，用汝作舟楫；若歲大旱，用汝作霖雨。啟乃心，沃朕心，若藥弗瞑眩，厥疾弗瘳；若跣弗視地，厥足用傷。」致齋以爲此用國語楚語白公子張之語（卷三，頁二一七）。文長不錄。

9.說命下：「若作酒醴，爾惟麴糵，若作和羹，爾惟鹽梅。」致齋以爲「若作酒醴」四句襲自國語。（卷三，頁三一）

10.武成：「歸馬於華山之陽，放牛于桃林之野，示天下弗服。」致齋以爲此襲自樂記：「……馬，散之華山之陽，而弗復乘；牛，散之桃林之野，而弗復服。」而樂記言「弗復乘馬服牛」，僞書獨言「示天下弗服」者，蓋欲以一「服」字兼馬牛言，欲與記小異也。（卷四，頁一六）

11.微子之命：「予嘉乃德，曰篤不忘，上帝時歆，下民祇協，庸建爾于上公，尹茲東夏。」致齋以爲此襲自左傳僖公十二年：「王曰舅氏，予嘉乃勳，應乃懿德，謂督不忘，往踐乃職，無逆朕命。」而摘去「勳應乃懿」四字，改「謂」字爲「曰」字。（卷四，頁二七）

以上爲成段之襲自他書者，至於單句，單詞之襲自他書或仿自他書者，致齋亦皆一一舉出，爲省篇幅，茲不具舉。

六、僞書文義相扞格者

僞古文既掇拾諸書文句而成，則其文理必有相扞格牴牾者，致齋於僞古文二十五篇中，時舉出其破綻。茲舉數條於左：

1.大禹謨：「帝曰：格汝禹，朕宅帝位，三十有三載，耄期倦于勤，汝惟不怠，總朕師。」致齋以爲：

「倦于勤三字，……與前後篇戒飭之辭背而馳。傳位，天下之大事，正欲禹之兢兢栗栗，日愼一日，顧乃首以倦勤之言唱之哉！此可決知其妄也。」（卷二，頁七）

2.大禹謨：「益贊于禹曰：惟德動天，無遠弗屆，滿招損，謙受益，時乃天道。」致齋云：「……以上文觀之，舜稱禹不自滿假，不矜不伐矣，禹何弗謙之有？是於上文無當。以下文觀之，卽引舜之至德要道，所以感通神明者，謙又不足以言也。是於下文無當。此之謂百孔千瘡耳。」（卷二，頁二一）

3.大禹謨：「至誠感神，矧茲有苗，禹拜昌言曰：俞。」致齋以爲上文云：「惟德動天，無遠弗屆。」則下文宜舉遠於苗者以爲況，方與「無遠」二字相照應。顧乃引天子宮禁之內親父以爲況，此文義之不相照應者也。親親而仁民，順而易者，苗民弗用靈，逆而難者也。取順而易者，以況逆而難者，將以嘲禹之不能格鯀耶？此豈近於人情？（卷二，頁二四）

4.湯誥：「爾有善，朕弗敢蔽，罪當朕躬，弗敢自赦，惟簡在上帝之心，其爾萬方有罪，在予一人，予一人有罪，無以爾萬方。」致齋以爲上文既以國語間之，此復用論語之文，「帝臣不蔽」，今改作「爾有善，朕弗敢蔽。」「罪當朕躬」卽「罪在朕躬」，而「有罪不敢赦」之句移於上，乃以「弗敢自赦」爲文，舛紊重複不自覺也。（卷三，頁一〇）

5.太甲上：「惟尹躬克左右，厥辟宅師，肆嗣王丕承基緒。」致齋以爲商頌：「實惟阿衡，實左右商王」，今改爲伊尹，故曰「尹躬」，又改「商王」爲「厥辟」，匪伊尹口氣。（卷三，頁一五）

6.太甲中：「作書曰：民非后，罔克胥匡以生；后非民，罔以辟四方，皇天眷佑有商，俾嗣王克終厥德，實萬世無疆之休。」致齋以爲太甲方知改過日新，而即謂之「克終厥德」，與下文太甲「圖惟厥終」之言相乖戾。非聖人慮終之語也。（卷三，頁一八）

7.蔡仲之命：「惟周公位冢宰，正百工，群叔流言。」致齋云：「管叔，兄也；周公，弟也。對周公而稱群叔，則其思慮之不到，不顧文理之牴牾者也。」（卷四，頁三〇）

七、推尋作僞心理

僞古文尚書二十五篇，致齋除尋出字句之來源，指出文意相扞格者外，並推尋造僞者作僞之心理。致齋所論或未必符合作僞者之本意，然於此亦可見其辨僞之苦心。玆舉例如左：

1.僞古文從皋陶謨中析出益稷，析盤庚爲三篇，又從顧命析出康王之誥。其所以如此，致齋以爲：「一則以示其古文壁藏之眞；一則以蓋其寂寥短章之失；一則以張其太甲三篇、說命三篇、泰誓三篇之本也，其情狀豈不昭昭乎。」（卷一，頁一一）

2.僞古文太甲、說命、泰誓所以分爲三篇，致齋以爲：「太甲、說命、泰誓，古人所引者多矣，蒐羅不盡，將復有馬融輩之辨，首尾衡決，將莫掩文理之不貫，故不若分爲三篇，則盡於蒐羅，易於接續也。不析盤庚爲三篇，恐人以今文例之，而覺其非類也。」（卷一，頁二三）

3.大禹謨：「人心惟危，道心惟微，惟精惟一，允執厥中。」致齋以爲其中三句襲自論語及荀子解蔽篇所引道經。所以假託爲大舜之言，乃因作古文者，見其首稱舜之治天下，遂改二「之」字爲二「惟」

字，而直以爲大舜之言。（卷二，頁一三）

4.大禹謨：「益贊于禹曰：惟德動天，無遠弗屆，滿招損，謙受益，時乃天道。」致齋以爲詩曰：「致天之屆。」易謙卦彖傳：「天道虧盈而益謙。」下文有「地道鬼神」共四句。今僞書易「盈」字爲「滿」字，易「虧」字爲「損」字，所以新其字也。易「虧盈」爲「滿招損」，易「益謙」爲「謙受益」，所以奇其句也。（卷二，頁二一）

5.五子之歌：「其三曰：惟彼陶唐，有此冀方，今失厥道，亂其紀綱，乃厎滅亡。」致齋以爲此數句襲自左傳哀公六年所引夏書之文，惟刪去「帥彼天常」一句，且改「其行」爲「厥道」；「乃滅而亡」作「乃厎滅亡」。其所以如此，致齋以爲少「帥彼天常」一句，改「其行」爲「厥道」者，則故爲謬亂，以惑學者。改「乃滅而亡」爲「乃厎滅亡」，則欲遷就其說，以當太康之世。然不知此章之體，句句用韻，今「厥道」一句，獨不用韻，則爲不知而妄改。（卷二，頁三五）

6.武成：「歸馬於華山之陽，放牛于桃林之野，示天下弗服。」致齋以爲樂記言「弗復乘馬服牛」，而古文獨言「示天下弗服」者，欲以一「服」字兼馬牛言，欲與記小異也。（卷四，頁一六）

7.蔡仲之命：「蔡仲克庸祇德，周公以爲卿士，叔卒乃命諸王邦之蔡。」此數句乃改易左傳定公四年之文而成。左傳云：「其子蔡仲，改行帥德，周公舉之，以爲己卿士，見諸王，而命之以蔡。」致齋以爲：

(1)傳有「其子」二字，而此刪之者，蓋此增霍叔一事，則未知其爲蔡叔之子乎？未知其爲霍叔之子乎！故刪此二字也。獨曰「蔡仲」二字，庶幾人得以蔡字而貫於蔡叔云耳。

(2)傳有「改行帥德」之言，而此易以「克庸祇德」者，不欲盡同傳文，改易彼之四字於「王若曰」之下也。

(3)傳有「周公舉之以為己卿士」，而此刪去「舉之」與「己」三字，不欲盡同傳文。又因以示經文簡質，使後之儒者讀之歆艷侈張曰：「經文簡古，非傳文可比。」

(4)傳無「叔卒」二字，而此增之者，覬經之得而傳之缺文也。（卷四，頁三二一）

此以作偽者雖襲自左傳，而頗有更易者，乃欲示經文優於傳文也。

第五節　譏駁蔡沈書集傳

蔡沈承朱子之意，作書集傳六卷。元時蔡傳與古注疏竝立學官，學者置注疏而習蔡傳；明時與夏僎尙書集解竝立學官，學者亦置僎之集解而習蔡傳①。可見蔡傳流傳之廣。

惟蔡氏於殷盤、周誥必一一求其解，舛訛亦不能免。宋末元初張葆舒作尙書蔡傳訂誤、黃景昌作尙書蔡氏傳正誤、程直方作蔡傳辨疑、余芑舒作讀蔡傳疑，遞相詰難。至元仁宗延祐二年將蔡氏書懸爲功令，張葆舒等人之書遂佚而不傳②。明初，太祖考驗天象，知蔡傳之舛訛，乃定書傳會選六卷。而糾蔡傳之謬者，如：馬明衡之尙書疑義、袁仁之尙書砭蔡編、陳泰交之尙書注考等，亦繼踵而起。致齋尙書考異雖旨在辨古文尙書之僞，於蔡傳之疏舛，亦頗多譏駁。玆述之如左：

一、譏蔡傳違叛聖經

1.堯典：「竄三苗與三危。」蔡傳以爲三苗負固不服，乍臣乍叛，舜攝位時乃竄逐之。致齋則以爲舜並無命禹竄逐三苗之事。蔡傳「違叛聖經，黨邪說而助之攻正者」有五，玆舉其中二例以見一斑，其一云：

(1)考之皐陶謨：「禹曰：『苗頑弗卽工，帝其命哉！』帝曰：『迪朕德，時乃功，惟敍。』」初未嘗有命徂征之事。

⑵帝又曰：「皐陶方祇厥敍，方施象刑，惟明。」則帝以付皐陶之象刑，若五流有宅，五宅三居者是也。又安得有禹徂征之事。（卷二，頁二七）

此以皐陶謨帝舜之言證禹未徂征也。其二云：

考之禹貢曰：「三危旣宅，三苗丕敍。」與堯典：「竄三苗于三危」之文，特相照應。與帝命皐陶爲士，五流有宅之刑特爲互見。……今蔡沈言禹治水之時，三危旣宅而舊都猶頑不卽工，爲乍臣乍叛之實，若果然者，則舜之竄爲徒竄，而史臣下文「四罪咸服」之言當删矣。（卷二，頁二七）

此以禹貢與堯典文相照應，與舜命皐陶爲士，五流有宅之刑爲互見。苟禹治水時三苗仍負固不服，則舜之竄苗爲徒竄矣。

2.呂刑云：「苗民弗用靈，制以刑，惟作五虐之刑曰法，殺戮無辜，……皇帝哀矜庶戮之不辜，報虐以威，遏絕苗民，無世在下。」蔡傳以爲呂刑之遏絕，乃通其本末而言。致齋駁之曰：

所謂本者，非言舜之竄逐時乎？所謂末者，非言舜之分北時乎？夫當本之時，旣言有舊都之頑在，安得謂之遏絕哉？末之時，旣曰來格矣，又從而遏絕之，不幾遏絕已降者乎？（卷二，頁二七）

此譏蔡傳以「呂刑之遏絕，通其本末而言」之不通也。致齋又引呂刑：「皇帝清問下民，鰥寡有辭于苗。……上帝不蠲，降咎于苗，苗民無辭于罰，乃絕厥世。」等語，以爲「有辭于苗」、「無辭于罰」、

「乃絕厥世」，皆與堯典、皐陶謨、禹貢相合，獨無一字與大禹謨「徂征來格」之意相合者。而蔡沈竟不能辨明此事。故斥蔡氏爲「有胸無心」（卷二，頁二八）。

二、譏蔡沈違叛先師

蔡沈親炙於朱子，書集傳爲蔡氏遵朱子之囑而作，其大義頗多朱子口授者。然傳中與朱子之言相乖戾者亦不少。故致齋頗譏蔡氏違叛先師。

1.論語堯曰篇載成湯請命伐桀之辭曰：「予小子履，敢用元牡，敢昭告于皇皇后帝；有罪不敢赦，帝臣不蔽，簡在帝心，朕躬有罪，無以萬方，萬方有罪，罪在朕躬。」僞古文湯誥篇，將上述文字顚倒割裂，致齋斥爲「不信夫子，蔑論語」之舉：而「蔡沈曾不注其異同，考據得失，其意亦將挾古文以令論語也。此非叛夫子、蔑論語而何？」（卷三，頁十）。

2.湯誥：「罪當朕躬，弗敢自赦」之「赦」字，蔡氏釋爲「己有罪不敢以自恕。」致齋引鄒季友曰：「朱子大學或問，恕字可以施人，不可施於己。以「自恕」訓「自赦」，似亦未的，此非悖先師而何？」（卷三，頁十）

3.蔡傳之說金縢，亦與朱子之言頗多不合③，致齋譏之云：「金縢一篇，朱子作傳，文義精密，蔡沈一切反之，載在文集可考也。當改者亦當三年無改，今師說是而必改之以逞己說，沈亦忍矣哉。」（卷三，頁一一）

4.大誥：「若考作室，旣厎法，厥子乃弗肯堂，矧肯構？厥父菑，厥子乃弗肯播，矧肯穫？厥考翼其肯曰：予有後，弗弃基？」致齋以爲經文「矧肯構」應作「矧弗肯構」，下應有「厥考翼，其肯曰，予有後，弗棄基」等句。今經文中所以不見者，乃晉人抹去。故譏孔穎達以爲上引數句不應重出之非，且斥蔡沈從孔氏之說爲「略不置思」。又譏之云：「蔡沈游於文公之門，所當虛心平氣，發潛經之幽，然後爲有功於文公，今晉人曰伏生失其本經，口以傳授，則諾；古文出之壁藏，定爲五十九篇，則諾。如此等處，直創經文，蒙蔽後學，皆其大者，茫不知覺，是其胸中憒憒亦已久矣。」（卷六，頁一四）

凡此，或非蔡氏之失，一併歸咎於蔡氏，實有未允。蓋蔡傳當時懸爲功令，人人肄習之，無異爲一至高無上之權威，致齋所以囂囂然抨擊蔡傳者，殆有打倒權威之意。明代其他考據家，如：楊愼、陳耀文、胡應麟等人，亦皆有此心態。

附注

①「四庫提要」（台北縣，藝文印書館，民國五十八年），卷一一，經部，書類一，頁二〇，書集傳提要。

②同注①。

③朱熹金滕說，見朱文公文集（台北市，台灣商務印書館，四部叢刊初編縮本）卷六五，頁一二〇八。

第六節　尚書考異之缺失

致齋尚書考異之辨證方法，精當處至多，已如前述。然限於當時學術水準，書中可議者仍多。玆分：㈠以漢初之泰誓爲張霸僞作。㈡以孔壁古文十六篇爲張霸僞作。㈢以東晉僞古文爲皇甫謐所作。㈣以伏生尚書之文句爲晉人所改等五小節，略加敍述。

一、引書年代略有失誤

明代人引書能忠於原文者甚少。一則因當時得書不易，再則書籍卷數浩繁，又缺乏工具書，檢索不易，故引書多憑記憶。以致刪改、脫略、譌誤之處所在多有，就中以楊愼爲甚。致齋治學之態度，比楊愼特爲嚴謹，然引書之年代仍有失誤。

1.仲虺之誥：「取亂侮亡，推亡固存，邦乃其昌。」致齋云：「襄二十九年仲虺之志云：亂者取之，亡者侮之，推亡固存，國之利也。」（卷三，頁三）按：此爲襄公三十年之文。

2.旅獒篇首，致齋云：「宣元年公嗾夫獒。杜注：猛犬也。」（卷四，頁二二）按：此爲宣公二年之文。

3.微子之命篇首，致齋云：「左傳僖七年，許男面縛銜璧……。」（卷四，頁二六）按：此爲僖公六年之文。

以上所引，雖非重大之缺失。然考據工作應以失誤越少越佳。故不憚瑣屑。加以指出。

二、以漢初之泰誓爲張霸僞作

泰誓有先秦之古泰誓、漢初之泰誓、及僞古文之泰誓。漢初之泰誓，或謂得於武帝末，或謂獻於宣帝時。劉向別錄曰：「武帝末，民有得泰誓于壁內者，獻之；與博士使讀說之，數月，皆起傳以教人。」馬融書序云：「太誓後得，案其文，似若淺露。」鄭玄書論云：「民間得泰誓，王肅書序云：「泰誓近得，非其本經。」①趙岐云：「今之尙書太誓篇後得，以充學，故不與古泰誓同，諸傳記引太誓，皆古太誓也。」②諸家皆云泰誓後得，惟不云何人所作。獨致齋云：

⑴景帝至武帝末年張霸僞泰誓始出。（卷一，頁七）

⑵當漢之初，唯張霸僞泰誓盛行，而群儒譁而攻之焉耳。（卷一，頁二八）

按：尙書正義云：「但於先有張霸之徒僞造泰誓，以藏壁中，故後得而惑世也。」（卷一，頁一一）致齋或依此爲說，然漢初所出之泰誓，伏生尙書大傳已引之，司馬遷之史記亦曾引用③，而張霸爲成帝時人，與伏生、司馬遷之時代實不相及，何能僞造泰誓爲兩人所引用？且漢書儒林傳僅云張霸僞造百兩篇。並不云僞造泰誓，則漢初之泰誓不爲張霸所造亦已明矣。

三、以孔壁古文十六篇爲張霸僞作

漢書藝文志云：「古文尚書者，出孔子壁中。武帝末，魯共王壞孔子宅欲以廣其宮，而得古文尚書及禮記、論語、孝經凡數十篇，皆古字也。孔安國者，孔子後也；悉得其書以考二十九篇，得多十六篇。安國獻之，遭巫蠱事，未列於學官。」④此孔壁古文十六篇之來源也。唐以前之學者，皆無異議，獨致齋以爲張霸僞作。致齋云：

孔信紹孔安國以下世傳古文尚書，實卽十六篇張霸等所作之古文。（卷一，頁六）

又僞孔序云：「……王又升孔子堂，聞金石絲竹之音，乃不壞宅，悉以書還孔氏。」致齋云：

此蓋張霸所僞經之時造爲斯事，以示信於人，而班固誤信之。（卷一，頁二二）

可知致齋以孔壁古文爲張霸僞作。然致齋又云：「論其時歲，則先漢之古文，實爲安國之家傳。」（卷一，頁一六）依違兩端，漫無定見。按：孔壁古文出於景帝末，而張霸爲成帝時人，時代已不相及，何能僞造？且漢書儒林傳云張霸僞造百兩篇，並不云僞作古文十六篇。致齋漫無論證，卽以十六篇古文爲張霸僞作，實非持平之論。

四、以東晉僞古文爲皇甫謐所作

致齋既辨東晉古文之僞，又推測僞作者爲皇甫謐。致齋云：

⑴東晉之古文，乃自皇甫謐而突出。何者？前乎謐而授之者，曰鄭冲、曰蘇愉、曰梁柳，而他無所徵也。冲又授之何人哉？冲、愉等有片言隻字可考證哉？此可知其書之杜撰于謐而非異人，一也。

⑵後于謐而上之者曰梅賾，而賾乃得之梁柳，柳卽謐之外兄，此亦可知謐之假手于柳以傳，而非異人，二也。

⑶至其作帝王世紀也，凡尚書之言，多創爲一紀以實之。此其用心，將以羽翼是書，而使之可以傳遠，則其情狀不可掩矣。尚可疑哉！（卷一，頁一六）

致齋之言要點有二：其一，皇甫謐前後之傳授源流不明；其二，獻書者得之梁柳、梁爲皇甫謐之外兄，故定作者爲皇甫謐。此後清人李紱、王鳴盛亦主是說⑤。然致齋之說，蓋據孔穎達正義引晉書皇甫謐傳，稱謐姑子外弟梁柳得古文尚書，故作帝王世紀往往載孔傳五十八篇之書⑥。然據清人崔述之考證，以爲僞古文尚書在宋文帝元嘉以前未嘗行於世⑦。程廷祚更以爲僞古文尚書見於宋元嘉以後⑧。則僞古文尚書非但皇甫謐不及見，亦非梅賾所獻矣。

五、以伏生尚書諸文句爲晉人所改

尚書考異卷六，專考訂伏生尚書文句之異。致齋以伏生今文尚書頗經晉人刪改，故列二十五篇之異文，一一加以考訂。實則古書流傳既久，他書所引又因方音不同，文字之假借，故書中之異文比比皆是，非必皆晉人所改也。

1.堯典：「辯章百姓。」史記作「便章」，今本作「平章」。致齋以爲伏生本本作「辯章百姓」，今作「平」者，乃晉人所改（卷六，頁二）。按：「釆」之古文作「[illegible]」，「平」之古文作「[illegible]」，字形相似，容易相混。「釆章百姓」遂誤作「平章百姓」。作「辯章」、「便章」，乃取其音似也⑨。後漢書蔡邕傳，邕上封事曰：「更選忠清，平章百姓。」曹植求通親親表引傳曰：「九族既睦，平章百姓。」足見諸書皆已誤作「平」，非晉人所改也。

2.無逸：「儼恭寅畏。」致齋云：「馬本如此，晉人作嚴。」（卷六，頁一七）按：漢石經卽作「嚴恭寅畏」⑩，非晉人所改也。

3.君奭：「迪見昬聞于上帝。」致齋云：「馬本如此。昬，勉也。晉人作冒。」（卷六，頁一七）按：康誥：「冒聞于上帝。」正作「冒」。可見非晉人所改也。

4.呂刑：「惟貨惟求。」致齋云：「馬云：有求，請賕也。晉人作來。」（卷六，頁一七）按：「求」、「來」字形相似，易訛，非必晉人所改也。

諸如此類，殆因致齋以僞書爲晉人所作，遂不顧客觀之證據，將一切之差訛，盡歸咎於晉人，此亦非持平之態度也。

附注

①以上劉向、馬融、鄭玄、王肅之說，見「尚書注疏」（台北縣，藝文印書館，民國五十四年，「十三經注疏」本），卷一，頁十一；卷十一，頁二。

②見趙岐注，「孟子」，滕文公下。

③孫星衍，「尚書今古文注疏」，泰誓第十，輯有「尚書大傳」、「史記」所引漢初泰誓之逸文。見「重編本皇清經解」（台北縣，漢京文化事業公司，民國六十九年），冊四，頁二八五五－二八六〇。

④按：魯恭王壞孔壁在景帝末；獻書者爲安國後人。閻若璩，「尚書古文疏證」，卷二，頁四，有詳說。見「重編本皇清經解續編」（台北縣，漢京文化事業公司，民國六十九年），冊二，頁七一二。

⑤李紱之說，見李著，「書古文尚書寃詞後」。見「四部要籍序跋大全」（台北市，華國出版社，民國四十一年），經部丙輯，頁七六八。王鳴盛之說，見王著，「尚書後案」，辨陸德明釋文一節。在「重編本皇清經解」，冊四，頁二六〇〇。

⑥「四庫提要」（台北縣，藝文印書館，民國五十八年），卷十二，經部，書類二，頁一四，尚書考異五卷提要云：「穎達作正義時，今本晉書尚未成，此臧榮緒晉書之文。」

⑦崔述，「尚書辨僞」（台北市，河洛圖書出版社，民國六十四年，崔東壁遺書本），卷一，古文尚書源流考，頁二八。

⑧程廷祚，「晚書訂疑」，卷一，頁一三，晚書見於宋元嘉以後一節。見「重編本皇清經解續編」，冊二〇，頁一五九〇八。

⑨惠棟，「九經古義」，見「重編本皇清經解」，冊十九，頁一四三九三。

⑩見洪适，「隸釋」（台北市，新文豐出版公司，民國六十五年，「石刻史料新編」，冊九），卷一四，石經尚書殘碑，頁二。

第五章　陳耀文

第一節　生平與著述

陳耀文，字晦伯，號筆山，明確山（今河南省確山縣）人，生卒年不詳，約嘉靖（一五二二—一五六六）、隆慶（一五六七—一五七二）、萬曆（一五七三—一六一九）年間在世。

耀文生而穎異，日記千言，目視數行俱下，鄉里號爲神童。年十二，補邑庠生，嘉靖二十二年（一五四三）舉人①。登嘉靖二十九年（一五五〇）進士，授中書舍人，陞工部給事中。感慨時事，數上危言，忤時相意，謫魏縣（今河北大名）丞，量移淮安（今江蘇淮安）推官，寧波、蘇州同知，遷南京戶部郎中，淮安兵備副使。淮、揚多盜，其里中豪甘其利爲逋逃主，耀文悉擒治之，民爲立德政碑。尋陞陝西行僕寺卿，因倦遊不樂邊塞，遂請告歸，有指揮餽以造船餘金千兩，麾而卻之。抵家杜門，日以著述爲事，初不問家人產，即千旄在門，猶高臥不起。年八十二卒。

耀文博極群書，自經、史外，若丘、索、竹書、山海經、元命苞、穆天子傳等書，以及星曆、術數、稗官、齊諧，無不該覽，時有撰造，或思不屬夜，輒夢一叟，共相擬議，蓋鬼神通之也②。

當時士林於耀文之評價甚高，王世貞答胡元瑞第五書云：「以僕所見，當今博洽士，陳晦伯可稱無二，然不無書簏之恨。」③焦竑與陳晦伯書云：「不佞結髮時，從事鉛槧，即聞明公盛名，博聞好古者也。頃與二三同志，論列海內文學之士，靡不以明公爲稱首。每讀所撰著，竊有以得於心。夫其文理貫綜，敍致雅暢，經疑證隱，語類搜奇，收百代之闕文，采千載之遺韻，頓挫萬彙，囊括九圍，非曠代之通材，孰與於此？」④王世貞、焦竑學識之淵博，並不亞於楊慎，而於耀文推崇如此，足見耀文於當時學界之地位。

耀文之著作有：經典稽疑二卷、正楊四卷、學林就正四卷、學圃萱蘇六卷、天中記六十卷、花草粹編十二卷。經典稽疑「取漢、唐以來說經之異於宋儒者，分條輯載，上卷爲四書，下卷爲易、書、詩、春秋、禮記、周禮。雖或傷漏略，然耀文因當時帖括之士墨守方隅，稍爲裒集異同，以存古義，而不必一一悉從其朔。嘉、隆間心學盛而經學衰，耀文獨能遠討遐搜，潛心訓詁，亦可云空谷之足音矣。」⑤此書雖非考證之作，然考證之初步工作必先蒐集材料，耀文於各經字句廣搜諸家訓詁之語，其有功於考證，自不待言。

正楊一書旨在糾正楊慎考證諸說之誤，故名「正楊」。全書一百四十餘條，爲耀文考據工作之成果所在。本文論耀文之考據學，亦以正楊一書爲主。

附注

①清何顯祖等修，黃正等纂，「汝寧府志」（清康熙三十四年刊本），卷一二，人物上，頁五〇下。

②耀文之傳記資料，見明過庭訓撰「本朝分省人物考」（明天啓間原刊本），卷九三，頁一八上；清何顯祖等修，黃正等纂，「汝寧府志」，卷一二，人物上，頁五〇上；清周之瑚修，嚴克嶠纂，「確山縣志」（清乾隆十一年刊本），卷三，人物，頁四七；清德昌修，王增等纂，「汝寧府志」（清嘉慶元年刊本），卷十八，人物，頁四一下。惟內容皆大同小異，本節文字即參考以上諸書而成。

③王世貞，「弇州山人四部續稿」（明萬曆刊本），卷二〇六，頁五。

④焦竑，「澹園集」（台北市，偉文圖書公司，民國六十六年），卷十三，頁一九。

⑤「四庫提要」（台北市，藝文印書館，民國五十八年），卷三三，經部，五經總義類，頁二七，經典稽疑二卷提要。

第二節　訂正楊愼之誤

明代考據學由楊愼（用修）導其先路。然用修貶居蠻荒，手中無書，諸所引證，多憑記憶，又無得力助手爲之校正；且當時爭讀其書者不少，故隨作隨刋，謬誤甚多。耀文之正楊，旨在糾正用修之誤，雖態度流於叫囂，然對建立嚴謹之考據學風，頗有貢獻。茲考述內容如左：

一、駁正引文之誤

㈠糾正引字句之誤

1.麇鹿蜚鴻條，用修引史記周本紀云：「武王曰：維天不享殷，自發未生于今六十年，夷羊在牧，蜚鴻滿野。」又引徐廣注云：「夷羊，怪物也；蜚鴻，蠛蠓也。」張守節注云：「夷羊，一本作麇鹿，喻小人在朝也。」耀文以爲史記本作「麇鹿在牧」，張守節正義亦同。未嘗云：「夷羊，一本作麇鹿也。」且「蜚鴻，蠛蠓。」亦非徐廣之說。（卷一，頁二四）。

2.秀才條，用修以爲「秀才」二字起於趙武靈王論胡服：「俗辟民易，則是吳越無秀才也。」耀文引史記趙武靈王云：「且服奇者志淫，則是鄒魯無奇行也。俗辟者民易，則是吳越無秀士也。」僅云「秀士」，並不作「秀才」。（卷二，頁十二下）

3.雲岳屏風條，用修云：「漢鄭弘，第五倫故吏，同爲太尉司空，每朝見，弘曲肱自卑，明帝聞知，乃賜雲岳屏風分隔其間。」用修並自注云：「雲岳，雲氣山岳也。」耀文引謝承後漢書，云明帝所賜者乃「雲母屏風」，非「雲岳」也。（卷三，頁一上）

4.瓊寢玉簀條，用修云：「劉聰以婢爲后，王鑒諫曰：不可以汚玉簀而塵瓊寢。」耀文引載記云：「王沈養女年十四，有妙色，劉聰立爲左皇后。王鑒等諫云：縱沈之女弟，刑餘小醜，猶不可塵瓊寢汚清廟，況其家婢耶！」知用修誤以「養女」爲「婢」，且妄增「玉簀」二字。（卷三，頁十五下）

(二)糾正引人名之誤

1.傅說條，用修云：「尚書曰：說築傅巖之野。築之爲言居也，後世猶有卜築之稱，求其說而不得，遂謂傅說起于板築，雖孟子亦誤矣。」耀文以爲此乃蔡沈之說，非孟子也。（卷一，頁一四）

2.別號條，用修引史記索隱云：「甘茂居渭南陰鄉之樗里，故號樗里子。」又以范蠡去越自稱鴟夷子，爲後人別號之所昉。耀文引史記：「樗里子名疾，爲秦惠王之弟，武王時與甘茂爲左右丞相。」以糾用修以甘茂爲樗里子之誤。又引史記：「范蠡自稱鴟夷子皮。」用修止云「鴟夷子」，亦誤。（卷二，頁一三下）

3.劉表善書條，用修謂劉景升爲書家之祖，鍾繇、胡昭皆受其學。耀文引書斷以爲應作劉德升。（卷三，頁七下）

4.陸抗條，用修云：「晉陸抗拜侍中，謂賓客曰：以我爲三公，是天下爲無人。」耀文以之爲陸玩之言。（卷三，頁一六上）

5.梁武帝父子詩讖條，用修引梁武帝冬日詩：「雪花無有蒂，冰鏡不安臺。」又引簡文帝詠月詩：「飛輪了無轍，明鏡不安臺。」以爲是詩讖。耀文引南史侯景傳以爲二首皆簡文帝詩，非梁武帝父子之作也。（卷三，頁三〇）

6.鸚鵡洲條，用修引王僧虔傳云：「侯景寇夏首，有龍五色入城前鸚鵡洲水中。」耀文以爲此乃梁書王僧辨傳之文。用修以「僧虔」爲「僧辨」，大誤。（卷四，頁三）

7.二唐書條，用修云：「五代劉昫所修唐書，因宋祁、歐陽脩重修唐書，遂有新舊唐書之名。」耀文正之云：「舊唐書石晉宰相劉昫等撰，非昫也。」（卷四，頁五）

8.唐詩葳蕤條，用修引顧況詩：「春樓不開葳蕤鎖，綠水迴通宛轉橋。」耀文正之云：「此詩韓翃作，非顧況也。」（卷四，頁一四下）

㈢糾正引書名之誤

1.風伯朝周條，用修云：「顏之推賦：歲精仕漢，風伯朝周。以箕子爲風伯，謂箕星好風也。」耀文正之云：「北齊書文苑傳樊遜孝謙求賢審官對也。顏之推與之同傳，所著觀我生賦中無此語。」（卷一，頁二一四下）

2.度轂條，用修引韓非子：「顏回明仁於度轂，程嬰顯義於趙武。」耀文正之云：「此後漢書崔駰達旨語也，曰韓子，誤。」（卷二，頁一二下）

3.水性條：用修謂：「近閱太平廣記，諸葛孔明時有蒲元者，術鑒同歐冶、風胡，常爲孔明鑄刀劍。」耀文正之云：「蒲元別傳見太平御覽刀劍部中，廣記不載，豈閣本耶！」（卷三，頁九下）

4.鍾繇條，用修引魏書鍾繇傳云：「明堂所以祀上帝，靈臺所以觀天文，辟雍所以修禮樂，太學所以集儒林，高禖所以祈休祥。」耀文正之云：「此見魏志王朗傳注。……云鍾繇傳，誤。」（卷三，頁一。）

5.張融海賦條，用修謂：「文選載木玄虛海賦似非全文，南史稱張融海賦勝玄虛，惜今不傳。北堂書鈔載其略，如：『湍轉則日月似驚，浪動則星河如覆。』信爲奇也。」耀文正之云：「南齊書思光傳中具載，特字句脫落難讀耳，何以惜其不傳耶！北堂書鈔無海部，二句見藝文類聚。」（卷三，頁二八下）

6.欵冬花條，用修引佛經謂：「朱炎鑠石，不靡蕭丘之木；凝冰慘慄，不凋欵冬之花。」耀文正之云：「此出抱朴子廣譬篇，云佛經，是何卷中語，蓋知辨正耳。」（卷四，頁二六）

二、駁正引事之誤

1.倉舒條，用修謂：「曹操幼子倉舒死，求邴原死女合葬，史以爲譏。」耀文引魏志云：「沖亡後，操哀甚，言則流涕，爲聘甄氏亡女與合葬。」又引邴原傳云：「女早亡，時倉舒亦沒，操欲求合葬，原辭曰：合葬非禮也……操遂止。」可見「史前後俱無譏辭，其所合葬，亦不止求原女也。」用修所云俱誤。（卷二，頁一一）

2.與王導書條，用修引陶侃與王導書云：「郭默殺方州即用爲方州，害宰相即用爲宰相乎？足下自謂遵養時晦，是乃遵養時賊也。」耀文以爲用修合二事爲一書。據晉書，郭默矯詔殺平南將軍劉胤，陶侃上表討默，與王導書云：「郭默殺方州，即用爲方州，殺宰相，便爲宰相乎！」導答曰：「默居上流之勢，加有船艦成資，故苞含隱忍，使其有地。一月潛嚴，足下軍到，是以得風發相赴，豈非遵養時晦以定大事者耶！」侃省書笑曰：「是乃遵養時賊也。」據此，知用修合二事爲一書，故耀文正之。（卷三，頁一五）

3.小說條，用修據晉書荀勗傳謂汲郡人不準發冢得古文數百篇，載楚事一段尤妙，亦小說，惜不傳耳。耀文據晉書衞恒傳所引四書體勢云：「太康元年汲縣人盜發魏襄王塚，得策書十餘萬言，古書亦有數種，其一卷論楚事者最爲工妙。恒竊悅之，故竭愚思，以贊其美，愧不足厠前賢之作，冀以存古人之象焉。」知衞恒所云「最爲工妙」，爲字言也，用修乃指爲小說，誤也。且以束晳傳、衞恒傳爲荀勗傳，亦誤。（卷三，頁一八）

4.旋波移光條，用修云：「旋波、移光，越之美女，與西施、鄭旦同進於吳王，肌香體輕，飾以珠幌，若雙鸞之在烟霧。」耀文引拾遺記云：「越謀滅吳，有美女二人，一名夷光，二名脩明，以貢於吳，吳處以椒華之房，貫細珠爲簾幌，吳王目之，若雙鸞之在輕霧。」又引杜陽雜編云：「元載寵姬薛瑤英，仙姿玉質，肌香體輕，雖旋波、搖光不能過也。」　是知「肌香體輕」者爲薛瑤英，非旋波、移光也。用修合二事爲一，誤矣。（卷三，頁二〇）

5.呂蒙正條，用修謂：「呂蒙正父龜圖多內寵，與其母劉氏不協，并蒙正出之，頗淪躓窘乏，劉誓不嫁，及蒙正登仕，乃迎二親同堂，異室奉養之。近世傳奇饐瓜亭，亦緣此附會也。」用修所云與事實多不合，耀文引邵氏聞見錄云：「呂蒙正微時，於洛陽之龍門利涉院土室中與溫仲舒讀，一日行伊水上，見賣瓜者，意欲得之，無錢可買，其人偶遺一枚於地，公悵然取食之，後作相，買園洛城東南下，臨伊水起亭以饐瓜名焉，不忘貧賤之意也。」是知蒙正之建饐瓜亭，乃實有其事，非出於附會也。（卷四，頁二〇）

三、駁正論證之誤

1.玄囂條，用修以「囂」當釋爲「市」，又引左傳：「晏子之居近市湫隘囂塵。」杜預注：「囂，聲也。」爲證。耀文駁之云：「夫既曰近市矣，復云湫隘囂塵，乃以囂卽爲市，何也？若囂可爲市，則湫也，隘也，塵也，皆可以爲市矣。」（卷一，頁三下）

2.嵎夷既略條，用修以爲「聚土爲封曰略。」云：「左傳中凡言略者，皆謂聚土爲封也。」並譏孔穎達注尚書「嵎夷既略」之「略」爲「用功少」之陋謬可笑，又惜趙岐注孟子「此其大略也」之「略」爲「大略、大要」，乃不得孟旨。耀文歷引諸書以駁之：

(1)左昭七年：芊尹無宇辭楚子曰：「天子經略，諸侯正封，古之制也。」注云：「經營天下，略有四海。」

(2)成二年：晉侯使鞏朔獻齊捷於周，單襄公辭曰：「兄弟甥舅，侵敗王略，王命伐之。」注：「略，經略法度。」

(3)隱五年：公矢魚於棠，臧僖伯諫公曰：「吾將略地焉。」注：「略，總攝巡行之名。」（卷一，頁七）

以上諸「略」字，俱非聚土之意，足見用修之非。耀文又引孔安國及馬融注，以爲釋「嵎夷既略」之「略」爲「用功少」，非始於孔穎達。此條耀文引證詳博，最可見其博證之精神。

3.丹書條，用修引大戴禮：「在丹書。」左傳：「斐豹，隸也，著於丹書。」云丹書爲古人法律書名。耀文歷引諸書云：

(1)晏子春秋云：「公遊于紀，得金壺，發而視之，中有丹書，曰：『食魚勿反，勿乘駑馬。』晏子曰：『食魚無反，毋盡民力乎？勿乘駑馬，無置不肖者于側乎？』」

(2)漢書云：「高祖定天下，封功臣，申以丹書之信，重以白馬之盟。」（卷一，頁二〇）

以上所云之「丹書」，俱不可作法律書解，足見用修之非。

4.麋鹿蜚鴻條，史記周本紀有「麋鹿在牧，蜚鴻滿野。」徐廣云：「蜚鴻，蠛蠓也。」張守節云：「麋鹿，喻小人在朝也。飛鴻，喻君子放棄。」鄭玄云：「蜚鴻，鴻雁也。」用修斥三人之說爲「如眯目而道黑白者」；而以爲「紂有鹿臺以養鹿，故曰麋鹿在牧；蜚鴻，馬名，若白蟻、紫燕之類，蓋良馬也。養麋鹿而棄良馬，故曰麋鹿在牧，飛鴻滿野。言其養無用而害有用也。」耀文引證云：

(1)紂紀云：「厚賦斂以實鹿臺之錢，而盈鉅橋之粟，益收狗馬奇物，充仞宮室，益廣沙丘苑臺，多取野獸飛鳥置其中。」

(2)武紀云：「武王伐紂，紂反走入登於鹿臺之上，蒙衣其珠玉，自焚於火而死，於是命南宮括散鹿臺之財，發鉅橋之粟。」

(3)新序云：「紂爲鹿臺七年而成，其大三里，高千尺，臨望雲雨。」（卷一，頁二三）

以上所引可證鹿臺非養鹿之所。耀文又引證云：

(1)文紀云：「紂囚西伯，閎夭之徒，乃求驪戎之文馬，有熊九駟，因嬖臣費仲而獻之，紂乃赦西伯。」

(2)六韜曰：「商王拘西伯於羑里，太公等求得鷄斯之乘以獻商王。」（同上）

此可證紂非棄良馬者。則用修之云云，皆非是也。

5. 三河條，用修謂唐詩：「天子三河募少年。」「三河」爲黃河、折支河、湟中河也。耀文引史記高帝紀：「發關內兵收三河士。」韋昭注云：「河南、河東、河內。」阮籍詩：「蘇子狹三河沈。」注云：「河南、河北、河東，秦之三川郡。」以駁用修之非。（卷二，頁一九）

6. 瑟瑟條，用修引白樂天琵琶行：「楓葉荻花秋瑟瑟。」以爲「瑟瑟」乃珍寶名，因其色碧，故以瑟瑟影指碧字。今人作「蕭瑟」解，實非是。耀文引劉楨贈徐幹詩：「亭亭山上松，瑟瑟谷中風。」又引水經：「吹氣瀟瀟以瑟瑟，風颼颼而飀飀。」以爲兩「瑟瑟」，皆不得作珍寶解。用修之說非是。（卷四，頁一六）

四、存楊愼說之疑者

1.玉門條，用修謂戰國策所云「武王有玉門之難」，與漢高祖滎陽敗後，所出之成皐玉門，爲同一玉門。據史記項羽本紀高祖所出者爲成皐北門，徐廣云：「北門名玉門。」耀文不足以定其是非，故云：「今云與武王同一玉門，恐誤。」（卷一，頁一八）

2.梅根冶條，用脩云古冶字或借作野，金陵有「冶城」，揚子江有「梅根野」，或作「冶」字。歷引齊武帝詩：「昨經樊鄧役，阻潮梅根冶；探懷悵往事，意滿辭不敘。」劉文房詩：「落日蕪湖色，空山梅冶烟。」孟浩然詩：「水溢梅根冶，烟迷楊葉洲。」以爲諸詩皆以「冶」爲「野」。耀文引諸書云：

(1)揚州記云：「冶城，吳時鼓鑄之所，吳平猶不廢，王茂弘所治也。」

(2)寰宇記云：「宣州有銀冶，今廢。」

(3)庾信枯樹賦云：「北陸以楊葉爲關，南陵以梅根作冶。」

(4)南畿志云：「池州有梅根河，源出九華山，會於五溪，支流入於江。」（卷三，頁二六）

此耀文不足以定用脩之是非，歷引相關資料，以待後人也。

3.狐疑鼬預條，用修引梁黃門侍郎明少遐之語云：「狐性多疑，鼬性多預，狐疑猶預，因此而傳耳。」乃知猶卽鼬也。耀文云　：「此語惟見酉陽雜俎，輒以鼬爲猶，恐亦難據。」又歷引諸書云：

(1)郭璞曰：「鼬似鼦，赤黃色，大尾，啖鼠，江東呼爲鼪。」

(2)爾雅曰：「猶如麂，善登木。」

(3)說文云：「隴西稱犬子爲猶。」（卷四，頁四）

然耀文亦未定其是非，詳引相關資料以待後人而已。

4.石尤風條，用修引郎士元留秦卿詩：「知有前期在，難分此夜中；無將故人酒，不及石尤風。」以爲石尤風乃打頭逆風。耀文引古樂府宋武帝丁督護歌云：「願作石尤風，四面斷行旅。」以爲「似非打頭逆風。」（卷四，頁一五）

五、補楊愼說之不足者

楊用修之論證不誤，惟不詳所出，或所舉證據稍嫌不足，耀文歷引諸書以補其不足者，爲數亦夥，茲舉數條如左：

1.仲尼登泰山條，用修引宋景文筆記云：「仲尼登泰山見七十二家字各不同。」以爲「其事甚新，但未詳所出。」耀文引韓詩外傳云：「孔子登泰山觀易姓而王，可得而數者七十餘人，不可得而數者萬數也。」（卷二，頁三）此明用修文之出處。

2.龍鍾條，用修謂「龍鍾，竹名。老年曰龍鍾，言如竹之枝葉搖曳而不自禁持也。」而不言所出。耀文引南越志云：「羅浮山第三十一嶺，半是亘竹，皆七八圍，長一二丈，葉若芭蕉，謂之龍鍾竹。」以明其出處。又歷引諸書云：

(1)魏杜弼爲侯景檄梁文：「委慈母如脫屣，棄寵弟如遺芥，龍鍾稚子，痛哭成竹。」

(2)周王袁與周弘正書云：「援筆攬紙，龍鍾橫集。」

(3)裴度云：「見我龍鍾，故相戲耳。」

(4)元載游秦別妻詩：「年來誰不厭龍鍾。」

(5)韓昌黎詩：「白首誇龍鍾。」董彥遠注：「潦倒意。」

(6)胡曾謝賜錢啓：「自嘆龍鍾，誰識牛鐸。」（卷四，頁二一）

所引之「龍鍾」，或作潦倒解，或作失意解，或作淚溼解，皆補用修說之不足也。

3.菩薩鬘條，用修云：「西域諸國婦女編髮髻，飾以雜花，如中國塑佛像纓珞之飾曰菩薩鬘，曲名取此。」用修並不云出自何典，耀文引杜陽雜編云：

大中初，女蠻國貢雙龍犀，明霞錦，其國人危髻金冠瓔珞被體，故謂之菩薩蠻，當時倡優遂製菩薩蠻曲，文士亦往往聲其詞。（卷四，頁二二）

又引北夢瑣言云：

宣宗愛唱菩薩蠻詞，令狐相國假溫飛卿新撰密進之，戒以勿泄，而遽言於人，由是疎之。（同

上）

此引筆記之書，明菩薩蠻之出典，兼及相關之軼事，以補用修之不足也。

第三節　考據工作之缺失

耀文之考據工作，旨在糾正楊慎之闕失。由於耀文涉獵頗廣，諸所糾駁，多能深中肯綮。然耀文之糾駁，多存爭勝心理，態度流於叫囂。另用修不誤，耀文糾之反誤者，亦間而有之。玆將其考據之缺失分述如左：

一、態度可議者

1.殷輅條，用修引南史齊志云：「殷有瑞因乘鉤而制車，因桑根而爲色，古所謂器車也。」耀文譏之云：「南北史俱無志，想公見古本耳。」（卷一，頁一七）

2.萬歲夜條，戰國策楚王遊雲夢，安陵君答楚王：「萬歲夜願以身試黃泉蓐螻蟻。」用修云：「『夜』如左傳注『窀穸厚夜』之『夜』，最見人臣不敢斥言之意。」耀文以戰國策原作「萬歲之後」，故譏之云：「此文自明，夜字如何安置，豈所見又古本耶！」（卷二，頁一四）

3.邯鄲才人嫁爲斷養卒婦條，用修引史記張耳傳及楚漢春秋，以爲兩書所載併同。耀文駁之云：「此事史、漢幷同，注中俱無楚漢春秋字，假之以欺人可耳，乃首言史記，何耶！」（卷二，頁一六）

4.茗柯條，用修云：「簡文帝曰：劉尹茗仃有實理。茗仃，亦茗艼也；今本一作茗柯，于義不貫。」

此見於丹鉛餘錄。用修又云：「晉簡文公：劉尹茗柯有實理。」注言：「如茗之枝柯雖小，中有實理，外博而中虛也。」耀文譏之云：「一本假爲注語，一云于義不貫，既已自相矛盾矣，乃復改易成說，遷就己意，掩目捕雀，竟將誰欺耶！其云僞書誤人，得無自道也與哉！」（卷三，頁一七）

5.蠱治通用條，用修謂蠱、治二字通用，舉易「治容誨淫」，太平廣記引作「蠱容誨淫」爲證。耀文駁之云：「廣記引易，見第幾卷，何不明言？意謂廣記繁富，人難徧閱，故每借以欺人耳。七脩類稿曰：海觀張天錫，作文敏捷，而用事率杜撰，人有質者，則高聲曰：出太平廣記。蓋其說世所罕也。公引廣記，無亦天錫之故智乎！」（卷三，頁二七）

6.劉履作選詩補注條，劉履注儲光羲詩：「格澤爲君駕」，以「獅子名曰白澤，白與格相近，白澤卽格澤也。」用修譏之云：「此何異村學究之欺小童耶！甘氏星經彼不點目，諸史天文亦當觸手，臆說若此，何以注爲。」用修之態度已失客觀，耀文則更加浮囂，刺之云：「據此譏評劉氏，自視前無古人矣，如二唐書優劣之辨，大書於譚苑，特書於總錄，不知於前數書亦曾點目觸手否耶！」（卷四，頁六）

7.孟浪之言條，用修以爲「莊子孟浪之言，古本作⿱亡皿字，从亡从皿，音莫浪切。」耀文引莊子齊物論「孟」字並不作「⿱亡皿」，故譏用修云：「按此諸本皆作孟字，今獨作⿱亡皿，謂出古本，豈閣本耶！」（卷四，頁二一四）

以上所舉，已足見耀文之態度。四庫提要評耀文云：「然釁起爭名，語多攻訐，醜詞惡謔，無所不加，雖古人挾怨構爭，……亦不至是，殊乖著作之體。又：書成之後，王世貞頗有違言，耀文復增益之，反脣辨難，喧同詬詈，憒若寇讎。觀是書者，取其博贍，亦不可不戒其浮囂也。」①提要所云，可謂平允。

二、楊說不誤，耀文駁之反誤者

1.蠱冶通用條，蠱冶二字，用修以爲通用，舉易繫辭傳「冶容誨淫」，太平廣記引作「蠱容誨婬」爲證。耀文駁之云：

廣記引易，見第幾卷，何不明言？意謂廣記繁富，人難徧閱，故每借以欺人耳。（卷三，頁二七）

按：蠱、冶二字，古書多通用，如維摩詰經有妖蠱語，唐玄應音義云：「蠱，周易作冶。」張衡思玄賦：「咸妖麗以蠱媚。」章懷注曰：「蠱音野。」謝惠連詩：「酈生無文章，西施整妖冶；胡爲空耿介，悲哉君志瑣。」冶，果鄔切，則謝亦讀「冶」爲「蠱」。晏子春秋「古冶」字，廣成頌作「古蠱」，章懷注曰：「蠱與冶通用。」此二字通用，歷歷可據，用修不誤，耀文駁之反誤矣②。

2.廣文選條，用修云：「近閱廣文選宋玉微詠賦乃誤『王』爲『玉』，而題微詠賦，下書宋玉之名，不知王微乃南宋人，史具有姓名，而疎繆如此。」耀文云：

王微本傳不云有詠賦之作，豈當別有見耶！（卷四，頁三八）

胡應麟云：「此說用修爲得，晦伯失之。以陳詞賦非長，故不辨六朝、戰國面目耳，史傳中詞賦之名，安能盡載，不可以不錄爲疑。」③是又用修不誤，耀文反誤之一例也。

三、楊說不確，耀文駁之亦未的者

1.青雲條，青雲一詞，宋人登科詩多用之，用修以爲青雲非仕進之謂，歷引史記、京房易占、南史、阮籍詩等以證之。耀文則謂青雲爲貴仕，亦引諸書證之：

(1)史記：須賈見范睢頓首言死罪曰：賈不意君能自致於青雲之上。

(2)揚雄解嘲云：「當途者升青雲，失路者委溝渠。」

(3)宋書劉瑀答何偃云：「一蹙直造青雲，何至與駑馬爭路。」

(4)晉書載記，史臣曰：「劉元海人傑，必致青雲之上，是以策馬鶱鴻，乘機豹變，五部高嘯，一旦推雄。」（卷二，頁二〇一——二一一）

實則青雲一詞，本有多義，杜甫別董頲詩：「當念著白帽，采薇青雲端。」韓愈送惠師：「日攜青雲客，探勝窮崖濱。」此言高逸也。郭璞遊仙詩：「尋我青雲友，永與時人絕。」劉孝標升天行：「欲訪青雲侶，正値丹邱人。」此言遊仙也。東方朔答客難：「抗之則在青雲之上，抑之則在深淵之下。」後魏書：「宿石等並有將帥之才，自致青雲。」隋書文學序：「奮迅泥滓，自致青雲。」此言貴仕也④。是知用修之說固未必，耀文之說亦有所偏，兩人皆知其一不知其二也。

2.楊柳枝詞條，用修引「清江一曲柳千條，二十年前舊板橋，曾與情人橋上別，更無消息到今朝。」

以爲周德華所作。耀文引雲溪友議則以爲劉禹錫作。王士禎云：

此乃白樂天詩。詩本六句，非絕句，題乃板橋，非柳枝。……升菴博極群書，豈未睹長慶集者，而亦有此誤耶！⑤

是知用修、耀文皆有未的。

四、引資料欠謹愼者

1.西施條，用修以爲吳亡後，西施沈於江，耀文則以爲隨范蠡以去，乃引唐陸廣微吳地記云：

嘉興縣一百里有女兒亭，勾踐令范蠡取西施以獻夫差。西施於路與范蠡潛通三年始達於吳，遂生一子，至此亭，其子一歲，能言，因名女兒亭。（卷二，頁十）

王世貞云：「用修證西施之沈江，與陳晦伯證西施隨范蠡以去，俱各有所出，難以臆斷，第陳引吳記，……此太可笑。按記：亭在嘉興縣南一百里，爲吳地，范蠡爲越成大事，豈肯作此無賴事。未有奉使進女三年，於數百里間而不露，露而越王不怒蠡，吳王不怒越者也。」⑥世貞所駁是也。吳地記爲小說家言，耀文引以爲證，實失所別擇。

2.嫦娥條，用修以爲月中嫦娥之說始於淮南及張衡靈憲，實因常儀占月而誤也。耀文云：

歸藏云：嫦娥奔月，是爲月精。非始淮南。（卷四，頁二八）

嫦娥奔月之說，實始自山海經，用修所云未的。耀文所引之歸藏爲六朝僞書，亦不足憑。由此亦可見耀文引書有失別擇也。

五、結語

就明代考據學觀之，耀文之考證工作，固不及楊愼、梅鷟、陳第、方以智等人，卽較之焦竑、胡應麟、周嬰諸人，亦略有遜色。蓋耀文汲汲於糾駁楊愼之誤，遂支離瑣碎，略無系統可言。否則，以其博通淹貫，成就固不止於此也。

雖然，耀文於明代之考據，亦與有功焉。楊愼開明人考據之風，然其著作踳駁雜沓，後人糾之者頗多。周亮工云：「楊用修先生丹鉛諸錄出，而陳晦伯（耀文）正楊繼之，胡元瑞（應麟）可見糾楊之風，導時人顏曰『正正楊』。當時如：周方叔、謝在杭、畢湖目諸君子集中，與用修爲難者，不止一人。」⑦筆叢又繼之，之於耀文。其後，胡應麟、周嬰（方叔）、謝肇淛（在杭）、畢湖目、方以智等繼踵而起。明人之考據，也由糾楊之過程中，漸趨嚴謹。而啓導之功，自應推耀文也。

附注

①「四庫提要」（台北市，藝文印書館，民國五十八年），卷一一九，子部，雜家類三，頁五，正楊四卷提要。

②見周嬰，「巵林」（台北市，世界書局，民國五十二年），頁一五四。

③見胡應麟，「少室山房筆叢」（台北市，世界書局，民國五十二年），頁三三九。

④見周嬰，「卮林」，頁一四六—一四八。

⑤見王士禎，「香祖筆記」(台北市，新興書局，民國六十二年，筆記小說大觀續編本)，卷五，頁九。

⑥胡應麟，「少室山房筆叢」，頁三二六，引王世貞「藝苑卮言」之語，今傳「藝苑卮言」無此條。

⑦見周亮工，「因樹屋書影」(台北市，世界書局，民國五十二年)，卷八，頁二二〇。

第六章 胡應麟

第一節 生平與考據學著作

一、生平

胡應麟，字元瑞，晚更字明瑞。嘗自號少室山人，已而慕其鄉人黃初平叱石成羊事，更號曰石羊生。又號曰芙蓉峰客、壁觀子。浙江蘭谿（今浙江省金華縣東北）人。世宗嘉靖三十年（一五五一）五月二十二日生於蘭谿城北隅家宅，神宗萬曆三十年（一六〇二）夏，卒於里第。

元瑞兒時肌體玉雪，眉目朗秀，生五歲，穎慧絕倫。父僖所口授之書，輒成誦，客使屬對，輒工。好學成性，髫齡卽耑心經籍。嘗從里師學經生業，心厭之，獨好爲古文辭。日從父篋中竊取古周易、尚書、十五國風、檀弓、左氏，及莊周、屈原、司馬遷、司馬相如、曹植、杜甫諸家讀之，父奇其意，弗禁也。

嘉靖四十五年（一五六六），元瑞年十六，補博士弟子員。已而隨父下錢塘，浮震澤，並吳會、金陵，擊楫大江，益東走靑、徐、齊、魯境，踰趙入燕，乞食長安市①，悲歌薊門易水間，所至輿會感觸，一發於詩。是時周天球、徐中行、陳文燭等人先後抵燕，發元瑞藏詩覽之，咸嘖嘖歎賞，折行請交。時臨淮侯李言恭方貴盛，與海內諸賢談天碣石，一日耳元瑞之名，亟虛左以上客迎之爲上賓。元瑞又結華陽社，與社中人爲文酒之會，旬日不聽出，其詩名遂遠播京師內外。

隆慶六年（一五七二），元瑞年二十一，奉母家居，十載之中，頗事蒐書，此即其二酉山房所由基也。萬曆四年（一五七六），舉於鄉，是年秋，王世懋以江西參議，過蘭谿來訪，二人始訂交契。次年冬，世懋又來訪，暢談兩晨夕，瀕行握元瑞手曰：「不佞縱橫藝苑，自于鱗（李夢陽）外，鮮所畏，差强人意獨生耳。生幸及家司寇（王世貞），胡可弗一遊其門？」先是元瑞讀世貞弇州山人四部稿，謂古今文章咸萃於是。幸得世懋紹介，得通書于世貞。世貞宿聞元瑞名，遂爲之序少室山房詩；然猶未晤面也。

萬曆八年（一五八〇），元瑞初謁王世貞於太倉，談藝于小祇園，世貞爲作二酉山房記，此後兩人酬唱尤密。十一年（一五八三）秋，應張佳胤之請，赴錢塘見之。會汪道昆、道貫兄弟自歙來遊西湖，與元瑞片語定交，誼逾頃蓋。中秋夜，與戚繼光、王世貞兄弟，張佳胤、喻均，及吳越諸名士大會於西湖中，道昆屬元瑞爲賦寶刀歌，援筆立就千餘言，奇思滾滾，群譽賞不置，繼光歎曰：「名下無虛士，果然。」嗣後，世貞且爲元瑞撰末五子篇云：「胡郎天挺豪，弱齡寫篇詠。……牛耳終自歸，蛾眉竟誰並？」可見其推崇之意。

萬曆十四年（一五八六），元瑞年三十六，自以體弱嬰肺疾，慮忽淹沒，致無徵於世，遂自草石羊生小傳，備述身世學養。後二年，奉父命北上就試，至杭而病寒疾，驚風喘息，猶黽勉前發。十月，舟次瓜步，饔飧幷廢，絕食五旬，自疑不起。會王世貞屢邀相過，因乞作小傳。世貞慨然屬草，信宿文成，淋漓萬言，元瑞覽之，沈痾頓減。十八年（一五九〇），聞世貞病亟，馳小艇過婁江，踉蹌走弇山園，比至，世貞病已革，執元瑞手曰：「吾日望子來而瞑，吾續集甫成編，子爲我校而序之，吾即瞑弗恨矣。」元瑞唏噓應命。歲杪，世貞卒，元瑞遂掎摭世貞履歷，閉戶一月，草二百四十韻二千四百言長詩哭之。

萬曆十九年（一五九一）春，元瑞偕方翁恬入歙謁汪道昆於太函，道昆招之入白榆社，並序其少室山房四集，譽之曰：「成都博而不核，弇山核而不精，博而核，核而精，宜莫如元瑞。」是年兩過太倉，弔王世貞。蓋元瑞受世貞誘掖最多，此亦感恩圖報之意也。二十二年（一五九四），元瑞挈家入京應試，時元瑞不應春官已十載，至是曩時髫髫交游悲歌屠狗之倫，什九物化，爲之感慨無已。次年，會試下第，撰天上主司以寄慨。二十六年（一五九八）北上至吳門，得妻舒氏卒耗，馳歸。翌年，北上就試，臥病清源禪寺，以父病走返。

萬曆三十年（一六〇二）夏，殂於里第，享壽五十二。身後極蕭條，三子幼孤，並無術業。所築二酉山房，歸同邑唐驤家，改顏曰「古榭書屋」，藏書四萬二千三百八十四卷，俱散逸無存。後章有成過之，慘然不樂，爲詩弔曰：「空餘池綰勝，遙想舊登臨，當代詞章手，窮年著作心，六書翻鳥迹，四部陋蟫吟，寂寞玄亭下，桓譚獨賞音。」頗寄惋歎之意②。

二、考據學著作

元瑞好學成性，垂髫即輯古小說爲百家異苑，十五歲又雜述古來博聞强記之事爲華陽博議，此後著作源源而出。據萬曆十四年（一五八六）元瑞自敍石羊生小傳，及十六年（一五八八）王世貞所作石羊生傳，著錄已刋、未刋諸書約有千卷之多③，此後又有若干種，則其所撰作，亦不亞於楊用修、王世貞。惟元瑞卒後，藏書散逸無存，諸未刋稿殆亦隨之星散。已刋諸書，今存者僅少室山房筆叢四十八卷、甲乙剩言一卷、觀音大士慈容五十三現象贊、貝葉齋稿五卷附錄一卷、少室山房類稿一二〇卷、詩藪二十卷④等而已。

甲乙剩言爲元瑞晚年之筆記，觀音大士慈容五十三現象贊，彙集觀音菩薩五十三現象並爲其作贊語；少室山房類稿爲元瑞詩文合集；詩藪則爲元瑞評詩之作，以上諸書與考證關涉較尠，玆不具論。少室山房筆叢分正續二集，正集三十二卷，續集十六卷，計收書十二種。玆列之如左：

1. 經籍會通四卷，論古來藏書存亡聚散之迹。
2. 史書佔畢六卷，皆論史事。
3. 九流緒論三卷，論子部諸家得失。
4. 四部正譌三卷，考證四部僞書。
5. 三墳補逸二卷，專論竹書紀年、逸周書、穆天子傳三書，以補三墳之闕。

6.三酉綴遺三卷，採摭小說家言。

7.華陽博議二卷，雜述古來博聞强記之事。

8.莊嶽委談二卷，正俗說之附會，兼考神話、傳說、戲曲之事。

9.玉壺遐覽四卷，論道書。

10.雙樹幻鈔三卷，論釋典。

11.丹鉛新錄八卷，駁楊愼之誤。

12.藝林學山八卷，駁楊愼之誤。

其中，四部正譌、三墳補逸、莊嶽委談、丹鉛新錄、藝林學山，皆考證之作，玆分述之。

四部正譌三卷，著成於萬曆十四年（一五八六）二月，元瑞年三十六。自序云：「唐宋以還，贋書代作，作者日傳，大方之家第以揮之一笑，乃術奇之夫，往往驟揭而深信之。至或黜聖經，廁賢撰，矯前哲，溺後流，厥係非渺淺也。余不敏，大爲此懼，輒取其彰明較著者抉誣摘僞，例爲一編，後之君子，欲考正百家，統宗六籍，庶幾嚆矢，知我罪我亦匪所計云。」此卽元瑞著此書之動機也。是書卷上辨經部僞書，卷中辨子部，卷下辨史部與集部，卷末結論述辨僞之方法，僞書眞僞成分之考定，各部僞書之比率等。梁啟超曾以此書首尾完備，條理整齊，爲辨僞學之第一部著作贊之⑤。曹養吾辨僞學史，曾以之與宋濂諸子辨、姚際恒古今僞書考，並稱辨僞學界三大傑作⑥。足見後人之評價。詳細論述見下文辨訂僞書一節。

三墳補逸二卷，成於萬曆十二年（一五八四）五月，元瑞年三十四，元瑞以三墳久不經見，而晉紀年、周逸書、穆天子傳，皆三代典，故舉而躋之於三墳，以補三墳之佚也。是書上卷論辨汲冢出書之原委及竹書紀年；下卷論辨逸周書與穆天子傳。所論頗多誤解。其詳見下文汲冢書之考訂一節。

莊嶽委談二卷，成於萬曆十七年（一五八九）十一月，元瑞年三十九。莊嶽爲齊街里名，孟子滕文公篇云：「引而置之莊嶽之間數年。」是書之名蓋本於此。其取義則以街談巷議，道聽途說，亦有可觀者。故元瑞採摭異同，以成是編也。是書收有關民間傳說、遊藝、戲曲之說計一百餘則⑦，或引錄前人之言，或自作論證，有頗委曲詳盡者，亦有粗疏舛訛者。然所謂民間傳說、戲曲，前人率以爲不登大雅，僅爲笑談之資。洎乎清末，始漸受重視。元瑞前此三百年已能注意及之，亦可謂獨具隻眼者矣⑧。其內容將於下文考訂民間文學一節論之。

丹鉛新錄八卷，成於萬曆十八年（一五九〇）正月，同年七月，又有藝林學山八卷，二書皆辨證楊用修之誤而作也。丹鉛新錄自序云：「鄙人於楊子，業忻慕爲執鞭，輒於佔畢之暇，稍爲是正，甕天蠡海，亡當大方，異日者求忠臣於楊子之門，或爲余屈其一指也夫。」足見其於用修之推崇。玆錄丹鉛新錄各卷之內容如左：

1. 卷一—四，略無統系，爲雜考之作。
2. 卷五，辨正李白之籍貫與事蹟。
3. 卷六，辨正用修論朱子之誤。

4.卷七，辨正用修及諸家所記瓊花之誤。

5.卷八，辨正弓足之起源，及有關足履之事。

藝林學山各卷之內容爲：

1.卷一—二，駁用修詩話之誤。

2.卷三，駁詞品之誤。

3.卷四，駁楊子巵言之誤。

4.卷五，駁譚苑醍醐之誤。

5.卷六，駁升菴文集之誤。

6.卷六—卷八上，糾陳耀文正楊之非。

7.卷八下，用修藝林伐山，赤牘清裁、唐絕增奇、譚苑醍醐、升菴詩話、韻林原訓、千里面談、五言律祖諸書之內容提要。

以上二書，所駁多能深中肯綮。惟元瑞仍不免於爭勝心理，論用修失誤處，頗有因小失而大譏者，足見理論與實踐之不易配合也。二書詳細內容見本章糾駁楊愼之誤一節。

附注

①此所謂長安，指北京。鄭亞薇「胡應麟詩藪之研究」（台北市，作者自印本，民國六六年，國立政治大學中國

文學研究所碩士論文），胡應麟年譜簡表，頁五，乃以爲陝西之長安，大誤。

②胡應麟之傳記資料有數種：㈠胡應麟撰，「石羊生小傳」，見「少室山房類稿」（台北縣，藝文印書館，民國五四年，百部叢書集成影印續金華叢書本），卷八九，頁七—九。㈡王世貞撰，「石羊生傳」，同上書，卷首。㈢胡應麟撰，「二酉山房記」，同上書，卷九〇，頁一—二。㈣王世貞撰，「二酉山房記」，見胡應麟撰「經籍會通」（台北市，世界書局，民國五十二年，少室山房筆叢本），卷三，頁三三。㈤吳晗撰，「胡應麟年譜」，見「清華學報」，九卷一期（民國二十三年一月）。本小節即參考上述數書而成。

③吳晗，「胡應麟年譜」，將胡應麟「石羊生小傳」與王世貞「石羊生傳」所錄著作分別錄列，計之約有千卷之多。

④其中，「少室山房類稿」一二〇卷、「詩藪」二〇卷、「少室山房筆叢」四八卷、「甲乙剩言」一卷、計一八九卷，明萬曆四十六年汪湛然合刊爲「少室山房全稿」。

⑤見梁啓超，「古書眞僞及其時代」（台北市，台灣中華書局，民國四十五年），頁三六。

⑥見「古史辨」（台北市，明倫出版社，民國五十九年），冊二，頁四〇二。

⑦其中論戲曲部分，近人任訥輯爲「少室山房曲考」，收入任氏所編「新曲苑」（上海市，中華書局，民國二十九年）內。

⑧見國立中央圖書館輯，「書目擧要」（台北市，民國五十三年，中華叢書編委會），頁五四。

第二節　爲學方向

本書第二章述楊慎爲學之方向爲嗜奇炫博，治學之態度則稍流於粗疏輕率。至元瑞，則嗜奇炫博更甚於用修，然態度則已稍趨謹嚴；且能於用修考證之規模外，兼及戲曲之考訂，至爲難得也。茲述其爲學方向如左：

一、嗜古籍，好著述

元瑞之酷嗜典籍，乃成就其學之一大動因。此其所著之二酉山房記，曾有生動之描述：

> 始余受性顓蒙，於世事百無一解，獨偏嗜古書籍，七齡侍家大人側，聞諸先生談說文典，則已心艷慕之，時時竊取繙閱。①

年十一、二，隨其父宦遊燕市。燕中爲鬻書之藪，諸書賈携書至元瑞家求售。有因價重不能致者，父子則相對太息。此後元瑞所至之地，無不時時蒐獵。二酉山房記又云：

> 所涉歷金陵、吳會、錢塘，皆通都，文獻所聚，必停舟緩轍，蒐獵其間，小則旬餘，大或經月，視家所無有，務盡一方迺已。②

又云：

> 至不經見異書，倒庋傾囊，必爲己物，親戚交遊上世之藏，帳中之秘，假歸手錄，卷軸繁多，以

授侍書，每耳目所値，有當于心，顧戀徘徊，寢食偕廢，一旦持歸，亟披亟閱，手足蹈舞，驟遇者率以爲狂，而家人習見，弗怪也③。

另王世貞答元瑞書亦云：

足下聚書三萬卷，插架不減鄴侯，日枕席坐臥其中，世間事無足上眉尖胸次者。④

元瑞於其他著作中述及其嗜書之情狀者亦夥，茲不具引。其所藏，構二酉山房以儲之，計收古今人著述四萬二千三百八十四卷⑤，有明一代，足與之媲美者，殆僅范欽天一閣一家而已。

然僅嗜書，亦不過一書簏子而已。此非元瑞所謂之知書者。元瑞嘗謂書家有賞鑒，有好事；藏書亦有二家：

列架連窗，牙標錦軸，務爲觀美，觸手如新，好事家類也。枕席經史，沈湎青緗，卻掃閉關，蠹魚歲月，賞鑒家類也。至收羅宋刻，一卷數金，列於圖繪者，雅尚可耳，豈所謂藏書哉！⑥

凡好事家、賞鑒家皆不可謂知書者。則元瑞所謂之藏書家，於廣蒐旁輯之餘，亦應能博洽多識，其說曰：

博洽必資記誦，記誦必藉詩書，然率有富於青緗，而貧於問學，勤於訪輯，而怠於鑽研者，好事家如宋秦、田等氏弗論，唐李鄴侯何如人，天才絕世，插架三萬，而史無稱，不若賈耽輩之多識也⑦。

可見元瑞以能聚書者亦應善讀書。否則，以李鄴侯所藏之多，亦不若賈耽輩之多識也。元瑞嘗自評所得云：「經史子集，網羅漁獵，時有發明，不敢以鴻碩自居，不致以空疏自廢。」⑧此即元瑞自許其博洽多識之言也。而王世貞於元瑞之能聚能讀更贊譽備至，世貞云：

世有勤於聚而倦於讀者，卽所聚窮天下書，猶亡聚也。有侈於讀而儉於辭者，卽所讀窮天下書，猶亡讀也。元瑞既負高世之才，竭三餘之晷，窮四部之籍，以勒成乎一家之言，上而皇帝王霸之猷，賢哲聖神之蘊，下及乎九流百氏，亡所不討覈，以藏之乎名山大川。間以餘力游刄，發之乎詩若文，又以紙貴乎通邑大都，不脛而馳乎四裔之內，其爲力之難，殆不啻百倍於前代之藏書者。蓋必如元瑞而後可謂之聚，如元瑞而後可謂之讀也。噫，元瑞於書，聚而讀之幾盡矣⑨。

足見世貞對元瑞之推崇，而元瑞近千卷之著作，卽其善聚善讀之顯證。

此外，有宏富之著述而不能精，雖多亦無大用。故元瑞云：「凡著述貴博而尤貴精，淺聞眇見，曷免空疏，誇多炫靡，類失鹵莽，博也而精，精也而博，世難其人。」⑩此必懲前人之弊而發之言。博而精，精而博，雖非常人所可企及，然此必爲元瑞治學之最高鵠的。

二、治學謹嚴客觀

元瑞謂治學貴精博，欲博學必得廣涉獵，欲精則應以客觀持平之態度爲之，此學者之所共喻者也。元瑞涉獵之廣，前已詳之矣。其於治學所應持之態度，更多所發揮。有好詆訶前賢者，元瑞曾再三規誡之云：

讀書大患，在好詆訶昔人。夫智者千慮，必有一失，昔人所見，豈必皆長，第文字烟埃，紀籍淵藪，引用出處，時或參商；意義重輕，各有權度；加以魯魚亥豕，譌謬萬端。凡遇此類，當博稽典故，細繹旨歸，統會殊文，釐正脫簡，務成曩美，毋薄前修，力求弗合，各申己見，可也。今偶覩一斑，便以爲奇貨，恐後視今，猶今視昔矣。⑪

又云：

昔人之說，有當於吾心，務著其出處而韙之，亡當於吾心，務審其是非而駁之。毋先入，毋遷怒，毋作好，毋狥名，此稱物之衡，而尙論之極也。今明知其得，而掩爲己有，未竟其失，而輒恣譏彈，壯夫不爲，大雅當爾耶？⑫

又云：

凡著述最忌成心，成心著於胸中，則顚倒是非，雖丘山之鉅，目睫之近，有蔽不自知者⑬。

就上述三段文字觀之，元瑞所强調者爲：

1. 著述缺失，在所難免，況因引文出處不同，意義各有輕重，不可一槪論之。
2. 昔人之說，有當於吾心者，務必著其出處，不可掩爲己有。
3. 其無當於吾心者，務必審其是非而駁之。
4. 著述不可有成見在心，有成見者必顚倒是非，頓失客觀。

此無異古今治學者之最高信條。元瑞所以能發此言，自其平時殫精竭慮，有見於前人之弊而來。前賢如鄭樵，雅不喜班固，謂漢書藝文志不當取揚雄太玄、法言、樂箴三書，列之儒家。元瑞以爲漢志正沿七略之舊，實不可盡咎班固，以見鄭樵之非是。又楊用修譏彈朱子，態度偏頗無理，元瑞一一爲其疏解，且責用修云：「凡讀古人文字，務須平心易氣，熟參上下語脈，得其立言本意乃可，況語錄出之信口，記之門人，非文字銖兩稱停者，而毛摘片語，傅會胸臆，可乎？」⑭足見其不滿用修於朱熹之態度。此外，陳耀文、元瑞皆糾駁用修；耀文之態度失之叫囂，元瑞雖仍有爭勝之心，態度已較持平。至讀書不得其解者，元瑞云：「僅缺疑無妨，惟臆說最害事。」⑮此不似宋人之曲解附會，亦不似時人之鹵莽滅裂，態度之持平已下開清人治學之風。明代考據學之漸趨嚴謹，於此亦可見其端倪矣。

三、好古而不賤今

明代士人之好古、好奇風氣，乃因前七子復古運動而起。元瑞於此種風氣，亦略有述及，其說曰：

今文人所急者，先秦諸書，詩流所急者，盛唐諸書；舉業所急者，宋世諸書⑯。

元瑞受復古風氣之影響，亦有好古之傾向。此可於其論古書重賤之言見之。元瑞云：

宋世書千卷，不能當唐世百，唐世書千卷，不能當六朝十；六朝書千卷，不能當三代一，難易之辨也。然今世書萬卷，亦不能當宋千⑰。

元瑞雖以所云爲「難易之辨」，實則正是好古思想之表現。此外，亦可由元瑞論經書之文字，窺知其好古重經之思想。據元瑞所撰之石羊生小傳，有六經疑義二卷未刊；且其華陽博議云：

史出於春秋、禮、樂，史則經也；子出於大易、論語，子亦經也，集出於尙書、毛詩，集又經也。

百家之學，亡弗本於經也。一以貫之，古今仲尼而已⑱。

此以「百家之學皆本於經」、「古今仲尼而已」，看似尊經，其實乃好古思想之另一種表現方式。因尊經，故其作四部正譌，於十三經之眞僞皆不及之，僅論辨連山、歸藏及讖緯諸書而已。

好古之士所好者乃古代典籍，然古籍必較罕見，因罕見而奇之。當時士人遂由好古轉爲炫奇，故明代考據家之考據著作，有不少卽爲滿足炫奇心理而作也。元瑞特其中之尤者。

元瑞少室山房筆叢所收諸書中，考奇事、瑣事者不勝枚擧，玆擧數例以見一斑：

⑴二酉綴遺卷上，考文士之有力者、夫婦形貌相似者、婦人掌兵者；卷中雜錄古書中之奇事；卷下記鬼詩數十則。

⑵玉壺遐覽卷二，錄王世貞藝苑卮言失收之鬼神仙名與稱號詭異之神仙；卷三考同姓名之神仙。

⑶史書佔畢卷六，考東漢及三國雙名人物，以正前人以此兩代無雙名人物之誤。

凡此所考，皆因好奇、好異而及之。元瑞著作之精博者多矣，前擧諸事，博則博矣，精亦精矣，然非有助於考據之學，謂其爲浪費精力，實不爲過也。

元瑞雖好古矜奇，然並不賤今，其譏刺李夢陽云：「李獻吉乃勸人勿讀六代後書，何其隘耶！」⑲

而元瑞之讀唐、宋人筆記、文集、類書，甚至明代人之著作，卽對前七子不讀六代以後書之反動。

四、重視戲曲文學

戲曲自元代以來，已成爲膾炙人口之文學體制。然當時劇本之創作雖盛，以劇本本身爲研究對象者仍甚少。元瑞實開風氣之先者也。元瑞以其好博、好異之個性，又受當時風氣之影響，於戲曲已有一番認識。然直接影響其考證戲曲者，殆與當時劇作家湯顯祖、屠隆、汪道昆兄弟等人之交往。玆述其與諸劇作家之關係如左：

1.湯顯祖：爲當時最負盛名之劇作家，作有紫釵記、還魂記（牡丹亭）、邯鄲記、南柯記，合稱玉茗堂四夢。萬曆十年（一五八二），元瑞入都，顯祖過訪。時元瑞適命工櫛髮，欲起，義仍（顯祖字）亟止之，對談竟櫛，因相顧大笑曰：「竹林風致，何必晉人？」⑳

2.屠隆：亦爲當時名劇作家，作有曇花記、修文記、綵毫記等劇本。萬曆十一年（一五八三），元瑞與屠隆會都中，隆爲其序少室山房稿云：「余與元瑞同舉於鄉，兄弟之義甚好，知元瑞詩自兩王公外宜無如余者，……癸未（萬曆十一年）握手都門，數從海內諸名士游，余兩人遂益驩。」㉑兩人之交情於此可見一斑。

3.汪道昆：道昆以雜劇名家，作有高唐夢、洛水悲、五湖遊、遠山戲等劇本。萬曆十一年（一五八三），元瑞與道昆兄弟會於西湖，又同入弇中訪王世貞。此後元瑞與道昆兄弟過從甚密，道昆曾招元瑞入白榆社，又爲其序少室山房四集，並譽之曰：「近則成都博而不核，弇山核而不精，博而核，核而精，宜莫如元瑞。」㉒足見道昆推崇之意。

此外，獎掖元瑞最多之王世貞，亦有鳴鳳記一書，元瑞受劇作家之影響，加以其嗜考訂之癖性，自有窺探劇本究竟之心。故其考戲曲之角色、本事等，開後人研究戲曲之嚆矢，自亦意料中事也。

附注

①見胡應麟，「少室山房類稿」（台北縣，藝文印書館，民國五十四—六十年，百部叢書集成影印續金華叢書本），卷九〇，頁一。

②同注①。

③同注①。

④見王世貞，「弇州山人四部續稿」（台北縣，文海出版社，民國五十九年），卷二〇六，頁八。

⑤據王世貞爲元瑞所撰「二酉山房記」云：「所藏之書爲部四，其四部之一曰經，爲類十三，爲家三百七十，爲卷三千六百六十。二曰史，爲類十，爲家八百二十，爲卷萬一千二百四十四。三曰子，爲類二十二、爲家一千四百五十，爲卷一萬二千四百。四曰集，爲類十四，爲家一千三百四十六，爲卷一萬五千八十。合之四萬二千三百八十四卷。見胡應麟，「少室山房筆叢」（台北市，世界書局，民國五十二年），頁三四。

⑥胡應麟，「少室山房筆叢」，「經籍會通」，卷四，頁六二一。

⑦同注⑥，頁六一一。

⑧同注①，卷一一一，頁三，「與王長公第二書」。

⑨同注⑤。

⑩胡應麟，「詩藪」（台北市，正生書局，民國六十二年），外編，卷三，唐上，頁一五七。

⑪同註⑥，「華陽博議」，卷下，頁五三四。

⑫同註⑪。

⑬同註⑥，「經籍會通」，卷二，頁二七。

⑭同註⑥，「丹鉛新錄」，卷六，頁一三〇。

⑮同註⑭，卷三，頁一〇二。

⑯同註⑬，卷四，頁五四。

⑰同註⑬，卷四，頁五三。

⑱同註⑥，「華陽博議」，卷上，頁五〇三。

⑲同註⑥，「丹鉛新錄」，卷四，頁一一二。

⑳見胡應麟，「少室山房類稿」，卷五三，頁一。

㉑見屠隆，「白榆集」（台北市，偉文圖書公司，民國六十六年），卷二，頁二〇，少室山房稿序。

㉒汪道昆，「少室山房類稿序」，見胡應麟，「少室山房類稿」，卷首。

第三節　辨訂僞書

一、辨僞書之淵源

前節已述及書藏豐富、學識賅洽、好奇心態，皆爲成就元瑞學問之重要因素。此數種因素亦爲辨訂僞書所必需。此外，閱讀前人辨僞書籍，非但得知前人辨僞之成果，亦可從前人辨僞之過程，習得辨僞之方法。元瑞於四部正譌卷末云：「余率本前人遺議，稍加詳密，閒折其衷耳。」（頁七八）足見其受之於前賢者甚多。四部正譌中頗引柳宗元、晁公武、洪邁、朱熹、陳振孫、黃震、宋濂、楊愼、王世貞等辨僞學家之言，此可見元瑞辨僞學之淵源。玆舉例說明之：

1.柳宗元：柳子厚集中，有辨列子、文子、論語、鬼谷子、晏子春秋、亢倉子、鶡冠子諸篇①，考訂諸書眞僞，精確可從。元瑞辨鬼谷子時引其說曰：「漢時劉向、班固錄無鬼谷子。鬼谷子後出，……學者宜其不道。」（頁三四）又辨鶡冠子時，亦引子厚之說，謂鶡冠子襲賈誼鵩鳥賦以成文。且云：「若抉邪摘僞，判別妄眞，子厚之裁鑒良不可誣。」（頁三七）足見元瑞對子厚仰慕之情。

2.晁公武：公武爲南宋藏書大家，精目錄之學，所著郡齋讀書志，爲後人考訂圖書所必備②，元瑞考子華子與述異記，皆曾引公武之說。

3.洪邁：有容齋隨筆、續筆、三筆、四筆、五筆，共七十四卷。其中辨訂僞書者有數條。元瑞辨續樹萱錄時，曾引洪氏之說，謂書中所述元撰與唐諸詩人吟詠事，全錄自秦少游詩（頁六九），又引其說斥雲仙散錄為淺妄書（頁七二）。此皆洪氏辨偽有得者。

4.朱熹：朱子文集與語錄中，辨偽之言甚多，所辨皆極精確③。元瑞四部正譌引朱子說者有五則。如辨麻衣心法時，引朱子云：「戴師愈作，託名麻衣。」（頁二四）辨山海經引朱子曰：「山海經記諸異物飛走之類，多云東向，或云東首，疑本依圖而述之，古有此學，如：九歌、天問，皆其類。」（頁五八）並贊譽朱子之善讀書。又辨王銍續樹萱錄亦引朱子云：「王銍性之，姚寬令威，多作贋書。」（頁七〇）

5.陳振孫：振孫亦南宋名藏書家，所著直齋書錄解題，為目錄家所必需。其辨偽語散見各書解題中④。元瑞引振孫之言七則，於諸家辨偽語中為數最多。如：辨子夏易十卷，引其說曰：「漢志無卜氏易，至隋志始有子夏易二卷，其依託甚明。且隋唐時已殘缺，宋安得有十卷。其經文、彖、象、爻辭，俱用王弼本；又陸德明所引隋子夏易語，今本十卷中皆無之；豈直非漢世書，併非隋、唐之舊矣。」（頁五）此從史志之著錄與否，及引文之相合與否辨之，方法確當。又辨王氏元經十五卷，亦引陳氏說曰：「唐神堯諱淵，其祖景皇諱虎，故晉書戴淵、石虎皆以字行。薛收，唐人，於傳稱戴若思、石季龍，宜也。元經作於隋世，乃亦云若思，逸之心勞日拙，蓋不能自掩矣。」（頁二五）此就避諱辨之，亦為不刊之論。其他各條，亦頗精審，茲不具引。

6.黃震：東發有黃氏日抄九十四卷，其中讀諸子五卷，多辨偽語⑤。元瑞或引其言，或駁其說。如：

文子九篇，東發以爲唐人徐靈府撰，元瑞駁之曰：「考梁目、隋志，皆有此書，則自漢歷隋至唐固未嘗亡，而奚待於徐氏之僞！」（頁三二）又東發以抱朴子爲僞書，元瑞駁之云：「東發詆洪不應以神仙誤天下後世，持論甚公，而以此書爲僞則失考。」（頁四四）其他駁東發之言亦多，玆不具舉。

7.宋濂：景濂著諸子辨，專辨子部僞書。本書前已略加論述。元瑞辨鬻子、劉子新論、化書、晉史乘，皆曾引景濂之說。

8.楊愼：用修之考據成就，前已詳論之，其考據著作中，亦略有辨僞語。元瑞引其言數則，有駁之者，如：辨陰符經云：「楊用修直云筌作，非也。」（頁二九）又如：用修以鬼谷卽鬼容之誤，元瑞駁之云：「說者謂鬼容區卽鬼臾區，以臾、容聲相近，是矣。而楊以爲鬼谷，則區字安頓何所乎？」（頁三四—五）有引之爲證者，如用修據越絕書後序「以去爲姓，得衣乃成」等語，斷爲東漢人袁康之作。元瑞曾引之爲說（頁六二）。

9.王世貞：世貞爲後七子之一，踵前七子之緒，提倡復古。著作之多，爲明人第一。其中弇州山人四部稿、四部續稿等，頗有辨僞之言。元瑞屢引之，如：辨三墳書引王長公云：「伏羲畫連山而有『民、兵—器』，『陰、兵—妖』，『陽、兵—譴』，『兵、陽—陣』；至策辭而曰『主我屋室』，『主我刀斧』；神農歸藏而曰『殺、藏—墓』。此皆不知其時而妄爲說者也。」（頁一六）辨元命包，以該書序稱楊元素由閣本錄行，張昇者以授楊楫，遂云：「王長公謂楊元素撰，或卽張昇，余讀之，絕嘆長公之言燭鑒千載。」（頁二二）此皆引世貞之言以爲證者也。

其他，如引周氏涉筆、鄭樵、葉適、張文潛、方回等之言，較爲瑣細，茲不具舉。所引姑不論爲駁前人之非，或證成己說，實皆有助於一己思辨能力之訓練。元瑞本有豐富之書藏，博洽之學識與好奇之個性，再輔之以諸家辨僞書籍之磨礪，自有前賢所不及之成就。

二、辨僞理論之提出

前代辨僞學家，皆僅著力於各僞書之辨訂，辨訂之過程雖有理論在內，然並未將其理論作系統之整理。元瑞之四部正譌始將辨僞理論系統歸納，其書卷上有僞書情狀二十一條⑥，卷末有辨僞八法，此卽元瑞之辨僞理論。茲就其所述，重新釐爲：㈠僞書之產生；㈡作僞之動機；㈢辨僞之方法等三項敘述。

㈠僞書之產生：何種書始謂之僞書？僞書如何產生？元瑞所述僞書情狀中，關涉此題者有十條。近人張心澂氏僞書通考曾將元瑞之言加以闡釋⑦，茲據之說明如左：

1.託古人之名而僞：古代著作多不題作者，後人見之，繫以古人姓名，遂成僞書。元瑞所謂「陰符不言三皇，而筌稱黃帝」卽是。另本草題神農；亢倉子題庚桑楚，亦屬此類。

2.蹈古書之名而僞：某古書已亡佚，後人著書時，襲用其名，遂成僞書。如：汲冢書有師春，其後亡佚，後人仍以師春之名著書；孟子云楚有檮杌，後人據之以著書。此卽元瑞「汲冢發而師春補，檮杌紀而楚史傳」之例也。

3.借古事著書而僞：借古書所云古代某人某事，乃爲其著書，遂成僞書。如：孟子書有「伊尹以割烹要湯」⑧之言，後人遂僞造伊尹湯液一書；古有甯戚飯牛之事，後人遂造甯戚相牛經。此卽元瑞「尹負鼎而湯液聞，戚飯牛而相經著」之例也。

4.掇古事著書而僞：牽扯某古人之事而著書，而託之其人，遂成僞書。如：莊子有子華子（程本）見韓昭僖侯之事，後人將其與孔子家語「孔子遇程子傾蓋而語」相牽合，遂撰子華子一書，而託之程本。史記有老子出關，關令尹强其著書，老子遂作道德經五千言，後人以爲關尹也該有著作，遂造關尹子一書。此卽元瑞「仲尼傾蓋而有子華，柱史出關而有尹喜」之例也。

5.挾古人之文而僞：據古人之文，雜以其他文字，遂成僞書。如：東漢人據伍子胥書增飾成越絕書；好事者取賈誼鵩鳥賦，雜以黃、老、刑、名之言，遂成鶡冠子。此卽元瑞「伍員著書而有越絕，賈誼賦鵩而有鶡冠」之例也。

6.竊古人之書而僞：將古人或時人之書竊爲己有，該書遂成僞書。此卽元瑞所擧何法盛竊郗紹晉書、宋齊丘竊譚峭化書、晉郭象竊向秀莊子注之例也。

7.本無撰人，後人因近似而僞：某書本無撰人，後人因該書內容與某人有關，遂託之。如：山海經與禹治水有關，遂託名大禹。

8.撰人亡佚而僞題撰人：某書本有撰人，其後撰人名亡佚，後人遂另題撰人之名。如：正訓稱陸機是也。

9.本爲眞書，後人誤認者：如：文子載於劉歆七略，歷梁、陳皆有其目，而黃震以爲徐靈府撰；抱朴子記於葛洪本傳，歷唐、宋皆志其書，而黃震以爲非葛洪之類是也。

以上卽元瑞所述僞書所以產生之諸般情狀。

(二)作僞之動機：元瑞所述僞書情狀二十一條中，涉及作僞動機者，有憚於自名而僞、恥於自名而僞、假重於人而僞、惡其人僞以禍之、惡其人僞以誣之等五條，另辨諸書而涉及作僞動機者亦不少，玆綜爲六點述之。

1.託古廣傳：自春秋戰國以來，古人卽有假託古名人或帝王之風氣。如：儒家假託堯、舜；墨家假託大禹，道家假託黃帝，醫家假託神農、黃帝等皆是。元瑞云：「凡依託之書，必前代聖賢墳籍，冀以取重廣傳。」（頁四六）又云：「神仙丹汞之籍，大都依託上古帝王，漢志方技中紛紛可見。」（頁五三）此皆元瑞歸納分析所得，誠的論也。又宋王銍作龍城錄，而嫁名柳宗元，意欲假重其書也。（頁六九）

2.學派爭勝：就古代學術史觀之，學派論爭至爲頻繁，戰國時，有儒、墨、道、法之爭；魏晉南北朝以來有儒、釋、道之爭。各家爭勝而作僞者亦時有之。元瑞舉牟子理惑論三十七篇云：「隋、唐諸志並無此書。嘗疑六朝晉、宋間文士因儒家有牟子，僞撰此論以左右浮屠，讀其文雖猥淺，而詞頗近東京。」（頁六五）此卽儒、釋爭勝之一例也。

3.構陷仇人：古代時因官場或私人恩怨，著書以構陷仇人。如：周秦行紀一書題牛僧孺撰。元瑞云：「（此）李德裕門人僞撰以構牛奇章（僧孺）者也。中有『沈婆兒作天子』等語，所爲根蒂者不淺。獨怪思黯（僧孺字）罹此亘謗，不亟自明，何也？……牛撰玄怪等錄，亡隻詞構李，李之徒顧作此以危

之。於戲！二子者用心覩矣！」（頁七〇）

4.貪賞牟利：歷代帝王時有蒐訪圖書之舉，獻書者或賜官授爵，或得賞賜。士人以此造僞書者頗不乏其人。元瑞舉例云：「隋文蒐訪圖籍，炫因僞造連山及魯史記上之。」（頁四）又引漢書張霸傳：「孝景帝時，魯共王壞孔子教授堂以爲殿，得百篇尙書於牆壁中，武帝使使者取視，莫能讀者，遂秘於中，外不得見，至孝成皇帝時，徵爲古文尙書學。東海張霸案百篇之序，空造百兩之篇，獻之成帝，帝出秘書百篇以校之，皆不相應，於是下霸於吏。」（頁二〇—一）

5.羞於自名：古今士人，少有所作，年長或貴盛後，每每悔之，既悔其少作，又不欲自沒，故託他人之名以行之。元瑞舉例云：「香奩集，沈存中，尤延之並以和凝作，凝少日爲此詩，後貴盛，故嫁名韓偓。又不欲自沒，故於他文中見之。今其詞與韓不類，蓋或然也。」（頁七四）

6.發抒憤懣：因考場或官場不得志，遂作僞書以發抒幽憤者亦時有之。子華子一書，元瑞云：「余嘗參酌諸家，意此書必元豐間越中舉子姓程名本而不得志場屋者所作。蓋版出會稽，則越；文類程式，則舉子；義取字說，則元豐，辭多拂鬱，日依託前人，則困於場屋，思以自見，又慮不能遠傳，故傳於春秋姓同而字相近者，竊謂不中不遠矣。」（頁四七）以該書爲程本發抒憤懣之作。元瑞又引王銍之言曰：「魏泰場屋不得志，喜僞作他人著書，如：志怪集、括異志、倦遊錄，盡假名武人張師正。又不能自抑，出姓名作東軒筆錄，皆私喜怒誣衊前人。最後作碧雲騢，議及范仲淹，而天下駭然不服矣。」（頁七一）此以魏泰之作僞書，乃因場屋不得志。

上述爲元瑞所述古人作僞書之動機。

㈢辨僞方法：四部正譌卷末云：「凡覈僞書之道：覈之七略以觀其源；覈之群志以觀其緒；覈之並世之言以觀其稱；覈之異世之言以觀其述，覈之文以觀其體，覈之事以觀其時；覈之撰者以觀其託，覈之傳者以觀其人。覈玆八者，而古今贋籍亡隱情矣。」（頁七六）此卽後人時述及之辨僞八法。近人張心澂與張舜徽，均爲之闡釋，並舉例說明⑨。玆綜合二家之說，以明此八法之內涵：

1.覈之七略，以觀其源：七略爲我國最早之目錄書，書雖亡佚，然其內容多存於漢書藝文志中。覈之七略，卽覈之古代之目錄書，觀其是否著錄。

2.覈之群志，以觀其緒：所謂群志，卽歷代之藝文志、經籍志與私人藏書志，皆書目一類之書也。覈之歷代書目，可知某書何時見於某目錄，如某時中斷，或爲晚出，卽有可疑。

3.覈之並世之言，以觀其稱：此卽從同時人之著作中，檢查有否述及或引用該部書，以爲辨僞之佐助⑩。

4.覈之異世之言，以觀其述：所謂異世，指後世。覈之後世之著作，觀其是否述及該書，以爲辨僞之佐助⑪。

5.覈之文，以觀其體：一代有一代之文體，時代相同之著作，文體往往相近，覈其文體，每每可辨其眞僞。

6.覈之事，以觀其時：所謂事，指事實。某人著書，不可能述及其身後之事，如某書所述之事顯在某人身後者，則該書或爲僞作，如非僞作，書中之事卽爲後人竄入。

7.覈之撰者，以觀其託：某人著書，乃在表達其思想學識，所著之書往往有其思想體系。某書中之思想，如與所題之作者思想有矛盾之處，甚至滲入他家之思想。即有僞作之嫌疑。

8.覈之傳者，以觀其人：所謂傳者，指流傳該書之人，古代之重要典籍，傳授源流皆歷歷可考。其他次要書籍，亦都有其來源。某書或忽於某地出現，而傳授源流不明者，卽有僞作之嫌疑。

以上八種辨僞方法，自是元瑞歸納前人辨僞成果，與一己辨僞所得而成。各條經後代學者之闡釋，並實際應用，證明皆確當可行。後代辨僞方法日益縝密，辨僞成果也斐然可觀，實得力於元瑞之方法論。

三、辨僞方法之應用

元瑞四部正譌中辨僞書之方法，卽其辨僞八法之應用。惟書中所述多有其八法所不及者。玆將全書所用辨僞之法重新歸納，並舉例述之如左：

㈠從傳授統緒辨之：此卽覈之七略，以觀其源；覈之群志，以觀其緒等二法也。此二條爲目錄學之應用，元瑞精於目錄之學，故以此二法辨僞之創獲亦最多。

1.從舊志不著錄，後代乃有，而定其疑僞，如：

(1)連山易十卷，見唐書藝文志。元瑞云：「班氏六經首周易，凡夏、商之易絕不聞，隋牛弘購求宇內遺書至三十七萬卷，魏玄成等脩隋史，晉、梁以降，亡逸篇名無不具載，皆不聞所謂連山者，而至唐始出，可乎！」（頁四）

(2)列仙傳三卷，元瑞云：「余案漢書藝文志，劉向所敘六十七篇，止新序、說苑、世說、列女傳，而無此書。七略，劉歆所定，果向有此書，班氏決弗遺，蓋僞撰也。」（頁六四）

2.從前志著錄，後志已佚，其後又見者，而定其疑僞。如：

關尹子九篇，元瑞云：「七略道家有其目，自隋志絕不載，則是書之亡久矣。……新舊唐書亦夐無聞，而特顯於宋，又頗與齊丘化書有相似處。故吾嘗疑五代間方外士掇拾柱下之餘文，傅合竺乾之章旨，以成此書。」（頁四〇）

3.從今本與舊志所載篇數不同，而定其疑僞。如：

鶡冠子，漢藝文志有二：一道家、一兵家。兵家任宏所錄，班氏省之；則今所傳蓋僞託道家者爾。然道家所列鶡冠子僅一篇，而唐韓愈所讀有十九篇，宋四庫書目乃三十六篇，晁氏讀書志則稱八卷，與漢志俱不合；而唐宋又自相矛盾。（頁三六）

4.從舊志無著者姓名，後人隨意附之，而定其疑僞。如：

六韜：考漢志有六弢，初不云出太公；蓋其書亡於東京之末，魏、晉下談兵之士掇拾剩餘爲此，即隋志六韜也。（頁三一）

5.從舊志或注家已明言爲僞書，而用其書，如：

班史藝文志，道家有文子九篇，注云：「老子弟子，與孔子同時；而稱周平王問，似依託者。」則漢世固已疑之。（頁三二）

(二)就字句罅漏處辨之：此就書中之避諱；所用之詞語，朝代名、人地名與所述諸事辨其眞僞。元瑞辨僞八法中「覈之事，以觀其時」即可納入此項中。

1.明言甲朝人著作，卻避乙朝皇帝名諱，可知爲乙朝人所撰。如：

王氏元經十五卷，稱王通撰，薛收注。書中避唐祖李虎、李淵之諱，改戴淵爲戴若思，石虎爲石季龍，陳振孫據此以爲非王通之作。元瑞更謂薛收作注必在隋世，亦不應預知唐諱，則經傳皆贋作也。（頁二五，此條據元瑞之言改寫。）

2.就書中用後代詞語，而定其疑僞，如：

〔三墳所載〕「高林」、「險徑」、「危峰」、「曲池」、「島」、「岫」、「烟」「霞」、「川」、「品」、「溪」、「澗」皆漢、唐、六代詞人語，亡論三皇，即六籍、四詩固不盡見。而「昭明」、「代明」、「流光」、「浮光」、「成陰」、「下淫」、「沈西」、「東浮」等語，或勦諸經典，或取諸閭閻，蓋無一字類三代以上者。故余嘗謂僞書之陋無陋於三墳也。（頁一八—九）

3.由書中用後代朝代名、人名、地名，而定其疑僞，如：

山海經本書不言禹、益撰，劉歆校定，以爲「禹任土作貢，而益等類物善惡著山海經」，蓋億度疑似之言。……案經稱「夏后啟」事者三，又言「殷王子亥」，又言「文王墓」，凡商、周之事不一而足。晁氏但疑「長沙」、「桂林」數郡名，及「鯀湮息壤」等文。夫鯀事，固禹、益所覩；商、周，曷從知之哉？（頁五六—七）

4.就書中事實乖舛，而定其疑僞，如：

鬻子：史記稱鬻熊，事文王者，蚤夭，故封其子孫爲楚祖。而此以九十遇文，可笑至此。（頁二一九）。

(三)就其剿襲舊文辨之：此所謂剿襲包括字句之剿襲與文意之模仿，卽所謂「師其意不師其辭」者也。

1.全篇或整句襲自他書者，如：

乾坤鑿度云：「有太易，有太初，有太始，有太素。太易者，未見氣也。太初者，氣之始也。太始者，形之始也。太素者，質之始也。氣形質具而未離，故曰渾淪。渾淪者，言萬物相渾成而未相離，視之不見，聽之不聞，故曰易也。易變而爲一；一變而爲七，七變而爲九。九者氣變之究也。乃復變而爲一。一者，形變之始。清輕者上爲天；濁重者下爲地。」右俱鑿度中孔子所云，實全抄列子天瑞一節，稍增損數字，遂不成語言。又列子「重濁者下爲地」之後，有「沖和氣者爲人，故天地含精，萬物化生」三語，意乃完足，今剗去後三語，而以「物有始、有壯、有究，故三畫成乾」接之，文義頓斷缺，可笑。（頁七）

2.文意仿自他書者，如：

三墳：天皇氏策辭云：「咨予上相共工：我惟老極無爲；子惟扶我正道，咨告於民，俾知甲厤日月歲時自玆始，無或不記；子勿怠！」共工曰：「工居君臣之位，無有勞，君其念哉！」（頁一五）等一大段，約六百字，文長不錄。元瑞云：「此章全剽舜典，而辭意淺陋，殆類村學究語，詎曰庖犧之代預規虞世之文哉！」（頁一六）

3.約取他書之言者，如：

晉乘：其書乃雜取左傳、國語、新序、說苑中論文、莊二伯事節約成編。（頁五五）

㈣就文體辨之：一代有一代之文體，後人雖工於模仿，亦可從中窺見其破綻。故以文體辨僞爲最主要之標準⑫。此卽元瑞辨僞八法中「覈之文，以觀其體」之應用也。

1.就書中文字古樸，知其時代非近者，如：

(1)鶡冠子：余以此書蕪紊不馴，誠難據爲戰國文字，然詞氣瑰特渾奧，時時有之，似非東京後人所辨。（頁三八）

(2)穆天子傳：其文典則淳古，宛然三代范型，蓋周穆史官所記。（頁五三）

2.就文體與所題時代不合，而定其疑僞，如：

(1)關尹子篇首劉向序，稱「渾質崖戾，汪洋大肆，然有式則，使人泠泠輕輕，不使人狂」等語。蓋晚唐人學昌黎聲口；亡論西漢，卽東漢至開元無有也。（頁三九）

(2)子華子全剽百氏成文，至章法起伏喚應，宛然宋世場屋文字，且多用王氏字說。（頁四七）

(3)神異經、十洲記，俱題東方朔撰，悉假託也。其事實詭誕亡論，即西漢人文章有此類乎？（頁六二）

(五)就其思想內容辨之：此法亦爲古代辨僞學者所常用，近人梁啟超曾將其釐爲：從思想系統與傳授家法辨別；從思想與時代之關係辨別；從專門術語與思想之關係辨別；從襲用後代學說辨別等四層⑬。惟元瑞當時所辨並未如此縝密。玆述之如左：

1.就其內容淺俗定其疑僞，如：

(1)鬼谷，縱橫之書也，余讀之，淺而陋矣。即儀、秦之師，其術宜不至猥下如是。（頁三三）

(2)李衞公問對，其詞旨淺陋猥俗，兵家最亡足采者，而宋人以列七經，殊可笑。（頁四八）

2.就其襲用後代學說而定其疑僞，如：

關尹子：篇中字句體法，全倣釋典成文，如「若人有超生死心，厭生死心」等語，亡論莊、列，即鶡冠至亢倉亡有也。（頁四〇）

(六)其他：

1.就佚文辨其疑僞：甲書未佚前，乙書引用其文，至今猶存，而今本甲書不載，可定甲書爲僞。如：

子夏易十卷：陳振孫云：「陸德明所引隋子夏易語，今本十卷中皆無之。豈直非漢世書，併非隋、唐之舊矣。」余案：子夏易載通考者今亦不傳。據陳氏所論推之，當是漢末人依託，至隋殘缺，唐、宋人復因隋目，取王氏本僞撰此書。（頁五）

2.就所出之人定其疑僞：某書出於某人，辨僞學者多疑爲某人所僞作。如：元經出阮逸，世以即阮逸所作；孔叢出宋咸，人以即宋咸所作；又朱熹以麻衣出戴師愈；宋濂以關尹子出孫定，皆是也。故元瑞云：「覈僞書者，覈所出之人思過半矣。」（頁七六）元瑞四部正譌中亦有此例：

元命包四卷：序稱楊元素由閣本錄行，張昇者以授楊楫。王長公謂即楊撰，或即張昇。余讀之，絕嘆長公之言燭鑒千載。（頁二二一）

3.由後人之引述定僞書之時代。辨定某書爲僞作後，進一步爲論定其著作時代。甲書爲乙時代人所引述，則甲書必作於乙時代，或其之前，如：

乾鑿度曰：「求卦主歲術，常以太歲爲歲紀。歲七十六爲一紀，二十紀爲一蔀首。即置積蔀首歲數，加所入紀歲數，以三十二除之；不足除者，以乾坤始數二卦而得一歲末算，即主歲之卦也。」案此條見後漢書黃瓊傳注中，蓋非宋人僞撰者；要之，亦魏晉之文也。（頁六—七）

(七)結語：然每一僞書之情況至爲複雜，非但用一種辨僞法即可定其疑僞。故辨僞學家輒數法並用，元瑞四部正譌中此種例證甚多，如辨關尹子云：

案：七略道家有其目。自隋志絕不載，則是書之亡久矣。今所傳，云徐藏子禮得於永嘉孫定者。陳振孫疑定所受不知何人；宋景濂以即定撰：皆有理。余則以藏、定二子尚非如阮逸、宋咸輩實有其人，或俱子虛、烏有。未可知也。篇首劉向序，稱「渾質崖戾，汪洋大肆，然有式則，使人泠泠輕輕，不使人狂。」等語，蓋晚唐人學昌黎聲口；亡論西漢，即東漢至開元無有也。至篇中字句體法，全倣釋典成文，如「若人有超生死心，厭生死心」等語，亡論莊、列，即鶡冠至亢倉亡有也。且隋志既不載，新舊唐志亦夐無聞，而特顯於宋，又頗與齊丘化書有相似處。故吾嘗疑五代間方外士掇拾柱下之餘文，傅合竺乾之章旨，以成此書。（頁三九—四〇）

此例元瑞所用之辨僞法有四：一、從前志著錄，後志已佚，其後又見者，而定其疑僞；二、就所出之人定其疑僞；三、就文體與所題時代不合，而定其疑僞；四、就其襲用後代學說而定其疑僞，然後再下結論。辨證過程委曲詳盡，此即元瑞所以邁越前修之處也。

四、辨僞成果

元瑞於辨僞理論之建立，辨僞方法之應用，頗有邁越前賢者，此亦其辨僞之部分成果，上文述之已詳。本節將論其辨僞之成果。

四部正譌中辨僞書之總數，據梁啟超古書眞僞及其年代所附「宋胡姚三家所論列古書對照表」，計有一〇四種，後人皆直承其說⑬。實則梁氏此表有數項疏失：其一，未依四部分類法排列，各書順序錯雜。其二，有應收而未收者，如：正訓、相牛經、師春、古岳瀆經、樹萱錄、周秦行紀、純陽集等。其三，有不當收而收者，如無名子一書爲元瑞辨廣成子而附及，其書本不僞。其四，有一書重複出現者，如文子與通玄經本爲一書，梁氏卻前後著錄。其五，所錄書名訛誤，如元瑞辨艾子云：「艾子世傳蘇長公所作。」梁氏竟將書名誤爲「艾子世傳」；又元瑞辨詩話時云：「今惟樂天、聖俞二金針傳，盡假託也。」梁氏竟合二書爲一，作「二金針傳」。有此五失，足見梁氏之表不可據。

實則，四部正譌所辨諸書，殆分三類：一爲元瑞述及辨僞理論時，用以舉例之書。如卷上述僞書情狀二十一種及卷末分析僞書眞僞成分，所舉諸書皆是。二爲實地考辨之書，約七十種，此爲四部正譌之主體。三爲考辨諸書而略及者，如論伍子胥後，述及漢志兵家僞書十數種（頁三六）。將此三類合併計之，去其重複，殆得一一四種。此卽元瑞辨訂僞書之總數。玆將四部正譌所辨諸書，依四部分類法，重新排比如左：

㈠經部（計十四種）

易類（八種）

連山易十卷　僞

歸藏易十三卷　僞

子夏易十卷　僞

周易乾鑿度二卷　僞

乾坤鑿度二卷　僞

元命包四卷　後周衞元嵩述　眞僞疑

關朗易傳一卷　北魏關朗撰　唐趙蕤注　僞

麻衣心法一卷　五代麻衣道者撰　僞

書類（三部）
三墳　僞
尚書百兩篇　漢張霸撰　僞
尚書孔安國序　漢孔安國撰　僞
禮類（一種）
儀禮逸經十八篇⑭　僞
春秋類（二種）
師春⑮　僞
春秋繁露　漢董仲舒撰　訛
(二)史部（計十六種）
編年類（二種）
竹書紀年　眞
王氏元經十五卷　隋王通撰　僞
別史類（一種）
逸周書　眞
雜史類（八種）

穆天子傳六卷　周穆王史官所記　眞

晉史乘　僞

楚檮杌　僞

越絕書十五卷　周子貢撰　僞

魯史記　僞

西京雜記　未下斷語

漢武內傳　不題作者　僞

晉中興書七十八卷　晉何法盛撰　剽竊

傳記類（三種）

列仙傳三卷　漢劉向撰　僞

趙飛燕外傳　漢伶玄撰　未下斷語

梁四公記　撰人不一　僞

地理類（二種）

山海經　戰國好奇之士雜錄奇書而成

古岳瀆經　僞

㊂子部（計七十六種）

儒家（四種）

晏子春秋　周晏嬰撰　眞僞錯

孔叢子七卷　漢孔鮒撰　眞僞疑

文中子十卷　隋王通撰　眞僞雜

潛虛一卷　宋司馬光撰　眞僞疑

道家（十二種）

陰符經一卷　黃帝撰　李筌註　僞

黃帝內傳一卷　僞

鬻子一卷　題商鬻熊撰　僞

關尹子九篇　題周尹喜撰　僞

文子（通玄眞經）九篇　周辛鈃撰　元魏李暹注　駁雜

列子　周列禦寇撰　晉張湛注　眞僞雜

亢倉子（洞靈眞經）　周庚桑楚撰　僞

鶡冠子　周鶡冠子撰　僞雜以眞

莊子注　晉郭象撰　剽竊

抱朴子　晉葛洪撰　眞

廣成子　高洛公撰　張太衡注　僞
洞極眞經　北魏關朗撰　僞

法家（一種）

管子　周管仲撰　眞僞錯

兵家（二十五種）

六韜　周呂望撰　僞
孫子　周孫武撰　眞
公孫鞅　僞
吳子　周吳起撰　戰國人掇其議論成編
范蠡二篇　周范蠡撰　僞
大夫種二篇　周文種撰　僞
廣武君一篇　周李佐車撰　僞
韓信三篇　漢韓信撰　僞
蚩尤二篇　僞
尉繚子　周尉繚撰　眞
司馬法　周司馬穰苴撰　眞僞雜

魏公子二十一篇　眞

項王一篇　漢項籍撰　僞

神農兵法一篇　僞

黃帝十六篇　僞

封胡五篇　黃帝臣封胡撰　僞

風后十三篇　黃帝臣風后撰　僞

力牧十五篇　黃帝臣力牧撰　僞

鬼容區三篇　黃帝臣鬼容區撰　僞

萇弘十五篇　周史萇弘撰　僞

黃石公三略三卷　漢黃石公撰　僞

黃石公素書一卷　漢黃石公撰　僞

武侯十六策一卷　漢諸葛亮撰　僞

武侯心書　漢諸葛亮撰　僞

李衛公問對三卷　唐李靖撰　僞

農家類（一種）

相牛經　周甯戚撰　僞

醫家類（三種）

素問　黃帝撰　六朝以後據黃帝內經綴輯易名

靈樞　黃帝撰　同上

湯液⑯　商伊尹撰　僞

雜家類（六種）

子華子十卷　周程本撰　僞

鬼谷子一卷　周鬼谷子撰　僞

正訓十卷　晉陸機撰　僞

孫子十卷　晉孫綽撰　本書亡佚，後人補之。

劉子新論　撰人不明　非劉晝作

化書六卷　南唐宋齊丘撰　剽竊

小說家類（二十三種）

燕丹子三卷　周燕太子丹撰　漢末文士據荆軻傳增損而成。

宋玉子一卷　僞

神異經一卷　漢東方朔撰　僞

十洲記一卷　漢東方朔撰　僞

洞冥記四卷　漢郭憲撰　僞

拾遺記十卷　晉王嘉撰　梁蕭綺錄　僞

名山記　僞

述異記二卷　梁任昉撰　未下斷語

隋遺錄（大業拾遺記）二卷　唐顏師古撰　僞

龍城錄二卷　唐柳宗元撰　僞

雲仙散錄八卷　唐馮贄撰　前六卷僞

周秦行紀一卷　唐牛僧孺撰　僞託

瀟湘錄十卷　李隱或柳詳撰　未下斷語

牛羊日曆　唐劉軻撰　僞

鍾呂傳道集⑰　唐施肩吾撰　僞

補江總白猿傳　無名氏撰　僞

樹萱錄一卷　僞

廣陵妖亂志　唐鄭廷誨撰　誤題撰人

開元天寶遺事　五代王仁裕撰　僞

清異錄二卷　宋陶穀撰　眞

艾子　宋蘇軾撰　僞
續樹萱錄一卷　僞
碧雲騢一卷　宋梅堯臣撰　僞
釋家類（一種）
牟子論三十七篇　漢牟融撰　僞
(四)集部（計八種）
別集（一種）
純陽集　唐呂巖撰　僞
詩集（三種）
香奩集一卷　唐韓偓撰　僞
歐陽修杜詩注　宋歐陽修撰　僞
蘇東坡杜詩注　宋蘇軾撰　僞
詩文評（四種）
詩格一卷　魏曹丕撰　僞
評詩格一卷　唐李嶠撰　僞
金針詩格三卷　唐白居易撰　僞

續金針詩格三卷　宋梅堯臣撰　僞

右列經部十四種，史部十六種，子部七十六種，集部八種，計一一四種。然經部所述讖緯諸書數十種未計數，如計入則不僅十四種而已。元瑞云：「凡四部書之僞者，子爲盛，經次之，史又次之，集差寡。」（頁七七）可謂中肯之言。至於四部中各類僞書之數目，元瑞亦有述及：

凡經之僞，易爲盛，緯候次之。

凡史之僞，雜傳記爲盛，瑣說次之。

凡子之僞，道爲盛，兵及諸家次之。

凡集，全僞者寡，而單篇別什借名竄匿者甚衆。（頁七七）

執此與右表相覈，大抵相符，足見元瑞之言乃歸納統計而得，非泛泛之語也。

此外，元瑞辨僞之目的，亦非盡廢僞書，故於各僞書之價值亦略有評斷，如謂素問、靈樞之術爲百代所尊（頁五三）；劉炫魯史記可補前史之缺（頁六三）；關尹子名理可味；子華子文采可觀（頁七五）；漢武內傳、拾遺記爲詞章家所采（頁六六）；皆爲持平之言，足徵元瑞辨僞之態度。

至於四部正譌之缺失，亦可歸爲數點：其一，態度保守：自宋以來疑易傳、詩序、古文尚書、周禮、爾雅者已數有之，元瑞四部正譌於此數經皆不之及，足見其仍受傳統尊經觀念之囿。其二，資料引證之誤：如辨張霸僞百兩篇尚書，所引後漢書張霸傳之文（頁二〇），實見於論衡正說篇，非後漢書也。其三，轉引資料不注所出：如書中所引周氏涉筆一書，皆轉引自馬端臨文獻通考，元瑞皆未注明。其四，行文體例不一：如洪景盧、洪野處、洪容齋、洪氏隨筆諸名互用；亢倉子與洞靈眞經；文子與通玄經皆二名互用；凡此皆徒增後人困擾。其五，辨證疏失者，如以山海經出於穆天子傳之後；逸周書出於汲冢；今本竹書紀年爲眞，皆失之不考。

然綜而言之，元瑞之辨僞學約有如下五項特點：其一，四部正譌爲吾國第一部系統之辨僞著作；其二，建立辨僞之理論與原則；其三，將僞書作實質之分析，以見其眞僞之比例；其四，肯定某些僞書之價值；其五，啟導淸初辨僞之風氣。有此五點貢獻，則元瑞於吾國學術史之地位，亦可屹立不搖矣。

附注

①宗元辨僞語，近人曾輯入「唐人辨僞集語」中，見「僞書考五種」（台北市，世界書局，民國六十八年），頁五一—五六。

②劉兆祐師著有「晁公武及其郡齋讀書志」（台北市，嘉新水泥公司文化基金會，民國五十八年），第四章關於郡齋讀書志辨僞書部份之討論，於公武辨僞書之成就，討論綦詳。

③錢穆撰，「朱子新學案」（台北市，作者自印本，民國六十年），冊五，「朱子之辨僞學」，於朱子辨僞書之成就，頗有討論。

④喬衍琯撰，「陳振孫學記」（台北市，文史哲出版社，民國六十九年），第五章學術思想，論及陳氏之辨僞成就，可參考。

⑤林政華撰，「黃震及其朱子學」（台北市，嘉新水泥公司文化基金會，民國六十五年），第二章黃震之辨僞書，於東發辨僞成就述之頗詳，可參考。

⑥「四部正譌」（台北市，臺灣開明書店，民國五十六年），卷上云：「凡贋書之作，情狀至繁；約而言之，殆十數種。」實則元瑞所述有二十一種。

⑦見「僞書通考」（台北市，坊印本，不注出版年），頁一八，僞書的產生一節。

⑧見「孟子」，萬章篇上。張心澂「僞書通考」，作「伊尹負鼎俎以要湯」，誤也。

⑨張心澂之說，見張著，「僞書通考」，頁二九－三一。張舜徽之說，見張著，「中國古代史籍校讀法」（台北縣，地平線出版社，民國六十一年），第四編辨僞與輯佚，頁二八八。

⑩此條採張舜徽說。張心澂釋爲：「某部書是某個時代撰的，看和它同一個時代的書上所說的話，話內對於人名地名和一切名稱，和這書內是否相同，若不相同，這書就可能有僞的疑問了。」恐非元瑞原意。

⑪此條亦採張舜徽說。張心澂釋爲：「某部書是某個時代撰的，看和它不同一個時代的書上所說的話和它所說的怎樣。例如在唐代的書，因爲避諱唐太宗李世民的名字，世字用代字，民字用人字代替；若唐以前的書內也有這樣，這書有唐代僞造的嫌疑了。」此似亦誤解元瑞原意。

⑫此爲梁啓超之說，見「古書眞僞及其年代」（台北市，臺灣中華書局，民國六十年），頁五〇。惟高本漢並不贊同以文體爲辨僞之標準。見高著「中國古書之眞僞」，收入黃章明、王志成合編「國學方法論叢－工具篇」（台北市，學人文教出版社，民國六十八年），頁二五二。

⑬梁啓超，「古書眞僞及其年代」，頁六一，曹養吾之「辨僞學史」云一百多種，見「古史辨」（台北市，明倫出版社，民國五十九年），冊二，頁四〇一。程元敏先生，「辨僞書重要著作提要」，云一〇四種。見「書目季刊」，二卷三期（民國五十七年三月）。此二者皆承梁氏之說而來。

⑭此所謂「儀禮逸經」，乃明永樂年間所出，非西漢之儀禮逸經也。

⑮此「師春」爲後人據「汲冢師春」僞作，非指「汲冢師春」也。

⑯湯液無可考，「漢書藝文志」有「湯液經法」三十二卷，似非此書。

⑰胡應麟，「少室山房筆叢」，卷四〇，「莊嶽委談」，卷上，頁五四一，作「鍾呂傳道記」。

第四節　糾駁楊愼之誤

元瑞承陳耀文正楊之後，著丹鉛新錄八卷、藝林學山八卷，以糾駁楊愼之誤。元瑞云：「余嘗竊窺楊子之癖，大概有二：一曰命意太高，一曰持論太果。太高則迂怪之情合，故有於前人之說，淺也鑿而深之，明也汨而晦之；太果則滅裂之釁開，故有於前人之說，疑也驟而信之，是也驟而非之。至剽兌陳言，盾矛故帙，世人率以訾楊子，則又非也。楊子早歲戍滇，罕攜載籍，紬諸腹笥，千慮而一〔失〕，勢則宜然。」①此言用修持說之缺點，及環境對用修之限制。非眞知用修者不能道也。元瑞嘗言其願爲用修執鞭之臣，則其所是正亦出於仰慕歆羨之意也。

元瑞視耀文博洽，故所糾駁之範圍更廣，如：丹鉛新錄卷五論李白出處，卷六駁用修之譏斥朱子、卷七瓊花、卷八弓足、履考、引證皆極爲博洽，所論雖非完全正確，然元瑞好博求勝之心，已表露無遺。

元瑞雖自稱願爲用修執鞭之臣，於駁用修之疏漏處，語氣亦較溫和，然因爭勝心切，不自覺而誤者亦多。此即周嬰所謂：「徒見用修之論，輒思所以勝之，不知其自陷於挂漏而乖僻也。」②然小疵不掩大醇，可觀者實多。

一、糾引文不注所出者

本書於論用修考證缺失一節，已敍述用修時有襲用前人之言而不注所出者。此實非用修有意剽竊，元瑞亦能知用修之所以失，於用修失記所出諸條，僅指明其出處，而未加批評。玆舉例如左：

1.篴條：「馬融笛賦云：『裁以當篴便易持。』李善注謂：『篴，馬策也。裁笛以當馬篴，故便易持。』此繆說也。笛安可爲馬策？古人謂樂之管爲篴，潘岳笙賦云：『修篴內辟，餘簫外逶。』裁以當篴者，餘器多裁衆篴成音。此笛但裁一篴，五音皆具，當篴之工，不假繁猥，所以便而易持也。」元瑞謂此爲沈存中說，用修引之，失言所自出耳（丹二，頁九三）。按沈存中即沈括，此文見沈著夢溪筆談，卷五，樂律一。

2.古今語言條：「江芊罵商臣曰：『呼役夫。』漢王怒酈生曰：『豎儒幾敗乃公事。』單故謂嵇康曰：『老奴，汝死自其分。』樂廣曰：『誰家生得寧馨兒。』斯並當時侮嫚之詞，流俗鄙俚之談。而世人以爲上之二言，不失清雅，下之兩句，殊爲魯朴，何哉？周、漢世遠，事已成古，魏、晉年近，言猶類今也。已古即謂之文，猶今乃驚其質。作者乃怯書今語，勇效昔言，不亦惑乎。」元瑞謂此乃劉知幾史通之論，用修喜而錄之，失紀所自出耳（丹四，頁一一一）。

3.小司馬索隱注誤條：「司馬遷既論商鞅刻薄少恩，又讀鞅開塞書，謂與其行事相類，卒受惡名，有以也。索隱曰：『開謂刑嚴峻則政化開，塞謂布恩惠則政化塞。』今考其書，司馬承禎蓋未嘗見之，妄爲之說耳。開塞乃其第七篇，謂道塞久矣，今欲開之，必刑九而賞一，刑用於將過，則大邪不生，賞施於告姦，則細過不失，由是觀之，鞅之術無他，獨恃告訐而止耳。故其治不告姦與降敵同罰，告姦者與殺敵同賞。此秦俗所以日壞，至於父子相夷，而鞅自不能脫也，信不誣乎！」元瑞謂此爲宋晁公武郡齋讀書志之語，楊全錄之。惟以司馬貞爲司馬承禎，則用修之誤（藝八，頁三三六—七）。

4.五雲太甲條：「杜出瞿塘峽詩：『五雲出太甲，六月擴摶扶。』注不解五雲之義。嘗觀王勃益州夫子廟碑云：『帝車南指，遁七曜於中階，華蓋西臨，藏五雲於太甲。』酉陽雜俎謂燕公讀碑，自帝車至太甲四句悉不解，訪之一公，一公言：『北斗建午，七曜在南方，有是之祥，無位聖人當出。』華蓋以下，卒不可悉。愚謂老杜讀書破萬卷，自有所據，或入蜀見此碑，而用其語也。晉天文志，華蓋杠旁六星曰六甲，分陰陽而配節候。太甲恐是六甲一星之名。然未有考證。以一行之邃於星曆，張燕公、段柯古之殫見洽聞，而猶未知焉。姑闕疑以俟博識。」元瑞以爲此段全錄王應麟困學紀聞語。或用修喜此說，信筆鈔之（藝二，頁二七八）。

此外，用修引秦子、苻子、尸子之言甚多③。諸書早已亡佚。元瑞以爲用修所引皆得之類書而不明言。此亦用修之一失也。

二、糾引書名或人名之誤

用修引書名或人名之誤者，耀文已多所糾正，此就丹鉛新錄、藝林學山二書所指陳者舉例如左：

1.語林條：用修引語林：「殷浩於佛經有所不了，故遣人迎支道林，林乃虛懷欲往。」元瑞謂此乃世說之言。語林宋世已亡，楊何從見之？（丹一，頁七六）

2.古書不知名考條：用修云：「馬總意林引相貝經，不著作者，讀初學記，始知爲嚴助作。」元瑞謂初學記蟲魚類無貝屬，寶玉類亦無之。考藝文類聚乃有之。用修蓋誤憶藝文爲初學也（丹一，頁八〇）。

3.楊方條：用修謂趙曄撰吳越春秋，楊方亦撰吳越春秋。元瑞謂楊方所撰者名吳越春秋削繁。此書南渡時尚存。蓋以曄所撰太繁，故芟削之。若劉孝標九州春秋鈔之類耳。（丹一，頁八一）

4.妒婦乘騲牛條：用修謂元制婦人妒者，乘騲牛徇部中；北齊制，妒婦賣箒及皁莢，元瑞謂此事見南齊書劉休傳。休妻善妒，明帝令休於宅後開小店，使王氏親賣掃箒皁莢以辱之。用修云北齊者誤也。（丹四，頁一一四）。

5.丹鉛錄序條：用修丹鉛錄序引王融之言曰：「余少好鈔書，老而彌篤。」元瑞謂王融乃王筠之誤。（丹一，頁七二）

6.灰釘條：李商隱露布詩有「飛走之期既絕，灰釘之望斯窮。」用修以爲灰釘一詞，用曹爽在獄中，乞棺釘與灰於司馬懿事。元瑞引王凌傳：「〔凌〕請灰釘於司馬懿，懿即送與之。凌因自殺。」以爲義山用王凌事。用修之誤，蓋因曹爽禁獄，乞食於懿，懿送鹹豉大豆等物，遂憶爲凌也。（丹一，頁八三）

7.義帝條：用修云：「項羽立楚懷王孫心爲帝，以從民望，不曰楚帝，而曰義帝，猶義父、義子之稱。」元瑞謂立心者爲項梁，非羽意也。用修大謬。（丹二，頁八八）

8.俞豹論諸葛條：用修云：「輟耕錄載俞豹論諸葛孔明，忠於玄德，而非忠於漢獻，以玄德之立爲不當也。」元瑞謂此論見於俞文豹吹劍錄，乃其兄文龍所作。用修以俞文豹爲俞豹，又以論爲文豹之作，

可謂一舉兩誤。（丹三，頁一〇三）

9.伐國之女條：用修引李德裕之言，以爲自古得伐國之女以爲妃后，未嘗不致危亡之患。歷舉晉之驪姬、楚之夏姬、苻堅之清河公主爲證。文末殿以杜牧集所載陳希烈桂娘事。元瑞謂桂娘乃李希烈妾，後以計授陳仙奇殺希烈。陳希烈是玄宗相，迺陷安祿山伏法者，兩人相去不遠，用修遂誤合爲一。（丹四，頁一〇七）

10.李群玉條：用修引李群玉樂府：「人老自多愁，水深難急流。」元瑞謂此爲李端古別離詩，見本集及文苑英華、唐詩品彙甚明。且李群玉爲晚唐人，亦必不辦此也。（藝一，頁二六〇）

11.御梨條：用修引文選魏都賦：「中山出御梨。」又引王昌齡詩：「霜飛天苑御梨秋。」元瑞謂此爲李頎七言律句，非昌齡詩。今李集有此，而王集無，可考也。（藝一，頁二六九）

12.古字窺作闚條：用修謂古字窺作闚，杜甫詩：「天闚象緯逼。」不識古字者，改爲天闕；王安石云天閱，黃山谷亟贊其是。東坡云只是怕他。元瑞謂「只是怕他」，乃張文潛語，作子瞻者誤也。（藝二，頁二七三）

13.孫洙條：用修謂孫洙，字巨源，嘗注杜詩，今注中「洙曰」者是也。元瑞以爲注杜詩者爲王洙原叔，今序載杜集中，謂孫洙者誤也。（藝三，頁二八五）

14.張僧繇條：用修謂吳道子始見張僧繇畫，曰：「浪得名耳。」已而坐臥其下，三日不能去。元瑞以爲此乃閻立本事，非吳道子也。（藝四，頁二九八）

15.詩句相犯條：用修引徐鉉鄰舍詩：「壁隙透燈光，籬根分井口。」又引梅聖俞詩：「井泉分地脈，砧杵共秋聲。」元瑞以為上二句乃梅聖俞詩，下二句為徐鉉之作，正相反也。（藝五，頁三〇七）

16.估客樂條：用修謂史稱齊武帝節儉，嘗自言，朕治天下十年，當使黃金與土同價。元瑞謂「當使黃金與土同價」，齊高帝語也。武帝繼高，亦有節儉之稱。南史、齊書，並可考見。（藝三，頁三〇九）

三、駁楊慎之譏刺朱子

當時朝廷崇奉朱學，用修仕途受挫，又未敢正言攻詰當朝，遂指摘朱子以抒其鬱結。蓋譏斥朱子，正可間接打擊朝廷。故升菴外集中指摘朱子之言，不勝枚舉。其中頗有惡意攻詰或意氣用事者。元瑞丹鉛新錄卷六，曾就用修之言一一反駁。茲舉例論之，一則以見用修之偏頗，一則以見元瑞護朱子之苦心。

朱子曾著宋名臣言行錄前後二集，前集五十五人，後集四十二人。用修謂其評論古今人品，誠有違公是而遠人情者，遂一一抨擊之。元瑞則條條加以反駁。

1.王安石：用修謂王安石引用姦邪，傾覆宗社，元惡大憝也，乃列之名臣錄，稱其文章、道德。文章則有矣，焉有引用姦邪而可名為道德邪！元瑞駁之云：

(1)名臣錄錄南渡前名臣以百計，蓋盡一代聲譽烜赫，事迹關涉者，備錄於中，其間碌碌者甚衆，若安石者豈得而遺之？

(2)名臣錄所引諸家文章，稱與安石者，不過十之一，而貶剝之說，幾於四分之三。且用修誚朱不當贊其道德文章，不知名臣錄乃綴輯前人議論而成，元無朱子之言，用修驟譏之，可乎？

(3)楚辭後語曾述及安石「以文章節行高一世，而尤以道德經濟爲己任。」繼而以流毒四海等語詈之，可謂罪安石至矣。用修或摘朱子發端未盡之語，而驟譏訕之，實不免斷章取義之嫌。（丹六，頁一二六）。

元瑞所駁是也。朱子於安石，褒貶皆有之，而貶實多於褒，用修遂執褒之一言，以誚朱子，實失之偏頗。

2.秦檜：用修謂秦檜之姦，人欲食其肉者也，而朱子卻稱其骨力。元瑞引朱子語類云：「秦老倡和議以誤國，挾虜勢以邀君，終使彝倫斁壞，遺親後君，此其罪之大者，至於戮及元老，賊害忠良，攘人之功，以爲己有，又不與也。」謂朱子極言罪檜，今史傳所未詳者，凡數十條，皆滔天之惡，楊率未見，第拾片語，輒肆譏彈，實鹵莽之尤者也。至骨力之云，蓋江充、李訓小人有才之謂耳，豈稱之哉！（丹六，頁一二八）

3.岳飛：用修謂岳飛之死，天下垂涕者也。朱子譏其橫，又譏其向前廝殺。元瑞駁之云：

(1)朱子語類云：「沈僩問張、韓、劉、岳之徒，富貴已極，如何責他死了，宜其不可用，若論數將之才，則岳飛爲勝，然飛亦橫，只是他猶欲廝殺。」案此門人沈僩所問之詞也。向前廝殺，言諸將大抵欲和，獨武穆主戰耳，今作文公語，且以向前廝殺爲譏，何耶！

(2)語類百三十二卷云：「郭子儀晚節保身，甚闒冗，然當緊要處又不然，單騎見虜云云。飛作副樞，便直是要去做。張、韓知其謀，便只依違，然便不做亦不免。其用心如此，直是忠勇也。」案此乃朱語，文公固極贊岳之忠勇，曷嘗譏之。

(3)性理錄：「文公語云岳飛也橫，只要向前廝殺云云，直是忠勇故也。」蓋當時纂集者疏漏，誤合二條爲一則，而又誤并二說爲一人，用修但知性理錄所云如此，卻不知其誤也。（丹六，頁一二七—八）

此皆元瑞駁用修言之不當者也。至他處用修譏刺朱子者亦多，茲更舉如左：

1韓集大顚書之眞僞：用修以大顚書爲後人附入，謂朱子韓文考異以大顚書爲昌黎之作，乃忘昌黎而欲毀之。元瑞駁之云：

(1)退之與大顚書，歐陽脩已判爲退之之言，可知朱子之先，議論已然，用修獨誚朱，何耶？

(2)朱子於韓集，參會諸家，精爲校釋，蓋六經、論、孟外，獨肆力於此書，其視昌黎何等人物也。所執大顚三書，以退之遷謫寂寥，或當有此，云其出於昌黎，乃不沒其實之意。而楊以朱子忌而毀之，豈以己心度人之腹乎？

(3)皇甫湜撰韓愈神道碑，述昌黎謹守禮法，排斥異教，自信之篤，至死不變，可爲後世法云云，而洪興祖所撰年譜不載，苟朱子欲譏昌黎晚年惑於釋教，當據大顚書以斥皇甫此碑之非，何至引皇甫碑以證洪譜之漏逸？（藝八，頁三三四—五）

元瑞所駁是也。用修以朱子欲毀昌黎，實失之偏頗。

2.朱子評東坡：用修謂東坡、伊川戲語相失，門人遂分川、洛之黨，朱子學出於伊川，故其毀東坡甚至，云寧取荆公，不用蘇氏。元瑞以爲朱子、東坡學術元大不相謀，非黨伊川也。朱子生平嚴闢陸象山，而切規陳同甫，亦黨伊川乎？且語類稱東坡長處，凡十餘條，用修豈未見耶！（丹六，頁一二九）

3.朱子哭象山：用修謂朱子聞象山死，哭之良久，曰：「可惜死了告子。」遂責朱子曰：「夫評品切劘，在朋友平日則可，至聞其死亡，不加惋惜而以譏訕，何耶？」元瑞辨之云：

(1)此言見朱子語類，然爲門人胡泳所記，且云得之文卿。蓋記者亦有所疑也。凡語類中門人雜記，皆記所自聞，未嘗假借他人，而此云爾，則其說之譌可知。此必朱門人惡陸氏者，設爲此言以詈之。而用修卻執以爲奇貨。

(2)朱子平日議論，嘗謂象山執拗似告子，此大衆所聞也，苟哭其死而爲斯言，何異劉貢父、關漢卿乎？蓋理之必不可信者，用修不能辨析，反從誚之，異哉！

(3)鵝湖之會，陸象山兄弟與朱子唱和，陸氏兄弟詩題，乃云示同志，又有「榛塞」、「陸沈」等語，不遜甚矣；而文公和之，詞意渾厚，反以「邃密」、「深沈」獎借之，冀其自信，二家氣象居然可見。（丹六，頁一三三）

依此，元瑞以爲朱子必無「可惜死了告子」之言。

綜上觀之，用修之指摘朱子，中理者實尟。元瑞云：「凡用修指摘紫陽語，皆劊截首尾，不會全文。」（丹六，頁一二六）此正用修大病。元瑞之摧陷廓清，於用修爲諍臣，於朱子爲功臣，可謂有功斯文者也。

四、駁楊愼論證之誤

元瑞於用修論證之粗疏者，駁正甚多。諸所糾駁皆能旁徵博引。元瑞之博洽，於此亦表露無遺。茲舉例如左：

1.王介甫書條，用修謂安石之字當時無一賞音者，獨山谷阿其所好而賞之。元瑞引諸書駁之云：

(1)米芾書史云：「楊凝式書，王荊公嘗學之，余與語及此，公大賞嘆，曰：『無人知之。』其後與余書簡皆此類字。」

(2)米芾海岳名言云：「半山莊台上多文公書，今不知存否，文公學楊凝式書，人尠知之，余語其故，公大賞其鑒。」（丹三，頁九五）

元瑞以爲右二條，非極許可語，然出米顚之口，其推服介甫甚矣，謂無一人賞音，可乎？又引書史：「王文公作相，士俗亦皆學其體。」證當時人之崇尚。又引墨池編，謂介甫之書，當時固已推其與文、韓二公並驅，用修顧謂無一人稱之，皆考覈未精，立論太驟。（丹三，頁九五）

2.張俊張浚二人條：用修謂張俊附秦檜而傾岳忠武者。張浚，廣漢人，嘗稱飛忠孝人也。及飛寃死後，高宗納太學生程宏圖之奏，昭雪光復，浚與參贊，陳俊卿悲感歎服。元瑞謂與秦檜同陷岳飛者，張俊也。浚因酈瓊之軍，與岳異同久矣。豈全無關涉者哉！本傳自明，用修不考。（丹二，頁八八九）

3.岳武穆條：用修謂岳武穆之世，金國方興，而兀朮、斡離不皆善用兵，取之亦不易，海陵之主，無道遇弒，國又無將，取之比武穆之勢極易，而宋之君皆孱主，臣皆姦邪，失此機會，樓船載國，胥沈於海，非不幸也。元瑞謂武穆用兵時，粘罕、斡離不皆亡，獨兀朮在。楊蓋以撒離喝爲斡離不也。粘罕、斡離不二酋，可當韓、劉輩，非武穆敵，兀朮、撒離喝，才又下二酋。是時武穆百勝之師，乘之如拉朽耳。（丹三，頁一〇五）

4.井公六博條，用修引古樂府：「井公能六博，玉女善投壺。」以爲乃因井星形如博局而附會之，亦詩人北斗挹酒漿之意也。元瑞謂井公事見穆天子傳。用修以井星形如博酒當之，臆說之絕可笑者，蓋未見汲冢書也。案：穆天子傳第五卷，記王與隱士井公博，三日而決，一卷中凡兩見，井公必當時有道之士，致穆王以萬乘之尊，屢從博戲，亦奇矣。王子深：「誰能攬六著，還須訪井公。」正用穆王訪隱士事。若天上井星，從何訪之？（丹二，頁一〇二）

5.社南社北條：用修引韋述開元譜：「倡優之人，取媚酒食，居社南者呼社南氏，社北者呼社北氏。」謂杜甫詩「社南社北皆春水，但見群鷗日日來。」之「社南社北」，正用此事，不知者改爲「舍」耳。元瑞駁之云：

(1)杜詩：「舍南舍北皆春水」，蓋在蜀草堂之詩也。花溪僻地，何得有倡優居之。

(2)此詩上以「舍」字引起，下用「群鷗」，而花徑蓬門，意脈直貫，若改爲「社」，則並不沾帶矣。

(3)既曰倡優所居，必酒食豐渥之地，而杜詩下有「盤飧市遠」之句，何耶？

(4)又既曰倡優取媚酒食，而杜之遺杯殘瀝，不以及之，迺與鄰翁對酌，何耶？

(5)杜他日絕句云：「雲生舍北泥。」豈亦「社北」耶？考杜集他本，絕無「社」字之訛。（藝二，頁二八一）

按：諸家杜詩皆作「舍」字，元瑞所云是也。

6.十三樓條：東坡詞：「遊人都上十三樓，不羨竹西歌吹古揚州。」用修以爲用杜牧詩：「娉娉嫋嫋十三餘」④之句也。元瑞謂東坡「遊人都上十三樓」，或其地自有此樓名，坡直用之。「娉娉嫋嫋十三餘」之句，杜牧本詠婦人，於樓何與？用修以「十三餘」即「十三樓」，大可笑。（藝三，頁二八四－五）按：周淙乾道臨安志云：「十三間樓，去錢塘門二里許，蘇軾治杭日，多治事於此。」⑤可知十三樓爲東坡治事之處。元瑞雖知用修之非，未許爲考究，未免可惜。

此外，元瑞於丹鉛新錄卷七瓊花一條最稱博辯。用修謂揚州蕃釐觀有瓊花，即陳後主所謂玉樹後庭花，亦即唐昌觀之玉蕊花。而玉蕊花王介甫易名爲瑒花，黃山谷易名曰山礬，即今之梔子花，佛經名薝蔔花。是知瓊花、玉蕊花、瑒花、山礬、梔子花爲同物異名也。元瑞以爲用修合四種爲一，大爲孟浪。然其說最易混淆，容齋隨筆、野客叢書俱失之，惟韻語陽秋辨析精當。遂錄諸家之文，並就各家之說加以折衷。今將元瑞之論辯過程述之如左：

1.辨梔子非瑒花，元瑞云：

梔子今江南絕多，皆夏間四、五月開，而瑒花自是春開，梔子染黃以花，而山礬（瑒花）染黃以葉。二物迥殊。又梔子之名，見於本草，世所共悉，不應復作他稱。而薝蔔之名，出自佛經，涪老尤不應他有更易。

2. 辨瑒花（山礬）非玉蘂，元瑞云：

玉蘂僅見唐昌及禁苑數處，而瑒花紛布野中。且旣曰玉蘂，名甚古而致佳，山谷何苦易之，卽土人不識玉蘂之名，山谷淹洽多聞，寧有弗洞曉者。

3. 辨玉蘂非瓊花，元瑞云：

(1) 玉蘂自顯於唐昌（在長安），而瓊花獨鍾於后土（在揚州，卽廣陵）。廣陵，長安道理懸絕。

(2) 瓊花世無別本，而玉蘂屢見詩詞。若果玉蘂卽瓊花，諸題玉蘂者，不應絕口不及瓊花之名。

(3) 李德裕集有爲潤州招隱玉蘂花詩：「玉蘂天中樹，金鑾昔共窺。」自注云：「禁林有此木，吳人不識，因余賞玩始得名。」招隱在京口，去廣陵（揚州）咫尺而已，吳人旣絕重瓊花，謂無二本，不應招隱有此，懵然不知，俟德裕之至而知。（丹七，頁一三七—八）

據前述之論證，元瑞以爲四種迥異。又以合璧事類，辨四花形色甚詳，遂引錄之，謂「智者讀之，不俟見花瞭然矣。」元瑞更就所述作結論云：

(1) 瓊花：揚州后土祠中之物，世無別種者也。

(2) 玉蘂：長安唐昌觀中之物，仙女來遊，折花以赴玉峯之期者也。

(3) 山礬：本名瑒花，而魯直易名山礬者也。今名七里香。

(4) 梔子：佛書所謂薝蔔者也。

元瑞此條以一卷篇幅述之，可謂諸條中之最博辯者。一瓊花也，前賢皆不能明，待元瑞之反覆論辯，始得其實，名物之學，豈易言哉。

另丹鉛新錄卷八，論婦人弓足，亦有足多者。宋張邦基墨莊漫錄謂婦人弓足始於五代李後主，用修以爲始於六朝，引六朝樂府：「新羅綉行纏，足趺如春妍，他人不言好，獨我知可憐。」爲證。元瑞駁之云：

樂府雙行纏，蓋婦人以襯襪中者，卽今俗談裹脚也。唐以前婦人，未知札足，勢必用此，與男子同，男子以帛，婦人則羅爲之，加文繡爲美觀，以蔽於襪中，故他人不言好，獨所懽知之，語意明甚。（丹八，頁一四五）

又云：

史傳所載古今美婦人，必有大異於衆者，果六代前知纏足，則積習之久，其創意出奇，豈無一二殊絕，而史傳杳不聞。（同上）

此證六代以前無有纏足者。元瑞以爲唐以前婦人乃未纏足，李白詩：「東陽素足女，會稽素舸郎，相看月未墮，白地斷肝腸。」此可爲明證，夫足素則不纖，纖則不素，未有旣纏之足，濯諸淥流者也。則纏足始於何時？元瑞以爲始於唐末五代，至宋初婦人不纏足者尚多，元代以來，詩詞曲劇無不爲言，至明盛極。

元瑞駁用修纏足不始於六朝，其說極是，至於以纏足始於晚唐五代，或未得其實。據清盛繩祖「衞藏圖識云：「西藏燈具，狀如弓鞋，俗稱唐公主履。」⑥所謂唐公主，指貞觀時下嫁吐蕃棄宗弄讚之文成公主，必文成公主曾纏足，故以弓鞋爲唐公主履。據此，則纏足之事，貞觀時已有之。至確切年代，以文獻不足，未易言也。元瑞既辯駁用修之非是，又輯有關弓足、舄履之資料甚多，皆足資考證。

至李白籍貫之考訂，用修以太白爲蜀人，元瑞反覆論辯，謂王世貞藝苑卮言所云：「白本隴西人，產於蜀，流寓山東。」其說最完備。實則，據今人考證，太白本西域胡人，生於西域，遷蜀之時，年已五歲，至中國方改稱李。因太白詭稱隴西李氏，又稱李陽冰爲從叔，陽冰爲趙郡李氏，故太白之同時人，及後人亦以山東人稱李白⑦。則元瑞之考，與事實亦略有不合。然李白籍貫之說，殆如聚訟，元瑞能於紛挐之資料中，詳辨是非，已頗爲難得。

五、補陳耀文正楊之不足

耀文正楊四卷，駁正用修之誤者，前已論之矣。其中，有引據資料不足者，元瑞皆就所知補正之。茲舉例如左：

1.仲尼登泰山條：用修引宋景文筆記云：「仲尼登泰山，見七十二家字各不同。」謂其事甚新，但未詳所出。耀文正楊引韓詩外傳云：「孔子登泰山，觀易姓而王，可得而數者七十餘人，不可得而數者萬數也。」以明其所出。元瑞則引莊子之言：「易姓而王，封泰山禪梁父者，七十有二代，其有形兆整埒者，千八百餘所。」又引韓嬰之言：「自古封禪者萬有餘家，仲尼觀之，不能盡識云。」以爲此足破用修

之惑，而正楊援證，不若是之切也。（藝八，頁三三〇）

2.玉樹條：左思三都賦序，譏揚雄賦甘泉，不當言玉樹青葱。用修謂揚雄言玉樹者，武帝所作，集衆寶爲之以娛神，非謂自然生之，猶下句言「馬犀金人」也。燿文引諸說云：

(1)漢武帝故事：「上起神屋，前庭植玉樹，珊瑚爲枝，碧玉爲葉，璧馬犀。」言作馬及犀爲壁飾也。

(2)王褒雲陽宮記：「甘泉宮北有槐樹，今爲玉槐樹，根幹盤峙，三二百年木也，耆舊相傳，咸以此樹，卽揚雄甘泉賦所謂玉樹青葱也。」

(3)國史纂異：「雲陽縣界，多漢離宮故地，有似槐而葉細，土人謂之玉樹，揚子甘泉賦云：『玉樹青葱』，後左思以雄爲假珍怪，蓋未詳也。」

元瑞詳引王楙野客叢書以補燿文之不足。謂此事辯者紛挐，獨野客叢書最詳核，故錄之。又謂甘泉賦本言翠玉樹之青葱，使果珊瑚衆寶爲之，可言翠及青葱乎？（藝七，頁三二三）

3.大顚書條：用修引朱子語錄謂與大顚書乃昌黎平生死案。而譏朱子未免太秋霜烈日。以爲死案可翻。燿文正楊云：

(1)韓愈外集考誤注云：「潮州靈山寺所刻，末云吏部侍郎潮州刺史者非也。退之自刑部侍郎貶潮，晚乃由兵部爲吏部，流俗但稱韓吏部耳。⑧

(2)又：潮本韓集不見有此書，使靈山舊有此，刻集時何不編入。

(3)又引陳氏曰：晦菴韓文公外集，皆如舊本，獨用方本益大顚三書、晦翁識高一世，而所定若此，殆不可解。

元瑞謂用修所云假託昌黎之僞書，乃外集所載大顛三書，朱熹所言昌黎死款，則爲孟簡書中語，語類載之甚明，惜耀文未及引之，遂補錄之：

語類百三十一卷云：「退之晚年所交，如靈師、惠師之徒，皆飲酒無賴，及至海上見大顛，壁立萬仞，自是心服，如答孟簡書，言實能外形骸以理自勝，不爲事物侵亂，此是退之死款。」

元瑞譏用修以答孟簡書爲答大顛書，又改「死款」爲「死案」，不知前人文卷，亦曾否審詳耶？（藝八，頁三三四）此補耀文之不足，兼責用修之非者也。

4.石尤風條：用修引郎士元留盧秦卿詩云：「無將故人酒，不及石尤風。」謂石尤風爲打頭逆風。陳耀文正楊引古樂府宋武帝歌：「願作石尤風，四面斷行旅。」以爲似非打頭風也。元瑞以爲唐人好用之，如：

陳子昂苦風：「寧知巴峽路，辛苦石尤風。」戴叔倫送人云：「知君未得去，慚愧石尤風。」據唐人諸詩，則以爲打頭風，似無不可。律以晦伯所引，當是巨颶狂飈之類。今江湖間飄風驟起，揚沙折檣，則往來之舟，俱繫纜不行，舟人所謂大風三，小風七，余過淮徐間，往往遇之。唐人語咸出六朝，當以宋武帝歌爲據。其言四面斷行旅，正指此也。以此意解唐人詩，亦無不通，若以爲打頭風，則固有可行者矣，安得尚有四面斷行旅之說哉！（藝八，頁三三九）

此引唐人詩句，並詳判之，謂石尤風當是巨颶狂飈之類，以補耀文之不足者也。

此外，有用修所言未的，元瑞亦未能定其是非者，如：韓子條，用修引北史李先傳：「魏帝召先讀韓子連珠論二十二篇」，以爲韓子卽韓非，韓非書中有連語，先列其目，而後著其解，謂之連珠。元瑞則以爲賈誼新書目有連語，而韓非子無之，恐用修誤，當考之。（藝八，頁三三〇）又如：唐詩人鄭仲賢條，用修弟用能誦一詩：「亭亭畫舸繫春潭，只待行人酒半酣，不管烟波與風雨，載將離恨過江南。」用修據宋文鑑以爲張文潛之作，用能據草堂詩餘周美成尉遲杯注以爲唐鄭仲賢詩。元瑞云唐詩人無所謂鄭仲賢者，恐草堂注誤，此詩亦類文潛，當是其作，俟續考之（藝二，頁二八一）。此皆存用修之疑者。

至元瑞駁用修而自誤者，亦時有之，周嬰卮林卷八至卷十諗胡⑨，論之頗詳，俟論周嬰時一併及之。

附注

①胡應麟，「少室山房筆叢」（台北市，世界書局，民國五十二年），卷五，頁七一，「丹鉛新錄引」。

②周嬰，「卮林」（台北市，世界書局，民國五十二年，與胡應麟「少室山房筆叢」合冊），頁二二五。

③引秦子：「玉壺必求其所以盛，干將必求其所以斷。無盛之卮，雖赤瓊碧瓐無貴也；不斷之劍，雖含影承光無取也。」引苻子：「太公涓釣於隱溪，跽而隱崖，不餌而釣，仰咏俯吟，暮則釋竿，其膝所處，石皆若臼，其跗觸崖若路。」引尸子：「紂棄黎老之言，而用姑息之語。」見「丹鉛新錄」，卷一，頁七九引。

④此爲杜牧贈別詩兩首之一，用修、元瑞皆引作「婷婷嫋嫋十三餘。」

⑤見周淙，「乾道臨安志」（文淵閣四庫全書本），卷二，頁三九。

⑥見賈伸，「中華婦女纏足考」，「史地學報」，三卷三期（民國十三年十月）

⑦見陳寅恪，「李太白氏族之疑問」，「陳寅恪先生論文集」（台北市，九思出版社，民國六十六年），頁四〇五－四〇八。

⑧本條書名，耀文「正楊」作「韓郁外集疑誤注」，元瑞引作「韓郁外集考誤。」按：作「韓郁」者誤也。朱子是書但摘正文大書，而以所考夾注於下，故耀文多加「注」字。

⑨見「巵林」，頁二一五－三一〇。

第五節　考訂汲冢書

西晉太康二年，汲郡人不準盜發魏襄王墓（或言安釐王冢），得竹書數十車，經呈秘府荀勗、束晳等學者整理，得紀年十三篇、易經二篇、易繇陰陽卦二篇、卦下易經一篇、公孫段二篇、國語三篇、名三篇、師春一篇、瑣語十一篇、梁丘藏一篇、繳書二篇、生封一篇、大歷二篇、穆天子傳五篇、圖詩一篇、雜書十九篇，及簡書折壞，不識名題者七篇，計七十六篇①。

此次出土之書至唐代多已亡佚。然在吾國學術史有極其重要之地位，屈翼鵬師曾論此事對吾國學術之影響有四：其一，可以補正史之佚文；其二，可以證周易十翼非孔子所作；其三，可以證左傳非劉歆僞作；其四，可以證簡書之制度②。則汲冢書之價值，於此可見。元瑞於汲冢書之考訂，全見於三墳補逸一書中。

三墳補逸作於萬曆十二年（一五八四），三墳，爲太上之典。元瑞以爲：「晉紀年、周逸書、穆天子傳，皆三代典也，作於春秋、戰國，燼於秦，軼於漢，顯於晉之太康。其書竹簡，其文科斗，其出丘墓。」③故頗可寶貴。然有關三書之記載，頗錯綜複雜，元瑞乃稍輯其略而考訂之。

一、汲冢書綜考

一涉及汲冢書，必先解決其冢主問題。汲冢冢主歷來有兩種說法：一是魏安釐王；一是魏襄王。

1.主魏安釐王者：

王隱晉書云：「太康元年，汲縣民盜發魏安釐王冢，得竹書漆字古書，有易卦，似連山、歸藏文；有春秋，似左傳④。

2.主魏襄王者：

⑴晉書武帝紀云：「汲郡人不準掘魏襄王冢，得竹簡小篆古書十餘萬言，藏於秘府。」⑤

⑵晉書律曆志云：「汲郡盜發六國時魏襄王冢，得古周時玉律及鍾磬，與新律聲韻闇同。」⑥

⑶荀勗穆天子傳序：「汲者，戰國時魏地也。案所得紀年，蓋魏惠成王子今王之冢也。於世本蓋襄王也。」⑦

⑷衞恒四體書勢云：「汲縣人盜發魏襄王冢，得策書十餘萬言。」⑧。

⑸隋書經籍志云：「汲郡人發魏襄王冢，得古竹簡書，字皆科斗。」⑨

另晉書束皙傳，以爲魏襄王或安釐王，則兼採兩說。而楊用修逸周書跋則以爲魏安釐王，元瑞駁之云：

⑴用修以冢爲安釐，蓋據宋陳氏、李氏所云，而二氏又本之隋唐諸志也。

⑵余考穆天子傳晉荀勗序云：「案所得紀年，蓋魏惠成王子今王之冢也，於世本蓋襄王也。其言實

與今竹書合。

(3)束皙傳敍汲冢事云：「紀年十三篇，記夏以來至周幽王爲犬戎所滅，迄魏安釐王二十年。」據諸家史傳，惠王子襄王，襄王子哀王，哀王子昭王，昭王子安釐，相去世次甚遠，而紀年載周愼靚王，而終以今王二十年，詳考竹書前後，凡不稱國而稱王者皆周天子，則所謂今王，實指愼靚王薨，此時魏安釐王尚未生也。⑩

元瑞考汲冢冢主爲襄王大體得其是，惟以「今王二十年」爲周愼靚王薨之年，則未得其實。按愼靚王得年僅六，此仍以指魏王爲是。

然由於史記將惠文王後元之十六年，誤爲襄王，襄王之二十三年，誤爲哀王，遂使襄王僅在位十六年而已⑪。元瑞不知，乃據之以疑杜預所引竹書之說：

杜預所稱竹書終哀王二十年，較之晉書差近，然亦非也。竹書所謂二十年者，直接惠王之後，當爲襄王，襄王止十六年，安得二十邪？如以哀王，哀王立於十六年之後，距惠王薨二十年，才四年耳。又安得二十耶！注史記者，皆從杜說，不深考也⑫。

此乃因史記之誤而生之誤解，根據近人考訂：「惠王卽位三十六年，稱王改元，又十六年卒，而子襄王立，卽紀年所謂今王，無哀王也。襄、哀字相近，史記分爲二人，誤耳。」⑬是汲冢之冢主爲襄王，殆無疑義。

竹書經整理後，藏之秘府，然不久卽多所亡佚，元瑞嘗考其存佚云：

以晉書所謂汲冢篇目考之，今存者周易二篇也，易繇二篇也。紀年十三篇也，逸周書十篇也，穆天子傳五篇也，盛姬葬錄一篇也。師春之目，通考尚存。瑣語之文，類書間載，餘不復覩，蓋傳者什七，亡者什三。今師春、瑣語幷亡矣。盛姬事附穆天子傳六卷中⑭。

元瑞所考，並不詳確，玆辨之如左：

1.周易二篇，自隋書經籍志，卽不著錄，其亡已久，然有王弼本流傳，則竹書之存否已無足輕重。

2.易繇陰陽卦二篇，晉書束晳傳云：「易繇陰陽卦二篇，與周易略同，繇辭則異。」此書自隋志卽未著錄，復未見稱引，其詳不可得而言，元瑞以爲今存者誤也。

3.紀年十三篇，隋志著錄十二卷，云「並竹書異同一卷」，合爲十三卷，蓋卽中經舊傳之本。其異同一卷者，當是杜預、束晳諸人，考證時之札記也。新、舊唐書及通志，皆著錄爲十四卷，其增卷之故，莫得詳說，崇文總目、晁氏書志、陳氏書錄、文獻通考均未著錄。而中興書目，及宋史藝文志，則存殘本三卷。似在宋時，已不甚通行。至今傳之本二卷，乃明人僞託，元瑞不知其僞，以爲今存，仍不免爲僞書所欺。

4.逸周書十篇更不出於汲冢，詳後文所辨。盛姬葬錄，郭璞注時，附穆天子傳五篇後。餘師春、瑣語，皆已亡佚⑮。

至於汲冢各書，元瑞亦考其內容云：

1.公孫段二篇，晉書束晳傳：「公孫段二篇，公孫段與邵陟論易。」元瑞云：「公孫段，鄭大夫，子產同時，殺于伯有之厲者也。其論易當在孔子先。」

2.國語三篇：元瑞云：「言晉、楚〔事〕，恐非左氏國語也。于紀年見諸國之史，不特檮杌、春秋；卽此亦見國語不獨丘明矣。」

3.師春一卷：元瑞云：「師春一卷，純集左傳卜筮事，其時卜筮盛行，焉知非素有此書；左氏取以爲傳耶！」

4.生封一篇：晉書束晳傳：「生封一篇，帝王所封。」元瑞云：「蓋封禪事也。」

5.大曆二篇：晉書束晳傳：「大曆二篇，鄒子談天類也。」元瑞云：「蓋陰陽家也。」⑯

以上爲元瑞所考汲冢書數種之內容。以文獻無徵，故所考皆寥寥數語而已。

二、竹書紀年

竹書紀年自入藏秘府後，隋志著錄十二卷，云：「並竹書異同一卷」，合爲十三卷，蓋卽中秘所藏之本。其異同一卷，當是杜預、束晳諸人考證時之札記也。新、舊唐書皆著錄爲十四卷，其增卷之故，莫得詳說。晁公武郡齋讀書志、陳振孫直齋書錄解題、王堯臣崇文總目、馬端臨文獻通考，均未著錄。而中興書目及宋史藝文志，則存殘本三卷，可知宋時已不甚流行。

至於今傳之本，則爲後人僞託。四庫提要曾舉其與元人以前所引竹書不合處，斷今本爲春秋胡傳盛行以後之書，其說甚覈⑰。今本紀年最早見於明嘉靖年間范欽天一閣所刻之奇書二十種中，故姚振宗於所著隋書經籍志考證中，以爲范欽僞作，或得其實。其後，如楊愼、陳耀文等已頗有引用⑱。元瑞辨僞書不遺餘力，所著四部正譌，爲我國第一部辨僞之專著，卻不知所見竹書紀年爲明人之僞本，故今本紀年與諸家稱引不合者皆以諸家之說爲非。

實則，元瑞並非不知今本竹書紀年與諸家記載頗多不合，如：今本紀年周威烈王十一年云「於越滅滕」，十二年云「於越子朱句伐郯，以郯子鴣歸」；而史記越王句踐世家索隱引紀年云「於越王句朱，三十四年滅滕，三十五年滅郯」，與今本紀年不同；此卽今本之破綻，本可據此以辨其僞，然元瑞卻以爲「索隱唐人所纂，或當見竹書舊本，然其他年月率同，不可臆斷。」⑲將此破綻輕易放過。

此外，今本紀年與史記等書記載不合者甚多，元瑞亦知「竹書所紀世代年數，多與史記相左」⑳，然卻因好古心理作祟，反根據今本竹書，駁正諸家記載之誤。如：晉書束晳傳云紀年記夏以來之事，有益干啟位，啟殺之，太甲殺伊尹，文丁殺季歷之文。杜預春秋經傳集解後序亦云：「紀年起自夏、殷、周，皆三代王事。……文大似春秋，經又稱伊尹放太甲七年，太甲潛出自桐，殺伊尹，乃立其子伊陟、伊奮。」束晳、杜預，皆參與竹書之校理，所記當得其實。元瑞卻以爲：

晳傳所稱益干啟，啟殺益事，汲冢絕無此文。杜預記載竹書，正與今合，序中但言太甲殺伊尹而不及啟、益，晉史之訛，瞭然可知，第謂竹書起自夏、商，迺今紀年起軒轅氏，則又杜之誤也㉑。

元瑞以杜預不載「益干啟位，而啟殺之」之言，卽以爲紀年中本無此言，遂以束晳傳所云爲非。

非僅如此，元瑞又極力辨駁晉書束晳傳所云「太甲殺伊尹」；「文丁殺季歷」二事之舛謬。遂藉以推定紀年爲戰國處士之橫議：

余謂竹書出於周末，義政在此。當時處士橫議，好事縱談，何所弗至，使後人贗作，必穿鑿傳合，務訓古經，不若是枘鑿矣。㉒

實則，正因紀年著成於戰國時崇古帝說之前，故未牽合古經，記事乃得其眞，元瑞不明此理，直以爲戰國處士之橫議，誤矣。

至於因今本紀年與史記不合，而駁史記之誤者，所在多有，玆擧例如左：

1.今本紀年帝辛二十二年（按：應作「二十一年」）云：「諸侯朝周，伯夷、叔齊自孤竹歸於周。」史記則以爲二子叩馬而諫。元瑞云：「按此則二子歸周信矣，使果有叩馬之事，竹書胡弗及哉！」

2.今本紀年帝辛四十八年，夷羊見，史記作「麋鹿在牧」。元瑞云：「周書云：夷羊在牧。正與此同，史記麋鹿誤矣。」

3.今本紀年周武王十二年辛卯：「王率西夷諸侯伐殷，敗之於坶野，王親禽受於南單之台。」元瑞云：「據此則逸周書與史記所稱，武王以黃鉞斬紂之文皆妄也。」

4.今本紀年厲王十三年「王在彘（按：應作「彘」），共伯和攝行天子事。」二十六年：「大旱，王陟於彘。周定公、召穆公立太子靖爲王，共伯和歸其國，遂大雨。」元瑞云「此竹書與史記大不相同處，今無文字可憑，難以臆斷，但竹書始末明甚，而史記以二相協理爲共和，則文義誠似未通，且前史絕無斯例。」㉓

元瑞又根據孟子之言：「晉之乘，楚之檮杌，魯之春秋，一也。」以爲竹書紀年卽晉之乘，其證如左：

(1)汲冢紀年所載事，於晉獨詳，其文與春秋絕類，豈卽孟子所謂晉乘者。

(2)春秋書趙盾弒其君，而紀年書晉靈公爲趙穿所殺。趙盾使穿迎公子黑臀於周立之。書趙盾弒君，董狐筆也。今紀年所以書穿，乃因趙盾後代世爲正卿，史官畏於強權而改，卽晉厲公之弒，紀年亦書卒而已，則紀年爲晉史亦昭昭矣。㉔

今本紀年既爲明人之僞，所記資料實雜抄各書而成。所云未必可信。元瑞據以爲證，很難取信於人。唯以紀年爲晉之乘，蓋各國自有其紀年之書，故墨子有：「吾見百國春秋」、「著有燕之春秋」、「著在宋之春秋」等語。元瑞之言自亦可備一說。至於晉乘，何以殿以魏事？元瑞以爲三家分晉後，此書入魏，史氏遂以魏事繫之晉末。而孟子應聘入大梁，所見晉乘，必此無疑㉕。

元瑞雖受明人僞本紀年之欺，然由於其博雅之學識，對紀年之考證仍有不少精闢之見解。如前述考汲冢冢主爲魏襄王者卽是。另根據晉書束晳傳，以爲紀年十三篇「記夏以來」之事；杜預春秋集解後序也以爲「紀年起自夏、商、周，皆三代王事。」元瑞則以爲竹書非起自夏代，而起自黃帝，其證云：

(1)史記梁襄王卒下，注引和嶠云：「紀年起自黃帝。」足爲明徵。

(2)郭璞山海經注云：「顓頊生伯鯀；后稷放丹朱於丹水。」二事皆在夏、殷以前，與今竹書脗合㉖。

按：紀年實記有夏、商、周以前之事。元瑞所引和嶠之言極是。此外，諸書所引甚多，皆可證成元瑞之說：

(1)山海經海內經注引紀年云：「昌意降居若水，產帝乾荒。」

(2)路史發揮注引紀年：「堯之末年，德衰，爲舜所囚。」史記五帝本紀正義引竹書同，唯無「之末年」三字。

(3)史記五帝本紀正義引竹書：「舜囚堯，復偃塞丹朱，使不與父相見。」

(4)蘇鶚演義引汲冢竹書：「舜篡堯位，立丹朱城，俄又奪之。」

(5)蘇鶚演義引汲冢竹書：「堯禪位後，爲舜王之，舜禪位後，爲禹王之。」㉗

足見紀年記有夏以前之事，束皙、杜預、和嶠皆參預汲冢竹書之整理，所云雖有差異，然衡之諸書所引，紀年有夏以前之事自無疑義。元瑞所考是也。

三、逸周書

歷來考訂周書者頗多，晉有孔晁，宋有洪邁、李燾、丁黼、陳正卿、王應麟，元有劉貞、黃玠，明有章蘖、程榮、吳琯、卜世昌、何允中、胡文煥、楊愼、姜士昌、鍾惺等人，然類多短篇劄記，僅元瑞三墳補逸所涉較多。元瑞對周書之考訂，頗多誤解之處，然於片言隻語中，可取者亦多，玆述之如左：

考周書者，於汲冢周書與漢志所錄周書七十一篇之關係，類多有所論辨，元瑞亦然。其說曰：

此書漢書藝文志七十一篇，注引劉向云：「今存者四十五篇」，則當時脫軼幾半，若子長所采，

蓋存於四十五篇之中者，而其餘篇，至汲冢之發而復完也。㉘

元瑞以爲周書在漢代已有所亡佚，至劉向僅餘四十五篇，淸人姚際恆亦同意此種說法㉙。實則，元瑞等乃誤讀漢書顏注所致。漢書藝文志「周書七十一篇」下顏注云：

師古曰：「劉向曰：『周時誥誓號令也，蓋孔子所論百篇之餘也。』今之存者四十五篇矣！」㉚

古書並無句讀，引文者又未加案語，故引文常與爲文者之語相混。「今之存者四十五篇矣」九字，原爲師古之語，元瑞誤以爲全句皆劉向之言，遂以爲漢時僅存四十五篇。觀漢書蕭何傳「周書曰：天與不取，反受其咎」下，師古注云：

周書者，本與尚書同類，蓋孔子所刪百篇之外，劉向所奏有七十篇㉛。

師古既明言劉向所奏有七十篇，已足證劉向所見，實爲七十一篇之本，而「今之存者四十五篇」之云，亦決非劉向之言。且漢志刪自七略，七略取自劉向別錄，苟劉向所見僅四十五篇，漢志亦不容著錄七十一篇。則「今之存者四十五篇」云云，實非劉向之言。

周書之內容，司馬遷、許愼、蔡邕、徐幹、杜預作書時已屢引及之㉜，可見魏、晉之前早已流傳。至隋書經籍志始繫周書於汲冢，其著錄「周書十卷」注云：「汲冢書，似仲尼刪書之餘。」其後，新唐書藝文志、宋史藝文志、晁公武郡齋讀書志、陳振孫直齋書錄解題皆著錄「汲冢書十卷」。李燾、王應麟更因史記已引及，而隋志云出於汲冢，遂以爲周書漢世入中秘，其後稍隱，學者不道，及盜發冢，乃幸復出㉝。至元瑞，更力主此書出於汲冢，元瑞云：

> 春秋，戰國之書，亡於秦漢，而出於晉之汲冢，而傳於後者，厥有三焉：魏紀年也、逸周書也、穆天子傳也。㉞

又云：

> 漢藝文志七十一篇，注引劉向云：「今存者四十五篇。」則當時脫軼幾半，若子長所采，蓋存於四十五篇之中者，而其餘篇，至汲冢之發而復完也。徐氏、楊氏以書不當係汲冢，固失考，李燾以「此書漢世已入中秘，其後稍隱，晉時盜始發出」，雖頗得之，而不知此書出於漢世，至汲冢而復完，必余說庶幾盡也。然則此書係汲冢亦可，不係汲冢亦可，而謂非出於汲冢，則好奇之過矣。㉟

元瑞非但主張周書出於汲冢，又因誤讀漢書藝文志顏注，以爲漢書僅存四十五篇，至汲冢發而復完，因謂「此書係汲冢亦可，不係汲冢亦可。」清人汪士漢、近人朱希祖，更大暢元瑞之說㊱。實則，漢魏以來之學者已屢引及周書，非汲冢所出，已甚明顯。然後人所以將周書與汲冢牽合者，乃因汲冢書中有「周書」二字。晉書束晳傳歷述汲冢所出各書之內容後，云：

> 又雜書十九篇：周食田法周書論楚事、周穆王美人盛姬死事。㊲

元瑞以爲此段文字應斷句作周食田法、周書、論楚事、周穆王美人盛姬死事四種，且以爲此「周書」卽是今本周書。亦卽束晳傳所云雜書十九篇中，實包含七十一篇之周書。元瑞云：

> 今周書名七十篇，實十卷耳。晉以前所謂篇，多如後世之所謂卷，則今周書十卷，不過當時十

篇。……杜預序止稱七十五卷，則不言篇，則周書十卷，復何疑哉？（原注云：漢藝文志史記百三十篇，卽今百三十卷，此篇與卷同也。）㊳

元瑞以爲周書七十一篇，據隋志只有十卷，而這十卷又等於當時之十篇，因此自可包括於雜書十九篇之中，其所以曲折爲說，無非欲證明今本周書出於汲冢之中。然今本周書出於漢魏之前，學者已頗引之；且束晳傳所述汲冢書之篇目內容極爲詳備，雜書十九篇，必因簡篇爛壞，稍可見其內容，致云「周食田法」云云，如其中所含爲七十篇之周書，篇幅龐大，豈可不加敍述而置之雜書之理？元瑞力主周書包括於雜書十九篇之中，實與事實乖謬。

此外，元瑞於周書各篇之著成時代，亦頗有所考。如：周書序於文王作大武、大明武、小明武三篇後云：「穆王遭大荒，謀救患分災，□大匡。」元瑞以爲大匡爲穆王之作，其說曰：

大匡解有二，其第十一篇，後序以爲穆王。按周書七十篇，自文王始，至太子晉終，穆王止祭公、史記二篇，見第九（應作第八）卷。此書在武王先，當是文王無疑。其第三十二篇，亦云大匡，則武王之作也㊴。

按：周書序大匡後有脫簡數十字，之後劉法、文開、保開亦皆文王之作，則第十一篇大匡，不應爲穆王之作。且大匡篇（第十一）、程典篇（第十二）、與程寤篇（第十三）次序相銜接，大匡篇言「維周王宅程三年」，程典篇言「文王弗忍，乃作程典」，程寤篇亦言「文王去商在程」，足見編周書者以爲此三篇皆記文王之事。周書序將此篇繫於穆王之時，顯然有誤，元瑞所云是也。

另元瑞以爲小明武篇通篇皆韻語，文多奇古，然不類書體，類戰國諸子書。於世俘篇云：「俘馘億萬有餘，則戰國張大之辭。」於玉珮篇、武紀篇、銓法篇、器服篇則以爲文類戰國子書㊵。所言雖嫌疏略，然於各篇時代之斷定，則頗得其實。

四、穆天子傳

穆天子傳，晉書束皙傳云五卷，然自隋志以後皆云六卷。宋張邦基云：「今觀第六卷，多記盛姬事，蓋倂入雜書中此一篇也。」㊶至元瑞，又發揮此說云：

穆天子傳，諸家皆稱六卷，余讀之，前五卷皆紀穆王行游，第六卷獨敍王葬盛姬事，文實出一人手，而體制不類爲疑，及讀束皙傳，載穆天子傳五篇，而盛姬自爲一篇，乃知本非一書，以穆王附合耳㊷。

據束皙傳，盛姬事乃在雜書十九篇中，郭璞注時，始將盛姬事倂入。元瑞所云是也。

元瑞之考訂穆天子傳，目的乃在證成穆天子傳不及山海經之怪。其四部正譌云：

山海經，古今語怪之祖。……余嘗疑戰國好奇之士，本穆天子傳之文與事而侈大博極之，雜傳以汲冢紀年之異聞，周書王會之詭物，離騷、天問之遐旨，南華、鄭圃之寓言，以成此書。㊸

可知，元瑞以爲山海經之侈大怪誕，乃就穆天子傳緣飾而成。爲證成其說，元瑞乃取二書所記事物相比對。茲舉例如左：

1.就所記鳥獸證之：穆傳云：「天子之馬走千里，天子之狗走百里，鸛雞飛八百里，野馬走五百里，邛邛距虛走百里。」（卷一）元瑞以爲穆傳載天子犬馬鳥獸，不過如此。不惟視山海經之怪，迥不相倫，卽如周書王會篇所記：「九尾之狐，兩首之𠈹，比翼之鳥」，亦絕不見，孰謂穆傳怪誕哉！㊹

2.就所記草木證之：穆傳云：「黑水之阿，爰有野麥，爰有荅堇，西漠之所謂木禾。」（卷四）又云：「珠澤之藪，爰有萑、葦、莞、蒲、萯、蒹、葽。」（卷二）元瑞以爲穆傳所紀草木，或中國所有，或中國所無，然皆五穀百卉之類，非如若木、扶桑、蟠桃、仙樹之屬也。㊺

3.就所記玉石證之：穆傳云：「天子之珤，玉果璇珠，燭銀黃金之膏，爰有采石之山，重𨾏氏之所守，曰枝斯璿瑰，𤩽瑤琅玕，玪𤪌无瓚，玗琪徽尾。」（卷四）元瑞以爲穆傳所記寶玉奇石，雖其名字瓌異，然亦非所謂怪若醒酒石、如意珠也。㊻

4.就崑崙一地證之：後人每以崑崙爲神仙所居，如：山海經西山經：「西南四百里，曰崑崙之丘，是實惟帝之下都，神陸吾司之，其神狀虎身而九尾，人面而虎爪；是神也，司天之九部及帝之囿時。」海內西經云：「海內崑崙之虛，在西北，帝之下都，崑崙之虛，方八百里，高萬仞。」而穆傳記穆王遊崑崙云：「辛酉，天子升於崑崙之丘，以觀黃帝之宮，癸亥，天子具蠲齋牲牷，以禋□崑崙之丘，甲子，天子北征，舍於珠澤，以釣於流水、珠澤之藪，方三十里。」（卷二）足見崑崙本非奇怪之地。元瑞乃云：

> 傳記崑崙珠澤如此，初不言其高廣幾何？止言黃帝之宮，並無所謂絳闕瓊樓者，自淮南子謂崑崙

去地一萬一千里，旁有四百四十門，神仙家又以絳闕瓊樓傳之，而崑崙遂爲怪誕之祖，不知穆天子所紀崑崙不過衡、岱屬耳，何詭異之有哉！㊼

此揭開崑崙附會之因，以還崑崙之原來面目，云崑崙不過如衡、岱而已。

5.就縣圃一地證之：後人亦以縣圃爲神仙所居，而穆傳云：「先王所謂縣圃，百獸之所聚也，飛鳥之所棲也。爰有獸，食虎豹，如麋；爰有赤豹白虎，熊羆豺狼，野馬野牛，山羊野豕，爰有青鵰白鳥，執犬羊，食豕鹿。天子五日觀於春山之上，乃爲銘迹於縣圃，以詔來世。」（卷二）則縣圃亦非怪異之地。元瑞乃云：

按春山之名，後世不甚傳，而玄圃神仙家所盛依托，以爲數倍崑崙，據此先王所謂縣圃之文，不過如秦漢所謂上林、胡苑。所記鳥獸雖衆，皆人世所常有。求如山海經九首八足，食人之怪，固無一也㊽。

穆傳所言既皆平常之事，其可信度，自非專門語怪之山海經可企及。

6.就西王母事蹟言之：山海經記西王母云：「其狀如人，豹尾虎齒而善嘯，蓬髮戴勝。」（西山經）「有人，戴勝，虎齒，有豹尾，穴處，名曰西王母。」（大荒西經）「西王母梯几而戴勝杖。」（海內北經）可見山海經中之西王母乃亦人亦獸之妖怪。而穆傳記西王母云：

天子賓于西王母，乃執玄圭白璧，以見西王母。好獻錦組百純，□組三百純。乙丑，天子觴西王母于瑤池之上。西王母爲天子謠曰：「白雲在天，丘陵自出；道理悠遠，山川諫之，將子無死，

尚能復來。」（卷三）

則西王母服食語言，絕與常人無異，並無所謂豹尾虎齒之象也。據此，元瑞乃斥山海經偏好語怪，所記人物，率禽獸其形，以駭庸俗，實無稽之至也㊾。

穆傳所記事物既不及山海經之怪，依進化之理，適足反證其爲晚出之作。元瑞所云山海經乃就穆傳緣飾而成，自與事實不合。綜而觀之，元瑞之考穆傳，可稱述者蓋尠也。

附注

①按：杜預「春秋經傳集解」後序與「晉書」束晳傳，並稱七十五篇，乃計數錯誤。

②見屈翼鵬師，「汲冢竹書考略」，「圖書月刊」，二卷一期（民國三十一年一月），頁一四－一二〇。

③見胡應麟，「少室山房筆叢」（台北市，世界書局，民國五十二年），卷三三，頁四二五，「三墳補逸引」。

④見歐陽詢，「藝文類聚」（台北市，新興書局，民國五十八年），卷四〇，頁一〇引。

⑤見「晉書」（台北市，鼎文書局，民國六十八年），卷三，武帝紀，頁七〇。

⑥同上，卷一六，律曆志上，頁四九〇。

⑦見「穆天子傳」（台北市，台灣商務印書館，民國五十八年，叢書集成簡編本），卷首。

⑧見「晉書」，卷三六，衛恒傳，頁一〇六〇引。

⑨見「隋書」（台北市，鼎文書局，民國六十八年），卷三三，經籍志二，頁九五九。

⑩見「少室山房筆叢」，卷三三，「三墳補逸」，卷上，頁四二九。

⑪見「史記」(台北市，世界書局，民國六十一年)，卷一五，六國年表三，頁七二七－七三八，即表中之「魏襄王元年，應作「魏惠王後元元年」；「魏哀王元年」，應作「魏襄王元年」。詳見錢穆先生，「先秦諸子繫年」(台北市，作者自印本，民國六十四年)，卷三，頁二七六。

⑫同註⑩。

⑬見瀧川龜太郎，「史記會注考證」(台北縣，藝文印書館，民國六十一年)，魏世家第十四，頁二二－二三。

⑭同註⑩，頁四二八。

⑮本小節參考註②之文。

⑯以上所引元瑞之言，同註⑭。

⑰見「四庫提要」(台北縣，藝文印書館，民國五十八年)，卷四七，史部，編年類，頁一，竹書紀年二卷提要。

⑱見陳耀文，「正楊」(台北市，學生書局，民國六十年)，卷一，頁一六，引竹書云：「殷仲壬即位，居亳，其卿士伊尹。

⑲「三墳補逸」上，頁四四○－四四一。

⑳同上，頁四二九。

㉑同上，頁四二七。

㉒同上，頁四三○。

㉓以上所引元瑞之言，同註⑩，頁四三六—四三八。

㉔同上，頁四二九—四三〇。

㉕同上，頁四二九。

㉖同上，頁四二八。

㉗見范祥雍，「古本竹書紀年輯校訂補」（台北市，世界書局，民國六十六年，「竹書紀年八種」內），頁五—七。

㉘「三墳補逸」下，頁四四三。

㉙姚際恒，「古今僞書考」，史類，汲冢書「周書，漢志本有七十一篇」下引顏師古注：「劉向曰：今存者四十五篇，蓋漢時已散失，今此四十五篇亦亡矣。」見黃雲眉，「古今僞書考補證」（台北縣，文海出版社，民國六十一年），頁七七。

㉚見「漢書」（台北市，世界書局，民國六十一年），卷三〇，頁一七〇六。

㉛同上，卷三九，頁二〇〇七。

㉜魏、晉以前，學者引及周書甚多，舉例如左：

(1)史記周本紀述武王伐紂之時，曾采周書克殷篇之文約三百字，述克殷以後事，又采用度邑篇武王告周公之辭約二百字。

(2)史記主父偃傳云：「周書曰：『安危在出命，存亡在所用。』今周書王珮篇作「存亡在所用，離合在出命。」

(3)許慎說文解字，亦常引周書之文，如示部引本典篇「均分以祘之」；羽部引王會篇「文翰若翬雉」；巛部引文傳篇「不卵不蹊，以成鳥獸。」……等等。

(4)蔡邕明堂月令論云：「周書七十一篇，而月令第五十三。」則蔡氏已見七十一篇之周書。

(5)徐幹中論法象篇引周書常訓篇之文云：「故君子之交人也，歡而不媟，和而不同，詐學而不虛行，易親而難媚，多怨而寡非，故無絕交，無畔明，書曰：『愼始而敬，終以不困。』」

(6)杜預注春秋經傳，亦已稱引周書。襄公廿六年「國子賦轡之柔矣」注云：「逸詩，見周書。」今見於太子晉篇。又哀公二年「克敵篇，上大夫受縣，下大夫受郡。」注云：「周書作雒篇：『千里百縣，縣有四郡。』」

㉝李燾之說，見馬端臨撰，「文獻通考」（台北市，新興書局，民國四十七年），卷一九五，經籍二二，頁一六四八引。王應麟之說，見王著，「漢書藝文志考證」，卷一〇。「二十五史補編」（台北市，台灣開明書店，民國四十八年），冊二，頁一三九二。

㉞「三墳補逸」上，頁四二六。

㉟「三墳補逸」下，頁四四三。

㊱清汪士漢云：「班志七十一篇，僅存四十五篇，今之傳者，其目則七十篇，所存則五十九篇，意逸周書七十一篇，秦火亡其二十六，汲冢則書五十九，厥數較增於昔，故以汲冢周書名之耶！」見丁宗洛，「逸周書管箋」（清道光十年刊本）所引。朱希祖云：「汲冢各書，有秦、漢以後所未見者，如紀年、穆天子傳等是；有秦、

漢以後所已見者，如：周易、周書是。周易既可重出於汲冢，何獨周書不可重出於汲冢乎？……今本周書孔晁注四十二篇，其爲漢以來傳舊本，抑爲汲冢本，尙待深考。其無注之十七篇及序一篇，幸賴汲冢周書以傳，此爲不可掩之事實也。」見朱著，「朱希祖先生文集」（台北市，九思出版社，民國六十八年），冊三，汲冢書考，頁一五八。

㊲見「晉書」（台北市，鼎文書局，民國六十八年），卷五十一，頁一四三三。

㊳「三墳補逸」下，頁四四二—四四三。

㊴同上，頁四四四—四四五。

㊵同上。

㊶見張邦基，「墨莊漫錄」（台北市，新興書局，民國六十一年，筆記小說大觀正編本），卷九，頁二。

㊷「三墳補逸」下，頁四四九。

㊸見「少室山房筆叢」，卷三二，「四部正譌」，卷下，頁四一二。

㊹「三墳補逸」下，頁四五二。

㊺同上。

㊻同上。

㊼同上。

㊽同上，頁四五三。

㊾同上，頁四五一。

第六節　考訂民間文學

本章第二節已述及元瑞重視民間文學作品，如就其所著莊嶽委談觀之，元瑞所重視者乃作品之考訂，至於技巧之欣賞則略不之及。玆分民間傳說與戲曲文學二小節論之。

一、民間傳說

將民間傳說加以蒐集考訂者，始於明人。蓋明代考據家皆好奇，民間傳說之奇，足以吸引其注意力，進而考其來源、演變等。考據家如：楊愼、王世貞、胡應麟、來斯行之著作皆考及民間傳說，其中以胡應麟最具考證規模。

如就民間傳說之內容分析之，可知每一傳說皆有一故事之「基型」，然後經緣飾附會，漸次發展成熟。成熟後之傳說，常因時空環境之變遷，受到觸發，又有進一步之發展。因此，民間傳說故事之情節內容及其人物，往往難以考究。

明代考據家因不了解民間傳說之特質，遂以考經史、考名物制度、考文字聲韻之方法硏究考訂之。一旦說法紛紜，難以定其是非時，卽斥爲里巷委談，夢中說夢，此卽元瑞亦不能自外。元瑞所考之民間傳說甚多，玆擇較具考證規模之西王母、西施、鍾馗、觀世音、八仙逐條論述之。

㈠西王母：山海經載西王母之傳說云：「西海之南，流沙之濱，赤水之後，黑水之前，有火山名曰崑崙之丘。……有人，戴勝，虎齒，有豹尾，穴處，名曰西王母。」（大荒西經）又云：「玉山是王母所居也，西王母其狀如人，豹尾虎齒而善嘯，蓬髮戴勝，是司天之厲及五殘。」（西山經）此外，竹書紀年虞九年有「西王母來朝。」穆天子傳亦有周穆王執玄圭白璧以見西王母之記載（見本章第五節）。元瑞以山海經乃據竹書紀年、穆天子傳二書之文，詭撰王母之狀，而斥之曰：「山海經偏好語怪，所記人物，率禽獸其形，以駭庸俗，獨王母幸免深文，然猶異之以虎齒，益之以豹尾，甚矣其無稽也。」①如就進化之觀點論之，穆天子傳之西王母，實就山海經記載演化而成，元瑞以穆天子傳之記載斥山海經，實不明傳說演化之理所致。

其次，集仙傳云：「虎齒豹尾，乃王母之使，非眞形也。」正可見民間傳說演化之迹，當時人爲替西王母塑造一清新面目，遂將「虎齒豹尾」轉嫁於王母之使。元瑞不明此理，以爲集仙傳乃因山海經：「三危之山，青鳥居焉，廣圓百里，青鳥主爲王母取食。」「拒巫之山，一曰龜，其南有三青鳥，爲王母取食。」之言而訛，而謂豹尾虎齒，自爲王母本形，三青鳥自爲王母使者，集仙傳既以王母爲女仙，而不得於豹尾虎齒之說，故以三青鳥事當之，皆夢中說夢也②。

既知集仙傳以「虎齒豹尾」轉嫁王母之使，爲西王母傳說演化過程之一，則集仙傳以西王母生於神州，姓侯氏；酉陽雜俎以王母姓楊，名回，字婉妗，皆王母人性化所應有之安排。元瑞所云：「王母西華之氣所化，而侯、楊皆後世姓氏，本無足辨。」③自不明其理所致，實不忍深責矣。

㈡西施：杜牧詩有「西子下姑蘇，一舸逐鴟夷」之句，後人遂以西施隨范蠡而去。楊用修引墨子：「吳起之裂，其功也；西施之沈，其美也。」以爲吳亡後，西施死於水，不從范蠡之一證。用修又檢吳越春秋逸篇：「吳亡後，越浮西施於江，令隨鴟夷以終。」與墨子合，遂以杜牧爲趁筆之誤。陳耀文正楊引陸廣微吳地記云：「嘉興縣一百里，有女兒亭，句踐令范蠡取西施以獻夫差，西施於路與范蠡潛通，三年始達於吳，遂生一子，至此亭，其子一歲能言，因名女兒亭。」又引越絕書：「西施亡吳國後，復歸范蠡，因泛五湖而去。」以證西施隨范蠡說之不誣。王世貞藝苑巵言以耀文所引吳地記，乃小說家言不足爲信。元瑞則先辨女兒亭附會之由來：

越絕書載女陽亭事云，句踐入臣於吳，夫人道中產一女於此亭，句踐勝吳，名亭曰女陽，更就李爲女兒鄉。蓋吳地志卽此事加於范蠡，其訛灼然不待辨，而亦可見西施隨蠡，唐俗已有此談矣。④

元瑞辨西施生子之事，乃由句踐夫人附會而來，又以西施隨范蠡而去，自唐世已有之，皆通達之言。至於當時西施是否隨范蠡而去？元瑞亦辨之，曰：

以余臆蠡之爲人，匪泊然貨色之外者，亡吳之後，成名畏禍，舍其㮣爵阱祿，而載麗冶以適他邦，固其計所必出也。⑤

實則，根據先秦文獻記載，西施非但與吳、越之戰無關，亦與范蠡無涉⑥。首將其與吳、越之戰牽合，並云其隨范蠡而去者，乃東漢末年趙曄之吳越春秋與袁康之越絕書。二書上距春秋時代已千年之久，自不足憑信，趙曄與袁康自是根據當時民間傳說緣飾而成。元瑞等人不明此理，硬定其是非，可謂治絲益棼矣。

㈢鍾馗：唐初，鍾馗之信仰即已流行，然僅零星之記載，宋時記載始加詳⑦。同時沈括已作小考證，謂鍾馗之名起源甚久，非始於唐⑧。明代以後，鍾馗之考證漸多。楊用修丹鉛總錄及元瑞少室山房筆叢所引楊子巵言皆考及鍾馗。前後兩說，大抵以鍾馗乃由「終葵」與「鍾葵」訛變而來。然丹鉛總錄以爲「鍾葵」有辟邪之意，後世因此附會，乃畫鍾葵像於門首以辟邪，其後「鍾葵」訛爲「鍾馗」，鍾馗辟邪之說因此而生。楊子巵言則以爲民間本有神靈執椎擊鬼之圖，因神像所執之「椎」，齊地方言名之曰「終葵」，後人由「終葵」而「鍾馗」，遂以「鍾馗能啖鬼」。兩說不同，似相矛盾⑨。元瑞引述楊子巵言後，又引陳士元之說，惟亦無積極之見解。其後元瑞始自作考證，玆節錄其說如左：

(1)鍾馗之名，當起於六朝，蓋習俗相傳，鬼神名號，因有不可致詰者，必求其人出處以實之，非穿鑿則附會耳。

(2)鍾馗之說，自六朝之前已有之，流傳執鬼，非一日矣。堯暄之本名鍾葵，宗氏之妹名鍾馗，皆即以鬼神爲名，故暄名鍾葵而字辟邪者，即取鍾馗能驅邪辟耗之意。後人既不得鍾馗出處，見暄名鍾葵，又有辟邪之字，世人反以鍾馗出於此，豈不乖舛哉！

(3)續讀龍舒淨土文，有唐人張鍾馗，蓋亦借鬼神爲名，若堯暄及宗慤妹，彼此互證，益信余所見不誣⑩。

元瑞於鍾馗之起源，實未作考證，惟以魏暄本名鍾葵，字辟邪；宗氏女名鍾馗；唐人張鍾馗，皆因鬼神命名，後人反以鍾馗傳說之出於此，而辨其乖舛，實有澄清附會之功，於鍾馗故事演變之探討，則頗有助益。

㈣觀世音：考觀世音者皆考其性別問題。蓋自宋、元以來，觀世音皆作女身。元瑞所輯觀音大士慈容五十三現象贊一書，五十三觀音像類皆作女身⑪，則元瑞所云：「今塑畫觀音像，無不作婦人者」⑫，乃當時實錄也。然元瑞據前代文獻資料，則以爲觀音絕不聞有婦人稱，元瑞舉證云：

(1)余考法苑珠林、宣驗、冥祥等記，觀世音顯迹六朝至衆，其相或菩薩、或沙門、或道流，絕無一作婦人者。

(2)唐、宋名手寫觀音像極多，俱不云婦人服，李廌、董逌畫跋，所載諸觀音像亦然。

(3)太平廣記載一仕宦妻爲神攝，因作觀音像，其妻尋夢一僧救之得甦⑬。

據此，元瑞以爲唐以前之觀音塑像，固不作婦人也。按元瑞所考大抵可信。觀世音之性別，可由語源學與佛典記載證之。印度古代語言梵語與巴利語，於男性、女性及中性均分別甚嚴，觀世音之原名Aval-okiteśvara，爲男性單數名詞⑭，此爲觀世音本男身之一證。此外，劉宋曇無竭譯觀世音菩薩授記經云：

佛告華德藏，西方過此億百千剎，有世界名安樂，其國有佛，號阿彌陀如來應供正遍知，今現在說法，彼有菩薩，一名觀世音，二名得大勢。……爾時觀世音及得大勢菩薩摩訶薩，白佛言世尊，我等欲詣娑婆世界，禮拜供養釋迦牟尼佛，聽其說法。佛言，善男子，宜知是時⑮。

阿彌陀佛稱觀世音及得大勢爲「善男子」，則觀世音本爲男性無疑。此外，唐不空譯之大方廣曼殊室利經亦云：

爾時世尊復徧觀察淨居天宮，告觀白在菩薩摩訶薩言，善哉善哉，善男子，汝態愍念多衆生⑯。

觀自在菩薩，即觀世音菩薩。此亦可證觀世音爲男身。且今日西藏之喇嘛廟及華北之寺院所供奉之觀音，仍是男性，此亦佐證之一⑰。至於何時始變爲女身？元瑞引壽涯禪師詠魚籃觀音云：

深願弘慈無縫罅，乘時走入衆生界，窈窕豐姿都沒賽，提魚賣，堪笑馬郎來納敗，清冷露溼金襴壞，茜裙不把珠瓔蓋，特地掀來呈捏怪，牽人愛，還盡許多菩薩債⑱。

又云：

宋人小說載南渡甄龍友題觀世音像云：「巧笑倩兮，美目盼兮，彼美人兮，西方之人兮。」⑲

元瑞據此以爲宋人所塑觀音像，已譌爲女身。然據趙翼陔餘叢考以爲南北史中有觀音爲女身之記載⑳，則南北朝時觀音或已有作女身者，惟不普遍耳。至宋、元以後則皆作女身矣。

㈤八仙：今人以漢鍾離、張果老、韓湘子、鐵拐李、曹國舅、呂洞賓、藍采和、何仙姑等人爲八仙，似起於元代。王世貞題八仙圖後云：

八仙者，鍾離、李、呂、張、藍、韓、曹、何也。不知其會所由起，亦不知其畫所由始，余所覩仙跡及圖史亦詳矣。凡元以前無一筆。而近如冷起敬、吳偉、杜董，稍有名者，亦未嘗及之，或庸妄畫工，合委巷叢俚之談，以是八公者，老則張，少則藍、韓，將則鍾離，書生則呂，貴則曹，病則李，婦女則何，爲各據一端，作滑稽觀耶！八公可考者七，獨李公者，諸方外稗官皆不載㉑。

此爲考今傳八仙之第一篇文字。元瑞亦以爲前代畫史若七賢過關、四皓奕棋等淺誕不根之圖甚衆，獨不聞有八仙，而斷以爲起於元代㉒。

然八仙之名，其源則甚古。晉譙秀以容成公、李耳、董仲舒、張道陵、莊君平、李八百、范長生、爾朱先生等八人爲蜀八仙。唐時，李白、賀知章、崔宗之等人稱八仙之遊，杜甫遂有飲中八仙歌之作，然皆與今之八仙無涉㉓。至通志有八仙圖，又有八仙傳一卷，云唐江積撰。此所云之八仙，亦非今之八仙，元瑞云：

> 太平廣記收神仙類事迹殆盡，而鍾、呂顯著若斯，絕不見采，幷唐諸小說亦罕談及。則唐人所謂八仙傳者，決非鍾、呂之儔，明矣。㉔

至於題唐施肩吾撰之鍾呂傳道記，元瑞亦以爲後人僞造，其說曰：

> 肩吾，晚唐詩人，素不聞其有道術，而宋初編太平御覽，蒐唐以前小說殆遍，獨無所謂鍾呂傳道記者，蓋必宋世方士譌撰，託名唐人耳。且呂一律見於鼓吹，鍾二絕見於延之、昌父所收，而唐人所自選集皆無之，恐俱不足爲憑也㉕。

此證演述漢鍾離、呂洞賓事迹之鍾呂傳道記，或爲宋人所僞造。則唐八仙傳非今之八仙亦已明矣。元人雜劇，如：馬致遠之岳陽樓、范子安之竹葉船、谷子敬之城南柳所舉稱八仙，爲漢鍾離、張果老、韓湘子、鐵拐李、曹國舅、呂洞賓、藍采和、徐仙翁八人，並無何仙姑。至元人慶壽詞，則以何仙姑取代徐仙翁，即今傳之八仙。

然徐仙翁與今傳之八仙，實始於唐、宋之間，元瑞曾考諸仙之來歷云：

(1)張果老在諸人中最先進，明皇時顯迹甚著，葉法善以爲混沌初分白蝙蝠精。

(2)鍾離權、呂巖，俱唐中晚人，鍾有二絕，呂有一律，見唐諸選中。

(3)藍采和亦唐人，有踏踏歌，見沈汾續神仙傳，以常衣藍袍故名。

(4)韓湘，文公之姪，昌黎實贈以詩。賈島亦有詩寄湘，皆不言其道術，獨酉陽雜俎記文公吏侍日，偶江淮一族子訪之，自云善幻。文公令試其技，頃刻開異花，有雲橫秦嶺一聯，乃錄文公舊作，非預兆，且非湘也。

(5)何仙姑見純陽文，宋人雜說以爲不飲食無漏。

(6)徐神翁，宣和間海陵人，見三仙傳頗詳。㉖

其餘鐵拐李、曹國舅，元瑞未及深考。由此可知，八仙實醞釀於唐、宋之間，定型於元人之慶壽詞，此後幾奪一切神仙之席，爲民間信仰之中心矣。

二、戲曲文學

吾國戲曲源於古代巫覡之宗教歌舞，春秋戰國時始為倡優侏儒所取代。漢時有角抵戲，魏、晉有參軍戲，北朝有代面、踏搖娘、撥頭等，李唐本之前代，然以參軍戲最為流行。宋代之雜劇有滑稽戲、歌舞戲、講唱戲三大類。金時有諸宮調、元時北方之雜劇興起，明初，源於南宋末年之南曲戲文，蔚為大國，即所謂之傳奇。此明以前吾國戲曲發展之大較也。

戲劇既源出於倡優侏儒，其初又僅止於娛樂之用。故自宋以來，雖已蔚為一新興之文學體制，然考究之者仍甚少。明代以來始有朱權之太和正音譜、魏良輔曲律、王驥德曲律、何良俊四友齋曲說、徐渭南詞敘錄、胡應麟莊嶽委談等。各書或論體制，或詳流派，或講聲律，或敘作法，繁簡不一。元瑞之書雖為短篇札記，然於傳奇名稱之演變，戲曲角色與本事，皆略有考訂。茲分述如左：

㈠考傳奇名稱之演變：傳奇二字，初用以指稱唐人小說，此後其義代有不同。宋、金時指諸宮調，元代又用以指雜劇，明代則為南戲之通稱。元瑞嘗溯其源云：

唐所謂傳奇，自是小說書名，裴鉶所撰，中如藍橋等記，詩詞家至今用之，然什九妖妄寓言也。裴，晚唐人，高駢幕客，以駢好神仙，故撰此以惑之。其書頗事藻繪，而體氣俳弱，蓋晚唐文類爾，然中絕無歌曲樂府。㉗

可見傳奇一名，本為裴鉶所撰小說之書名，後始由專名變為通名，以稱唐人小說。至宋、金，則用以稱諸宮調。元時更以之稱雜劇。如鍾嗣成錄鬼簿云：「前輩已死名公才人，有所編傳奇行於世者。」㉘此所謂傳奇，乃指雜劇而言。至於以南戲爲傳奇，則見於永樂大典之宦門子弟錯立身戲文中㉙。該戲文，學者公認爲元代作品，則元代時已以傳奇爲南戲之別稱。元末明初高明之琵琶記副末開場云：「論傳奇，樂人易，動人難。」亦已自稱南戲爲傳奇。然傳奇之名大盛，以之與雜劇對舉，當屬明嘉靖以後之事㉚。所以以傳奇一名稱戲曲，元瑞曾云：

若今所謂戲劇者，何得以傳奇爲唐名？或其中事跡相類，後人取爲戲劇張本，因展轉爲此稱不可知。㉛

元瑞以後代戲劇之事迹，取自傳奇小說，因沿用其名。此說最爲通達。蓋金、元以來之戲劇。如金董解元之西廂記，取自唐元稹之鶯鶯傳；元尚仲賢之柳毅傳書，取自唐李朝威之柳毅傳；石君寶之曲江池，取自白行簡之李娃傳；明薛近兗之繡襦記，亦取自李娃傳；湯顯祖之南柯記，取自唐李公佐之南柯太守傳；紫釵記取自唐蔣防之霍小玉傳等皆是。金、元以來之戲曲，既取材於唐人小說，則借其名以爲戲曲之名，亦未嘗不可矣！

此外傳奇亦是文體之名，凡故事情節委婉動人者，皆可云具有傳奇性。唐人小說以其故事委婉動人，故謂之傳奇。金、元以來之戲曲，旨在娛樂民衆，故事自以委婉動人爲尚。故就其富有傳奇性而稱爲傳奇，亦無不可。此爲元瑞所不及，玆一併及之。

㈡考戲曲脚色：脚色之名，唐時只有參軍、蒼鶻，至宋而其名稍繁，宋吳自牧夢粱錄云：「雜劇中，末泥爲長，每一場四人或五人，……末尼色主張，引戲色分付，副淨色發喬，副末色打諢，或添一人色曰裝孤。」㉜則宋雜劇脚色已有末泥、引戲、副淨、副末、裝孤等五種。元之院本，卽宋雜劇之異名而已。陶宗儀輟耕錄云元院本止五人，故有五花之目。元瑞曾引之云：

1. 副淨，卽古之參軍也。
2. 副末，又曰蒼鶻。蒼鶻可擊群鳥。猶副末可打副淨。
3. 引戲。㉝
4. 末泥。
5. 孤裝。㉞

此正與夢粱錄所云相合，足見宋雜劇與元院本乃同實異名之物。元瑞又引周密武林舊事乾淳敎坊樂部，雜劇三甲，每一甲有八人者，有五人者，八人者有戲頭、引戲、次淨、副末、裝旦。五人者，第有前四色，而無裝旦，此與輟耕錄不同者，爲有戲頭而無末泥，有裝旦無裝孤，副淨謂之次淨而已。

至元所謂雜劇，則與宋之雜劇同名異實。此種新雜劇，出自北方大都，體例與宋雜劇、元院本，迥然不同。就脚色言之，元雜劇之旦脚人數最夥。前引周密武林舊事已有裝旦之目。然所謂裝旦，卽裝扮爲女人，自不可省稱爲旦。且夢粱錄之雜劇腳色及輟耕錄之院本腳色，並無旦脚之名，可見當時尚非常見之腳色。至元雜劇，則旦腳特多。元瑞云：

元雜劇旦有數色，所謂裝旦，卽今正旦也；小旦卽今副旦也；以墨點破其面，謂之花旦。今惟淨丑爲之，而元時名妓，咸以此取稱。乂妓李嬌兒爲溫柔旦，張奔兒爲風流旦，蓋勝國雜劇，裝旦多婦人爲之也㉟。

實則，旦之名目固不止此也。考之現存元雜劇，有正旦、副旦、貼旦、外旦、大旦、小旦、老旦、花旦、色旦、搽旦、旦倈等。其中，正旦爲女主角，其餘各色爲其支派。

至於元雜劇中之男主角稱正末，其支派有副末、冲末、外末、小末、二末等。至明傳奇，正末始改稱「生」。元瑞所見西廂記有稱張珙爲生者，其說曰：

> 元雜劇中，末卽今戲文（傳奇）中生也。考鄭德輝倩女、關漢卿竇娥，皆以末爲生。今西廂記以張珙爲生，當是國初所改，或元末琵琶等南戲出，而易此名。觀關氏所撰諸雜劇緋衣夢等，悉不立生名，他可例矣㊱。

今傳弘治刋本奇妙全相注釋西廂記，於對白皆作「末曰」；各曲牌下則加「生唱」二字，此殆爲明人所加，非西廂記之舊也。元瑞以明人改西廂記之「末」爲「生」，以此例之，殆是也。

至於戲曲脚色命名之故，古人究之者尠，元瑞嘗略加申述云：

> 曲欲熟而命以生也，婦宜夜而命以旦也，開場始事而命以末也，塗汚不潔而命以淨也：凡此咸以顚倒其名也㊲。

元瑞以脚色之命名，乃取相反爲義，然朱權太和正音譜云：「當場之妓曰狚。狚，猿之雌也，其性好淫，俗呼旦，非也。」㊳則旦本狚之訛。又王國維以淨卽參軍之促音，參與淨爲雙聲，軍與淨爲疊韻㊴。準此而言，且、淨似皆非取相反爲義。其餘各腳色亦可例之矣。則元瑞之所云云，實非深思之言也。

(二)考戲曲本事：戲曲之作，固多謬悠之說，然亦非完全出於作者一己之冥想，往往於有意無意中，依據史册典籍，或掇拾民間傳說，或假託增新，或借題翻案，以至取眼前見聞所及之奇事異聞，分析組合，隨手點竄而成。則其中人物事實，固其來有自矣。

若能考諸劇本事之來源，辨析其同異，則不惟可增加讀者欣賞之興趣，更可窺見作者剪裁穿插，處理劇情之苦心。此所以明、清以來論戲曲者，皆詳其本事之故也。元瑞所考戲曲本事雖不多，然開榛闢莽，實有啟導後人之功。

1董解元西廂記諸宮調：本劇演張生、崔鶯鶯離合事，後人以爲董氏本之唐元稹之鶯鶯傳。元瑞亦云：「董氏傳奇，稱崔氏孀婦寓僧寺，河中兵亂，杜確弭之，張生、紅娘等，於鶯傳悉合。」然獨鄭恒不可曉，元瑞遂疑董氏別有所本，引唐雜說柳參軍傳云：

柳春日遊曲江，邂逅崔氏女，目成焉，崔母王姓，舅爲執金吾，他日金吾訪崔母，欲令子娶崔女，女不樂，潛遣青衣輕紅，往薦福寺僧院，達意於生，生喜卽納聘，私挈歸，金吾不知，以爲子盜之，笞之數十，既崔母亡，柳夫婦來赴，金吾子見之，因訟於官，崔女卒歸王氏㊵。

以爲「此不知與微之孰先，女皆崔姓，婢皆紅，皆期僧寺中。……特王、柳二姓差異。」按：柳參軍傳見太平廣記卷三四二，注云出乾𦠆子。乾𦠆子爲晚唐溫庭筠所撰。其時代實後於微之之鶯鶯傳。元瑞云：「不知與微之孰先」，實失之未考。今按董西廂之情節，與微之鶯鶯傳較近似，董氏實據鶯鶯傳推演而成，元瑞所疑非是也。

2. 關漢卿單刀會：本劇演魯肅設計索取荆州，關羽單刀赴會事。元瑞引吳志魯肅傳云：

先主使關羽爭三郡。肅住益陽，與羽相拒。肅邀羽相見，各駐兵馬百步上，但請將軍單刀俱會。肅因責數羽曰：「國家區區本以土地借卿家者，卿家軍敗遠來，無以爲資故也。今已得益州，既無奉還之意，但求三郡，又不從命。」語未究竟，坐有一人曰：「夫土地者惟德所在耳，何常之有？」肅厲聲呵之，辭色甚切，羽操刀起，謂曰：「此自國家事，是人何知！」目使之去㊶。

以爲單刀會雜劇本此。元瑞所考是也。

3. 鄭光祖倩女離魂：本劇演張倩女生魂離體，往覓其未婚夫王文舉事。元瑞云：

倩女離魂事，亦出唐人小說，雖怪甚，然六朝所記此類甚多㊷。

元瑞所謂出唐人小說，蓋指陳玄祐之離魂記。太平廣記卷三五八，有題爲「王宙」者，文末注出離魂記。元瑞蓋由此知之。離魂事至爲怪誕，然古今豔稱，太平廣記所錄幽明錄之龐阿，靈怪錄之鄭生，獨異記之韋隱㊸，亦皆述離魂事，元瑞所云「六朝所記此類甚多」，蓋即指此。

4. 高明琵琶記：本劇演蔡中郎上京應考棄妻趙貞女不顧之故事。元瑞以爲劇中以蔡邕爲牛丞相之壻，莫知所本，後見太平廣記卷四九八雜錄所引玉泉子云：

鄧敞初比隨計，以孤寒不中第，牛蔚兄弟僧孺子，有氣力且富於財，謂敞曰：「吾有女弟，子能婚，當相爲展力，寧一第耶。」時敞已婿李氏矣，其父嘗爲福建從事，有女二人皆善書，敞行卷多其筆跡。顧己寒賤，未必能致騰踔，私利其言，許之。既登第，就牛氏親，不日敞挈牛氏歸，將及家，紿之曰：「吾久不至家，請先往俟卿，洎到家，不敢洩其事。明日，牛氏奴驅輜囊直入，卽出牛氏居常玩好幞帳雜物，列庭廡間。李氏驚曰：「此何爲者？」奴曰：「夫人將到，令某陳之。」李氏曰：「吾敞妻也，又何夫人焉？」卽撫膺大哭。牛氏至，知其賣己，請見曰：「吾父爲宰相，兄弟皆在郎省，縱嫌不能富貴，豈無一嫁處耶？其不幸豈唯夫人，今願一與共之。」李感其言，卒同處終身㊹。

元瑞遂以爲高明所謂牛相卽牛僧孺，且鄧生登第再婚事皆與劇中事相符，僅姓氏稍異而已。然元瑞又引王世貞藝苑卮言云：

高則誠琵琶記，其意欲以譏當時一士大夫，而託名蔡伯喈，不知其說。偶閱說郛所載唐人小說，牛相國僧孺之子繁，與同人蔡生，邂逅文字交，尋同舉進士，才蔡生，欲以女弟適之，蔡已有妻趙矣。力辭不得，後牛氏與趙處，能卑順自將。蔡氏至節度副使，其姓氏相同，一至於此，則誠何不直舉其人，而顧誣衊賢者耶！㊺

元瑞以爲卮言所引二姓悉合，則誠之說或據此。第僧孺之女，則未審竟適何人耳。然僧孺二子，一曰蔚、一曰叢。俱節度至尚書，蔚子徽，叢子嶠亦顯，而絕無所謂繁者，恐說郛所載，未必如廣記之實也㊻。按元瑞之意，以爲廣記所載鄧敞之事較爲可信。

實則琵琶記故事之由來，當起於唐代。宋、元之際，取而入戲劇。蓋唐時已辦科舉，公卿之家每於科舉中擇選新婿，而出自寒門，平步青雲之新科狀元，遂拋棄糟糠，另結權貴，自此負心郎多矣。太平廣記之鄧敞及說郛之蔡生皆是也。其後此類故事見於戲劇者有王魁負桂英、張協狀元、趙貞女蔡二郎等。琵琶記蓋據趙貞女蔡二郎一劇演述而成。元瑞拘泥於太平廣記之說，實非是㊼。

5. 繡襦記：題明徐霖撰，實爲明薛近兗撰。本劇演鄭元和與李娃悲歡離合之故事。元瑞云：

> 繡襦記事出唐人李娃傳，皆據舊文，第傳止稱其父滎陽公，而鄭子無名字，後人增益之耳㊽。

按譜李娃傳者，前有元高文秀之打瓦罐、石君寶之曲江池，及明周憲王之曲江池等雜劇。薛近兗繡襦記傳奇。則敷演情節最詳。元瑞云繡襦記事出李娃傳，是也。然其關目有取自周憲王曲江池者，此點元瑞似未顧及。

6. 董永：元瑞云：

> 今傳奇有所謂董永者，詞極鄙陋，而其事實本搜神記，非杜撰也。記稱永父亡，亡以葬，乃自賣爲奴，主知其賢，與錢千萬遣之，永行三年喪畢，欲還詣主供奴職，道逢一婦人，曰：「願爲君妻。」遂與俱至主家，曰：「永雖小人，蒙君恩德，誓當服勤以報。」主曰：「婦人何能。」曰：「能織。」主曰：「必爾者，但令君婦爲我織縑百匹。」於是永妻織十日而百匹具焉㊾。

元瑞以爲董永之故事，當起於六朝以前，或晉或魏時。元瑞所謂傳奇董永，似指嘉靖間顧覺宇之織錦記，曲海總目提要云：「一名天仙記。」㊿今此劇已亡。惟據提要所述該劇故事內容，實就搜神記演述而成。元瑞以董永故事出於六代以前，應屬可信。

附注

①胡應麟，「三墳補逸」，卷下，頁四五一。

②胡應麟，「莊嶽委談」，卷上，頁五三六。

③同注②。

④胡應麟，「藝林學山」，卷七，頁三二六。

⑤同注④。

⑥管子小稱篇：「毛嬙，西施，天下之美人也。盛怒氣於西，不能以爲好。」莊子：「西施病心而顰，其里之醜人見而美之，歸而捧心。」孟子：「西子蒙不潔，則人皆掩鼻而過之。」愼子：「毛嬙、西施，天下之至姣也。」墨子親士篇：「孟賁之殺，其勇也；西施之沈，其美也。」皆不云與吳越故事有關。國語越語：「（句踐使文種行成於吳）曰：『……寡君之師徒，不足以辱君矣！願以金玉子女，賂君之辱，請句踐女女於王，大夫女女於大夫，士女女於士。』」又云：「越人飾美女八人，納之太宰嚭，曰：『子苟赦越國之罪，又有美於此者，將進之。』」雖道及美女，亦不云西施。

⑦見胡萬川，「鍾馗神話與小說之研究」（台北市，文史哲出版社，民國六十九年），頁一一一—一一四。

⑧沈括，「夢溪筆談」（台北市，鼎文書局，民國六十六年），頁三二一。

⑨同注⑦，頁三三—三四。

⑩胡應麟，「藝林學山」，卷四，頁二九三—二九五。

⑪作男身者僅三、二〇、四三、四九、五一等五圖。詳見胡應麟編，「觀音大士慈容五十三現象贊」（台北市，佛教出版社，民國六十七年）。

⑫胡應麟，「莊嶽委談」，卷上，頁五三七。

⑬同注⑫。

⑭見後滕大用著，黃佳馨譯，「觀世音菩薩本事」（台北市，天華出版公司，民國七十一年），第九章觀音爲男性抑女性，頁八四—八五。

⑮見「大藏經」（台北市，新文豐出版公司，民國六十四年），冊一二，頁三五三—三五四。

⑯同注⑮，冊二〇，頁四五〇。

⑰張沅長，「觀音大士變性記」，見「聯合報」副刊，民國六十九年一月十五日。

⑱同注⑫。

⑲同注⑫。

⑳趙翼，「陔餘叢考」（台北市，世界書局，民國四十九年），卷三四，頁一九，觀音像條云：「北史齊武成帝酒色過度，病發，自云初見空中有五色物，稍近，成一美婦人，食頃，變爲觀世音，徐之才療之而愈。由美婦人而漸變爲觀世音，則觀世音之爲女像可知。又南史陳後主皇后沈氏，陳亡後入隋，隋亡後，過江至毘陵天靜寺爲尼，名觀音皇后。爲尼不以他名，而以觀音爲名，則觀音之爲女像，益可知也。皆見於正史者，則六朝時觀

音已作女像。」

㉑王世貞，「弇州山人四部續稿」（台北縣，文海出版社，民國五十九年），卷一七一，頁八。

㉒同注⑫，頁五四〇。

㉓見浦江清，「八仙考」，「清華學報」，十一卷一期（民國二十五年一月），頁八九－一三六。

㉔同注⑫，頁五四〇－一。

㉕同注⑫，頁五四一。

㉖同注⑫，頁五四〇。

㉗同注⑫，頁五五五。

㉘「錄鬼簿」，卷上，頁一〇四。見楊家駱主編，「歷代詩史長編二輯」（台北市，鼎文書局，民國六十三年），冊二。

㉙「宦門子弟錯立身」，第五出，賞花時云：「閑話且休提，你把這時行的傳奇，你從頭與我再溫習。」那吒令云：「這一本傳奇，是周孛太尉；這一本傳奇，是崔護覓水；這一本傳奇，是秋胡戲妻。」此所謂傳奇，指南戲而言。詳見錢南揚，「永樂大典戲文三種校注」（台北市，華正書局，民國六十九年），頁二三一。

㉚明呂天成，「曲品」，卷上，頁二〇九，云：「自習伶人傳習，樂府遞興。爨段初翻，院本繼出；金、元創名雜劇，國初演作傳奇。雜劇北音，傳奇南調。雜劇折惟四，唱止一人；傳奇折數多，唱必勻派。雜劇但摭一事顚末，其境促；傳奇備述一人始終，其味長。無雜劇則孰開傳奇之門？非傳奇則未暢雜劇之趣也。傳奇既盛，

雜劇寖衰。」見楊家駱主編，「歷代詩史長編二輯」，冊六。呂天成爲萬曆間人，可見此時以雜劇、傳奇對擧，已習焉自然之事。

㉛同注⑫，頁五五五。

㉜「夢粱錄」，卷二〇，頁四。見「筆記小說大觀二十一編」（台北市，新興書局，民國六十七年），冊二，頁一一七七。

㉝胡應麟引用時，脫「一日引戲」一條，茲據「輟耕錄」補。

㉞見陶宗儀，「輟耕錄」（台北市，世界書局，民國五十二年），卷二五，頁三六六。

㉟同注⑫，頁五五七。

㊱同注⑫，頁五五八。

㊲同注⑫，頁五五六。

㊳「太和正音譜」，頁五三。見楊家駱主編，「歷代詩史長編二輯」，冊三。

㊴王國維，「古劇腳色考」，見「王觀堂先生全集」（台北市，文華出版公司，民國五十七年），冊十五，頁六六六六。

㊵同注⑫，頁五六〇。

㊶同注⑫，頁五六六。

㊷同注⑫，頁五六一。

㊸見「太平廣記」(台北市，文史哲出版社，民國六十七年)，册四，卷三五八，頁二八三〇－二八三四。

㊹同注⑫，頁五五九。

㊺同注⑫，頁五六〇。

㊻同注㊺。

㊼見張棣華，「琵琶記考述」(台北市，正中書局，民國五十五年)，頁七四－五。

㊽同注⑫，頁五六七。

㊾同注⑫，頁五六五。

㊿董康等，「曲海總目提要」(台北市，新興書局，民國五十六年)，册二，頁一一九〇。

第七節　考據工作之缺失

元瑞考據工作之缺失，本章第三節已論及四部正譌之缺點數則，第五節亦論及其以今本竹書爲原本竹書之非及以逸周書出於汲冢之不當。第六節論其考民間文學，於考民間傳說與戲曲之訛誤，亦嘗隨文指陳。又周嬰卮林卷八至卷十爲諗胡，駁正元瑞訛誤處甚多，爲敍述方便，將於本書第九章論之。以上諸事，本節皆不再贅述。

此外，四庫提要於少室山房筆叢所收諸書之疏失，臚列十數則，雖間有誤指者①，然大抵中肯可採。本節參酌四庫提要及諸家所述，益以一己所得，略述元瑞之疏失。

一、引資料欠謹慎者

考據工作旨在實事求是，故於資料之引用應特爲謹愼。此亦元瑞所知曉者也。然考據之事甚爲繁瑣，偶而失檢在所不免，此處所擧諸小缺失，非有意彰顯元瑞之過，實爲從事玆業者愓厲之用也。

㈠轉引資料不明言：元瑞所引諸書，有取自前人類書、簿錄者，率皆不明言其出處。如四部正譌引周氏涉筆三處：

⑴辨六韜云：「周氏涉筆幷太公疑焉，則過。」

(2)辨鶡冠子云：「周氏涉筆在疑信間。」

(3)辨燕丹子云：「周氏涉筆謂太史荆軻傳本此。」②

周氏涉筆古今各書目皆罕見著錄，僅文獻通考經籍考引用數條，元瑞所引俱見通考中。此必元瑞轉引自該書者，而竟未明言。

(二)引年代、卷數之誤：三墳補逸所引竹書紀年與周書年代、卷數，頗有訛誤者，如：

1.引竹書紀年：「帝辛二十二年，諸侯朝周，伯夷自孤竹歸於周。」③按：二十二年，應作二十一年。

2.引竹書紀年：「厲王七年，初監謗，芮伯良夫戒百官於朝。」④按：七年，應作八年。

3.引周書云祭公、史記二篇見第九卷⑤。按：二篇實見於第八卷，云九卷者，誤也。

(三)隨意刪節引文：此爲古人引書之通病。蓋古書檢閱不便，單憑記憶，必有訛脫；且往昔無所謂論文格式，引用前人之文，未有準繩可循，學者皆依己意隨意刪略引文。

1.丹鉛新錄引米芾書史云：「楊凝式書，王荆公嘗學之，余與語及此。公大賞歎，曰：無人知之，其後與余書簡皆此類字。」⑥按：「余與語及此」一句，原文作「余始識荆公於鍾山，語及此。」⑦元瑞妄加刪略，文意遂晦而不彰矣。

2.雙樹幻鈔引釋惠洪林間錄云：「祁公與文定致政居睢陽，祁公勁正，每笑安道佞佛，有朱承事以醫游二老間，一日祁公呼朱切脈，朱辭以看楞嚴，久之乃至，祁公責之曰：『聖人微言，無出孔孟，何楞嚴爲？』朱曰：『以某觀之，此經似過孔孟矣。』公取閱，大驚曰：『世間何從有此。』云云。」⑧按林間錄原文如左：

杜祁公、張文定皆致政居睢陽，里巷相往來。有朱承事者，以醫藥游二老之間。祁公勁正，未嘗雜學，每笑安道佞佛，對賓客，必以此嘲之，文定但笑而已。朱承事乘間謂文定曰：「杜公天下偉人，惜未知此事，公有力，盍不勸發之。」文定曰：「君與此老緣熟勝我，我止能助之耳。」朱譽隮而去。一日，祁公呼朱切脈，甚急，朱謂使者曰：「汝先往白相公，但云看首楞嚴未了。」使者如所告，馳白，祁公默然久之，乃至隱几揖令坐，徐曰：「老夫以君疏通解事，不意近亦例闒茸，如所謂楞嚴者，何等語乃爾躭著。聖人微言，無出孔孟，捨此而取彼，是大惑也。」朱曰：「相公未讀此經，何以知不及孔孟，以某觀之，似過之也。」袖中出其首卷曰：「相公試閱之。」祁公熟視朱，不得已乃取默看，不覺終軸，忽起大驚曰：「世間何從有此書耶！」⑨

由此可知，元瑞引文刪略甚多。原文之委婉曲折，亦不可復見矣。其他引文經刪略者甚多，玆不具舉。且元瑞又未注明所引者爲節略之文，後人不知其情，以爲所引者乃全文，則誤事矣。

二、論證訛誤者

元瑞筆叢所收諸書，因行文疏忽，或論證輕率而訛誤者，爲數不少，玆舉例述之如左：

1.經籍會通云：「書目第記書名卷軸，概不能廣，唐群書四錄，乃至二百餘卷，何以浩繁若此，蓋各書之下，必有論列，若歆、向所編者，宋王堯臣總目六十六卷亦然。然但經、史二部，子集則闕如也。董逌廣川書跋，則又特主說經而已。」⑩所述王堯臣總目與董逌書跋二事皆誤，玆辨之如左：

元瑞謂崇文總目但論列經史，子集闕如，此蓋據歐陽脩全集而言。然歐集所存崇文總目敍釋，除經、史二類外，子類有儒、道、法、名、墨、縱橫、雜、農、小說、兵諸類敍十篇⑪。此可證元瑞之言不確。

元瑞又謂董逌廣川書跋惟以說經爲主。此蓋據陳振孫直齋書錄解題。解題廣川藏書志二十六卷云：「徽猷閣待制董逌彥遠撰。以其家藏書考其本末而爲之論說，及於諸子而止。蓋其本意專爲經設也。」⑫然解題所云爲廣川藏書志，非廣川書跋也。

2.經籍會通引王應麟困學紀聞：「漢七略所錄，若齊論之問王、知道，孟子之外書四篇，今皆亡傳。」（卷三，頁三八）足見元瑞知孟子七篇外，另有外書四篇，內外書合之爲十一篇。然元瑞於下文述顏子三卷後云：「孟子史稱七篇，明甚，而漢志十一篇，蓋七字誤分爲二也。」⑬四庫提要譏之云：「前已引困學紀聞稱孟子外書四篇，以四合七，非十一而何？何隔兩頁而自矛盾也？」⑭

3.經籍會通云：「先孔氏而著書者，黃帝史孔甲盤盂二十六篇，漢志居雜家首，非陳孔甲也。」⑮按：漢志中依託上古帝王、大臣而著書者多矣，如道家伊尹五十一篇、太公二百三十七篇等不勝枚擧，此皆先於孔氏，不獨孔甲盤盂二十六篇也。且孔甲條下云：「黃帝之史，或曰夏帝孔甲，似皆非。」已明言僞託，元瑞何以竟信之？

4.經籍會通謂先秦子書之名，有甚奇怪者，其中錄有兒子一篇⑯。四庫提要駁之云：「兒，古倪字；故倪寬史亦作兒寬，倪子名書，亦猶孫子、吳子，何奇怪之有也。」⑰

5.九流緒論云：「墨氏之學，世以自翟倡之，然劉氏七略有尹佚二篇，注成、康時人，則遠在翟前，豈墨亦有所自耶！」⑱按：呂氏春秋當染篇云：「魯惠公使宰讓請郊廟之禮於天子，桓王使史角往，惠公止之，其後在於魯，墨子學焉。」所謂「其後在於魯」，指史角之後居魯國也。則墨子之學出於史角之後，古書已明言之矣。元瑞疑其有所承，實疑其所不當疑也。

6.九流緒論云：「漢藝文志及隋、唐，俱無孔叢子，至宋中興書目始著錄，故前輩往往疑之。」⑲按：隋志經部論語類著錄孔叢七卷，何云不載？

7.雙樹幻鈔云：「洪覺範林間錄，五燈會元多采之，然其中率不可信，如謂杜祁公、張文定，同居睢陽之類，前人辨駁已明。又載杜公呼文定字爲安道，安道乃方平字，非文定也。則此事之誣灼然，然亦非無因者，蓋本捫蝨新話而潤飾之。」⑳根據陳垣先生考證，宋有兩張文定：

(1)張齊賢，字師亮，諡文定，大中祥符七年卒，年七十二。（見宋史卷二六五，琬琰集刪存、五朝名臣言行錄卷一）

(2)張方平，字安道，諡文定。（見宋史卷三一八、東坡後集十七墓誌銘、三朝名臣言行錄卷三）

兩文定相距七十餘年。元瑞謂安道非文定，然則其心目中之文定，殆指張齊賢耶？

元瑞又以洪覺範林間錄之說乃本之捫蝨新話。不知林間錄撰於徽宗大觀元年（一一〇七）；捫蝨新

話撰於紹興十九年（一一四九），後出四十餘年，林間錄何由本之？㉑

附注

①胡應麟，「經籍會通」，卷四，引陸深河汾燕間錄云：「開皇十三年敕廢像遺經悉令雕版，此印書之始。」元瑞駁之，以爲印書始於唐中葉。「四庫提要」竟以陸河汾之言爲元瑞之言而駁斥之，實失之不考。見「四庫提要」（台北縣，藝文印書館，民國五十八年），卷一二三，子部雜家類七，頁二八，少室山房筆叢正集三十二卷續集十六卷提要。

②以上三條見胡應麟，「四部正譌」（台北市，臺灣開明書店，民國五十五年），頁三二、三八、六一。

③胡應麟，「三墳補逸」，卷上，頁四三六。

④同注③，頁四三八。

⑤同注③，卷下，頁四四四。

⑥胡應麟，「丹鉛新錄」，卷二，頁九四。

⑦見米芾，「書史」（台北市，臺灣商務印書館，民國五十四年，叢書集成簡編本），頁一七。

⑧胡應麟，「雙樹幻鈔」，卷下，頁六五三。

⑨釋惠洪，「林間錄」，卷下，頁一｜二。見「四庫全書珍本六集」（台北市，臺灣商務印書館，民國六十四年），冊二四〇。

⑩胡應麟，「經籍會通」，卷一，頁一三。
⑪見「歐陽脩全集」（台北市，世界書局，民國五十年），下册，頁一〇〇二―四。
⑫見「直齋書錄解題」（台北市，廣文書局，民國五十七年，書目續編本），册三，卷八，頁六下。
⑬同注⑩，卷三，頁四一。
⑭見「四庫提要」，卷一二三，子部，雜家類七，頁二八，少室山房筆叢正集三十二卷續集十六卷提要。
⑮同注⑩，卷三，頁四二。
⑯同注⑩，卷三，頁四五。
⑰同注⑭。
⑱胡應麟，「九流緒論」，卷上，頁三五二。
⑲同注⑱，頁三六一。
⑳同注⑧，頁六五二―三。
㉑本條取自陳垣，「中國佛教史籍概論」（台北市，三人行出版社，民國六十三年），頁一四一。

第七章　焦竑

第一節　生平與考據學著作

一、生平

焦竑，字弱侯，號漪園，又號澹園，南京旗手衞人①。世宗嘉靖十九年（一五四〇）生②，神宗萬曆四十八年（一六二〇）卒，年八十一。

弱侯生有異質，聞道甚早而好學，幼師其兄鏡川，年十六應童子試，督學趙公大奇之，毘陵薛公見其文，爽然稱異。嘉靖四十一年（一五六二）冬，耿定向來督南直隸學政，弱侯以之爲師。擧嘉靖四十三年（一五六四）鄉試。次年，會試下第，益淬勵身心性命之學。四十五年（一五六六），定向遴十四郡名士讀書崇正書院，以弱侯領其事。此間並與李贄過從甚密。萬曆十四年（一五八六）復問學於羅汝芳。

弱侯屢困公車③，萬曆十七年（一五八九），始以殿試第一人官翰林院修撰，時年五十也。二十二年（一五九四），大學士陳于陛建議修國史，欲弱侯專領其事，弱侯遜謝，乃先撰經籍志，其他率無所成，館亦竟罷。

同年，皇長子出閣，弱侯爲講官。依先例，講官進講罕有問者。弱侯講畢，徐曰：「博學審問，功用維均，敷陳或未盡，惟殿下賜明問。」皇長子稱善，然無所質難也。一日弱侯復進曰：「殿下言不易發，得無諱其誤耶？解則有誤，問復何誤？古人不恥下問，願以爲法。」皇長子復稱善，亦竟無所問。弱侯乃與同列謀先啟其端，適講舜典，弱侯舉「稽於衆，舍己從人」爲問，皇長子曰：「稽者，考也。考集衆思，然後舍己之短，從人之長。」又一日，弱侯舉「上帝降衷，若有恒性。」皇長子曰：「此無他，卽天命之謂性也。」時皇長子年方十三，答問無滯，弱侯亦竭誠啟迪。嘗講次，群鳥飛鳴，皇長子仰視，弱侯輟講肅立，皇長子斂容聽，乃復講如初。弱侯嘗採古儲君事可爲法戒者爲養正圖說，擬進之。同官郭正域輩惡其不相聞，目爲賈譽，弱侯遂止。

弱侯既負重名，性復疎直，時事有不可，輒形之言論，政府亦惡之。二十五年（一五九七）主順天鄉試，舉子曹蕃等九人，文多險誕語，弱侯被劾，謫福寧州同知。二十七年（一五九九），辭官歸南京，專事著述。

萬曆三十一年（一六〇三），弱侯赴新安還古書院講學，與會者千數百人，其後門人謝與棟編述所聞爲古城答問一卷。三十二年（一六〇四），弱侯年六十五，陳第（季立）過訪，不通姓字，談論竟日夜。次日，弱侯笑曰：「君殆閩之季立耶！」自是與季立過從甚密，季立並借弱侯所藏書成毛詩古音考四卷④。

萬曆三十四年（一六〇六）秋，會金陵羅近溪祠講學，余永寧記述爲明德堂答問一卷。此後十數載，弱侯深居簡出，潛心著述。萬曆四十八年（一六二〇）卒。年八十一。熹宗天啟元年（一六二一），弱侯以先朝講讀恩，復官，贈諭德，廕子。弘光元年（一六四四），追贈文端⑤。

二、考據學著作

弱侯博極群書，自經、史至稗官、雜誌，無不淹貫，故著作亦頗宏富。其要者有俗書刊誤十二卷、遜國忠節錄四卷、國史經籍志六卷、筆乘六卷、筆乘續集八卷、澹園集四十九卷、澹園續集二十七卷；另編有國朝獻徵錄一二〇卷、升菴外集一百卷、焦氏類林八卷、玉堂叢語八卷、老子翼三卷、莊子翼八卷；合計三十餘種。四庫提要云：「明代自楊慎以後，博洽者無過於竑。」⑥

其有關考證之作，有俗書刊誤、筆乘、筆乘續集、筆乘別集四書。俗書刊誤旨在糾正俗寫字體之誤，其序云：「近世正韻爲國制書，唯章奏稍稍施用，學者師心無匠，肆筆成譌，蓋十居六七者有之，蚤歲課子，嘗間爲點定，兒曹因筆於策，以識不忘云爾。楊君中甫刻本義成，輒取此帙竝梓之。」⑦是知該書爲弱侯課子之作，由楊中甫刊行。全書十二卷：

⑴卷一—卷四，爲俗書刊誤，分平、上、去、入四聲。

⑵卷五：略記字義，辨正字之本義等。

(3)卷六：略記駢字，爲複音詞或人名、地名讀音之辨正。

(4)卷七：略記字始，記各種奇文異字。

(5)卷八：音義同字異，如：伏犧、庖犧、炮犧之類。

(6)卷九：音同字義異，如伶仃、零丁、鈴釘之類。

(7)卷十：字同音義異，如率五音、甄三音等。

(8)卷十一：俗用雜字，考俗語、諺語之類。

(9)卷十二：論字易譌，集錄前賢論譌字之言。

四庫提要評此書云：「其辨最詳，而又非不可施用之僻論，愈於拘泥篆文，不分字體者多矣。」⑧可謂贊譽備至。然該書頗多條目取自楊用修諸書，提要勇於攻筆乘勦竊前人筆記之言⑨，於此書則頗爲寬厚，殆未及詳校也。其內容之分析，詳見本章第四節文字音義之考訂；其缺失，則於第七節弱侯考證工作之缺失中詳之。

弱侯另三種考證著作爲筆乘、筆乘續集、筆乘別集。別集今已罕見。筆乘六卷⑩，筆乘續集八卷，今多合併刊行。是書所涉頗廣，復未分類，頗爲踳駁。然就筆者重新分析所得，其內容實包有：

(1)有關考訂者：此爲該書之主體，所涉經、史、子、集皆有。

(2)發揮義理者：如：正集之論性、盡心、朱子、尊德性而道問學，續集之讀論語、讀中庸、讀孟子等皆是。

(3)傳記資料：此類條目頗多，有記前人遺文軼事者，如：師古學暢本源、子瞻、穆應之、符堅、陳章甫等條是也；有記時賢論學行事者，如：王先生條記王艮，讀書不識字、宏甫書高尚册後等二條記李卓吾；羅先生論仁孝、人不知而不慍、牿亡、夫子得邦家、種英蘇冠等五條記羅汝芳；懷五子詩、悲五子詩等二條記時人悼耿定向五弟子之詩。

(4)鈔集資料：有前人論學語，如尚書古文、尚書敍錄等條記梅鷟、歸有光論古文尚書；知天說條，記耿定向學說；鄭夾漈論六書、用脩論轉注等條，記前人論小學語。有書目資料，如：史通引書目、世說新語引書目、夏英公字書、楊用脩字書目、酒經、茶經等條皆是。有輯佚資料，如：古逸經、逸詩、樂天逸詩等條皆是。

(5)辨僞書語：如：僞書、外篇雜篇多假託、亢倉子檮杌、文中子等條皆是。

(6)涉及醫方者：正集有醫方條，續集又有舊曾集諸書藥方嗣得者更錄於此一條，兩條計集醫方數百種。

(7)其他著作附入者：如：續集卷二支談、卷七至卷八金陵舊事。此兩書皆曾單行。

足見筆乘正續集內容之駁雜。然涉及考證之諸條目，頗多襲自前人筆記而沒其所出，故四庫提要頗譏刺之⑪。書中所考亦得失互見。本章以下各節將詳論之。

附注

①弱侯原籍山東日照，自明初遠祖以宦遊留居南京，遂定居之。弱侯有與日照宗人書云：「我祖武略公，自國初以宦遊留金陵，二百餘載矣。德、靖間，飢疫相仍，一門凋謝，祇餘吾父騎都尉一人耳。」見「焦氏澹園集」（台北市，偉文圖書公司，民國六十六年），卷一三，頁一〇。

②弱侯之生年有三說，本文採用黃宗羲「明儒學案」、錢大昕「疑年錄」之說。詳見容肇祖，「焦竑及其思想」，「燕京學報」，二三期（民國二十七年六月）。

③弱侯自嘉靖四十四年（一五六五）會試下第後，於隆慶二年（一五六八）、五年（一五七一）、萬曆五年（一五七七）、十一年（一五八三），計下第四次。

④見金雲銘編，「陳第年譜」（台北市，臺灣銀行，民國六十一年），頁九二。

⑤弱侯之生平資料，見「明史」（台北市，鼎文書局，民國六十四年），卷二八八，頁七三九三，本傳。「明儒學案」（台北市，河洛圖書出版社，民國六十三年），卷三五，頁四五，焦竑傳。過庭訓「本朝分省人物考」、台北市，成文出版社，民國六十四年），冊四，卷一三，頁二八，焦竑傳。今人著作有容肇祖，「焦竑及其思想，「燕京學報」，二十三期（民國二十七年六月）。本小節即參考上述數書而成。

⑥見「四庫提要」，卷一四六，子部，道家類，頁二七，莊子翼八卷提要

⑦見「俗書刊誤」（四部善本叢書館影印文淵閣四庫全書本」卷首，自序。

⑧見「四庫提要」，卷四一，經部，小學類二，頁四八。

⑨見「四庫提要」，卷一二八，子部，雜家類存目五，頁一三，焦氏筆乘八卷提要。

⑩「筆乘」一書，弱侯門人謝與棟刊本作八卷，「四庫提要」，卷一二八，子部雜家類存目者亦爲八卷，提要作者所見者殆亦謝氏刊本。然八卷本與六卷本，內容實無不同，僅卷數分合之別而已。

⑪同註⑨。

第二節　爲學方向與考據方法

一、爲學方向

弱侯弟子陳懿典云：「先生之學以知性爲要領，而不廢博綜。」①此頗能道出弱侯爲學之方向。弱侯乃耿定向門人，且師事羅汝芳，復與李卓吾相交遊。而耿、羅、李三人皆王門泰州學派之嫡傳。弱侯承其餘緒，亦重心性之功夫②，弱侯之學若僅止於論心性，亦不過王學之末流而已，置之不論可也。然其爲當時王學家所不及者，則爲博學之說。蓋心學家强調求之本心，本心具足，自不待乎學。故自陳獻章以來，糟粕六經之說，甚囂塵上。人人以靜坐內修爲極致。加以舉業求簡易之推波助瀾，明中葉以後之學風，遂每下愈況。此時泰州派之王艮已倡重學、重實行，以糾之③。至弱侯提出重學之主張，即含有振衰起弊之作用，蓋「博學以文，約之以禮」爲孔門明訓，自不可偏廢之。弱侯以爲廢學之根源在舉業，故頗贊同唐人以獻書授官之舉，以爲今時若「用其例尚可得實學者用之，豈不勝舉業之流萬倍。」④足見其於舉業之不能得實學深致不滿，其著作中强調學之重要者，也屢見不鮮，如：

> 余考古者禮樂行藝，靡物不舉，卽論政，獻囚、獻馘，皆必於學，而弦誦其小者也。況其保殘守陋，斤斤然求合有司之尺寸，又非古之所謂誦也⑤。

弦誦爲學中之小者，今之保殘守陋者，又非古之所謂誦，則弱侯不視其爲學亦可知矣。其答黃莘陽之言，更可見出弱侯重學之態度。黃莘陽以爲顏子歿而聖人之學亡，後世所傳者乃子貢多聞多見一派學問，非聖學也。弱侯答之云：

多聞擇其善者而從之，多見而識之，是孔子所自言，豈非聖學，孔子之博學於文，正以爲約禮之地。蓋禮至約，非博無以通之。故曰：「博學而詳說之，將以反說約也。」⑥

此段問答頗能見出儒學由重心性（尊德性）轉向博聞多識（道問學）之端倪。弱侯所答，內涵有二：

(1)博聞多識爲孔子所自言。

(2)非經博文，不足以約禮。

此種强調博文多識之主張，實爲矯明代儒學偏於尊德性之一新立場，此卽在恢復儒學固有之領域。就此點論之，弱侯實爲晚明學風轉變之一關鍵人物。

然就弱侯學術之淵源論之，其仍爲一心學家。故其於他處論博約問題時，似仍徘徊於兩層次間，立場稍欠明確。如：

君子尊德性而道問學，道，由也，言君子尊德性而由問學，問學所以尊德性也。非問學之外，別有尊德性之功。……近王伯安曰：「聖人無二教，學者無二學，博文以約禮，明善以誠身，一也。」可謂獨得其旨矣。苟博文而不以約禮，問學而不以尊德性，則亦何用乎博文問學哉！朱子嘗譏俗儒記誦詞章之學矣，若博文不以約禮，問學不以尊德性，則與彼之俗學何異？⑦

所謂問學所以尊德性，問學而不尊德性，無異於記誦、詞章之俗學，乃以王學家之觀點立論。由此亦可見弱侯為一徘徊於義理與考據間之兩橛人物。此點更可由其鄧潛谷先生經繹序一文窺之。該序云：

孔子之言曰：我非生而知之者，好古敏以求之者也。故興於詩，立於禮，成於樂。迨晚而學易，韋編三絕。曰：若是我於易則彬彬矣！蓋經之於學，譬之法家之條例，醫家之難經，字字皆法，言言皆理，有欲益損之而不能者，孔子以絕類離倫之聖，亦不能釋經以言學，他可知已！漢世經術盛行，而無當於身心，守陋保殘，道以寖晦。近世以談玄課虛，爭自為言。而徐考其行，我之所崇重，經所絀也；我之所簡斥，經所與也。嚮道之謂何，而卒與遺經相剌繆。此如法不禀憲令，術不本軒岐，而欲以臆決為工，豈不悖哉！⑧

此序實學風將變之際一極有意義之資料，其要點有四：

(1)肯定經書之地位，認為孔子以絕類離倫之聖，亦不能釋經以言學。

(2)對當時「談玄課虛」者之「以臆決為工」之風氣深致不滿。

(3)以經典中「字字皆法，言言皆理」，如略加引申則為顧炎武「經學卽理學」之主張。

(4)論經學仍鄙薄漢儒，謂其「無當於身心」，則猶是宋明理學家之宿見，可見弱侯仍未脫理學家之習氣⑨。

此序可見弱侯之學分為兩橛，亦可證弱侯對經書之態度。

可知弱侯王學家之學術背景，已阻不住其對博學多識之追尋，故其有關文獻資料及博雅考訂之著作亦源源而出，遂成就其晚明第一之學術規模。

二、考據方法

弱侯之學術既由心學趨向於考據，當時楊用修之考據著作又風行全國，其受楊用修之影響亦理所必然。弱侯自稱蒐購用修之著作數十年⑩，並於萬曆四十五年（一六一七）將所蒐用修諸書編爲升菴正集、升菴雜集、升菴外集等書。且弱侯筆乘正續集、俗書刋誤中，糾駁用修考訂之疏失者亦不少。足見其受用修之影響頗深。

本書論用修考據學一章，已述及用修樹立明人博雜之考據規模，其後之考據家，不論考據方法，或考據路向，皆不出用修之範圍，所不同者僅態度謹嚴與否之層次高低而已。故述用修之考證方法者，亦可用之弱侯。考證之基礎工作爲資料之蒐集，用修每自稱鈔書成帙，弱侯亦然。其筆乘正續集、俗書刋誤等考證著作，類多偏部短記組成，需鈔撮資料固不待言矣；即其他著作，如：焦氏類林、玉堂叢語等書亦無不如此。其玉堂叢語自序述其蒐集前賢行事資料，「凡人品之淑慝，注厝之得失，朝廷之論建，隱居之講求，輒以片紙志之，儲之巾箱。」⑪此可爲佐證。而考證用之資料，尤難蒐集，顧炎武日知錄一載始成十餘條⑫，殆亦資料蒐集不易，難以下論斷。而弱侯考證之條目，如：古字有通用假借用一條，集古書通假文字一百餘則⑬，以證成古籍多假借字，非窮年累月，殆不爲功。由此亦可見弱侯之勤於輯資料，及其博證之精神。

至其所用之歸納證據法，一如其他考據家，無特別表出之必要。此處應詳加敍述者爲弱侯對金石與方志資料之應用。以金石、方志爲考證之助，楊用修已能兼及之，然不如弱侯應用之嫻熟。如：五代十國中之吳越，是否改元，歐陽修所著新五代史，亦未敢遽定。其十國世家年譜云：「聞之故老，亦嘗稱帝改元，而事跡無可考見，獨得其封落星石爲寶石山制書，稱寶正六年辛卯，所據止此。」⑭弱侯則舉吳越將許俊墓磚所書「寶正三年卒」，證成吳越曾改元爲「寶正⑮」。此乃以地下金石資料證成書本資料之一例。又如：元魏石刻，有大代脩華嶽廟碑，稱魏爲代。歐陽修集古錄跋云：

魏自天興元年，議定國號，群臣欲稱代，道武不許，乃仍稱魏，是後無改國稱代之事。今魏碑數數有之，碑石當時所刻，不應妄，但史失其事耳。由是言之，史家闕謬多矣⑯。

永叔雖知「碑石當時所刻，不應妄」，然未詳加追究，弱侯則能引崔浩之言：「昔太祖應天受命，兼稱代魏，以法殷商。」證明當時二號並稱，歐公失考⑰。此亦以地下資料與書本資料互證之一例。

此外，弱侯更能利用方志資料以爲證佐，如：焦山瘞鶴銘本爲華陽眞逸（顧況）所撰，以全文剝落不可讀，故「前輩棼棼，或以爲逸少，或以爲陶隱居」所作，弱侯引證云：

茅山志載唐顧況，隱於菖蒲潭石墨池上，自號華陽眞逸，撰焦山瘞鶴銘⑱。

茅山志爲元劉大彬撰，屬江蘇之方志。弱侯能以所載資料證焦山瘞鶴銘之作者爲華陽眞逸（顧況），以釋前賢之疑，亦可謂善於利用資料矣。

筆乘正續集中此類條目甚多，於此亦可見弱侯史學造詣之一斑。今人皆以清錢大昕、王鳴盛、趙翼等人之善於利用金石、方志等輔助資料以考史，而頗揄揚之，實不免以雲仍爲高曾。

附注：

①見陳懿典，「尊師澹園焦先生集序」，見「焦氏澹園集」（台北市，偉文圖書公司，民國六十六年），頁二七。

②弱侯之心性論，可參見容肇祖，「明代思想史」（台北市，台灣開明書店，民國六十四年），頁二五七—二六九。

③王艮重學之思想，可參見註②所引書，頁一五一—一五九。

④見「焦氏筆乘續集」（台北市，台灣商務印書館，民國五十七年）卷五，頁二五五，獻書條。

⑤見「焦氏澹園集」，卷二〇，頁一，內黃縣重修儒學記。

⑥見「古城答問」、「焦氏澹園集」，卷四八，頁一一下。

⑦見「焦氏筆乘」，卷四，頁一〇八，尊德性而道問學條。

⑧見「焦氏澹園續集」（明萬曆三十九年刊本），卷一，頁一一—一二。

⑨本小節引用余英時先生之意見。見「從宋明儒學的發展論清代思想史」，「歷史與思想」（台北市，聯經出版事業公司，民國六十五年），頁一〇六—一一五。

⑩見焦竑編，「升菴外集」（台北市，台灣學生書局，民國六十年），卷首，頁七，焦竑題識。

⑪見「玉堂叢語」（台北市，木鐸出版社，民國七十一年），卷首，頁二。

⑫顧炎武，「與人書」，云：「承問日知錄又成幾卷，蓋期之廢銅，而某自別來一載，早夜誦讀，反復尋究，僅得十餘條。然庶幾采山之銅也。」見「日知錄」（台北市，明倫出版社，民國五十九年），卷首，頁八。

⑬同註⑦，卷六，頁一三五。
⑭同註⑦，卷三，頁七二，吳越改元之證條。
⑮同注⑭。
⑯同註⑦，卷二，頁四一，兼稱代魏條。
⑰同注⑯。
⑱同註④，卷四，頁二一八，瘞鶴銘條。

第三節　考訂經書

本書導論已言及心學家一向輕知識之追求，弱侯乃當時王門泰州學派之嫡傳，與李卓吾、羅汝芳皆有往來，且頗受其影響，理應反對讀經，然弱侯竟反乎此，而一如楊用修，肯定經書之地位。由此亦可見當時學風之趨向矣。

弱侯既肯定經書之地位，而通經又須先通小學，故曰：「今人不通字學，而欲讀古書，難矣哉！」①俗書刊誤自序更以通字學爲通經學古之津筏。於輕視讀書者，尤嚴加斥責，云：「今子弟飽食安坐，典籍滿前，乃束書不觀，遊談無根，能不自愧？」②且於前賢不信經書之言者，亦有批評。如：劉知幾信竹書紀年所言太甲殺伊尹，文王殺季歷之說，弱侯譏其「勇於信冢中之斷簡，輕於悖顯行之六經，幾蓋小人之無忌憚者哉！」③凡此皆可證弱侯於經書之態度。

然弱侯處心學大盛之時，復受李卓吾等人三教合一論之影響，解經動輒牽引佛老，如：所著易筌一書，欲以二氏通於易，且雜引列子、黃庭內景經、抱朴子諸書以釋之④。支談更欲陰駕佛老於孔子之上⑤，故其解孔子之「空空如也」及顏回之「屢空」，爲虛無寂滅，無怪乎四庫提要斥爲「乖迕正經，有傷聖教」⑥。

就前節所論，弱侯爲一徘徊於義理與考據間之兩橛人物，故其博雜之考訂亦頗見功力。對經書之考訂，如：詩古音之闡明、經書假借字之蒐集等，皆有其貢獻。本節擇其考訂條目之較有創獲者，分書、詩、論、孟等節敍述。至於經書假借字之蒐羅考訂，則入文字音義之考訂一節論述。

一、尚　書

弱侯之前考古文尚書之眞僞者有梅鷟、歸有光等人，筆乘正續集曾引梅鷟之語及歸有光尚書敍錄⑦，皆辨古文尚書之僞者。弱侯於古文尚書雖無辨僞之專著，然其云：「余嘗疑尚書古文之僞」，且引趙子昂之言以辨之⑧。其國史經籍志更斥唐人以晚晉雜亂之書定爲義疏，漢、魏專門之學遂廢⑨。足見弱侯對古文尚書之態度。

此外，於尚書各篇字句亦頗有考訂，玆舉其要者如左：

1.皐陶謨：「無敎逸欲有邦，兢兢業業，一日二日萬幾。」弱侯以爲「無敎」應作「無敖」。其學證云：

漢王嘉奏對曰：「臣聞咎繇戒帝舜曰：『無敖佚欲有國，兢兢業業，一日二日萬機。』師古曰：『虞書咎繇謨之辭也。言有國之人，不可敖慢逸欲，但當戒愼危懼，以理萬事之機也。敖音傲』」

（筆乘，卷一，頁九，敖誤爲敎條）

且弱侯以爲若作敎，則謂天子無敎諸侯佚欲，於理難叶。（同上）段玉裁以爲今文尚書作敖，史記夏本紀作敎者，蓋後人改之⑩。此與弱侯之說合。

2禹貢：「導渭自鳥鼠同穴。」孔疏以爲鳥鼠共爲雌雄，同穴而處。蔡沈書集傳斥孔說爲怪誕，摒而不取。弱侯則以爲孔說非誕，引證云：

按：甘肅志：涼州之地，有兀兒鼠者，形狀似鼠，尾若贅疣；有鳥曰本周兒者，形似雀，色灰白；常與兀兒鼠同穴而處，所謂鳥鼠同穴也。涼州，唐屬隴右道。然則孔說非誕。（筆乘續集，卷四，頁二三四，鳥鼠同穴條。）

禹貢此事甚奇，正合明人好奇炫博之性，故考之者頗多。鄭瑗曾引沈約鮮卑傳：「甘谷嶺北有雀鼠同穴，或在山嶺，或在平地，雀色白，鼠色黃，地生黃紫花艸便有雀鼠穴。」以證孔說之不虛。而蔡氏所以致疑者，乃因宋南渡後，隴西地淪於金虜，南人無得至者，故疑之也⑪。

二、詩經

筆乘正續集所錄前人論詩之言甚多，如：王柏之詩亡辯、馬端臨論詩序不可廢、程大昌詩有南雅頌無國風等，此亦弱侯蒐集文獻資料成果之一。至其論詩，一如楊用修，則頗反朱子之說。孟子：「王者之迹熄而詩亡。」朱子注曰：「王者之迹熄，謂平王東遷而政教號令不及於天下也。詩亡，謂黍離降爲國風而雅亡也。」⑫弱侯則以爲：「風之與雅，體製不同，若今詩所謂選也、律也、歌與曲也。試置黍離於二雅之中，聲果同乎？倘以平王政教不行，降雅而爲風，則正月之篇曰：赫赫宗周，褒姒滅之。固幽王以後詩也，而反列於雅，何哉？故其聲風也，即二南亦系之風；其聲雅也，即正月亦系之雅，政不以此爲升降也。」⑬此實爲通達之言。朱子並非不知風雅體製不同，然泥於正變之說，遂出此言。弱侯正之可也。

此外，於詩義之闡釋及詩音之釐定，弱侯亦多新見，玆舉例如左：

1.毛傳以騶虞爲獸名，朱傳附合其說。弱侯則以爲騶虞爲官名，非獸名，其證云：

(1)周禮射人：「以射法治射儀，王以六耦，射三侯，三獲三容，樂以騶虞，九節五正。」

(2)禮記射義：「天子以騶虞爲節樂，備官也。」

所云「騶虞」，蓋指詩經之騶虞，而謂之備官，則非獸明矣。弱侯既證騶虞非獸，又證騶虞爲掌廄之官，其證云：

(1)說文：「騶，廄也。」

(2)月令：「天子教於田獵，以習五戎，班馬政，命僕及七騶咸駕。」注：「僕，戎僕也。」此卽周禮掌佐車之政，設驅逆之車，令獲者植旌，乃獻比禽者是也。

(3)月令疏云：「天子馬有六種，各一騶主之，幷總主六騶者爲七騶也。」卽周禮辨六馬之屬，六繫爲廄，廄一僕夫，六廄成校，校有左右者是也。

(4)左傳：「晉悼公初立，使程鄭爲乘馬御，六騶屬焉，使訓群騶知禮。」（筆乘，卷一，頁三）

此可證騶爲掌廄之官。弱侯又云：

舜典：「咨汝益，作朕虞。」周禮：「山虞掌山林之政〔令〕，若大田獵，則萊山田之野及弊

田，植虞旗于中，致禽而珥焉，澤虞掌國澤之政，若大田獵，則萊澤野及弊田。植虞旗以屬禽者是也。」（同上）

此可證虞爲掌山澤之官。按：三家詩以騶虞爲掌鳥獸之官，弱侯此條詳引古書，證成其說，最稱博辯。

2.邶風匏有苦葉：「雝，鳴雁，旭日始旦；士如歸妻，迨冰未泮。」親迎所以執雁，先儒以爲取不再偶之義，弱侯不以爲然，云：

蓋古人重冠昏，皆以士而用大夫車服，不以爲僭。大夫相見執雁，昏禮既以士而服大夫之公服，乘大夫之墨車，則見婦翁，不得不用大夫之贄禮矣。士宜執鳧，奚執大夫之雁？取其攝盛也。若謂親迎之始，遂期其將來如孤雁失不再偶，可謂祥乎？（筆乘，卷三，頁六八，奠雁條。）

按：穀梁傳莊公廿四年范寧集解：「下大夫用鴈，取其知時飛翔，有行列也。」白虎通云：「雁取其隨時而南北，不失節也。」孔穎達禮記昏義疏云：「雁是隨陽之鳥，妻從夫之義也。」古義如此，所謂取不再偶之義，乃後人附會之言，弱侯駁之是也。

3.衞風淇澳：「綠竹猗猗。」毛傳以綠爲王芻，竹爲萹竹；陸璣則以綠竹爲草名，其莖葉似竹，青綠色，高數尺，並譏詞賦引猗猗入竹事之誤。弱侯云：

(1)按傳曰：「淇衞箘簵。」又曰：「淇衞之箭。」又云：「下淇園之竹以爲楗。」又云：「伐淇園之竹以爲矢。」是淇之產竹，自古而然。

(2)詩曰：「綠竹猗猗。」言竹之初生，其色綠也。長則綠轉而青矣，故曰：「綠竹青青。」卒章又

曰：「如簀。」「如簀」，言其盛也。（筆乘，卷一，頁一四，綠竹條）

可知綠竹，指其色綠也，毛、陸之說不可從。按水經注言，漢代以前，淇水邊多竹⑭。此可證成弱侯之說。

4.小雅棠棣：「棠棣之華，鄂不韡韡。」不，朱傳云：「猶豈不也。」弱侯以爲音風無切，本作柎，其引證云：

(1)說文：鄂，足也，草木房爲柎。一曰：花下萼，通作不。卽今言華蔕也。

(2)湖州有餘英溪、餘不溪。蓋此地有梅溪、苕溪，其流相通，故曰餘英、餘不，義可見矣。若作方鳩切，則本注說文：「不，鳥飛上翔，不下來也。」與溪水全不相涉。

(3)左傳華不注山，人皆讀入聲，誤也。古不字讀作缶音，或俯音，并無作逋骨切者，今讀如卜，乃俗音耳。惟伏琛齊記引摯虞畿服經作柎，言此山孤秀，如花跗之注於水，深得之矣。

(4)太白詩：「昔我遊齊都，登華不注峯，玆山何峻秀，彩翠如芙容。」亦可證也。（同上，卷二，頁四二，鄂不條）

按：以「不」象花柎形，漢鄭玄箋詩時已先發之。鄭玄云：「不當作柎。柎，鄂足也。鄂足得華之光明，則韡韡然盛。」弱侯證成前人之說是也。今人王國維，郭沫若於「不」字，皆有研究⑮，可知弱侯之說甚諦。

詩句之考訂外，弱侯亦深於詩之古音。萬曆三十四年（一六〇六年），其曾爲陳第毛詩古音考作序，於古來所謂之叶音深致不滿，序云：「詩必有韻，夫人而知之。乃以今韻讀古詩，有不合，輒歸之於叶，習而不察，所從來久矣。」⑯又筆乘中亦有類似之言：

詩有古韻、今韻。古韻久不傳，學者于毛詩、離騷皆以今韻讀之，其有不合，則强爲之音曰：「此叶。」（卷三，頁六三，古詩無叶音條）

弱侯曾將叶音之不合理，舉例云：

(1)騶虞，一虞也，旣音牙，而叶葭與豝；又音五紅反，而叶蓬與豵。

(2)好仇，一仇也，旣音求，而叶鳩與洲；又音渠之反，而叶逵。（同上）

遂批評曰：「如此則東亦可音西，南亦可音北，上亦可音下，前亦可音後。凡字皆無正呼，凡詩皆無字矣，豈理也哉。」言辭頗爲激烈。

爲證明詩古音與今音不同，弱侯遂舉例云：

1下，今在禡韻，而古皆作虎音。

(1)擊鼓云：「于林之下。」上韻爲「爰居爰處。」

(2)凱風云：「在浚之下。」下韻爲「母氏勞苦。」

(3)大雅緜：「至于岐下。」上韻爲「率西之滸。」之類也。（同上）

2服，今在屋韻，而古皆作迫音。

(1)關雎云：「寤寐思服。」下韻「輾轉反側」。

⑵有狐云：「之子無服。」上韻爲「在彼淇側」。

⑶騷經：「非時俗之所服。」下韻爲「依彭咸之遺則。」

⑷大戴記：「孝昭冠詞，始加昭明之元服。」下韻「崇積文武之寵德。」之類也。（同上）

3. 降，今在絳韻，而古皆作攻音。

⑴草蟲云：「我心則降。」下韻爲「憂心忡忡。」

⑵騷經：「惟庚寅，吾以降。」上韻爲「朕皇考曰伯庸」之類也。（同上）

4. 澤，今在陌韻，而古皆作鐸音。

⑴無衣云：「與子同澤。」下韻爲「與子偕作。」

⑵郊特牲：「草木歸其澤。」上韻爲「水歸其壑，昆蟲無作」之類也。（同上）

弱侯以爲詩中此等不可殫擧，若非古韻，則「下」何以皆音「虎」；「服」何以皆音「迫」；「降」何以皆音「攻」；「澤」何以皆音「鐸」，而無一字作他音耶？由此可證離騷、漢、魏去詩人不遠，故其用韻與詩皆同，後人徒以耳目所不逮，遂鑿空附會，良可嘆也。

弱侯非但能糾前人音讀之謬，且能就詩經押韻之方式，作合理之推測，其子誦國風，問及「騶虞、好仇，當作何音？」弱侯答曰：

⑴葭與豝爲一韻；蓬與豵爲一韻。「吁嗟乎騶虞！」一句，自爲餘音，不必叶也。

⑵「麟之趾」，趾與子爲韻；「麟之定」，定與姓爲韻，「于嗟麟兮」一句，不必叶也。

(3)殷其靁、黍離、北門，章末語不入韻，皆此例也。（同上）

弱侯以「吁嗟乎騶虞」、「于嗟麟兮」及殷其靁、黍離、北門等之章末語不入韻，雖非確當，然其求眞之精神，實令人感佩。弱侯嘗云：「國初硏經皆依朱注及古注疏，奉行者執泥更甚於唐、宋。近日稍稍自出意見，以伸其說，此足以破前代之謬。」⑰此實弱侯自道其學之言。

三、論語、孟子

弱侯於三禮，多雜鈔時賢之言，如：筆乘中犧尊、穀璧、黼扆、內則、祭法諸條，皆吳元滿之說也⑱。卽自爲考證者，亦了無新見，今皆不取。其於論、孟，稍嫌流於說理，如：讀論語、讀孟子、論性、盡心諸條皆是⑲。具考證規模者實不多見。玆擇其要者分述如左：

1.論語傳授源流考：論語一書自戰國初編成後，流傳日廣，至漢初有魯論、齊論、古論、張侯論等等傳本。弱侯考其傳授源流曰：

(1)魯人所傳，曰魯論語，卽今所行篇次也。常山都尉龔奮、長信少府夏侯勝、丞相韋賢、及元成魯扶卿、太子太傅夏侯建、前將軍蕭望之，並傳之名家。

(2)齊人所傳，曰齊論語，視魯多問王、知道二篇，其二十篇中章句頗多於魯，昌邑中尉王吉、少府宋畸、瑯琊王卿、御史大夫貢禹、尙書令五鹿充宗、膠東庸生並傳之，惟吉名家。

(3)古論語者，魯恭王壞孔宅，得古文論語於壁中，凡二十一篇。有兩子張，如淳曰：分堯曰篇後子張問，爲從政篇。篇次不與齊、魯同，博士孔安國爲傳，後漢南郡太守馬融注之。

(4)安昌侯張禹，受魯論於夏侯建，又從庸生、王吉受齊論，擇善而從，號曰張侯論，最後行，爲世所貴，禹以授成帝，後漢包咸、周氏竝爲章句，列於學官。

(5)漢末大司農鄭康成，就魯論張、包、周諸章，參考齊、古爲注。魏司空陳群、太常王肅、博士周生烈皆爲義說，吏部尚書何晏，集孔、包咸、周、馬、鄭、陳、王、周生說，并己意爲集解，宋侍講學士邢昺爲之疏。（筆乘續集，卷四，頁二三二。）

此弱侯所述兩漢以來，論語一書傳授之源流。其說大抵採自漢書藝文志及何晏論語集解序。

2.申棖姓氏之考訂：申棖，魯人，爲孔子弟子，孔子曾譏其「多慾」。史記仲尼弟子列傳不見記載，惟有「申棠，字周。」者⑳，弱侯以爲申棠卽申棖。其引證云：

(1)後漢王政碑：「有羔羊之潔，無申棠之欲。」亦以棖爲棠。則申棖、申棠一人爾。

(2)李士龍曰：「棠字，非音棠棣之棠，蓋與棖卽一字而兩書耳。觀古字瞠亦作瞸，樘亦作橖，鎗亦作鐣，六字並音鐺，皆諧聲字也。振亦音棖，本作殼，亦諧聲字。可見棠亦音棖。」（筆乘，卷一，頁二，申棖條。）

按：古音棖、棠、堂、黨相通，弱侯所考是也。此條非但能利用諧聲之原理以爲佐證，更能引地下資料之碑文以爲之助，洵爲難得。

4.孟子非受業子思：史記孟子列傳云：「孟子受業子思之門人。」後人不察，遂以爲親受業於子思。

弱侯辨之如左：

孔子二十生伯魚，伯魚先孔子五年卒，孔子之卒，敬王四十一年，子思實爲喪主，四方來觀禮焉。子思生年雖不可知，然孔子之卒，子思則既長矣。（筆乘，卷三，頁六九）

以上證周敬王四十一年孔子卒時，子思已年長。又云：

孟子以顯王二十三年至魏，赧王元年去齊，其書論儀、秦，當是五年後事。距孔子之卒，百七十餘年，孟子卽已耆艾，得及子思之門，相爲授受乎哉！（同上）

據後人所考，孟子以周愼靚王元年至魏，赧王三年去齊㉑，弱侯所考孟子行事，雖與後人稍有出入，然其云孟子不及師事子思，則爲至當之論。清毛奇齡、崔述、焦循等人於此，皆有詳說㉒，可爲證。

附注

①「筆乘」，（台北市，臺灣商務印書館，民國五十七年，人人文庫本），卷二、頁三二，徐廣注誤條。

②「筆乘續集」，卷四，頁二二四，韓忠獻條。

③同註①，卷三，頁七三，史通條。

④「四庫提要」（台北縣，藝文印書館，民國五十八年），卷八，經部，易類存目二，頁七，易筌六卷附論一卷提要。

⑤同註④，卷一二五，子部，雜家類存目二，頁一六，支談三卷提要。

⑥同註④，卷一二八，子部，雜家類存目五，頁一三，焦氏筆乘八卷提要。

⑦梅氏之言，見「筆乘」，卷一，頁四，尚書古文條；歸氏之言，見「筆乘續集」，卷三，頁二〇〇，尚書敍錄條。

⑧同註②，卷三，頁二一〇，尚書古文條。

⑨「國史經籍志」（台北市，台灣商務印書館，民國五十四年，叢書集成簡編本），卷二，頁一六。

⑩段玉裁，「古文尚書撰異」，見「重編本皇清經解」（台北縣，漢京文化事業公司，民國六十八年），冊五，頁三一四七。

⑪鄭瑗，「井觀瑣言」（台北縣，藝文印書館，民國五十四年，百部叢書集成影印寶顏堂秘笈本），卷三，頁四下——五下。

⑫朱熹，「四書集注」（台北市，世界書局，民國五十五年），孟子離婁下，頁一一六。

⑬「筆乘」，卷二，頁三二，黍離降爲國風條。

⑭酈道元，「水經注」（台北市，世界書局，民國六十三年），卷九，淇水，頁一二五。

⑮王國維之說，見王氏撰，「觀堂集林」（台北市，世界書局，民國五十年），卷六，釋天。郭沫若之說，見郭氏撰，「甲骨文字研究」（民文出版社，不注出版時地），釋祖妣，頁一八。

⑯見陳第，「毛詩古音考」（台北市，廣文書局，民國六十六年），卷首，頁三。

⑰同註②，卷三，頁二〇二，注疏條。

⑱同註②，卷五，頁二四六——二四七。吳元滿爲明萬曆中之布衣，明史文苑傳不載其人，藝文志亦不收其書。弱侯筆乘續集，卷三，云：「新安吳敬甫，名元滿，博雅士也，精意字學，著有六書正義十二卷。」其著作另

有「六書總要」，「四庫全書」皆收之。

⑲讀論語條，見筆乘續集，卷一，頁一四七—一六四。讀孟子條，見筆乘續集，卷一，頁一六六。論性條見筆乘，卷一，頁一五。盡心條，見筆乘，卷一，頁二六。

⑳按：今本「史記」作「申黨」，後人所改也。觀索隱云：「蓋申堂是棖不疑，以棖、堂聲相近。」可知司馬貞作索隱時，史記本作「申堂」。弼侯作「申棠」者，蓋所見本又不同。

㉑見錢穆，「先秦諸子繫年」(台北市，作者自印本，民國六十四年)，卷三，頁二七一，孟子去齊考。

㉒同注㉑。

第四節　考訂文字音義

一、辨訂字形

吾國文字之字形由甲骨文、鐘鼎文而大篆，由大篆而小篆，而隸書、楷書。迭經變易，文字之字形已漸失其眞，且書體久經傳寫，訛誤必生。故如唐張參之五經文字、宋張有之復古篇、元曹本之續復古篇，皆刋正俗書訛誤之作也。

降及晚明，士人競尚奇詭，各種俗字如雨後春筍，文字原有之筆畫亦遭破壞無遺。當時蒐集此類俗字之書甚夥①，足見風氣之一斑。弱侯所著俗書刋誤卷一至卷四，卽爲刋正俗書之謬而作。其序曰：「夫書有通於俗，無害於古者，從之可也；有一點一畫，轉仄縱橫，毫髮少差，遽懸霄壤者，亦可沿襲故常而不知變哉！」②足見弱侯於書體之一點一畫，實不容稍有寬假。是編分平、上、去、入四聲，各聲下再分數韻或數十韻不等，如卷一平聲，分：一東、二支、三齊、四魚、五模、六皆、七灰、八眞、九寒、十刪、十一先、十二蕭、十三爻、十四歌、十五麻、十六遮、十七陽、十八庚、十九尤、二十侵、二十一覃、二十二鹽等二十二韻。各韻下分別繫字，先擧其正字，次辨俗字之非。

弱侯著書之旨，乃在辨正俗書之誤，惟未考致誤之由，今就書中文字，分因類化而誤者、增義符而誤者、更易聲義符而誤者、因簡體而誤者、因增減筆而誤者及形似字之辨別等六項，考訂當時文字致誤之原因：

㈠因類化而誤者：文字書寫時，因甲字受乙字成分之影響而致誤，此種現象謂之類化③。如：「隆」應從「生」者，因與「缶」形似，誤從「缶」；「犂」受「利」之影響，應從「勹」者，誤從「刂」；「尋」受「築」之影響，應從「口」者，誤從「凡」。此外，字之偏旁，較為罕見者，每為常見者所同化，如：「羇」本從「罒」，俗改從「西」；「貓」本從「豸」，俗改從「犬」；「卸」本從「午」，俗改從「缶」。凡此，皆因類化而誤。

俗書刊誤前四卷所列此種書寫之誤者甚多，弱侯雖未能明其致誤之因，且於各誤字亦未加歸納，然其辨析詳贍，足為後人取法。茲舉例如左：

1. 氺、⺗互相同化

(1)恭，俗作㳟，非。

(2)滕，俗作滕，非。

(3)黍，俗作黍，非。

(4)泰，俗作㤗，非。

2. 口、厶互相同化

(1)雖，俗作雖，非。

(2)涓，俗作涓，非。

(3)員，俗作負，非。
(4)強，俗作强，非。

3.大、犬互相同化

(1)馱，俗作馱，非。
(2)奬，俗作獎，非。
(3)突，俗作突，非。

4.彳同化爲犭

(1)徇，俗作狥，非。
(2)很，俗作狠，非。

5.委同化爲妥

(1)捼，俗作挼，非。
(2)餧，俗作餒，非。

6.九同化爲丸

(1)究，俗作究，非。
(2)軌，俗作軌，非。
(3)染，俗作染，非。

7.負同化爲頁

(1)賴，俗作頼，非。

(2)嬾，俗作嬾，非。

8.白同化爲曰

(1)皆，俗作皆，非。

(2)習，俗作㫺，非。

9.㳄同化爲次

(1)盜，俗作盗，非。

(2)羨，俗作羡，非。

10.尃同化爲專

(1)縛，俗作縳，非。

(2)博，俗作博，非。

11.其他

(1)彝，俗作彜，非。

(2)吳，俗作吴，非。

(3)冠，俗作冦，非。

(4)啇，俗作商，非。

(5)莽，俗作莾，非。

(6)迴，俗作逥，非。

(7)御，俗作御，非。

(8)侫，俗作佞，非。

(9)學，俗作學，非。

以上所舉，僅弱侯書數十分之一而已。此類化現象，雖爲小學家所排斥，然若干字已積非成是，卽著書攻之，亦無奈其何也。

㈡增義符而誤者：因受時空環境之影響，文字之字義亦時有變化。文字因變化而本義漸泯，後人不知，見某字義欠明確，遂擅增義符，如：「辟」字，本兼逃避、開闢、偏僻、嬖幸、譬喻諸義，後人不明此理，遂造避、闢、僻、嬖等字。此乃文字之分化，亦文字孶乳之一法，本不可謂爲「錯誤」，然弱侯志在復古，凡增義符者皆逐一糾正，茲舉例如左：

(1)芻，從艸，復加艹作蒭，非。

(2)囘，作迴、廻，竝非。

(3)敦，一作墩，非。

(4)尊，作樽、罇、𤮯，竝非。

(5)般，俗作搬，贅。

(6)然，從火犬，俗更加火作燃，非。

(7)要，身中也，俗加月作腰，非。

(8)岡，俗加山作崗，非。

(9)周，俗作週，非。周給之周作賙，非。

(10)州，俗更加水作洲，非。

(11)采，從爪，俗作釆，非，加手作採，亦非。釆音辨。

(12)卷，卷舒之卷，俗作捲，非。

(13)夭，作殀，非。

(14)果，從木，俗又加艹作菓，非。

(15)帚，俗作箒，非。

(16)韭，俗作韮，非。

(17)暴，本作㬥，從日；俗又加日作曝，非。

(18)臭，作嗅，非。

(19)莫，俗更加日，作暮，非。

以上所舉諸字，人皆已習用之。可知文字變化，一如風俗習尚，實非一人之力所可導引糾正。

㈢更易聲、義符而誤者：文字字形屢經變更，聲、義符遂難吻合。後人為求聲、義明確，每有更動聲符或義符者，如：「隄」字義符「阝」本作「𠂤」，為土山之意，隸定為「阝」，後人已不明其本義，遂將「隄」字改從「土」，以符土堤之意；此更易義符之例也。又如：「箸」本從竹者聲，因音變，「者」聲已與該字所呼之音不符，遂改從「助」聲，作「筯」；此更易聲符之例也。此亦為後人造字之法。弱侯則均以誤字視之。茲就所舉，分更易義符、聲符二類，舉例以明之。

1.更易義符而誤者：

(1)雞，俗從鳥，非。

(2)階，俗作堦，非。

(3)穅，俗作糠，非。

(4)穤，俗作糯，非。

(5)秕，俗作粃，非。

(6)黏，俗作粘，非。

(7)牀，俗作床，非。

(8)顋，俗作腮，非。

(9)箋，俗作牋，非。

(10)鍊，俗作煉，非。

前引從鳥之「鷄」字，說文云：「籀文作鷄」；「粘」字，說文云：「黏，或从米作粘。」「煉」字，說文云：「鑠治金也。」可見各字漢以前卽有之，弱侯以爲後代之俗字，誤也。

2.更易聲符而誤者：

(1)蹤，俗作踪，非。

(2)鞵，俗作鞋，非。

(3)珍，俗作珎，非。

(4)拌，俗作拵，非。

(5)坍，俗作坍，非。

(6)窯，一作窰，非。

(7)茅，俗或作茆，非。

(8)籤，俗作簽，非。

(9)麪，俗作麵，非。

前述各字，或俗字行而本義廢；或本、俗字已分化，各具其義，已難澈底糾正矣。

(四)因簡體而誤者：爲求文字書寫之簡便，將原有文字成分簡化，或以另一筆畫較簡之字代之，此卽所謂簡體字也。簡體字之由來甚久，上古文字中，同一字已有數種寫法，如：「亂」作「乱」、「辭」作「辞」，已見於六朝碑帖；「盡」字作「尽」，宋代已有④。簡體字雖不盡合造字原則，然因書寫簡便，故易於通行。弱侯書中羅列簡體字甚多，亦一一加以辨正，所辨雖未爲人所接受，然對文字本原之探究，亦有其貢獻。茲舉例如左：

1.減省聲符者：

(1)癡，俗作痴，非。

(2)機，俗作机，非。

(3)趨，俗作趍，非。趍，音馳。

(4)觀，俗作覌，非。

(5)還，俗作还，非。

(6)難，俗作难，非。

(7)權，俗作权，非。

(8)邊，俗作边，非。

(9)遷，俗作迁，非。迁，伺候也，別意。

(10)聲，俗作声，非。

(11)燈，俗作灯，非。

(12)劉，俗作刘，非。

(13)鍼，俗作針，非。

⒁寶，俗作宝，非。
⒂曬，俗作晒，非。
⒃號，俗作号，非。
⒄過，俗作过，非。
⒅鐵，俗作鉄，非。
⒆獨，俗作独，非。
⒇喫，作吃，非。乞乃語蹇也。
(21)數，俗作数，非。

2. 另造一簡字者：

(1)義，俗作乂，非。乂自爲一字治也。
(2)饕，俗作叨。
(3)雙，俗作双，非。
(4)靈，俗作灵，非。
(5)體，俗作体，非。体音蒲本切，韻一作躰。
(6)竈，俗作灶，非。
(7)莊，俗作庄，非。

㈤因增減筆而誤者：此所謂增減筆，乃指增減一筆而失原字之形者，如：「步」作「歩」；「册」作「冊」，增筆之例也；「師」作「帥」，「者」作「者」，減筆之例也。茲就弱侯所收，舉例如左：

⑴凶，俗作㐫，非。
⑵私，俗作私，非。
⑶紙，俗作紙，非。
⑷爽，俗作爽，非。
⑸刃，作刄，非；作刅亦非。刅，初良切，傷也。與此別。
⑹跋，俗作跋，非。拔，作拔，非。
⑺裛，俗譌作爲裛，非。
⑻曳，俗加點，非。
⑼奭，俗作奭，非。
⑽册，俗作冊、冊，並非。
⑾帀，俗作匝，非。

2.因減筆而誤者：

⑴蚩，蟲名，從㞢從虫，俗作蚩，非。

(2)媸，俗作媸，非。

(3)𢦏，俗作哉，非。

(4)眞，俗作真，非。

(5)幺，作么，非。象子初生意，幼從此。

(6)梁，俗作梁，非。

(7)富，俗作冨，非。

(8)置，俗作置，非。

(9)兔，俗作兎，非。

(10)梵，俗作梵，非。

(11)逸，俗作逸，非。

(六)形似字之辨別：文字形體相似之字，每因一點一畫之差別，而誤爲另一字。如：「毋」誤爲「母」；「西」誤爲「酉」；「刊」誤爲「刋」等即其顯例。此類字之辨別，尤爲切要。玆將弱侯書中所列，舉例如左：

(1)祇，音其，氏下點，音脂，與此別。

(2)雎，關雎之雎，從且隹；睢盱之睢，從目，音雖，今多混。

(3)隹，音追，說文：「鳥之短羽者總名，如雎、睢、雞、集、雖、錐之類，皆從隹；從佳，非，佳音加。

⑷筋，俗作筯，非；作筋，亦非。音斤者從月力，音住者從助。

⑸刊，從干，削也，俗作刋，非；刋，音七見切。

⑹祆，音軒，胡神，字從天，唐官品有祆正，與祅異。

⑺本，音叨，玉篇：「往來見貌。」與根本之本字不同。

⑻滔，凡慆、蹈之類從舀；舀，音由。陷、諂、閻之類從臽；臽音限。二字不可混用。

⑼豋，禮器也，從肉，從又，從豆，右手奉肉加豆也。與登異，登，升也。

⑽淫，作滛、媱，竝非。㸒與䍃不同，㸒從爪，從壬，浸淫之淫、婬逸之婬，從此；䍃，從肉從缶，逍遙之遙從此。

⑾底，音止者致也，從厂，厂音漢，上無點。音砥者下也，從广，广音儼，上有點，今多混。

⑿諡，音侍，俗作謚，非。謚，音益，笑貌，與此別。

⒀傅，音付者從尃音敷，與傳不同，傳從專。

⒁辦，給辦也；辨，辨別也；辯，論辯也。三字不同，今多混。

⒂榖，楮木也；穀，百穀也；轂，音叨，精治也。今多混。

⒃戌，戌亥之戌，與征戍之戍異，九月陽氣入地，戌含一也，故從戊從一爲戌；戍，人荷戈也，故從人從戈爲戍。

⒄駮，獸如馬，食虎豹，與駁異；駁，馬色不純也。

⒅弈，博弈之弈，下從廾，音拱。若「奕奕梁山」、「新廟奕奕」、「憂心奕奕」，下從大，與此不同。

二、釐定字音

一字或因地域方音之故，或因引伸假借，每有數種或十數種讀音。因字音不明致字義晦澀者，亦時有之。欲通讀古籍，字音之辨正，實不可不措意。故弱侯以爲明字之音義，爲通經學古之津筏⑤。俗書刊誤及筆乘正續集中，探討字音之條目甚多，茲分：㈠多音字之分析、㈡訛音之辨正、㈢特殊人地名之正讀三項敍述：

㈠多音字之分析：所謂多音字，指因用法不同而有多種讀音之字。此種字音之分析，頗有助於字義之了解，明代考據家由於矜炫博學之故，於此等字特加留意，如楊用修升菴外集九十、九十一有貢字七音、苴有十四音、滇字三音、屈字四音等數十條。弱侯書中此類條目，有直襲用修者，如：苴有十四音條。有一己歸納所得者，如：率有五音、甄三音、齊八音、繇六音、湛七音、敦九音等是。茲舉例如左：

1.齊有八音。弱侯舉證云：

(1)尚書：「齊聖。」平等也。史記五帝本紀：「幼而徇齊。」書大傳：「多聞而齊給。」皆速也。

以上皆音前西切。

(2)周禮：「五齊三酒。」音牋西切。

(3)禮記樂記：「地氣上齊。」與躋同。

(4)禮記玉藻：「廟中齊。」齊讀作濟。

(5)左氏傳：「後君噬齊。」與臍同。

(6)論語：「攝齊升堂。」音津私切。

(7)燕居之齋，齋明之齋，本作齊。音莊皆切。

(8)珠名大齊，藝文志：「百藥齊和」，讀如劑。音才詣切。（俗書刊誤，卷十，頁三下—四上）

2.敦有九音。弱侯舉證云：

(1)詩：「敦彼獨宿。」音堆。

(2)詩：「敦彼行葦。」賈誼賦：「何足挖敦。」竝音團。

(3)詩：「敦弓既堅。」廣韻：「天子弓也。」音雕。

(4)周禮：「每敦一几。」敦，覆也。音幬。

(5)周禮：「度量敦制。」注：「敦，布帛幅廣也。」音準。

(6)周禮：「珠槃玉敦。」禮記明堂位：「有虞氏之兩敦。」音對。

(7)禮記中庸：「敦厚以崇禮。」音墩。

⑻禮記樂記：「樂者敦和。」音純。

⑼爾雅：「敦邱如覆。」敦音鈍。（見筆乘，卷六，頁一三四；又見俗書刊誤，卷十，頁五。）

㈡訛音之辨正：俗書刊誤及筆乘正續集中，辨正前人讀音之誤者有數十條之多，茲擇要舉數例如左：

1.宿，「星宿」之「宿」，韻略音秀，俗亦作此讀。弱侯以爲宿乃日月五星之次舍，以止宿爲義，不應讀作「秀」，遂舉證云：

⑴陰符經：「天發殺機，移星易宿；地發殺機，龍蛇起陸。」

⑵古語：「知星宿，衣不覆。」（筆乘續集，卷五，頁二五八；又俗書刊誤，卷六，頁三下）

知「宿」與「陸」、「覆」爲韻，則不讀「秀」可知也。

2.亢，俗音剛，亦誤。弱侯引爾雅：「壽星，角亢也。」注：「數起角亢，列宿之長，有高亢之義。」可知不音剛。（同上）

3.氐，俗音低，亦誤。弱侯引證云：「爾雅：『天根，氐也。』注：『角亢下繫於氐，若木之有根。』讀如周禮：『四圭有邸』；漢書：『王邸』之『邸』。不音低。」（同上）

4.觜，音訾，亦誤。弱侯云：「西方白虎，而參觜爲虎首，有觜之義，不音訾。」（筆乘續集，卷五，頁二五八；又見俗書刊誤，卷六，頁三下。）

5.廿，俗音「念」者誤。弱侯引顏之推稽聖賦云：「魏嫗何多，一孕四十；中山何夥，有子百廿。」廿音入，而集反。說文：「二十并也。」（俗書刊誤，卷五，頁六下）

㈢人、地名讀音之辨正：古代人名或地名之特殊讀音，或爲漢、魏舊音，或爲方俗殊語。此種人、地名，皆散見於史書中，弱侯集入俗書刋誤卷六略記駢字者甚多，茲舉例如左：

1. 人名讀音：

(1)嫪毒，嫪音勞，去聲；毒，音靄，人姓名，舊注人無行也，非。

(2)食其，音異基。

(3)可汗，音克寒。

(4)万俟，人姓，音墨祈。

2. 地名讀音：

(1)龜茲，音鳩慈，國名，班史讀作丘慈，范史作屈沮。

(2)冒頓，冒，莫北反；頓音獨，匈奴名。

(3)谷蠡，音鹿離，匈奴名。

(4)朝鮮，音招先，日初出卽照其地，故名。近多誤讀爲潮，非。

(5)曲逆，地名，音去遇，陳平封國。

此外，筆乘續集亦有夷狄名姓異音條（續集，卷五，頁二三九），所舉與前述略同。茲就不見於俗書刋誤者，更舉例如左：

(1)閼支，音烟支。

(2)浩亹，音誥門。

(3)番汗，音盤寒。

(4)允吾，音鈆牙。

(5)先零，音銑憐。

(6)樂浪，音洛郎。

(7)契丹之契，音乞。

(8)敦煌之敦，音屯。

(9)康居之居，音渠。

(10)月氏之氏，音支。（筆乘續集，卷五，頁二二三九）

三、考訂字義

字義之考訂，弱侯承用修之緒，亦特重多義字之離析，俗書刋誤與筆乘正續集中所列爲有六義、離有十六義等皆是也。此外於前賢音訓解字之誤，及通假字之辨訂亦頗爲用力。茲分項敍述如左：

(一)糾前賢解字之誤：弱侯於前賢解字之誤，頗多糾正。其韓詩誤字及漢儒失制字之意條，即在糾漢儒解字之誤者也。弱侯所糾漢儒解字之誤，著意於音訓一項。蓋音訓爲漢儒盛行之解字方法，許慎、劉熙等小學家固不論矣，即經學家賈逵、鄭玄等人亦然。然音訓旨在推求事物命名之所以然，而非於名物本身作確切不移之定義。弱侯不明此，以為漢儒皆不明制字之意。故於音訓逐一反駁，茲舉例如左：

1.父，矩也，以法度教子也。弱侯駁之云：「蓋父字從又從丨，又即手字，丨即杖，以手執杖，言老而尊也。」（筆乘，卷六，頁一三二）

2.母，牧也，言育養子也。弱侯駁之云：「母字從女從兩點，女而加乳，象哺子形也。」（同上）

3.子，孜也，以孝事父，常孜孜也。弱侯駁之云：「子字上象其首，中象其手，下象并足，始生襁褓之形。」（同上）

4.男，任也，任功業也。弱侯駁之云：「男字從田從力，壯而力田，供為子職也。」（同上）

5.夫，扶也，以道扶接也。弱侯駁之云：「夫字從天而出，象妻之所天也。」（同上）

6.婦，服也，以禮屈服也。弱侯駁之云：「婦字從女從帚，女而持帚，承事舅姑之義。」（同上）

7.君，韓詩外傳云：「君者何也？曰：群也，為天下萬物而除其害者也。」弱侯以為古文君子[illegible]從𦥑從口，取端拱南面，出命令而無為之意，李斯小篆，從尹從口，許慎說文云：從尹從口以發號。晉悼公曰：「臣之求君，以出令也。此君子之義也。（筆乘，卷六，頁一三三。）

8.王，韓詩外傳云：「王者何也，曰往也，天下往之謂之王。」弱侯引董仲舒曰：「古之造文者，三畫而連其中，謂之王。三者，天地人也，而參通之者，王也。孔子曰：一貫三為王。李陽冰曰：王者之王，中一畫近上，王者則天之義，此王字之義也。（筆乘，卷六，頁一三三）

9.先生：韓詩外傳云：「先生，何也？猶言先醒也。不聞道術之人，則冥於得失，不知亂之所繇，眊眊乎其猶醉也。」弱侯以爲師、長老、子之稱父，君之稱臣皆可稱先生，不徒師可稱先生而已。其舉證云：

(1)師之稱爲先生，謂聞道先乎吾，如：樂克於孟子曰：「先生何爲出此言？」之類。

(2)長老之稱，亦爲先生，謂年齒先乎吾，如：孟子遇宋牼於石邱，曰：「先生將何之？」之類。

(3)子之稱父，亦爲先生，謂其分之可尊，如：曾子有過，曾晳引杖擊之，仆地有間乃蘇，起曰：「先生得無病乎？」之類。

(4)君之稱臣，亦爲先生，謂其德之可尊，如：魯哀公聞冉有之言，喜然而笑曰：「寡人雖不敏，請奉先生之教。」衞靈公聞子夏之言，避席抑手曰：「寡人雖不敏，請從先生之勇。」之類。（筆乘，卷六，頁一三三。）

由此可見先生之義涵蓋頗廣，並不限於生之稱師而已。韓詩外傳解字之誤，蓋由音訓而附會。弱侯於古人以聲音之所近解字，頗致不滿，故云：「古人制字，每寓意於點畫之中，觀此類可見矣。乃以群釋君，以往釋王，以先醒釋先生。至如司馬遷、班固、鄭康成、應劭、劉熙之徒，諸所訓註，此類非一，則徒以聲之相近者而强釋之，初不考六書之本意，其誤後人甚矣。」（筆乘，卷六，頁一三三）

(二)通假字之考訂：古代典籍之通假現象，以經書最多，蓋經書爲儒家所崇奉，人人所必讀，口授傳鈔，不得其本字者必夥。如：伸展之伸，本應作「伸」，易繫辭：「尺蠖之屈，以求信也。」「信」借爲「伸」；早晨之早，本應作「早」，孟子離婁篇：「蚤起，施從良人之所之。」「蚤」借作「早」。

此類情形，不勝枚舉。

古籍通假字之研究，僅見於零星之古注中，並無系統之整理。弱侯於晚明經學中衰時，獨能將古籍中文字通假之現象，條舉一〇八則，每則皆舉例證明之，亦可謂開風氣之先者也。茲將筆乘古字有通用假借用條，所舉諸通假字，舉其要者數則如左：

1.離借爲麗：離字之本義爲離黃，鳥名也。麗爲耦之義。周禮有「麗馬一圉」是也。然古書中多借「離」爲「麗」。弱侯舉證云：

(1)易離卦：「離，麗也。」

(2)易離卦：「明兩作離。」

(3)禮記昏義：「納徵束帛離皮。」

(4)白虎通云：「離皮者兩皮也。」

(5)三五歷紀：「古者麗皮爲禮。」

可見「離」、「麗」兩字相通假。

2.汶借爲岷：汶水，出琅邪朱虛東泰山，東入濰，爲齊之水。而古書多以「汶」通假爲四川岷山、岷江之「岷」。弱侯舉證云：

(1)禹貢：「岷嶓既藝。」又：「岷山導江。」史記引此皆作汶。

(2)三國志：「蜀後主測登觀坂，觀汶水之流。」

(3)五代史：「王建貶巂尉少卿，李綱為汶川尉。」徐無黨注：「汶，讀作岷。」足見汶、岷二字通假。段玉裁云：「漢人崏山、崏江字，作汶山、汶江，以古音同讀如文之故。謂之通假可也。」⑥

3.龍借為寵：「龍，鱗蟲之長，能幽能明，能細能巨，能短能長，春分而登天，秋分而潛淵。」知龍為古代鱗蟲之長者。古書則多借「龍」為「榮寵」之「寵」，弱侯舉證云：

(1)詩蓼蕭：「為龍為光。」毛傳：「龍，寵也。」

(2)詩長發：「荷天之龍。」鄭箋：「龍，當作寵。」

弱侯舉證雖僅二條，然已可證龍、寵二字通假。而寵从龍聲，同聲假借。

4.泣借為澀：泣，說文：「無聲出涕者曰泣。」醫書則多借為血凝於脈之「澀」。弱侯舉證云：

(1)素問：「脈泣而血虛。」

(2)又：「寒氣入經而稽遲，泣而不行。」

(3)又：「多食鹹則脈凝泣而變色。」

弱侯以為「泣」讀為澀。戴侗六書故亦云：「泣，又與澀通。」

5.渠借為遽：渠本為水道之稱。說文云：「渠，水所居也。」古書中多借為「遽」，弱侯舉證云：

(1)尉陀曰：「使我君中國，何渠不若漢長安。」

(2)狹斜行：「丈夫且徐徐，調弦渠未央。」

(3)陶淵明詩：「壽考豈渠央。」

(4)黃魯直詩：「木穿石槃未渠透。」

弱侯又云：

(1)渠字，班史、古樂府、王融三婦艷詩，俱作「遽」字。

(2)宋王楙引庭燎詩注云：「夜未渠央，渠當呼作遽，謂夜未遽盡也。」可證渠、遽古通假。荀子修身篇：「有法而無志其義，則渠渠然。」注：「渠讀爲遽。」此亦爲一佐證。唯弱侯未及備舉。

上述爲筆乘所舉一〇八條中之要者。弱侯以爲古書通假字最多，荀讀爲本字，未有不誤者。（筆乘，卷六，頁一三六。）可知弱侯對通假字音義已甚注意。今人或以爲此乃清人王念孫父子所强調⑦，實則前此數百年之弱侯，已開研究之緒。此乃研究訓詁學所不可忽視者也。

附　注

①如：楊愼有「奇字韻」一卷；朱謀㙔有「古文奇字韻解」十二卷；陳士元有「古俗字略」五卷；張岱有「奇字問」等皆是。

②焦竑，「俗書刊誤」（四庫善本叢書館影印文淵閣四庫全書本），自序。

③見王力，「中國語法理論」（台北市，泰順書局，民國六十年），下册，頁三八七。

④楊萬里校湖南試，見魁卷中有「盡」字作「尽」者，黜之。見履齋示兒篇（台北縣，藝文印書館，民國五十四—六十年，百部叢書集成影印知不足齋叢書本），卷九，頁一，聲畫押韻貴乎審條。

⑤同注②。

⑥段玉裁，「說文解字注」（台北縣，漢京文化事業公司，民國六十九年），十一篇上一，頁四八。

⑦王引之云：「訓詁之旨，存乎聲音，字之音同聲近者，經傳往往假借，學者以聲求義，破以假借之字，而讀以本字，則渙然冰釋；如其假借之字而強爲之解，則結𥷤爲病矣。」見經義述聞（台北市，廣文書局，民國五十二年），卷首，序。

第五節　考訂史事

萬曆二十二年（一五九四），大學士陳于陛建議修國史，請弱侯領其事，弱侯上「修史條陳四事議」①，於修史方法頗有發揮。其後因三殿為大火所燬②，修史之事遂止。已成書者，僅弱侯之國史經籍志而已。其後弱侯就其修史時所涉獵采集之碑銘行狀，成國朝獻徵錄一二〇卷；又編纂明臣之遺言往行，成玉堂叢語八卷；又考訂明名臣之生平傳略，成皇明人物考六卷；又采輯國朝自王侯將相以至庶人方外之傳略，以補實錄之不足，成熙朝名臣實錄二十七卷。足見弱侯治史之勤，及其保存史料之貢獻③。此外，其對史事之考訂，亦有足多者，茲分項敍述如左：

一、正史記之訛誤

史記記黃帝至漢初二千餘年間之史事，因時代渺遠，且所據之史料又多踵誤承訛，故史記一書之疏漏也多，前代學者已頗有指陳。弱侯於史記一書用力精深，於書中之闕誤，及前賢誤解處，皆能引史事以正之。茲條其要如左：

1. 趙氏之族滅，左傳謂趙嬰通於莊姬，原（趙同）、屏（趙括）放之於齊。莊姬以是怨原、屏，譖而殺之，趙氏遂亡。史記則謂大夫屠岸賈，討靈公之賊，殺趙朔、趙嬰、趙同、趙括，而趙氏滅。二書所記不同，然合而考之，始知趙朔、趙同、趙括之死，本各因一事，各爲一時，史記則誤合爲一。弱侯云：

⑴趙朔死後，趙同見於左傳者不一而足，其非同時被殺甚明。

⑵史記趙世家載晉景公三年，屠岸賈攻趙氏於下宮，殺趙朔、趙同、趙括、趙嬰齊，皆滅其族。而晉世家則載景公十二年以趙括與韓厥等五人爲卿。前後相矛盾，實不足信④。

由此可知，趙朔、趙同、趙括等人非同時而卒，足證史記之誤。

2.有關吳起事，史記吳起傳與呂氏春秋之記載互異。吳起傳云：

魏置相，相田文，吳起不悅，謂田文曰：「請與子論功，可乎？」田文曰：「可。」起曰：「將三軍，使士卒樂死，敵國不敢謀，子孰與起？」文曰：「不如子。」起曰：「治百官，親萬民，實府庫，子孰與起？」文曰：「不如子。」起曰：「守西河而秦兵不敢東鄉，韓、趙賓從，子孰與起？」文曰：「不如子。」起曰：「子皆出吾下，而位加吾上，何也？」文曰：「主少國疑，大臣未附，百姓不信，方是之時，屬之於子乎？屬之於我乎？」起默然良久曰：「屬之子矣！」

呂氏春秋執一篇則曰：

吳起謂商文曰：「事君果有命矣夫？」商文曰：「何謂也？」吳起曰：「治四境之內，成馴教，變習俗，使君臣有義，父子有序，子與我孰賢？」商文曰：「吾不若子。」曰：「今日置質爲臣，其主安重，今日釋璽辭官，其主安輕，子與我孰賢？」商文曰：「吾不若子。」曰：「士馬成列，馬與人敵，人在馬前，援桴一鼓，使三軍之士，樂死若生，子與我孰賢？」商文曰：「吾不若子。」

吳起曰：「三者子皆不吾若也，位則在吾上，命也夫事君。」商文曰：「善，子問我，我亦問子，世變主少，群臣相疑，黔首不定，屬之子乎？屬之我乎？」吳起默然不對。少選曰：「與子。」

此二書所記卽一事耳。史記稱田文，呂氏春秋則爲商文。弱侯以爲「太史公得于傳聞，而呂紀先秦之書，或于記載爲覈。」⑤此信從較早之史料，乃治史之正確態度。

3. 史記滑稽傳，記楚莊王之時，有所愛馬，衣以文繡，置之華屋之下，席以露牀，啗以棗脯。馬肥病死，使群臣喪之，欲以棺槨大夫禮葬之。優孟請以人君禮葬之，曰：「臣請以雕玉爲棺，文梓爲槨，……齊、趙陪位於前，韓、魏翼衞其後，……」。弱侯正其誤云：

韓、魏時處戰國，而滑稽傳云，其君陪楚莊王葬馬⑥。

弱侯所駁是也。楚莊王爲春秋時代人，當時未有趙、韓、魏三國。故索隱云：「此辨說者之詞，後人所增飾之矣。」

4. 史記扁鵲列傳，記趙簡子疾，五日不知人，大夫皆懼，召扁鵲入視病。又記扁鵲爲虢太子治病。弱侯駁之云：

扁鵲醫虢公，而傳云與趙簡子同時⑦。

按：虢國爲晉獻公所滅，距趙簡子已百二十餘年。扁鵲爲虢太子治病，則必不知有趙簡子其人；爲趙簡子視病，則必不及見虢太子。史記所云必有一誤。弱侯所駁是也。故索隱云：「此云虢太子，非也。案虢後改稱郭，春秋有郭公，蓋郭之太子也。」

另司馬遷觀念之偏差，弱侯亦正之。史記六國年表云：「作事者必於東南，收功實者常於西北，故禹興於西羌，湯起於亳。周之王也，以豐、鎬代殷，秦之帝用雍州興，漢之興自蜀漢。」此乃就漢以前之事實論之。弱侯乃引陳仁子之言駁之云：

六國之興滅，亦天運耳，地固無常利也。黃帝邑於涿鹿，顓帝邑於龍城，舜耕於歷山，王氣在東。千百年，乃轉而西。西土者，自文、武都豐、鎬以來，秦據咸陽，漢卜長安，王氣在西。又千有一百年，乃轉而河朔。河朔者，自西漢中葉以後，新莽而下，極於隋、唐，河朔富盛，王氣在河朔。又九百年，乃轉而南夏，若南夏者，襄漢以南，達於湖廣，極於閩海。安史之亂，皆禍所不及。歷五季以至宋，民物豐阜，皆古所謂荒涼之地也。自南至北，盛衰有時。遷謂起事專在東南，成功專在西北，非篤論矣⑧。

所論是也。蓋司馬遷欲以片面之歷史事實，歸納爲歷史法則，乃有此誤。此外，先賢於史記有所誤解時，弱侯亦能加以辯護。如：司馬遷之父爲一道家人物，遷頗受其影響，後人遂以史記乃「先黃老而後六經」，弱侯辨之云：

列孔子於世家，老子於列傳，而且與申、韓相埒，亦曷嘗先黃、老而後六經哉！然則後人之譏遷，悉謎語耳⑨。

此駁前人以史遷先黃老而後六經之誤。又如：王應麟引秦本紀：「穆公以五羖羊皮贖百里奚。」商鞅傳：「穆公舉之牛口之下。」弱侯以爲史記自相矛盾，乃引呂氏春秋愼人篇云：

百里奚未遇時，飯牛於秦，傳：鬻以五羊之皮，公孫枝得之，獻諸穆公，三日請屬事焉，公曰：「買之五羊之皮而屬事焉，無乃天下笑乎？」公孫枝對曰：「信賢而任之，君之明也。讓賢而下之，臣之忠也，君爲明君，臣爲忠臣，彼信賢，境內將服，夫誰暇笑哉！」遂用之，謀無不當，舉必有功⑩。

此以呂氏春秋之言，證史記秦本紀及商鞅傳之不誤也。

弱侯於史記徐廣注，司馬貞索隱之誤，亦多所指陳，玆舉三例以見一斑：

1.史記孝文帝紀云：「文帝二年十一月晦，日又食之。十二月望，日又食。」弱侯先正刊本之誤，以爲下一「日」字，應作「月」。次引徐廣之說：「此云望日又食，漢書及五行傳皆無此文。一本作月食，然月食史所不紀。」遂駁之云：

(1)蓋日食必於朔，月食必於望。時以晦既日食，望又月食，不半月而天變兩見，故於望日下詔書修省，而詔止云：「乃十一月晦，日有食之。」則因感月食之變，而益謹日食之戒，故也。

(2)景帝後三年十月，日月皆食，云十月而不繫以日，則此月朔望分食，非一日事也⑪。

此駁徐廣謂「月食史所不紀」之謬。

2.漢景帝後三年十二月晦，雷。徐廣注云：「一作靁字，又作圖字，實所不詳。」弱侯以爲靁卽雷字。此因發聲非時，故特紀異耳。雷，集韻原作靁。鄭樵通志云：「回，古靁字，後人加雨作靁。回，象雷形。」⑫可知徐廣失之不考。

3.史記范睢傳：「意者臣愚而不概於王心邪！」徐廣曰：「概音同。」索隱曰：「戰國策概作閼，謂閼涉於王心也。」楊用修因徐廣之說，以概作同，收入古音中。弱侯引莊子：「豈能無概然於心邪！」以爲正與史相合，猶今云大概耳⑬。

此外，弱侯引賈誼傳：「賈嘉最好學，至孝昭時，列爲九卿。」司馬相如傳：「楊雄以爲靡麗之賦，勸百風一，猶馳騁鄭衞之聲，曲終而奏雅。」以爲皆後人所竄入，並爲古書喪眞而嘆息⑭。而當時續史記者則有馮商，孟柳等人，不獨褚少孫一人耳⑮。

二、考訂典制

弱侯於典章制度之考訂，獨詳於漢代，所考有漢代之官制、專賣制度等。其於漢官制，頗引周禮與明代官制相比較，以見其演變之迹。玆舉例如左：

1.漢官名，俱見於漢書百官公卿表，其不見於百官公卿表者，弱侯舉出四種：

(1)行寃獄使，因張敞殺絮舜而見。

(2)美俗使，因何並代嚴詡而見。

(3)河隄使，因王延世塞決河而見。

(4)直指使，因暴勝之而見。

弱侯以爲此皆因事置官，事已卽罷⑯，故百官表不收也。

2.漢有尚冠、尚衣等六尚書，如淳以爲掌天子之物曰尚；宋百官志云：「尚，猶主也。」弱侯以爲古字少，故多省文，以轉注爲義。合周禮之言，則諸尚字，皆古掌字之省文。今人或從去聲而讀爲上，或從平聲讀爲常。並以如淳知解尚字之義，宋百官志知尚猶主也，然皆不知應讀爲掌，實乃承譌習舛而不悟也⑰。弱侯既已明尚字之義，又以周禮諸官與漢官相比對，云：

(1)周官有司服，中士，掌王之服，辨其名物，即尚衣也。

(2)周禮有掌舍，掌行所解止之處，帷幕幄帟之事，即尚舍也。

(3)周官小司徒，中大夫，掌六畜車輦。又宗伯，巾車下大夫，掌王后之五輅，輦車組輓，有翣羽，蓋即尚輦也。

此明周禮之司服、掌舍、小司徒，即漢官之尚衣、尚舍、尚輦也。

3.弱侯又以漢職官與明職官相比較，以明其源流，茲條敘如左：

(1)太尉即今之本兵。

(2)左右前後將軍即今之五府。

(3)左右前後將軍各置長吏，即今之參軍大夫。

(4)大中大夫、中大夫、諫大夫，即今之六科。

(5)期門，即今之錦衣。

(6)廷尉，即今之大理。

(7)治粟內史，即今之戶部。

(8)少府掌山海地澤之稅，即工部之都水虞衡。

(9)尙書符節，即今之尙寶。

(10)太醫，即今太醫院。

(11)導官，即今儀仗司。

(12)樂府，即今太常諸屬。

(13)考工室，即今工部鐵作局與內官監諸屬。

(14)大官，即今之精膳監。

(15)東織西織，即今之織染局。

(16)庖人以下，與光祿寺大官諸司相參。

(17)典客，掌歸義蠻夷，一名大行令；今國家設行人，專以使四方，歸義蠻夷，則以屬部之主客司。

(18)郎中令，中書、謁者以下，今竝爲內官諸屬，漢時以士人參，猶不失周官遺意，而今不可復矣⑱。

經此比較，弱侯遂以爲漢職官與明官制頗多相同。蓋行政事務，古今或有繁簡之不同，其實質則未嘗或改，故古今官名雖更迭紛繁，所掌則大體近似，宜乎漢官多同於明官也。

其次，爲專賣事業榷酒酤之稽考。據漢書武帝紀，榷酒酤始於天漢三年（西元前九八年），至昭帝時受賢良文學之議，於始元六年（西元前八一年）完全廢止。此後，王莽時曾加恢復，至唐德宗時又見施行，迄於宋、元不改⑲。酒之專賣何以稱爲「榷酒酤」、「榷」之義如何？弱侯曾引古書云：

(1)韋昭曰：「以木渡水曰榷，謂禁民酤釀，獨官開置，如道路設木爲榷，獨取利也。」

(2)說文：「榷，水上橫木，所以渡者。」

(3)爾雅謂之石杠，亦曰略彴。

可知榷之本義爲獨木橋，何以引獨木橋之榷爲專賣之稱，弱侯則未進一步稽考。蓋獨木橋專爲一人行，故引申爲專之義。漢書翟方進傳：「貴戚近臣，子弟賓客，多辜榷爲姦利者。」師古注：「榷，專也。」即就其引申義說之。

當時以爲榷酒則利在官吏，而百姓蒙其害。稅酒則利在百姓，而官吏頗有不便。弱侯曾述及當時改榷時民衆之反應：

其初改榷時，至謂投醪江流，見者撫膺，榷罌破缶，在在嗟怨，括馬供磨，騷及編氓，伐木爲薪，至空嶽麓，且倡優當壚，嘈雜郡齋，糟糠豢豕，充斥後圃。凡酒家一孔之利，鉤決靡遺，酒貴米賤，既相遼絕，重法以禁，不爲衰止。搜邏之卒，旁午逵道，連坐之人，塡溢犴圄，甚至中下之家，閱月踰時，不知酒味，小有讐嫌，動相誣訐⑳。

此段文字或錄自前代典籍，弱侯未注所出。據引文所述，當時社會曾因榷酒酤，引發甚多問題，惟今傳漢代史料，並未述及。

此外，弱侯又考及營田、屯田之別。吾國之土地制度，或行國有制，或行私有制，歷代不一，且名目紛繁，有井田、倍田、口分田、永業田、屯田、營田……等，不勝枚舉。或以爲屯田與營田無別。弱侯則以爲屯田、營田不同名，則其制必有異。引通典所載宇文融括天下隱田之法，曰：

浮戶十，共作一坊，官立閭舍，每丁給田五十畝，爲私田，任其自營種。每十丁於近坊更共給一頃，以爲公田，共令營種，十丁歲營田一頃。一丁一年役功三十六日外，官收共爲百石，此外更無租稅，既是營田戶，且免征行，必不流散，如此棄地卽爲公田矣㉑。

可知所謂營田者，是給公田令浮戶爲官營種，十丁一年共種公田一頃，官收百石，此外更無租稅，與編戶給田納租者不同，故名營田也。至於屯田，弱侯則云：

若屯田則咸屯兵爲之，趙充國、鄧艾、羊祜皆是也，故云屯田。今江南民租官田者，皆名屯田。蓋國初時本以屯兵爲之，今入民戶，猶仍故名也。

屯田既由屯兵爲之，其與營田不同，甚爲明顯。所以屯田、營田混者，蓋營田之制，由官給田，一年官收百石，此與租官田者頗相類似。當時江南民租官田者謂之屯田，故屯田與營田遂混淆不清矣。

弱侯有關典章制度之考訂，雖失於瑣屑，所考亦稍嫌簡略，然於明代考據家中，可謂倡風氣之先者。其後，方以智通雅卷二一至二五考官制，卷二六考事制，卷二七考貨賄，頗委曲詳盡。啟迪之功，或應推弱侯也。

三、辨訂僞書

本書前數章已述及，明代考據家之辨僞書者，有楊愼、胡應麟等人。應麟有辨僞專著，且能建立辨僞之方法論，成就最大。弱侯於僞書之辨訂，亦時時措意，其筆乘正續集之僞書、外篇雜篇多假託、越絕書諸條，所辨雖片言隻語，然其方法亦頗細密，可稱述者多。惟因篇幅短少，故附於史事之考訂一節中。茲依其辨僞方法逐條述之如左：

1.就書中避諱辨之：弱侯云，莊子外雜篇避漢文帝諱，改田恆爲田常㉓。故非莊子所作。

2.就其用後代人名辨之：世傳爾雅爲周公所作，弱侯云，爾雅書中有：「張仲孝友。」張仲，宣王之臣也，周公安得知之㉔？

3.就其用後代地名辨之：世傳本草爲神農之書。弱侯以爲書中言及豫章、朱崖、趙國、常山、奉高、眞定、臨淄、馮翊等地名，皆非神農時所有，其不爲神農之書，不辨可知。又山海經相傳爲禹、益之書，中有長沙、零陵、桂陽、諸暨，如此郡縣，豈禹時所有邪！

4.就其用後代名詞辨之：三墳相傳爲伏羲、神農、黃帝之書。弱侯以爲書中謂天地圜丘，思及命婦；而圜丘、命婦，周禮始有之，以爲黃帝之書，可乎？又莊子外雜篇有封侯、宰相等語，秦以前所無，故外雜篇自不爲先秦書。

5.就其用後代事實辨之：前人皆以三略、六韜爲太公之書，然其中頗雜引軍讖以足成之。弱侯以爲讖書起於戰國之後，太公之時，必不得有之。又如：蒼頡篇爲秦李斯所撰，篇中云漢兼天下海內，拜廁豨黥韓覆畔討滅殘，漢事何以載之秦書？

6.就其用後代文體辨之：三墳相傳爲伏羲、神農、黃帝之書。書中有天皇伏羲氏皇策辭，弱侯以爲策始於漢，而謂伏羲氏有策辭，可乎？

7.就天文學用語辨之：周書時訓篇以雨水爲正月中氣。弱侯以爲漢以前，曆皆以驚蟄爲正月中氣，至漢太初曆始易之以雨水。可知時訓篇非漢以前之作。

8.就書中隱語辨之：作僞者有將其姓名隱於書末者，如：周易參同契有「委時去害，與鬼爲鄰，百世一下，遨遊人間，陳敷羽翮，東西南傾，湯遭阨際，水旱隔并。」等語，卽自隱「魏伯陽」三字。越絕書，鄭樵以爲子貢所作，然其終篇云：「以去爲姓，得衣乃成，厥名有米，覆之以庚，禹來東北，死葬其疆。」又云：「文屬辭定，自于邦賢，以口爲姓，承之以天，楚相屈原，與之同名。」弱侯以爲去得衣乃袁字，米覆庚乃康字；禹葬會稽，是會稽袁康所著。又「文屬辭定，自于邦賢。」言此書非康自著。口承天，乃吳字；與屈原同名，乃平字。是邑人吳平所共定㉕。

就前文所述，弱侯所辨及之書，有莊子外雜篇、爾雅本草、山海經、三墳、三略、六韜、蒼頡篇、周書、周易參同契、越絕書等十數種。諸書今皆已判其僞，足見弱侯所辨不誣。

附注

①修史條陳四事議：一、本紀之當議；二、列傳之當議；三、職官之當議；四、書籍之當議。見「焦氏澹園集」（台北市，偉文圖書公司，民國六十六年），卷五，頁八—一一。

②朱國楨云：「陳文端請修正史，分各志二十八，務於詳備，一志多至四、五十萬餘言。未幾，文端薨，各志草草了事。丁酉，擬修列傳，會三殿災，奏停。蓋六月十九日也。」見朱著，「湧幢小品」（台北市，新興書局，民國六十二年，筆記小說大觀正編本。）卷二，頁六下。又孫承澤云：「萬曆年間，閣臣陳于陛請修國史，詔從之，於是開館分局，集累世之實錄，采朝野之見聞，紀傳書志，頗有成緒，忽遇天災，化爲煨燼，史事益屬茫然矣。」見孫著，「春明夢餘錄」（香港，龍門書店，一九六五年），卷一三，頁四上。

③參見李焯然，「焦竑之史學思想」，「書目季刊」，十五卷，四期（民國七十一年三月）。

④「筆乘續集」（台北市，台灣商務印書館，民國五十七年，人人文庫本），卷五，頁二五三，左氏史記之異條。

⑤同註④，卷五，頁二五二，史記呂氏春秋之異條。

⑥「筆乘」，卷二，頁三六，史公疏漏條。

⑦同注⑥。

⑧同註④，卷五，頁二五七，東南西北條。

⑨同註⑥，卷二，頁三六，史公權衡條。

⑩同註⑥，卷二，頁三二，紀傳自相矛盾條。

⑪同註⑥，卷二，頁三二，徐廣注誤條。

⑫同註⑪。

⑬同註④，卷三，頁一九八，徐廣索隱注條。

⑭同註⑥，卷二，頁三五，史記多爲後人殽亂條。

⑮同註⑥，卷三，頁一九三，馮商條。

⑯同註⑥，卷一，頁十一，漢官名條。

⑰同註⑥，卷二，頁四〇，六尙條。

⑱同註⑥，卷二，頁三七，漢職官與今多同條。

⑲參見加藤繁：「關於榷的意義」，見氏著，「中國經濟史考證」（台北市，華世出版社，民國六十五年），頁一五一—一五七。

⑳同註④，卷四，頁二二九，榷酤條。

㉑同註④，卷三，頁二〇四，營田條。

㉒同注㉑。

㉓同註⑥，卷二，頁三一，外篇雜篇多假託條。

㉔同註⑥，卷六，頁一四二，偽書條。以下所引皆同，不另注出處。

㉕同註④，卷四，頁二二〇，越絕書條。

第六節　考訂詩句

弱侯之考詩，所涉頗廣。有考詩體之起源者，如：次韻非始唐人條，以爲次韻始於王肅繼室答故妻詩，非始於元、白①。有論詩之技巧者，如：李杜條，引謝康樂盧陵王墓下詩：「延州協心許，楚老惜蘭芳；解劍竟何及，撫墳徒自傷。」弱侯以爲康樂以後二句，足前二句，兼引李、杜詩數首以爲例②。有論詩之用韻者，如：詩誤出韻條，舉杜甫雨晴詩：「天際秋雲薄，從西萬里風；今朝好晴景，久雨不妨農。」農字出二冬韻③。有考詩之用字者，如：杜詩重用字條，引杜甫遣田四弟將軍詩：「離筵罷多酒，空醉山翁酒。」重用二「酒」字④。然所考皆單篇散記，略不成系統。

惟考前人詩之出典及糾前人用典之誤，條目頗多，且獨詳於老杜、東坡，足見弱侯詩學根源所在。玆分兩類敍述。

一、明用典之所出

1王維奉和聖製從蓬萊向興慶閣道中留春雨中春望之作應制詩：「鑾輿迥出千門柳。」弱侯以爲「千門」乃用建章宮千門萬戶事也；並糾俗本以「千門」爲「僊門」之誤⑤。按：漢武帝起建章宮，度爲千門萬戶，後世遂以宮門爲千門，弱侯所云是也。杜甫哀江頭：「江頭宮殿鎖千門，細柳新蒲爲誰綠。」

盧綸長安春望詩：「東風吹雨過青山，卻望千門草色閒。」皆用此典。

2.王維夷門歌云：「向風刎頸送公子，七十老翁何所求。」弱侯以爲典出晉書段灼傳，灼上書追理鄧艾有曰：「七十老公，復何所求哉！」⑥

3.世人皆知杜甫讀書破萬卷，黃山谷亦云：「杜詩無一字無來處。」爲印證山谷之言，弱侯特拈出數十句：

(1)「騣尾蕭蕭朔風起」，用漢天馬曲。

(2)「眼有紫焰雙瞳方」，用馬經語。

(3)「儒術於我何有哉」，用崔祥語。

(4)「孔邱盜跖俱塵埃」，用阮競語。

(5)「詩卷長留天地間」，用劉楨語。

(6)「深山大澤龍蛇遠」，用左氏語。

(7)「遠山却略羅峻屏」，用孫綽語。

(8)「十日不一見顏色」，用江淹語。

(9)「青鞋布襪從此始」，用謝眺語。

(10)「青袍白馬更何有」，用庾信賦語。

(11)「舟人漁子入浦漵」，用木華海賦語。

⑿「關中小兒壞紀綱」，用梁到溉語。

⒀「十年厭見旌旗紅」，用甪里先生語。

⒁「文采風流今尚存」，用羊祜語。

⒂「丈夫蓋棺事始定」，用劉毅語。

⒃「明年此會知誰健」，用阮瞻語。

⒄「不分桃花紅勝錦」，用漢李夫人語。

⒅「卽今耆舊無新語」，用張湛語。

⒆「陶冶性靈存底物」，用鍾嶸語。

⒇「一談一笑俗相看」。用王遇元語。

(21)「鄰雞野哭如昨日」，用張禹語。⑦

以上所舉僅杜詩之一隅而已，然已足徵後人之言，更可見弱侯之博洽。

4.杜甫秋興八首之七：「織女機絲虛夜月，石鯨鱗甲動秋風。」前人注皆未詳出典，弱侯引關輔古語云：「昆明池中，有二石人，牽牛織女，立池東西，以象天河。」又引廟記云：「池中有石鯨，刻石爲鯨魚，長三丈，每至雷雨，常鳴吼，鬣尾皆動。」⑧弱侯所引關輔古語與廟記，今皆未見，惟杜詩鏡銓所引曹毗志怪、西京雜記⑨與弱侯所云近似，足爲證佐。

5.杜甫奉寄別馬巴州：「功曹非復漢蕭何。」劉貢父詩話以曹參爲漢功曹，證杜詩之誤。弱侯駁之云，曹參亦未爲功曹，子美自用孫策語耳。吳虞翻爲孫策功曹，策曰：「孤有征討事，未得還府，卿復以功曹爲吾蕭何，守會稽耳。」廣德元年（七六三），子美在梓州，補京兆府功曹，故以自況⑩。按：本詩杜甫自注：「時甫除京兆功曹，在東川。」足證弱侯之言。

6.杜甫諸將五首之一：「昨日玉魚蒙葬地，早時金盌出人間。」金盌句，原注以爲杜甫用南史沈炯文：「茂陵玉盌遂出人間」語，而竄易作金盌。弱侯則以爲杜甫用盧充事，引孔氏志怪云：

盧充入崔府君墓，與其小女婚，別後四年，女抱兒還充，又與金盌。……充詣市賣盌，高舉其價，冀有識者，欻一老婢問充得盌之由，因曰：「我姨妹崔少府女，未嫁而亡，家親痛之，贈一金盌，著棺中，今視卿盌甚似。」⑪

此事世人罕知，故弱侯詳疏之。然胡應麟以爲杜甫以金盌字入玉盌語，一句中事詞串用，兩無痕跡⑫。則舊注亦不誤也。

7.杜甫秋興八首之八：「昆吾御宿自逶迤。」弱侯引漢書：「武帝建元三年，開上林苑，東南至藍田、宜春、鼎湖、御宿、昆吾，旁南山而西，至長楊、五柞，北繞黃山，瀕渭水而東，周袤三百里，離宮七十所，皆容千乘萬騎⑬。又引有三輔黃圖、三秦記之文，以明御宿苑命名之原由。

8.韋應物答鄭騎曹青橘詩：「憐君臥病思新橘，試摘才酸亦未黃；書後欲題三百顆，洞庭須待滿林霜。」弱侯以爲此用王右軍帖：「奉橘三百枚，霜未降，未可多得。」並盛稱應物之詩，用典渾化無跡，如自作語⑭。

9.韋應物寄全椒山道士：「澗底束荊薪，歸來煮白石。」後人以爲寓言。弱侯引晉書：「鮑靚爲南陽太守，嘗行部入海，遇風饑甚，取白石，煮之以自濟。」以爲實有其事⑮。

10.王建宮詞：「寒食內人嘗白打，庫中先散與金錢。」韋莊詩：「內官初賜清明火，上相閒分白打錢。」楊用修以白打錢爲戲名，惟未明指爲何事。弱侯引齊雲論：「白打蹴踘，戲也。兩人對踢爲白打，三人角踢爲官場。」⑯按：白打蹴踘，卽今踢鍵子也。

11.張喬寄清越上人：「遠公窗下蓮花漏，猶向山中禮六時。」弱侯引佛藏云：

遠公弟子惠安，患山中無刻漏，乃於水上製十二銅葉芙蓉，因波隨轉，分別旦夕，以爲行道之節，名蓮花漏⑰。

按：梁高僧傳六道祖傳與翻譯名義集均載此事⑱，弱侯所引「佛藏」，蓋指前引二書之一。又云：

六時，僧規，以六時經行，六時燕坐。經行六時曰：幽谷時，寅也；高山時，卯也；日照高山平地時，辰也；可中時，巳也；正中時，午也；鹿苑時，未也。至申則旦過而退，劉長卿詩亦云：「六時行徑空秋草。」（同上）。

此明六時之義也。惟弱侯並不云出自何書。

12.王安石示德逢詩：「深藏組纚三千牘，靜占寬閑五百弓。」弱侯明其出典曰：

出佛典，分一拘盧舍爲五百弓。分一弓爲四肘。一拘盧舍，四里也⑲。

拘盧舍爲印度之長度單位，漢譯有句盧舍、拘樓賒、俱盧舍等名。據俱舍光記卷一二云：「一弓六尺四寸；五百弓一俱盧舍，五百弓計三千二百尺。」⑳然毘曇論云：「四肘爲一弓，五百弓爲一拘盧舍，今之二里也。」說法皆與弱侯頗有出入，不知弱侯所據何書也。

13.蘇東坡以玉帶贈寶覺，寶覺以衲衣酬之，東坡謝以詩云：「病骨難堪玉帶圍，鈍根仍落箭鋒機；欲教乞食歌姬院，故與雲山舊衲衣。」弱侯云：

韓熙載仕江南，每得俸給，盡散後房歌姬，熙載披衲持鉢，就諸姬乞食，率以爲常，坡用此事㉑。

韓熙載，南唐北海人。弱侯所述乞食事，周密癸辛雜識有之。清俞正燮癸巳類稿卷十五更輯有韓文靖公（熙載）事輯。

二、訂用典之誤

1.陸機贈從兄車騎詩：「焉得忘歸草，言樹背與襟。」弱侯引詩經：「焉得諼草，言樹之背。」以爲諼，忘也；背，堂北也。陸機云「忘歸」，又誤認背字，皆誤㉒。

2.李白送羽林陶將軍詩：「莫道詞人無膽氣，臨行將贈繞朝鞭。」左傳文公十三年：「繞朝贈之以策」，指方策之策，太白以鞭爲策，誤也㉓。

3.李白登廣武古戰場懷古詩：「沈醉呼豎子，往言非至公。」阮籍登廣武歎曰：「時無英雄，使豎子成名。」此傷時無劉邦、項羽，使名歸司馬氏也。太白直以豎子爲劉邦，誤也㉔。

4.王維老將行詩：「衞青不敗由天幸。」弱侯以爲天幸者乃霍去病，右丞誤以爲衞青㉕。

5.陳子昂感遇詩：「吾聞中山相，乃屬放麑翁。」弱侯以爲放麑本秦西巴，孟孫氏之臣，子昂誤以爲中山相㉖。按：韓非子：「孟孫獵得麑，使秦西巴持歸，其母隨之而啼，西巴弗忍而與之。孟孫怒，逐之，居三月復召，以爲傳，曰：不忍麑，又且忍吾子乎？」據此可證子昂之非。

6. 宋之問苑中遇雪應制詩：「紫禁仙輿詰旦來。」李迴秀詩：「詰旦重門聞警蹕。」二詩皆以「詰旦」爲今日。弱侯據左傳：「詰朝相見。」以爲「詰」乃明朝之意，宋、李二人皆誤也㉗。

7. 杜甫投贈歌舒開府翰二十韻：「軒墀曾寵鶴，畋獵舊非熊。」軒墀，殿前階墀也。按：左傳：「衞懿公好鶴，鶴有乘軒者。」軒指軒車之軒。杜甫用此典，言歌舒翰之貴寵已如乘軒之鶴，明皇得之，如文王之得呂望。杜將軒車之軒，誤爲軒墀，故弱侯正之也㉘。

8. 杜甫吹笛：「胡騎中宵堪北走」，此用劉琨事也。世說新語：「劉越石爲胡騎圍數重，乘月登樓清嘯，賊聞之淒然長歎，中夜奏胡笳，賊皆流涕，人有懷土之思，向曉又吹之，賊並棄圍奔走。」可知劉琨所奏者爲胡笳，杜甫則誤用爲笛詩，弱侯正之，是也㉙。

9. 杜甫有客詩：「莫嫌野外無供給，乘興還來看藥欄。」王維詩：「藥欄花徑衡門裡。」弱侯引李正己云：「園庭中藥欄。藥，音義與籥同，藥卽欄，欄卽藥也。」杜甫與王維皆誤爲花藥之欄㉚。

10. 劉禹錫踏歌行：「爲是襄王故宮地，至今猶自細腰多。」弱侯引墨子云：「楚靈王好細腰，故其臣皆三飯爲節，脇息然後帶，緣牆然後起。」又引韓非子曰：「楚莊王好細腰，一國皆有饑色。」細腰事凡兩見，或作靈王，或作莊王，不聞襄王也㉛。

11. 韋莊憶惜詩：「西園公子名無忌，南國佳人字莫愁。」弱侯引曹植公讌詩：「公子敬愛客，終宴不知疲；清夜遊西園，飛蓋相追逐。」可知西園公子乃子建事，云無忌者，誤也㉜。

12.蘇軾虢國夫人夜遊圖：「當時亦嘆潘麗華，不知門外韓擒虎。」東坡以陳後主之妃爲潘麗華。弱侯駁之云：「陳後主張貴妃，名麗華。韓擒虎平，陳後主、麗華俱見收。而齊東昏侯有潘淑妃，初不名麗華也。」㉝實則杜牧臺城曲：「門外韓擒虎，樓頭張麗華。」已誤在先，東坡蓋承其訛也。

13.蘇軾詩：「全勝倉公飲上池。」史記扁鵲傳載長桑君出懷中藥予扁鵲，曰：「飲是以上池之水，三十日當知物矣。」索隱引舊說云：「上池水，謂水未至地，蓋承取露及竹木上水，取之以和藥，服之三十日當見鬼物也。」東坡誤以爲倉公事，弱侯正之，是也㉞。

14.蘇軾詩：「獨憐司馬能鐃石，餘有中郎解摸金。」弱侯云：「出袁紹檄。曹操云：發丘中郎將，摸金校尉。摸金非中郎也。」㉟

15.蘇軾登徐州戲馬台詩㊱：「路失玉鉤芳草合，林亡白鶴野泉清。」桂苑叢談云：「咸通中李蔚自大梁移鎭淮海，見郡無勝游之地，命於戲馬亭西連玉鉤斜道葺亭名賞心。」㊲可知玉鉤斜在揚州（廣陵），故弱侯正之云：「廣陵亦有戲馬台，下有路，號玉鉤斜，非徐州事也。」㊳

附　注

①次韻非始唐人條云：「世傳詩人次韻，始於白樂天、元微之，號元和體。然楊衒之洛陽伽藍記載王肅入魏，舍江南故妻謝氏，而娶元魏帝女，其故妻贈之詩曰：『本爲薄上蠶，今爲機上絲，得路遂騰去，頗憶纏緜時。』

繼室代答，亦用絲、時兩韻，是次韻非始元白也。」見「筆乘續集」，卷三，頁一九三。

②李杜條，見「筆乘續集」，卷四，頁二二三。

③詩誤出韻條，見「筆乘」，卷四，頁九一。

④杜詩重用字條，見「筆乘」，卷一，頁二〇。

⑤「筆乘續集」，卷三，頁二〇〇，千門條。

⑥「筆乘」，卷一，頁一九，夷門條。

⑦同註⑥，卷四，頁八九，杜詩無字無來處條。

⑧同註⑥，卷二，頁四四，昆明池詩條。

⑨楊倫，「杜詩鏡銓」（台北市，台灣中華書局，民國五十八年），冊二，卷一三，頁二二五。

⑩同註⑥，卷四，頁九一，杜詩用孫策語條。

⑪同註⑥，卷四，頁九二，金盌條。

⑫胡應麟，「詩藪」（台北市，正生書局，民國六十二年），外編卷四，頁一八五。

⑬同註⑥，卷二，頁四四，昆吾御宿條。

⑭同註⑥，卷五，頁二五一，用晉人語入聲律條。

⑮同註⑥，卷一，頁一五，煮白石條。

⑯同註⑥，卷三，頁七九，白打錢條。

⑰同註⑥，卷三，頁八〇，蓮花漏條。

⑱釋慧皎撰，「高僧傳」，卷六。見「大藏經」（台北市，新文豐出版公司，民國六十四年）冊五十，頁三六三上。

⑲同註⑥，卷一，頁一一五，五百弓條。

⑳見日本龍谷大學編，「佛教大辭彙」（日本，富山房，昭和四十八年），第二卷，頁八九三。

㉑同註⑥，卷四，頁九三，東坡用熙載事條。

㉒同註⑥，卷一，頁九，士衡詩誤條。

㉓同註⑥，卷三，頁八二，唐人用事之誤條。

㉔同上。

㉕同上。

㉖同上。

㉗同上。

㉘同註⑥，卷四，頁九二，杜詩誤條。

㉙同上。

㉚同上。

㉛同註⑥，卷三，頁八〇，禹錫誤用事條。

㉜同註⑥，卷一，頁一二，韋莊詩條。
㉝同註⑥，卷四，頁九四，東坡誤用事條。
㉞同上。
㉟同上。
㊱此詩原題作：「與舒教授、張山人、參寥師同游戲馬臺，書西軒壁，兼簡顏長道。」弱侯所引詩名，蓋後人所改。
㊲見趙克宜輯，「蘇詩評注彙鈔」（台北市，新興書局，民國五十六年），冊三，附錄下，頁一引。
㊳同註㉝。

第七節　考證工作之缺失

一、引文不注所出者

弱侯考證工作，最受人訾議者爲引資料沒其所出。蓋鈔錄資料時，未隨手記其出處，年歲淹久，必不辨人我，迨將所鈔剞劂成書，遂成剽竊矣。弱侯之筆乘正續集、俗書刊誤二書，卽有此弊。四庫提要曾譏云：「（筆乘）多剿襲說部，沒其所出」，並舉例十數則以證之，爲省篇幅，茲僅錄條目如左：

(1)周易舉正一條，乃洪邁容齋隨筆語。
(2)禿節一條，乃宋祁筆記語。
(3)開塞書一條，乃晁公武郡齋讀書志語。
(4)一錢條，乃僞蘇軾杜詩注語。
(5)花信風一條，乃王逵蠡海集語。
(6)玉樹青葱一條，乃封演聞見記語。
(7)何遜詩一條，乃黃伯思東觀餘論語。
(8)烏鬼一條，乃沈括夢溪筆談語。
(9)蒼頡一條，乃張華博物志語。

⑽續史記一條，乃無名氏尊俎餘功語。①

其中，周易擧正條末稱：「此書〔指郭京周易擧正〕世罕見，晁公武所進易解多引之。」蓋洪邁當南宋孝宗時，故其言爾。至明代則郭京書有刊本，而晁公武書久佚，正與邁時相反，乃仍錄原文②。足見弱侯之疏漏。然固不止於此也，四庫提要不及詳擧者爲數甚多，玆條之如左，讀弱侯書者，當知所分辨。

1雕板印書條：蜀相毋公，蒲津人，先爲布衣，嘗從人借文選、初學記，多有難色。公歎曰：「恨余貧不能力致，他日稍達，願刻板印之，庶及天下學者。」後公果顯於蜀，乃曰：「今可以酬宿願矣。」因命工日夜雕板，印成二書，復九經、諸史。兩蜀文字，由此大興。洎蜀歸宋，豪族以財賄禍其家者什八九，會藝祖好書，命使盡取蜀文籍諸印本歸闕，忽見卷尾有毋氏姓名，以問歐陽炯，炯曰：「此毋氏家錢自造。」藝祖甚悅，卽命以板還毋氏，是時其書遍於海內。初在蜀雕印之日，衆多嗤笑，後家累千金，子孫祿食，嗤笑者往往從而假貸焉。左拾遺孫逢吉詳言其事如此③。按：此稱宋太祖爲藝祖，又云：「左拾遺孫逢吉詳言其事如此。」孫逢吉，爲後蜀成都人，曾與句中正校定石經，分刻於蜀中。則此段爲宋人筆記無疑。

2用修誤解歲字：用修云：「歲，古卽遂字，今文從步從戌，年至戌而終，乃秦以十月爲歲首，故制字從步戌，前此未有也。」按：爾雅，夏曰歲，取歲星行一次也。歲星行一次，而四時之功畢，故年謂之歲，從步者，其纏度可推步也。從戌者，木星之精生於亥，自亥行至戌而周天也。謂其始於秦，蓋誤④。按：自「爾雅，夏曰歲」至「自亥行至戌而周天也」爲毛居正六經正誤之文。

3.「齼音楚，去聲，齒怯也。曾茶山餉柑詩：『莫向君家樊素口，瓠犀微齼遠山顰。』」⑤此襲自升菴外集卷九十，頁二十二，齼字音條。

4.「棗，說文重朿爲棗，竝朿爲棘。洪邁曰：『棘與棗類，棘之字兩朿相竝，棗之字兩朿相承。朿音刺，木芒刺也。朿而相戴立生者棗也。朿而相比，橫生者棘也。不識二物，觀文可辨，古人制字之玅義如此。』孔子曰：『視犬之字，如畫狗也。』棗、棘二字，亦何異於畫二木哉！⑥按：此襲自升菴外集，卷九十，頁二，棗棘象形條。

5.「汶：按蜀山之大者曰岷山，其水曰岷江，漢人隸書作汶，與汶上之汶相混。今史記引禹貢『岷嶓既藝』及『岷山之陽』皆作汶，又王右軍與周益州書：『欲及卿在彼登汶領峨眉而旋。』汶領及泯領，用古字耳」⑦。按：此條見升菴外集卷五，頁六，汶卽岷條。

6.「說文引孔子之言甚多，如：『狗，叩也，叩氣吠以守。』又曰：『視犬之字如畫狗也。』又曰：『牛羊之字以形舉也。』又曰：『黍可爲酒禾入於水也。』又曰：『推一合十曰士』。『以一貫三曰王』。此類甚多，豈叔重去古未遠，別有所見邪，抑孟堅所謂宗師仲尼以重其言邪！」⑧按此條見升菴外集，卷九十，頁二，說文引孔子條。

另有明堂位一條⑨，襲自升菴外集卷三十二；周公用天子禮樂條、苴有十四音條⑩，襲自升菴外集卷九十。文長皆不錄。其所以多襲自用修書者，蓋弱侯頗嗜讀用修書，隨手謄錄，不及記其所出也。

二、論證輕率者

弱侯考證條目中，論證之輕率者，一如楊用修，此乃當時學風所限，實不忍苛責也。爲明其何以致誤，玆舉例如左：

1.衞風木瓜：「投我以木瓜，報之以瓊琚；投我以木李，報之以瓊玖。」傳曰：「木瓜，楙木，可食之物也。」弱侯以爲徵之詩意，乃以木爲瓜、爲桃、爲李，如今所謂假果者，亦畫餅土飯之義耳⑪。按：古時男女有投果定情者，木瓜詩即其實錄，弱侯矜奇好異，遂以爲假果，誤矣。

2.臨川人應柳之天文圖，有匏瓜星，其下注云：論語：「吾豈匏瓜也哉，焉能繫而不食。」弱侯遂附合之曰：「蓋星有匏瓜之名，徒繫於天而不可食，正與維南有箕，不可以簸揚，維北有斗，不可以挹酒漿同義⑫。」按：匏味苦，古人不以爲食，國語叔向曰：「苦匏不才于人，供濟而已。」可爲證佐。孔子以己爲有用之人，非匏瓜之無用也。弱侯好異，故附會爲匏瓜星也。

3.石鼓文之時代，前儒異說頗多，唐韋應物、韓退之以爲宣王之鼓；宋程泰之，以爲成王鼓；趙明誠謂決非周以後人所能及；金人馬子卿，以字畫考之，謂是宇文周時所造，作辨萬餘言，其全文已不可見。弱侯引北史蘇綽傳云：

周文帝爲相，欲革文章浮華之弊，因魏帝祭廟，群臣畢至，乃命綽爲大誥，奏行之，是後文筆皆依其體，而周文帝十一年十月，嘗西狩岐陽。其子武帝，保定元年十一月丁巳，狩於岐陽。五年二月，行幸岐州。

弱侯據此，遂附合馬子卿之言，以爲石鼓爲宇文周所造無疑⑬。弱侯僅憑狩岐陽諸字，卽下論斷，姑不論其論斷之正誤何如，已失考據家「實事求是，無徵不信」之態度。

4.弱侯引史通雜說篇云：「李陵與蘇武書，觀其文體，不類兩漢，遷史編於李傳中，斯爲謬矣。」遂駁之曰：「今李傳中幷無其書，且陵書爲齊、梁擬作，遷亦何從逆之乎？」⑭實則劉知幾史通雜說篇原作：「李陵有與蘇武書，詞采壯麗，音句流靡，觀其文體，不類兩漢人，殆後來所爲，假稱陵作也。遷史缺而不載，良有以焉，編於李集中，斯爲謬矣。」文義甚爲明顯，弱侯未及詳審，卽橫加駁斥，實失之魯莽。

5.陶淵明擬古詩：「聞有田子春，節義爲士雄。」弱侯引漢書劉澤傳：「高后時，齊人田生，游乏資，以書干澤，澤大悅之，用金二百斤爲田生壽，田生如長安，幸謁者張卿，諷高后，立澤爲瑯琊王。」以爲田生卽田子春⑮。按：田子春，應作田子泰，卽曹魏之田疇也。玆約略魏志田疇傳之言，以明其始末：

疇，字子泰，右北平無終人。初平元年，董卓遷帝於長安，幽州牧劉虞歎曰：「賊臣作亂，朝廷播蕩，今欲奉使展效臣節，安得不辱命之士乎？」衆議田疇，署爲從事，具其車騎。將行，疇曰：「今道路阻絕，寇虜縱橫，稱官奉使，爲衆所指名，願以私行。」乃自選家客，與年少勇壯二十餘騎俱。……旣取道出塞，趣朔方，循間徑去。至長安，致命。詔拜騎都尉。疇以天子蒙塵，不可荷佩榮寵，固辭不受，朝廷高其義。得報還，虞已爲公孫瓚所害。疇謁虞墓，陳章表，哭泣而去，瓚大怒，拘之。或說瓚囚義士，恐失衆心，乃遺疇。疇北歸，百姓歸者先後五千餘家。疇爲約束，興舉學校，北邊翕然。

可知田疇始配稱「節義爲士雄。」弱侯以爲田生，實失之不考。

6.蘇軾代人留別詩：「絳蠟燒殘玉斝飛，雅歌唱徹萬行啼；他年一舸鴟夷去，應記儂家舊姓西。」弱侯引太平寰宇記以爲西施姓施，不姓西⑰，遂責東坡之誤。按呂氏童蒙訓及王楙野客叢書作「住西」⑱，知作「姓西」者，後人所改也。弱侯未及詳考衆本，遂有此誤。

此外，周嬰之卮林有通焦一節，補正弱侯筆乘中崔浩受禍自有故、紫蓋黃旗、繇有六義、離有十六義、詩用坐字諸條之誤。離有十六義一條，周嬰於十六義之外，更舉百數十義⑲，雖失之逞强，然亦可見弱侯之隘矣。

附注

①「四庫提要」（台北市，藝文印書館，民國五十八年），卷一二八，子部，雜家類存目五，頁一三，焦氏筆乘八卷提要。

②同注①。

③「筆乘續集」（台北市，台灣商務印書館，民國五十七年），卷四，頁二二六。

④「俗書刊誤」（四庫善本叢書館影印文淵閣四庫全書本），卷五，頁四。

⑤同註④，卷五，頁二。

⑥同註④，卷五，頁七。

⑦同註④，卷五，頁八。

⑧同註④，卷五，頁八；又見「筆乘」，卷六，頁一三一。

⑨同註③，卷五，頁二三九。

⑩同註④，卷十，頁五；又見「筆乘」，卷六，頁一八下。

⑪同註③，卷四，頁二三二，木瓜條。

⑫「筆乘」，卷一，頁二一，瓠瓜條。

⑬同註③，卷四，頁二一九，石鼓條。

⑭同註⑫，卷三，頁七三，史通條。

⑮同註③，卷五，頁二四〇，田子春條。

⑯所引爲其大意，詳見「三國志注」（台北市，世界書局，民國六十二年），卷一一，頁三四〇—三四一，田疇傳。

⑰同註⑫，卷四，頁九四，東坡誤用事條。按：東坡此詩，原題作「次韻代留別」。

⑱見趙克宜輯，「蘇詩評註彙鈔」（台北市，新興書局，民國五十六年），冊一，卷四，頁七引。

⑲所引諸條，見周嬰，「卮林」（台北市，世界書局，民國五十二年，與胡應麟「少室山房筆叢」合冊），頁一六二一—一七七。

第八章 陳第

第一節 生平與著作

一、生平

陳第，字季立，號一齋，又號子野子、溫麻山農①，福建連江縣龍西鋪人②。生於世宗嘉靖二十年（一五四一），卒於神宗萬曆四十五年（一六一七），年七十七。

季立少穎悟，居家與兄同讀，暇中學擊劍，喜談兵，人以爲狂。嘉靖三十八年（一五五九），年十九，補縣學生員。四十一年（一五六二）戚繼光征倭至連江，季立進平倭策，倣古乘橇，作土板以行泥。四十二年（一五六三）五月，大破倭人於連江馬鼻，盡殲其衆。神宗萬曆元年（一五七三），俞大猷聘季立入幕府。二年（一五七四），從俞大猷入北京，縱覽北方邊陲，考察形勢。三年（一五七五）上書兵部尚書譚綸云：「誠於九邊之中，而擇其地之最重，於重地之中，而擇其事之最難者，使第居之，假以便宜，寬之文法，有不能斬將搴旗，奠固疆土，垂功名於竹帛，非夫也。卽斧鉞之誅，亦有所不辭矣。」足見其意氣豪邁。季立又與綸論獨輪車制，綸歎服，卽補授鎭撫，充教車官，董其事。四年（一五七六）推補五軍四營中軍。八月，領京營軍三千出薊鎮防秋。五年（一五七七）正月，題補潮河川提調。次年六月，擒叛逆張廷福。

萬曆七年（一五七九）十二月，題補薊鎮三屯車兵前營游擊將軍，以署參將駐漢兒莊（在喜峯口），用副總兵體統行事。八年（一五八〇）三月，季立赴任，申明約束，開設義學，親執書冊，以教兵民，兵民皆服，道不拾遺。九年（一五八二）七月，制府吳兌表弟周楷，持制府封筒，發所屬營兵布疋，浮價以售，季立以為不可，遂執周楷以送制府，制府恚怒，因欲中以文法。季立歎曰：「吾投筆從戎，頭鬚盡白，思頃洒一腔熱血，為國家定封疆大計，而今不可為矣！吾仍為老書生耳！」遂棄官歸。

萬曆十一年（一五八三）夏，季立解佩南歸，途中乘便登泰山，謁闕里以瞻賢，此為季立遊五嶽之始。十二年（一五八四）歸連江，築倦遊廬於西郊，杜門讀書，以吟詠自樂。二十二年（一五九四）福建巡撫許孚遠欲聘季立入幕府，以病辭；次年，許孚遠又疏薦季立於朝，又辭。因縱意於山水名勝，間或發之於著述文章。二十六年（一五九八），遊粵東，盡覽羅浮、西樵、厓山諸勝。次年，遊粵西蒼吾諸地。三十年（一六〇二）十二月，隨沈有容往東番（今臺灣）剿倭，作東番記。

萬曆三十二年（一六〇四）春，遊金陵。秋末，聞焦弱侯老而好學，造訪，不通姓字，談論竟日夜，卽宿書樓，秉燭閱藏書幾遍，誤者指而正之。次日，弱侯笑曰：「君殆閩之季立耶！」相得益懽，借弱侯所藏書，成毛詩古音考四卷。

其後，季立決意北遊，三十九年（一六一一），登嵩山，遊太室。次年，入潼關，登太華，上終南，多，歸南京。四十一年（一六一三）所作屈宋古音義二卷成。次年，出紫荊關，逾沙河，上恆山。四十三年（一六一五），浮洞庭，登嶽麓，上衡山。季立既徧遊五嶽諸名山，著有五嶽遊草。萬曆四十五年（一六一七）三月，病卒③。

焦竑曾云季立有三異：「身爲名將，手握重兵，一旦棄去之，缾鉢蕭疎，野衲不若，一異也。周遊萬里，飄飄若神仙，不可羈紲，而辭受硜硜，不以秋毫自緇，二異也。貫穿馳騁，著書滿家，其涉獵者廣博矣，而語字畫聲音，至與繭絲牛毛爭其猥細，三異也。」④此可爲季立一生志業之寫照。

二、著　作

季立之著述繁富，今存者有伏羲圖贊二卷（附雜卦傳古音考）、尙書疏衍四卷、毛詩古音考四卷、讀詩拙言一卷、屈宋古音義三卷、兩粵遊草一卷、五嶽遊草七卷、意言一卷、松軒講義一卷、謬言一卷、寄心集六卷、書札燼存一卷⑤、世善堂藏書目錄三卷、塞曲一卷、薊門兵事一卷⑥，亡佚者有東番記⑦等。

伏羲圖贊二卷，四庫提要云：「上卷於奇耦之數，皆以黑白爲陰陽，兩儀、四象、八卦，皆規方而爲圓，於先儒所傳卦畫、方位、先後天、方圓諸圖，一一辨其所失。下卷爲圖贊二十一，末附圖向一篇，大抵皆臆造之說，不足爲據。」⑧是知其無關考證。所附雜卦傳古音考，提要以爲援證精確，可與詩韻比翼。故張海鵬曾以之刻附毛詩古音考卷末。

尚書疏衍四卷，卷一有尚書考、古文辨、引書證、尚書評諸篇。頗篤信梅賾僞古文，以朱子等人之疑爲非。於前賢梅鷟之尚書考異、尚書譜二書，排詆尤力。卷中詆譏致齋，率爲空發議論。其贊僞古文云：

二十五篇其旨奧，其詞文卑而高，近而遠，幽通鬼神，明合禮樂，故味道之士，見則愛，愛則玩，紬繹而浸漬，嘆息而咏歌，擬議之以身，化裁之以政，定事功而成亹亹矣。孰是書也，而可以僞疑之乎？故疑心生則味道之心必不篤矣⑨。

頗似文章家之頌經。明乎此，則知不可以古文眞僞道之矣。卷二至卷四，釋虞、夏、商、周書之字句，自序所謂：「意所是者標之，意未安者微釋之，句讀未是者正之，其素得于深思者附著之。」是也。惟所謂正句讀，亦漫無考證，端以己意定是非。故本章論季立之考證，尚書疏衍皆不之取。

兩粵遊草，詩文各半，萬曆中季立遊廣東時之作也。五嶽游草，大抵紀遊之詠，而雜詩亦散見其中。寄心集六卷，爲焦竑所選定，皆四言五言古詩，以多涉論宗，故別爲一集⑩。意言、松軒講義、謬言、書札燼存，多記季立論學之言，可見其治學方向。惟松軒講義、書札燼存此地未見，僅可從後人引述略見梗概而已。

此外，最有功於考據，後人亦讚譽有加者，則爲毛詩古音考、讀詩拙言、屈宋古音義三書。讀詩拙言今附入毛詩古音考卷末。各書刊本頗多。本文所據者爲坊間據學津討源影印之本，各書之內容，將於本章第三節詳論之。

附注

①陳第「世善堂藏書目錄」（台北市，廣文書局，民國五十八年，書目三編本），卷首有溫麻山農題詞云：「吾性無他嗜，惟書是癖，雖幸承世業，頗有遺本，然不足廣吾聞見也。自少至老，足跡遍天下，遇書輒買，若惟恐失，故不擇善本，亦不爭價値。又在金陵焦太史、宣州沈刺史家得未曾見書，抄而讀之，遂至萬有餘卷。」可見溫麻山農卽陳第。

②見曹剛等修，邱景雍纂，「連江縣志」（民國十六年鉛印本），卷二二，儒林傳，陳第傳。

③陳第之傳記資料，見錢謙益，「列朝詩集小傳」（台北市，世界書局，民國五十四年），丁集中，頁五四三，陳第傳；容肇祖著，「明代思想史」（台北市，臺灣開明書店，民國六十四年），第八章考證學與反玄學—陳第；金雲銘編，「陳第年譜」（台北市，臺灣銀行，民國六十一年）等。本小節卽參考上述三書而成。

④焦竑，「焦氏澹園集」（台北市，偉文圖書公司，民國六十六年），卷一四，頁二，毛詩古音考序。又見陳第，「毛詩古音考」（台北市，廣文書局，民國六十六年），卷首，頁三。唯兩本文句略有出入。

⑤以上十一種，輯爲「一齋集」，有明萬曆中會山樓刊本，然此地未見。另有「陳一齋全集」，清道光二十八年刊本，此地亦未見。

⑥據李卓然先生來函，塞曲、薊門兵事二書今尚存。民國七十一年，李先生曾於南京和北平見到道光戊申年陳斗初重刻一齋集三十五卷，其中有塞曲一卷、薊門兵事二卷。

⑦「東番記」，近年有殘文發現，方豪先生曾爲文討論，見氏著，「陳第『東番記』考證」，「文史哲學報」七期（民國四十五年四月），頁四一—七六。

⑧「四庫提要」（台北縣，藝文印書館，民國五十八年），卷八，經部，易類存目二，頁二六，伏羲圖贊二卷提要。

⑨「尚書疏衍」（台北市，台灣商務印書館，四庫全書珍本五集），卷一，頁七。

⑩「兩粵遊草」、「五嶽遊草」、「寄心集」三書，曾合編爲「一齋詩集」。見「四庫提要」，卷一七九，別集類存目六，頁五二。

第二節　爲學方向

季立雖僻處閩南，趨向於獨立治學，然當時王學風行全國，受其影響亦在所不免。故其立說有與王陽明頗近似者。陽明云：「格者正也，正其不正以歸於正之謂也。正其不正者，去惡之謂也，歸於正也，爲善之謂也，夫是之謂格。」①季立答友人：「格物，或以爲窮至物理，或以爲格去物累，孰爲是乎？」之問，曰：

下文云：「一是皆以修身爲本」，故知修身則知格物矣。……故欲修此身爲好惡無僻之身，必正其心爲好惡無僻之心，欲正其心使無僻，則實好實惡，而誠其發動之意，欲實其意，必即吾知好知惡之知而用力以致之，不欺吾眞知可也。然知之所以不致，非僻之物累之也，故必格去非僻之物，使無乖無戾，無着無偏，於是知乃可致矣。故曰知修身則知格物②。

季立以爲正其心爲好惡無僻之心，卽能修身；能修身，則知格物。正是陽明「正其不正」之意。而格物並非聖人事業，故陽明又有「格物，雖賣柴人亦是做得」③之說。此卽人人皆可格物，既人人皆可格物，則人人皆有自我實現之可能。季立曾以種菜、縫衣、拂帚、捧茶等四類人爲喻，以爲「此四人者與堯舜同也」。其說曰：

賣菜裁衣，平日交易，不討便宜，童子端詳，門子守法，時時如此，日日如此，月月如此，歲歲如此，謂不能堯舜，吾不信也④。

此以持之有恒卽可爲堯、舜。又云：

故吾黨用工，只是去其邪心，去得一分邪心，是一分堯舜，去得十分邪心，是十分堯舜。縱其一分邪心，是一分盜跖，縱其十分邪心，是十分盜跖。人品之辨，皆由於此⑤。

此更進一層，以爲只要去一邪心，卽是一分堯舜。堯舜之境界，並非高不可攀，而是以漸進工夫達成者。此與陽明學說實無二致。然季立由於非心學中人，與心學家之淵源又不深，故頗能窺知心學家之種種弊病。季立云：

我朝二百餘年，理學淵粹，功業炳耀，惟王文成。然文成之教，主於易簡，故未及百年，弊已若斯⑥。

此道出王學易簡之弊。以易簡爲教，則必輕知識。季立所謂：「書不必讀，自新會始；物不必博，自餘姚始。」是也。其所以輕知識，蓋心學家以爲知識之追求與成聖功夫無涉。人能否成聖，端賴心性之修養。而心性之修養，必待之靜坐。然一切待之靜坐，弊病必生。季立亦能見出此弊：

今有好古之士，窮年兀坐，百無猷爲，存想虛明景界，以爲眞得。及其應接紛紜，遂失虛明所在，依然舊時伎倆矣，何益之有？且此學無分於士農工賈，皆可爲也，故士而專於靜坐，則士之業廢矣；農工賈而靜坐，則農工賈之業廢矣，天下豈有廢業而可以爲道乎！⑦

此非但批評靜坐之弊，且道出因靜坐而廢業不可以爲道。季立所謂道自在人人所業之中，苟日日孳孳於此，卽可入聖，亦卽前引文所謂「時時如此，月月如此，歲歲如此，謂不能堯舜，吾不信也。」之說也。蓋堯、舜之道卽於日用之中。何必以靜坐求之。此乃王學家「道在邇而求諸遠」之弊也。

心學家又多崇講學，以講學爲傳播學說之工具。久之，講學之弊也繼踵而出。季立云：

> 嘗憶少時游江、湖間，數奉教於論學諸君子矣。大都比擬愈密而體驗愈疏，解說愈玄而躬行愈薄，竊疑聖門之學，不若是判也⑧。

講學家之大弊卽「比擬愈密而體驗愈疏，解說愈玄而躬行愈薄。」欲救此弊，必以重實踐、重實學矯治之，故季立云：

> 今我祖宗郡邑立學，明經取士，卽五尺之童皆能發揮奧旨，豈患不明，患不行耳。昔子貢逐於言語，夫子曰：「予欲無言」又曰：「吾無行而不與」以是知聖教重行也⑨。

此言重行爲聖人之本有，非後代人之教也。並云欲明聖人之敎並不難，患不行耳。而人必時時言道，時時行道，始不失爲君子；其說曰：

> 君子言道，無瞬而不言。言於妻子，言於僕婢，一啟口在也。君子行道，無息而不行，行於食飲，行於坐臥，一舉足在也。必譊譊然，俟聚徒而後謂之言；赫赫然，俟居位而後謂之行也，末矣⑩。

無瞬不言道，無息不行道，乃是季立之力行哲學。此種力行哲學，卽「苟日新，日日新，又日新」精神之體現。明乎此，季立所謂：「今日之言，非昨日之言；今日之事，非昨日之事，況於千萬世乎？故泥古者陋，達時者智」⑪自屬意料之言矣。能達時變，自能創新。以此創新精神施之於治經，必能邁越前修。

治經由傳注入手，為前賢成例。故季立之父木山授經時，嘗曰：「傳注，適經門戶，不由門戶，安入堂室？」季立則以為：

竊聞經者，徑也。門戶堂室自具，兒不肖，欲思而得之，不敢以先入之見錮靈府耳。⑫

「不以先入之見錮靈府」，即不受先賢傳注之拘囿；既不受傳注之左右，自能以己意解經。其一貫辨云：

吳生問一貫之說曰：「汝且論忠恕，何以謂之忠恕？」吳生曰：「己所不欲，勿施於人。」曰：「此可行之家乎？」曰：「可。」曰：「此可行之鄉乎？」曰：「可。」「可行之官乎？」曰：「可。」「可行之國天下乎？」曰：「可。」曰：「知此則此一忠恕可以貫萬事矣。故忠恕者，曾子之所學。一貫者，曾子之所悟。欲悟曾子之所悟，必學曾子之所學矣。」⑬

此乃季立一己之體驗所得，非如他人作泛泛之語者可比也。再如其毛詩古音考、屈宋古音義，破前人叶韻之說，直探古音之原，非創新之精神，是何？也因此種求新求變之精神，故季立之古音學能發前人所未發，為古音學之研究開一新境。

附注

①「王陽明文集」（台北市，文友書店，民國六十九年，「王陽明全集」內），卷六，頁九二。

②陳第，「松軒講義」，頁一六。轉引自容肇祖，「明代思想史」（台北市，臺灣開明書店，民國六十四年），頁二七七。下文凡引「松軒講義」與「書札燼存」二書者，皆轉引自容氏書，不另注明。

③王陽明云：「我這裏言格物，自童子以至聖人，皆是此等工夫。但聖人格物，便更熟得些子，不消費力。如此格物，雖賣柴人亦是做得，雖公卿大夫，以至天子，皆是如此做。」見葉紹鈞點註，「傳習錄」（台北市，台灣商務印書館，民國七十一年），卷下，頁二六三。

④松軒講義，頁七—九。

⑤同注④。

⑥陳第，「書札燼存」，頁一九，答許撫臺。

⑦「松軒講義」，頁三。

⑧同注⑥。

⑨「松軒講義」，頁三一。

⑩陳第，「謬言」（明萬曆刊本），頁七。

⑪陳第，「意言」（明萬曆刊本），頁一〇。

⑫「尚書疏衍」，自序。

⑬「松軒講義」，頁一五。

第三節　考訂古音

一、治古音之淵源

自楊用修考古音之書流行後，晚明考據家攻擊叶韻說者更多。焦弱侯、陳季立其著者也。弱侯之古音說前文已述之。此述季立古音學之淵源。

季立之父木山亦疑叶韻說者，季立嘗述其父之教誨云：

余少受詩家庭。先人木山公嘗曰：「叶音之說，吾終不信，以近世律絕之詩，叶者乃寡，乃舉三百篇盡謂之叶，豈理也哉？然所從來遠，未易遽明爾，豎子他日有悟，毋忘吾所欲論著矣。」余於時默識教言，若介於胸臆，故上綜往古篇籍，更相觸證。久之，豁然自信也。①

可見其父本有著書之心，祇以能力不逮，故囑之季立。此一如司馬談以著史囑之司馬遷，子長終身不忘之，卒成史記。季立亦能「時默識教言，若介於胸臆」，卒成古音學家。蓋其父之教言，即爲其著書立說之動機。故欲追溯季立古音學之淵源，此其首要者也。

其次，爲楊愼之影響，用修之書爲當時士人所必讀，其書論古音者有轉注古音略、古音略例、古音餘、古音獵要，及升菴經說中論古音者十數條。此等著作，季立必已詳讀之，且頗受其影響，此可由下列三事覘知：

(1)季立之世善堂藏書目錄收有用修之著作：丹鉛總錄、經書指要、升菴經說、升菴外集（有古音略例）等書。

(2)季立於毛詩古音考跋，曾云古音久湮，知之者寡，即吳才老、楊用修博採精稽，猶未敢斷言非叶也。又於屈宋古音義跋云：「吳才老、楊用修有志復古，著韻補、古音叢目諸書，庶幾卓然其不惑，然察其意尚依違於叶音可否之間。」又云：「余不得不力為之辯，暢吳、楊之旨，洗古今之陋。」

(3)季立毛詩古音考頗引用修之說，或明引、或暗襲，不一而足。明引者為數甚多，茲不俱引；暗襲者，如：卷二，頁一「青」字下云：「音菁，菁菁，茂盛也。鶴山云：綠竹青青，鄭注訓菁，今作丹青之青，非。不應綠又青也。」此襲自用修轉注古音略，卷二，頁九。

此足證季立受用修之影響。因季立引用修之說有不注所出者，故用修十三世孫崇煥，曾為文抨擊季立剽竊用修之說②。該文頗有指陳，益見季立與用修之關係。

其三，為焦竑之影響。季立曾云：「往年讀焦太史筆乘曰：『古詩無叶音。』此前人未道語也，知言哉。」③可見季立對弱侯古音說之推崇。萬曆二十九年（一六〇一），季立即著手考證詩古音，後因有建州、溫陵之遊，稿置篋中。萬曆三十二年（一六〇四），季立赴金陵訪弱侯。毛詩古音考跋曾述及其事云：

秋末，造訪太史〔弱侯〕，談及古音，欣然相契，假以諸韻書，故本所憶記、復加編輯，太史又為補其未備，正其音切，于是書成，可繕寫，爰以公諸同好。

季立早年既讀弱侯書，晚年又以所著就教於弱侯，則受弱侯影響之深，自不待言。

上述三種外因，加以季立讀經之勤④，及其不受傳注拘囿之精神，自有超越前賢之成就。

二、語音史觀與考據方法

「時有古今，地有南北，字有更革，音有轉移。」⑤此即季立之語音史觀。後人論季立之古音學者，於其史觀述之詳矣，然於形成其史觀之因，皆闕而不論。不直探季立史觀之成因，即無以知其古音學之真義。

其史觀蓋得之於其懷疑精神。前述季立受其父木山，及楊用修、焦弱侯之影響，對所謂叶韻說已深疑之。然徒有懷疑，實不足以破除叶韻說之迷障。為紓解疑惑，季立於讀詩時，必時注意其韻字，於吟詠諷誦中，求有所了悟，其曾述及詩押韻之現象云：

(1)「母」必讀「米」，非韻「杞」、韻「止」，則韻「祉」、韻「喜」。

(2)「馬」必讀「姥」，非韻「組」、韻「黼」，則韻「旅」、韻「土」。

(3)「京」必讀「疆」，非韻「堂」、韻「將」，則韻「常」、韻「王」。

(4)「福」必讀「偪」，非韻「食」、韻「翼」，則韻「德」、韻「億」。⑥

季立以為：「厥類實繁，難以殫舉，其矩律之嚴，即唐韻不啻，此其故何耶？」此乃就詩之押韻現象，略作歸納，始能演繹出「古今音不同」之結論，而以詩之押韻爲古音。然季立並不以此爲足，其又證之「左、國、易、象、離騷、楚辭、秦碑、漢賦，以至上古歌謠，箴、銘、贊、誦，往往韻與詩合。」⑦乃敢證其爲古音。讀詩拙言於此種論證之過程，略有述及。其記老莊音者甚多，此即其佐證資料之一，茲舉數例：

(1)老子：「無名，天地之始；有名，萬物之母。」母讀米也。

(2)老子：「功而不居，夫惟不居，是以不去。」居讀倨也。

(3)莊子：「通於一而萬事畢，無心得而鬼神服。」服讀逼也。

(4)莊子：「覩有者昔之君子，覩無者天地之友。」友讀以也。⑧

季立以爲「此與毛詩古音若合符節，故通詩之音以讀易，得十之六，讀離騷得十之五，讀易林、急就、參同、太玄諸書與古歌謠皆開卷而得其槩，庶幾不至於齟齬矣。」⑨則諸書之所押者爲古音似已無疑。

此外，季立更能以說文諧聲字，證詩之音，其說曰：

說文訟以公得聲，福以畐得聲；霾以貍、斯以其、脫以兌、節以卽；溱、臻皆秦；闐、塡皆眞；者讀旅、涘讀矣，滔讀由，玖讀芑，又我讀俄也，故義有俄音，而儀、議因之得聲矣。且以莪、娥、蛾、鵝、硪、哦、誐之類例之，我可讀平也，奚疑乎？可讀阿也，故奇有阿音，而猗、錡因之得聲矣！且以何、河、柯、軻、珂、妸、苛、訶之類例之，可可讀平也，亦奚疑乎？凡此皆毛詩音也⑩。

經此再三引證，則詩之押韻爲古音，非叶韻，已確然無疑，既知詩之古音與今音不同，則所謂「時有古今，地有南北，字有更革，音有轉移。」之語音史觀亦隨之確立。季立之毛詩古音考、屈宋古音義，頗暢發此言，讀詩拙言亦時述及，如：

時地易而轉移者聲也，故生齊則齊言矣，生楚則楚言矣⑪。

愈信其語音觀，則叶韻說愈不可信，故其書之譏刺叶韻說者不勝枚舉，如：

余獨慨夫注屈宋者，率不論其音，故聲韻不諧，間有論音者，又率以叶韻概之，何其不思之甚也。⑫

又云：

自唐顏師古、太子賢注兩漢書，於長卿、子雲、孟堅、平子諸賦，音有與時乖者，直以合韻叶音當之，後儒相緣，不復致思，故自毛詩、易象、楚辭、漢賦，與凡古昔有韻之篇，悉委于叶之一字矣。顏師古、太子賢，豈不稱博雅之士，但未嘗力稽於往古，併乎群書，是以一時之誤，而陪千載之憒憒耳⑬。

季立既以叶韻說之非是矣，爲求論證更精密。乃設反證曰：「或謂三百篇，詩辭之祖，後有作者，規而韻之耳！」遂駁之云，魏、晉之世，古音或有存者，至隋、唐則盡矣，唐、宋名儒，博學好古，閒用古韻，以炫異耀奇，則誠有之，若前乎詩者，是又何倣？遂舉證云：

⑴讀「垤」爲「姪」，以與「日」韻，堯誡也。

⑵讀「明」爲「芒」，以與「良」韻，皋陶歌也。⑭

又擧其他里巷歌謠、夢占之言云：

⑴讀「皮」爲「婆」，宋役人謳也。

⑵讀「邱」爲「欺」，齊嬰兒語也。

⑶讀「戶」爲「甫」，楚民間謠也。

⑷讀「裘」爲「基」，魯朱儒謔也。

⑸讀「作」爲「詛」，蜀百姓辭也。

⑹讀「口」爲「苦」，漢白渠誦也。

⑺家，姑讀也，秦夫人之占。

⑻懷，回讀也，魯聲伯之夢。

⑼旂，斤讀也，晉滅虢之徵。

⑽瓜，孤讀也，衞良夫之譟。⑮

季立以爲：「彼其閭巷，贊毀之間，夢寐卜筮之頃，何暇屑屑模擬，若後世吟詩者之限韻邪！」

經此層層之歸納與反證，始作系統之大歸納，此卽季立毛詩古音考、屈宋古音義之所以作也。其著書之方法，乃於每字立本證、旁證兩種。「本證者，詩自相證也；旁證者，采之他書也。⑯」玆擧毛詩古音考之一例如左：

國，音役。釋名：「國，域也。」博古圖周南宮鼎：「光相南國」；周穆公鼎：「南國東國」，皆作或。周官蜮氏，鄭司農云：「蜮，讀如域。」至晉、宋時猶此音，故范曄光武贊以國韵塞；袁宏三國名臣贊以韵德。謝靈運鄴中詩以韻賊；顏延之皇后策亦韻塞，皆可據而證也。

本證：

(1)邱中有麻：「邱中有麥，彼留子國，彼留子國，將其來食。」

(2)園有桃：「園有棘，其實之食，心之憂矣，聊以行國。」

(3)碩鼠：「逝將去女，適彼樂國，樂國樂國，爰得我直。」

(4)鳲鳩：「其儀不忒，正是四國。」

(5)六月：「玁狁孔熾，我是用急，王于出征，以匡王國。」

(6)雨無正：「浩浩昊天，不駿其德，降喪饑饉，斬伐四國。」

(7)北山：「或燕燕居息，或盡瘁事國。」

(8)青蠅：「讒人罔極，交亂四國。」

(9)文王：「世之不顯，厥猶翼翼，思皇多士，生此王國。」

(10)大明：「厥德不回，以受方國。」

(11)民勞：「民亦勞止，汔可小息。惠此京師，以綏四國。」

(12)蕩：「女炰烋于中國，斂怨以爲德。」

⒀抑：「天方艱難，日喪厥國，取譬不遠，昊天不忒。」

⒁崧高：「申伯之德，柔惠且直，揉此萬邦，聞于四國。」

⒂江漢：「矢其文德，洽此四國。」

⒃常武：「不測不克，濯征徐國。」

⒄閟宮：「稙穉菽麥，奄有下國。」

旁證：

⑴易謙上六：「鳴謙，志未得也。可用行師，征邑國也。」

⑵明夷上六：「初登于天，照四國也，後入于地，失則也。」

⑶禮記孔子閒居：「無體之禮，威儀翼翼，無服之喪，施及四國。」

⑷周嘉量銘：「嘉量既成，以觀四國，永啟厥後，玆器維則。」

⑸九章橘頌：「后皇嘉樹，橘徠服兮。受命不遷，生南國兮。」

⑹李延年歌：「北方有佳人，絕世而獨立，一顧傾人城，再顧傾人國。」

⑺易林乾之坤：「招殃來螫，害我邦國，病傷手足，不得安息。」

⑻陳思王責躬詩：「萬邦既化，率由舊則，廣命懿親，以藩王國。」⑰

本例舉本證十七條，卽是歸納詩經十七首詩之韻字，以證明詩中「國」皆音「役」。再舉旁證八條，以證明他書「國」亦皆音「役」。合本證、旁證，卽可證成「國」古音「役」。此乃一小論證。毛詩古音考、屈宋古音義卽合數百小論證而成者也。而所謂「古今音不同」之種種論據，卽在其中矣。此種方法最具科學精神，淸代之古音學所以能大盛，實得力於季立此種方法論之賜。

三、考古音之成果

季立之考據著作有毛詩古音考四卷、讀詩拙言一卷、屈宋古音義三卷等，三書皆考古音之作也。本小節述三書之內容，以見季立之成就。

毛詩古音考四卷，著成於萬曆三十四年（一六〇六）。全書考詩經韻字四百九十七字⑱。各字依十五國風、小雅、大雅、周頌、魯頌、商頌之順序排比之。計卷一，九十五字；卷二，百四十三字；卷三，百五十五字；卷四，百零四字。卷四末，列有求其韻不得，以借讀諧其聲者六條，如：東門之枌：「穀旦于差（音磋），南方之原，不績其麻，市也婆娑。」借讀爲「南方之原，穀旦于差，不績其麻，市也婆娑。」是也。

卷中，亦有不盡考其本音者，如：卷一「相鼠」，爲考相鼠之義，以糾前人之誤者也⑲。且某字有因讀音不同而數見者，如：來字有：來音釐（卷一）、來音力（卷三）、來音利（卷三）三次。此類字甚多，因涉及季立之語音觀念，將於下一節詳論之。各字均注其本音，注音之法有五，玆擧例如左：

(1)注直音者：如：服，音逼；靑，音菁。

(2)注如字者：如：泳，如字；豈，如字。

⑶注切音者：如：達，他悅切；隅，魚侯切。

⑷注某音之聲調者：如：景，音養上聲；稼，音姑去聲。

⑸直注聲調者：如：姓，平聲；政，平聲。

次列其本證、旁證。本證者，取詩中與該字押韻之句爲證；旁證者，取先秦以至魏、晉之書以爲證。此前文已述之矣。所舉之旁證，有因音變已不盡與詩音相合者，此將於下節舉例論之。

讀詩拙言一卷，爲羽翼毛詩古音考之作。其內容前已數引之，茲再歸納其大旨爲數端：

⑴據說文形聲字以求古音：此亦爲季立之一大發現，前文已述之矣，茲不贅。

⑵經籍異文，音有相通者：如：禮記引詩：「匪棘其欲」作「匪革其猶」；「體無咎言」作「履無咎言」季立以爲音有相通，不妨其字之異也，義有可解，不妨其音之殊也。

⑶詩經之押韻，爲例不齊：如：有四句而兩韻者，關雎首章之類是也；有四句兩韻，又轉而他韻者，關雎次章之類是也。

⑷詩句蘊意深遠：季立以爲三百篇之句，辭有盡而意無窮，如：「誰適爲容」，閨怨之貞志也；「與子偕作」，塞曲之雄心也。

⑸四聲之辨，古人未有：季立云：「四聲之辨，古人未有，中原音韻，此類實多。舊音必以平叶平，仄叶仄也，無亦以今而泥古乎？總之毛詩之韻，動於天機，不費雕刻，難與後世同日論矣。」毛詩古音考、屈宋古音義各字下亦間及之[20]。

⑹群書韻語，與詩相合：如：老子：「無名天地之始，有名萬物之母。」母讀米也。

⑺漢魏用韻與風、騷合：季立云，其與古音合者，已採入旁證，其與古異者，則附於讀詩拙言之末。

⑻詩、易之音實相表裏：季立云，其編旁證，采易獨詳，如：天、行、慶、明、凡五十餘字，悉載之矣㉑。

其中據說文形聲字以求古音一段，對清人頗有啟發。張世祿云：「清代多從說文中形聲字求古音，亦陳氏此數語有以啟發之也。」㉒此尤為窮本溯源之言。

季立既撰成毛詩古音考，復以楚辭去詩未遠，亦古音之遺，乃取屈原所著離騷等二十五篇，除其天問一篇，得二十四篇，又取宋玉九辨九篇、招魂一篇，益以高唐賦、神女賦、風賦、登徒子好色賦，計三十八篇，各考其韻字之古音，成屈宋古音義三卷，時萬曆四十一年（一六一三）也。卷一列韻字二百三十四，其與毛詩古音考同者八十餘字，則注其本音，直注曰：「詳見毛詩古音考」，其毛詩所無者，輒旁引他書，以相質證。其注音之法，一如毛詩古音考，此不具舉。至每字之下，僅列本證，其旁證則間附本字下，不另立條，體例小異，蓋因古音考已明之故也。茲舉例二則，以見其凡：

1降，音洪。詳見毛詩古音考。

⑴離騷：「帝高陽之苗裔兮，朕皇考曰伯庸；攝提貞于孟陬兮，惟庚寅吾以降。」

⑵九歌雲中君：「靈皇皇兮既降，猋遠舉兮雲中，覽冀州兮有餘，橫四海兮焉窮。」

⑶宋玉風賦：「故其清涼雄風，則飄舉升降，乘凌高城，入于深宮。」㉓

2蓋，音記。四皓紫芝歌：「駟馬高蓋，其憂甚大，富貴之畏人兮，不如貧賤之肆志。」大音地。魏文帝雜詩：「西北有浮雲，亭亭如車蓋，惜哉時不遇，適與飄風會。」會音係，見後。

⑴湘夫人：「聞佳人兮召予，將騰駕兮偕逝，築室兮水中，葺之兮荷蓋。」

⑵高唐賦：「榛林鬱盛，葩葉覆蓋，雙椅垂房，糾枝還會。」

⑶又：「蜺爲旌，翠爲蓋，風起雨止，千里而逝。」㉔

各字之引證亦一如毛詩古音考，兼及魏、晉詩賦。

其後二卷，則舉三十八篇各爲箋注，於各韻下注明古音。各篇文末注其韻例，如：離騷末云：「離騷韻六句爲韻者一段，八句爲韻者五段，十二句爲韻者二段，餘皆四句爲韻。」是也。又各篇末季立皆有題辭，如：「題離騷」、「題九歌」等是，旨在推究各賦之微言奧義，雖無關於古音，然季立於騷賦之洞見，備具於此矣。

上述爲季立考古音三書之旨要。季立毛詩古音考刻成後，焦弱侯序之云：「世有通經嗜古之士，必以此爲津筏；而簡陋自安者，至以好異目君，則不學之過矣。」又序其屈宋古音義云：「得此編不特與楚辭聲韻，犂然當心，而與毛詩古韻相爲印證，學者當益自信不疑矣。」㉕可謂推崇備至。四庫提要云：「自陳第作毛詩古音考、屈宋古音義，而古音之門徑始明，然創闢榛蕪，猶未及研求邃密，至炎武乃探討本原，推尋經傳，作音學五書以正之。」㉖江有誥云：「吳才老，古音之先導也。陳季立，得其門而入也。顧氏、江氏則升堂矣，段氏則入室矣。」㉗是知清代古音學之寖寖然盛，皆季立有以導之。清人本鄙薄明人之學，然於季立之態度，則頗爲持平，是亦飲水思源之意也。清張裕釗云：「我朝經學度越前古，實陳氏有以啟之，雖其後顧、張諸賢之書，宏博精密，益加於前時，然陳氏創始之功，顧不偉哉！有明一代蔑弃古學，譌謬相循，沈潛遺籍，傑出元解，陳氏一人而已。」㉘此最能肯定季立之地位。於此亦可見季立於古音學上之分量。

附注

①陳第，「屈宋古音義」（台北市，台灣商務印書館，民國五十八年），卷末，屈宋古音義跋。

②見楊崇煥，「陳第古音學出自楊升菴辨」，見「國風」五卷十、十一期合刊（民國二十三年十月一日），頁六九—七三。

③陳第，「毛詩古音考」（台北市，廣文書局，民國六十六年），卷末，毛詩古音考跋。

④季立云：「嗣是讀經愈專，偶有所適，未之攜也，復購一册，讀之篋中，積至十餘册，無不句字磨滅，且圈點批贊，以寓鼓舞擊節之意，枕上默誦，嘗不遺一字，口誦心維，得其義于深思者頗多。」見「尚書疏衍」（台北市，台灣商務印書館，四庫全書珍本五集），自序，頁一。

⑤「毛詩古音考」，卷首，頁五，自序。

⑥同注⑤

⑦同注⑤

⑧「讀詩拙言」，頁七—八。

⑨同注⑧

⑩同註⑧，頁一。又「毛詩古音考」，卷四，頁一五，塡字下云：「塡，音眞。說文从眞得聲，後則音田，說文多諧聲，雖若近易而與詩叶，後雖巧變而去詩遠，說文所以不可缺也。」此皆以諧聲字證詩音。

⑪同註⑧，頁一二。

⑫同註①，卷首，自序。

⑬同上。

⑭同註⑤。

⑮同上。

⑯同上。

⑰同註⑤，卷二，頁一一—一二。

⑱「四庫提要」，卷二四，經部，小學類三，頁三二，毛詩古音考四卷提要云四百四十四字者，誤也。陳新雄先生「古音學發微」（台北市，嘉新文化基金會，民國六十一年），云四百九十六字者，以卷一「相鼠」爲解字義，非釋音，故删之也。

⑲季立云：「相鼠，似鼠，頗大，能人立，見人則立舉其前兩足，若拱揖然。愚於薊門山寺見之，僧曰：此相鼠也。及檢埤雅，已有載矣。蓋見人若拱，似有禮儀，詩之所以起興也。今注曰：相，視也；鼠，蟲之可賤惡者，

意義索然。按：說文引此詩亦以相爲覗，誤也久矣。」見「毛詩古音考」，卷一，頁四四。

⑳「毛詩古音考」，卷一，頁二七，惄字下云：「四聲之說，起于後世，古人之詩取其可歌可詠，豈屑屑毫釐，若經生爲耶！且上去二音，亦輕重之間耳。」季立之意，並未認定古無聲調之分，只謂古人於詩可平仄通叶無礙耳。而顧炎武「音論」（台北市，廣文書局，民國五十五年，音學五書本）反責之云：「不知季立既發此論（指四聲之辨，古人未有之言），而何以猶扞格於四聲，一一爲之引證？亦所謂勞脣吻而費冊者也。」（卷中，頁一。）江永「古韻標準」（台北市，廣文書局，民國五十五年）云：「陳氏知四聲可不拘矣，他處又仍泥一聲，何不能固守其說耶！」江有誥「音學十書」（台北市，廣文書局，民國五十五年）卷首之「古韻凡例」乃云：「古韻無四聲，明陳氏已發其端。」此皆誤解季立之意。陳新雄先生辨之云：「夫『古無四聲』與『四聲之辨，古人未有』，二者大有差別，『古無四聲』者，謂古人根本無四聲之存在也；『四聲之辨，古人未有』者，謂古雖或有四聲，第古人於聲調觀念上未若後世之界畫清晰也。二者於根本上含義各異，此不可不辨也。」詳見陳先生著，「古音學發微」，第四章，古聲調說，頁七七四。

㉑「讀詩拙言」，頁一—一二。各標題據陳新雄先生，「古音學發微」，第一章，緒論，頁四一—四三，論陳第讀詩拙言部分增補而成。

㉒「中國古音學」（台北市，先知出版社，民國六十一年），第六章，陳第之古音學說，頁三〇。

㉓「屈宋古音義」，卷一，頁一九。

㉔同上，卷一，頁四二。

㉕弱侯二序分見各該書卷首。

㉖「四庫提要」，卷四二，經部，小學類三，音論三卷提要。

㉗江有誥，「音學十書」，古韻凡例，頁一。

㉘張裕釗，「重刊毛詩古音考序」，見「毛詩古音考」，卷首。

第四節　考古音之缺失

季立考古音之成果與後人對其之推崇，已見上節。然季立考古音之缺失，清代學者亦略有論及，其中，受季立之影響甚深，而著音學五書之顧炎武，有云：「考古之功，實始於吳才老，……後之人如陳季立、方子謙〔日昇〕之書，不過襲其引用，別其次第而已。」①似未予季立應有之地位。至如周春與盧抱經論音韻書所云：「陳季立者，蟲才也。雖擅詩名，而其學出於焦弱侯，音韻全憑武斷，不知而作，如夢囈語，所著之書，紕繆百出，非之不勝非，辨之不足辨。」②則肆意攻擊，祇見其過，未見其功。凡此，皆非持平之言。本節擬就前賢所論，附以己意，將季立考古音之缺失，略作分析。

一、資料取捨失當

季立曾建立其「古今音不同」之語音史觀。至於古今音如何不同，何時音有遷變，季立亦略有論及，其讀詩拙言云：「說者謂自東晉以來，中原之人流入江左，而河、淮南北，間雜夷言，語音之變，或自此始，然一郡之內，聲有不同，繫乎地者也；百年之間，語有遞轉，繫乎時者也。況有文字而後有音讀，由大小篆而八分，由八分而隸，凡幾變矣，音能不變乎？」③知季立以爲東晉以前音已遷變，且因地域與字形之不同，語音亦殊，足見其理論觀念之明晰。

然依季立之觀念以檢查其毛詩古音考、屈宋古音義二書，取先秦典籍爲旁證，實無可置疑，蓋先秦之書時地相近，音自同也。然以漢、魏、晉之書爲證，則頗有可議者。玆舉毛詩古音考「風」字爲例。季立云：

風，孚金切。古與心、林、音、淫爲韻，似在今之侵部，今則寘東部。莊子：「蚿憐蛇，蛇憐風，風憐目，目憐心。」亦此音。楚辭：「涉丹水而馳騁兮，右大夏之遺風，鴻鵠之一舉兮，知山川之紆曲，再舉兮，睹天地方圜兮。」又似陽韻矣。

本證：

(1)綠衣：「絺兮綌兮，淒其以風；我思古人，實獲我心。」

(2)晨風：「鴥彼晨風，鬱彼北林，未見君子；憂心欽欽。」

(3)何人斯：「彼何人斯，其爲飄風，胡不自北，胡不自南。」

(4)烝民：「吉甫作誦，穆如清風，仲山甫永懷，以慰其心。」

旁證：

(1)屈原哀郢：「登大墳以遠望兮，聊以舒吾憂心，哀州土之平樂兮，悲江介之遺風。」

(2)涉江：「乘鄂渚而反顧兮，欸秋冬之緒風，步余馬兮山皋，邸余車兮方林。」

(3)長門賦：「廓獨潛而專精兮，天飄飄而疾風，登蘭台而遙望兮，神怳怳而外淫。」

(4)枚乘七發：「梧桐并閭，極望成林，衆芳芬鬱，亂於五風。」

(5)蔡邕答對元式詩：「君子博文，貽我德音，辭之集矣，穆如清風。」

(6)馮衍顯志賦：「摛道德之光耀兮，匡衰世之眇風，褒宋襄於泓谷兮，表季札於延陵。」

(7)杜篤論都賦：「卽詔京兆，乃命扶風，齋肅致敬，告覲園陵。」

(8)王粲詩：「烈烈寒日，肅肅淒風；潛鱗在淵，歸鴈載軒。」④

「風」字下所引楚辭，乃惜誓之文，洪興祖疑爲賈誼作，朱熹則以爲賈誼所作⑤。林蓮仙楚辭音韻，曾將此例所舉各韻字之歸部分析如左：

(1)詩經、哀郢、涉江、司馬相如長門賦、枚乘七發、蔡邕對元式詩之「風」字，叶侵部。

(2)賈誼惜誦，以「風」叶陽部。

(3)馮衍顯志賦、杜篤論都賦，以「風」叶蒸部。

(4)王粲詩以「風」叶元部。

足見「風」字之歸部至爲複雜。此乃時空環境變遷所致。爲探究其遷變之迹，試將各詩賦作者之時代、里籍考之如次：

(1)賈誼：西元前二〇〇年—一六八年。雒陽（今河南省洛陽縣）人。

(2)司馬相如：西元前一七九（？）年—一一八年。蜀郡成都（今四川省成都縣）人。

(3)枚乘：？—西元前一四〇年。淮陰（今江蘇省淮陰縣）人。

(4)蔡邕：西元一三二年—一九二年。陳留圉（今河南省杞縣南）人。

(5)馮衍：？—西元七六年以前。京兆杜陵（今陝西省長安縣東南）人。

(6)杜篤：？—西元七八年以前。京兆杜陵（今陝西省長安縣東南）人。

(7)王粲：西元一七七年—二一七年。山陽高平（今山東省金鄉縣西）人。

據林蓮仙之假設：西漢初期陳留、蜀郡等地之方言，「風」字仍叶侵部；而雒陽地區之「風」字，已轉叶陽部。及東漢前期之京兆音，「風」字又轉入蒸部。至於東漢末，今山東以至荆、襄之地，「風」字音値或與元部相近。乃因此時戰禍頻仍，人民流離，原具山東音之王粲，於遷徙中，語音之地域性較難確定所致⑥。

就上述之分析，可知東漢時之語音遷變至遽，足印證季立「一郡之內，聲有不同」、「百年之中，語有遞轉」之言。然季立於資料之取捨，仍無法守其分際，則理論與實際之配合，似非易事也。擧此一例，足見季立毛詩古音考、屈宋古音義二書，於資料之取捨，似仍有再檢討之必要。

二、叶韻說之羈絆

叶韻說之大病，爲東可音西，南可音北，上可音下，前亦可音後，凡字皆無正呼⑦。此爲季立最所排擊者，前文述之詳矣。然季立由於受時代之限制，仍時受叶韻說之羈絆，略後於季立之曹學佺已云：「一字數音，未有條理。」⑧四庫提要亦云：「家又音歌，華又音和之類，不知爲漢、魏以下之轉韻，不可以通三百篇，皆爲未密。」⑨今人林蓮仙於所著楚辭音韵中更論之綦詳⑩。足見季立之非。

毛詩古音考與屈宋古音義二書，一字數音者，數量頗多，茲就歸納所得，舉之如左。見於毛詩古音考者有：

(1)樂：音撈（卷一）、音療（卷二）。

(2)斁：音約（卷一）、音妬（卷四）。

(3)牙：音翁（卷一）、音吾（卷三）。

(4)發：音廢（卷一）、音歇（卷二）。

(5)來：音釐（卷一）、音力（卷三）、音利（卷三）。

(6)千：音堅（卷一）、音親（卷一）。

(7)反：音顯（卷一）、音販（卷一）、音番（卷三）。

(8)好：音丑（卷二）、音休去聲（卷二）。

(9)衍：音遣（卷三）、音傾（卷三）。

(10)出：音吹去聲（卷三）、音赤（卷三）。

(11)集：音讐（卷三）、音雜（卷四）。

(12)平：音駢（卷三）、音旁（卷四）。

(13)祀：音乙（卷三）、音以（卷四）。

計有十三組之多。見於屈宋古音義者有：

⑴佩：音皮（離騷）、音備（九章）。
⑵化：音訛（離騷）、音嬉（離騷）。
⑶遠：音演（離騷）、音煙（九章）。
⑷夜：音裕（離騷）、音掖（招魂）。
⑸門：音民（九歌）、音眠（遠遊）。
⑹聞：音煙（九章）、音因（遠遊）。
⑺出：音砌（九章）、音赤（高唐賦）。

計有七組，其中「出」字與毛詩古音考相重。茲就前舉十數組之音，選「來」字討論之：

1 來，音釐。

⑴終風：「莫往莫來，悠悠我思。」
⑵雄雉：「瞻彼日月，悠悠我思，道之云遠，曷云能來。」
⑶君子于役：「日之夕矣，牛羊下來，君子于役，如之何勿思。」
⑷子衿：「青青子佩，悠悠我思；縱我不往，子寧不來。」
⑸頍弁：「爾酒既旨，爾肴既時，豈伊異人，兄弟具來。」⑪

2 來，音力。

⑴采薇：「憂心孔疚（音急），我行不來。」

(2)杕杜：「匪載匪來，憂心孔疚。」

(3)大東：「既往既來，使我心疚。」

(4)又：「東人之子，職勞不來，西人之子，粲粲衣服。」

(5)靈台：「經始勿亟。庶民子來。」

(6)常武：「王猶允塞，徐方既來。」⑫

3.來，音利。

南有嘉魚：「翩翩者鵻，烝然來思；君子有酒，嘉賓式燕又思。」⑬

以上所押之韻字計有「來」、「思」、「時」、「疚」、「服」、「亟」、「塞」、「又」等八字。可分爲兩組：

(1)來、思、時、疚，又，屬之部（e）。

(2)服、亟、塞，屬職部（ek）。

而之、職部由於主要元音同爲〔e〕，可以通韻⑭。季立不明此理，見「來」與「服」、「亟」、「塞」等字押，以爲音不同，遂改讀爲「力」。另見其與「又」押，乃改讀爲「利」。雖不及朱熹一「家」字有四音⑮，相去亦不遠矣。又如：从叚得聲之字，皆在魚部，而季立卻有葭音孤（卷二）、瑕音胡（卷二）、暇音甫（卷三）、遐音何（卷三）之別。由此可見季立仍不脫叶韻說之影響。

三、韻部觀念模糊

古韻之分部，始於宋鄭庠之古音辨。其書分古韻爲東、支、魚、眞、蕭、侵六部。然專就唐韻求其合，不能析唐韻求其分，故分部多未當⑯。明楊愼著轉注古音略、古音叢目、古音獵要、古音餘、古音略例諸書，專以分韻繫字，未加分部。季立有淸晰之語音史觀，於今古音之不同知之甚詳。然所著毛詩古音考、屈宋古音義二書，卻未加分部。其未分析韻部之因，已不得其詳。今論其於韻部之觀念，僅能就其書之注音窺知。

季立書之標音，以直音爲多，直音之缺失，前賢已屢有指陳⑰。然此乃受限於時代，未便深責。如就季立書所注直音觀之，季立於古韻部之分合，觀念甚爲模糊。玆就陳新雄先生所分古韻三十二部⑱，舉例說明如左：

(1)采，音泚。（采，之部；泚，支部）。

(2)喈，音基。（喈，脂部；基，支部）。

(3)母，音米。（母，支部；米，脂部）。

(4)久，音几。（久，之部；几，脂部）。

(5)謀，音迷。（謀，之部；迷，脂部）。

(6)視，音始。（視，脂部；始，之部）。

可見季立將「之」、「支」、「脂」三部混而一之。實則詩經中此三部分別甚嚴。段玉裁云：「五支、六脂、七之三韻，自唐人功令同用，鮮有知其當分者矣。今試取詩經韻表第一部、第十五部、第十六部觀之，其分用乃截然。且自三百篇外，凡群經有韻之文，及楚騷、諸子、秦、漢、六朝詞章所用，皆分別謹嚴。」⑲至第四世紀以後始逐漸同用。而季立未能辨之。此其分部觀念不清之一例也。又如：

(1)振，音眞。（振，諄部，眞，眞部）。
(2)歎，音天。（歎，元部；天，眞部）。
(3)闕，音堅。（闕，元部；堅，眞部）。
(4)難，音年。（難，元部；年，眞部）。
(5)餐，音千。（餐，元部；千，眞部）。
(6)宣，音先。（宣，元部；先，諄部）。

可見季立於眞、諄、元三部不分。然段玉裁以爲此三部「三百篇及群經屈賦，分用畫然，漢以後用韻過寬，三部合用。」又云：「唐虞時，『明明上天，爛然星陳；日月光華，宏予一人。』第十二部也。『南風之薰兮，可以解吾民之慍兮。』第十三部也。『卿雲爛兮，禮縵縵兮；日月光華，旦復旦兮。』第十四部也。」以爲三部之分，不始於三白篇⑳。此又季立不能分辨之一例也。

此外，毛詩古音考與屈宋古音義所錄韻字，與所注直音，不同部者甚多，茲舉例如左：

(1)馬，音姥。（馬，魚部；姥，幽部）。

(2)甲，音結。（甲，帖部；結，質部）。

(3)覺，音教。（覺，覺部；教，宵部）。

(4)敗，音備。（敗，月部；備，職部）。

(5)艾，音義。（艾，月部；義，歌部）。

(6)歲，音試。（歲，月部；試，職部）。

(7)大，音地。（大，月部；地，歌部）。

(8)佩，音皮。（佩，之部；皮，歌部）。

(9)不，音夫。（不，之部；夫，魚部）。

(10)旅，音魯。（旅，東部；魯，魚部）。

(11)口，音苦。（口，侯部；苦，魚部）。

(12)易，音施。（易，錫部；施，歌部）。

(13)另，音寧。（另，侵部；寧，耕部）。

(14)舊，音几。（舊，幽部；几，之部）。

凡此，韻字與所注音皆不同部，且其音相差甚遠。此蓋季立於古韻分部觀念不甚清晰，且受方音之影響所致，則江永所云：「直音之謬，不可勝數。」周春斥其「音韻全憑武斷，不知而作。」似亦非無根之言矣。

然後人所貴於季立者，乃其不受前人拘囿之創新精神及其清晰之語音觀念，若果闇闇然以糾其繆爲是，則亦非眞知季立者也。

附注：

①見顧炎武，「韻補正」（台北市，廣文書局，民國五十五年），卷首序。方子謙，名日昇，明永嘉人。著有「韻會擧要小補」三十卷。

②見周春，「十三經音略」（台北市，宏業書局，民國五十六年，粵雅堂叢書十一集），卷末附錄，頁五。

③見「讀詩拙言」，頁一。

④見「毛詩古音考」，卷一，頁二一。

⑤洪興祖之說，見洪著，「楚辭補註」（台北縣，藝文印書館，民國五十七年），卷一，頁一。朱熹之說，見朱著，「楚辭集注」（台北市，華正書局，民國六十三年），卷八，頁一。

⑥以上見林蓮仙，「楚辭音韻」（香港，昭明出版社，西元一九七九年），頁二六－二九。

⑦此爲焦竑之言。見「焦氏筆乘」（台北市，台灣商務印書館，民國五十八年），卷三，頁六三，古詩無叶音條。

⑧曹學佺，「顧氏音學五書敍」，見顧炎武，「音學五書」（台北市，廣文書局，民國五十五年），卷首。

⑨見「四庫提要」（台北縣，藝文印書館，民國五十八年），卷四二，經部，小學類三，頁三二，毛詩古音考四卷提要。

⑩同注⑥。

⑪見「毛詩古音考」，卷一，頁二四。

⑫同上，卷三，頁五。

⑬同上，卷三，頁七。

⑭王力云：「同類的韻部，由於主要元音相同，可以互相通轉。其中關係最密切者有之和職、幽和覺、宵和藥、魚和鐸、支和錫。」見王著，「漢語史稿」（台北市，泰順書局，民國五十九年），第二章，語音的發展，頁六三。

⑮朱熹「詩集傳」中，「家」字之讀音有四：

(1)周南桃夭：「桃之夭夭，灼灼其華；之子于歸，宜其室家。」按：朱子未注叶音，讀如字。

(2)召南行露：「誰謂雀無角？何以穿我屋？誰謂女無家？何以速我獄？」叶音谷。

(3)又：「誰謂鼠無牙？何以穿我墉？誰謂女無家？何以速我訟？」叶谷空反。

(4)小雅我行其野：「我行其野，蔽芾其樗，昏姻之故，言就爾居；爾不我畜，復我邦家。」叶古胡反。

⑯見江有誥，「音學十書」（台北市，廣文書局，民國五十五年），古韻凡例，頁一。

⑰江永云：「陳氏但長於言古音；若今韻之所以分，喉、牙、齒、舌、脣之所以異，字母清、濁之所以辨，概乎未就心焉。故其書皆用直音，直音之謬，不可勝數。」見江著，「古韻標準」（台北市，廣文書局，民國五十五年），卷首，例言，頁三。

⑱陳新雄先生所定三十二部爲：歌、月、元、脂、質、眞、微、沒、諄、支、錫、耕、魚、鐸、陽、侯、屋、東、宵、藥、幽、覺、冬、之、職、蒸、緝、侵、帖、添、盍、談。見陳先生著，「古音學發微」，第五章，結論，頁八六五。

⑲段玉裁，「六書音均表」（台北縣，漢京文化事業公司，民國六十九年，與段氏「說文解字注」合冊），卷一，頁七，第一部第十五部第十六部分用說。

⑳同上，頁一二，第十二部第十三部第十四部分用說。

第九章　周嬰

第一節　生平與著述

周嬰，字方叔，福建莆田（今福建省莆田縣）人，生卒年待考。約神宗萬曆（一五七三—一六一九）中葉至思宗崇禎（一六二八—一六四四）年間在世。

方叔弱冠負才名，博極群書，嘗著五色鸚鵡賦，一時傳誦，巡撫朱運昌偶見之，竟以爲古人也。嗣知爲方叔所作，遂聘之。時方叔尚困於童子科，馳驛至三，由運昌置酒堂上，講賓主禮，欲以儒士送入闈，會運昌卒，不果。

方叔後爲諸生，崇禎十三年（一六四〇），以明經貢入京，適揀選天下舉貢御賜進士，特擧方叔與焉。授上猶（今江西省上猶縣）知縣，持廉白，革舊弊，崇尚文雅，邑人化之。未幾賦歸，家居淡泊，與故舊結耆碩會，罕窺城市，有香山洛社之風①。

方叔之著述甚豐，然今所知者惟卮林、遠遊篇、綿史三書而已。遠遊篇，詳味書名，殆爲遊記之作，今諸家書目罕見著錄。綿史爲方叔代崔孟起撰②，今諸家書目亦罕見著錄，或已亡佚。惟卮林卷六崔浩條，曾節錄一段，考證崔浩事蹟特爲詳博，蓋亦卮林之流亞也。

卮林爲考證舊事之作，其作書之意，具見書前之卮林小語：

余無談笑之才，平生不解作寒暄語，亦未嘗發問難端，稠人廣坐，群議風生，余竟默默也。知者以爲野鄙，不知者以爲簡傲，衆目所攝，勉相獻酬，顧資之所限，終不可强，雖欲有所發明，舌未及一伸，而詞已跆矣。且夫靈均之譅也而騷，韓非之謳也而說；長卿之喫也而賦，子雲之蹇也而玄，何哉！文以抒抽而工，不禁淹思，言以縱橫而辨，機在捷赴，捷而能劇，故蹇喫者無宮商也。雖然，言之不可以已，巧者騁其簧，拙者守其卮，卮亦酬世之具也。子玄有云，滿則傾，空則仰，非持故也。言者因物隨變，惟彼之從，非宥坐之卮與。余今是非無主，義解繇人，因以曼衍，故卮林起焉，優哉游哉，亦所以窮年也。

蓋方叔自忖拙於言詞，著書以見意也。此小語作於癸未年，即崇禎十六年（一六四三），亦即明亡之前一年，是知卮林或作成於是年。

卮林本文十卷，補遺一卷，今傳板本有：四庫全書本、清嘉慶二十年蕭山陳氏湖海樓叢書本、叢書集成初編本、世界書局排印本。蕭山陳氏湖海樓叢書本，校刻頗精，間采附近儒駁正之語。叢書集成本、世界書局本，即據之排印而成。全書皆在辨證前人之舛誤，凡四十家，各家或數條，或十數條不等。每條以二字標目而各引原撰書人之姓氏以系之。茲錄各卷條目如左：

(1)卷一：質魚（魚豢）、諮杜（杜預）、鐫紀（紀瞻）、刺顧（顧和）、難裴（裴松之）、箴王

（王僧虔）、辨劉（劉孝標）、析酈（酈道元）。

(2)卷二：續顏（顏師古）、非馬（司馬貞）、說孔（孔穎達）、贊劉（劉知幾）、錄崔（崔造）、繹李（李善）、復杜（杜甫）、疑白（白居易）。

(3)卷三：問歐（歐陽脩）、釐孫（孫奭）、格鮑（鮑彪）、𡡾張（張表臣）、釋王（王楙）、附王（王應麟）、彈高（高似孫）、本朱（朱翌）。

(4)卷四：述洪（洪邁）。

(5)卷五：議郎（郎瑛）、論何（何孟春）、明楊（楊用修）、解馮（馮惟訥）、注王（王世貞）。

(6)卷六：廣陳（陳耀文）、匡徐（徐渭）、通焦（焦竑）。

(7)卷七：洗梅（梅鼎祚）、原謝（謝肇淛）、中董（董遐）、商艾（艾南英）、增姚（姚旅）、詮鍾（鍾惺）。

(8)卷八－十：諗胡（胡應麟）。

卷一所謂「質魚」，即質問魚豢魏略之誤；「諮杜」，即諮商杜預春秋經傳集解之失，全書各卷皆如此。蓋仿王充論衡問孔、刺孟及孔叢子詰墨之例也。

書中所駁正之前人，以洪邁、楊慎、陳耀文、焦竑、胡應麟等人爲多。各條引證皆極爲博洽，非前此之考證家所可企及。惟所考稍嫌瑣屑，爲求眉目清晰，玆就全書所考釐爲文字音義、史事與地名及糾胡應麟之誤數節論之。

附注

①以上參見清廖必琦等修，「莆田縣志」（台北市，成文出版社，民國六十二年，影印光緒五年潘文鳳補刊本），卷二二，人物傳，頁二八，周嬰傳。

②周嬰「巵林」（台北市，世界書局，民國五一二年，與胡應麟「少室山房筆叢」合冊），卷六，云：「天啓壬戌春，予爲崔孟起撰綿史，於白馬公事，洗鍊特詳，時有彈駁，今猶記其略。」

第二節　考訂文字音義

方叔前之考據家，如楊愼、陳耀文、胡應麟、焦竑等人，於文字音義之考證，已導風氣於先。諸家之考證，皆止於隨事駁正，而無一特定之目標，故所考頗爲駁雜，然引證之趨於博證則一。方叔生於楊愼諸人之後，受彼等影響甚鉅。其考證之博雜，與前人相似，而引據則更爲詳博，糾前代考證家者甚多。玆舉例述之如左：

1泥首條，陸倕石闕銘曰：「嚴鼓未通，凶渠泥首。」李善注引張溫表曰：「臨去武昌，庶得泥首闕下。」李善不釋泥首之義，不若劉良注：「泥其頭面以降。」差爲明暢。方叔之友詹修之謂其非是，以爲泥首叩頭蟲也；泥首卽叩首耳。方叔辨之云：

(1)范曄公孫述論：「述謝臣屬，審廢興之命，與夫泥首銜玉者異日談也。」注引干寶晉紀：「吳王孫皓，將其子瑾等，泥首面縛降王濬。」如以爲叩頭，則當云「銜玉泥首」「面縛泥首」，不當言「泥首面縛」「泥首銜玉」也。

(2)任彥昇讓表：「泥首在顏，輿櫬未毀。」如曰叩首，不得復云在顏矣。（卮林，卷二，頁四〇）是知泥首不得釋爲叩頭。然則泥首何義？方叔引甄鸞笑道論曰：「塗炭齋者，黃土泥面，驢輾泥中。」又引晉陸修靜猶以黃土泥額，欲反縛懸頭，衆望同笑。可知泥首乃以泥塗首，自示汚辱耳。（同上）今通行字書皆以泥首爲頓首至地，蓋承前人之誤而不知方叔已駁正之也。

2.北堂條：王楙野客叢書以爲今人稱母爲北堂萱，蓋本毛詩：「焉得萱草，言樹之背。」鄭箋：「諼草令人忘憂；背，北堂也。」北堂，幽陰之地，可以種萱，初未嘗言母也。不知何以遂相承爲母事？方叔辨之云：

(1)儀禮有司徹曰：「主婦北堂。」士昏禮曰：「姑洗於北洗。」鄭玄注曰：「北洗在北堂。」夫主婦也，姑也，非母之稱乎？

(2)李陵書：「老母終堂。」潘岳賦：「太夫人在堂。」顏延之秋胡詩：「上堂拜家慶。」固知高堂之上，慈母所居，自昔然矣。

(3)隋侯夫人自傷詩曰：「偏親老北堂。」杜甫送許拾遺歸覲詩：「慈顏赴北堂。」岑參送韓巽覲省詩：「北堂倚門望君憶。」此後代之稱所祖耳。（卷三，頁六一）

可證母自居北堂。若稱母萱親，當是因北堂而牽連及之。王楙野客叢書以北堂不關母事，實失之未考。

3.青雲條，楊用修以爲青雲乃聖賢立言傳世者，引史記伯夷列傳爲證，並糾後世謂登仕路爲青雲之誤。陳耀文則以爲青雲爲貴仕，引諸書以糾用修之誤。方叔謂青雲有數解，楊、陳二公之爭，可謂知其一不知其二也。故釐青雲爲數義，各義援證甚夥，茲各舉數條如左：

甲、有以高逸言者：

(1)王康琚反招隱詩：「放神青雲外，絕跡窮山裏。」

(2)杜甫北征：「青雲動高興，幽事亦可悅。」

(3)韓愈送惠師：「日攜青雲客，探勝窮崖濱。」

乙、有以遊仙言者：

(1)揚雄甘泉賦：「吸青雲之流霞。」

(2)郭璞遊仙詩：「尋我青雲友，永與時人絕。」

(3)劉孝標升天行：「欲訪青雲侶，正值丹邱人。」

丙、有以神襟言者：

(1)顏延之伍君詠：「仲容青雲器，實禀生人秀。」注：「青雲，猶高遠也。」

(2)裴松之魏志論：「張子房青雲之士，非陳平倫。」

(3)孔稚圭北山移文：「度白雲以方潔，干青雲而直上。」

丁、有以氣勢言者：

(1)淮南子兵略篇：「氣厲青雲，疾如馳騖。」

(2)晉鼓吹曲：「將如闞虎，氣凌青雲。」

戊、有極無意義者：

(1)九歌：「青雲衣兮白霓裳。」

(2)淮南子：「魏闕之高，上際青雲。」

(3)傅玄詩：「青雲徘徊，爲我愁腸。」

(4)劉希夷公子行：「綠波蕩漾玉爲砂，青雲離披錦作霞。」

己、有貴仕之類：

(1)東方朔答客難：「抗之則在青雲之上，抑之則在深淵之下。」

(2)抱朴子吳失篇：「有才力者，躡青雲以官躋。」

(3)杜甫贈張太常詩：「碧海眞難涉，青雲不可梯。」（卷六，頁一四五—一四八）。

所舉例證數十條，皆耀文所不及者也。方叔於青雲一詞之分類，如：丁類有以氣勢言者與戊類有極無意義者，似仍有可議。然所舉諸例，已足證青雲非止於楊愼所謂之聖賢立言傳世者，與陳耀文之登仕路而已。可知楊、陳二公，皆有所偏也。

4.元二條：後漢書鄧騭傳：「鄧騭拜爲大將軍，時遭元二之災，人士饑荒，死者相望，盜賊群起，四夷侵畔。」章懷注：「元二卽元元也。」趙明誠金石錄引漢司隸楊厥開石門頌碑：「中遭元二，西戎虐殘，橋梁斷絕。」孔耽碑：「遭元二坎軻，人民相食。」以爲若讀作元元，則不成文理，疑當時自有此語。洪邁容齋隨筆引論衡恢國篇：「孝明天崩，今上嗣位，元二之間，嘉德布流。」以爲所謂元二者，謂章帝建初元年、二年（西元七六、七七年）或安帝永初元年、二年（西元一〇六、一〇七年）。王楙野客叢書、陳耀文學林就正皆附合洪邁之說。方叔於此條之考證最爲博洽，茲就其所考分疏如左：

章懷以後漢書鄧騭傳之「元二」爲「元元」，方叔先駁其非云：

(1)按漢刻石如北海相景君碑與李翊夫人碑之類，凡重文皆以小「二」字贅其下，此碑有「燕二」、「明二」、「蕩二」、「世二」、「勤二」，亦不再出上一字，非若「元二」遂書爲「二」大字也。

(2)孔耽碑：「遭元二轗軻，人民相食。」若非元元，則下文不應言人民。

舉此二例，已足證章懷注之非。其次，方叔又糾洪邁以元二爲安帝永初元年、二年（西元一〇六、一〇七年）之非，其說曰：

(1)永初禍故既在元年二年，此則改年之初，石門頌何以云「中遭一往之運」。陳忠傳何以云「頻値」，「頻」之與「中」，豈漫爲之辭乎？

(2)且元年二年可合爲元二，則在三年四年而曰中遭三四，曰時遭三四之災，在五年六年而曰遭五六轗軻，曰頻遭五六之厄，可謂成文理乎？

(3)帝王即位改元，誰不歷載彙紀，而獨永初之元二，爲東漢之謎談，靑史鴻篇，金石雕篆，以讔爲諱，予所未安。水經注：「石門在漢中之西褒中之北，漢明帝永平中，司隸校尉犍爲楊厥之所開，靈帝建和二年，太守王升琢石頌德。」自永平至永初四十餘年，安得謂元二爲永初元年二年也。

(4)永初二年，羌始入益州，雖殺漢中太守董炳，然地去漢中尚三千六百里；四年，羌乃攻褒中，太守鄭勤與主簿段崇俱死，則非元二之年也。

(5)若謂西戎殘虐在殺董炳時，則止可言二載，何爲以元配二乎？

⑹孔躭碑：「人民相食」，事在永初三祀，而以傳之元二移復於前，又非實錄。

⑺鄧后詔既言延平之際，又曰：「元二厄運。」此果爲元年二年，抑何所指，恭陵元二雖加以師旅，因之饑饉，而幼君享御，輦轂無虞，何以謂「危如累卵」，此不過欲析言求異而不顧理之不可通也。

⑻考安帝紀：永初元年，叛羌寇掠冀、幷，郡國十八地震，四十一雨水，二十八大風雨雹。二年，四十大水大風雨雹，十二地震，萬民饑流，羌貊叛戾。此二載中，大災大厄，良曰不誣，然尚未若三年叛羌破沒臨洮，京師、幷、涼大饑，民相噉食，郡國九地震，四十一大雨水雹也。四年，三輔寇亂，人庶流冗，海賊殺縣令，叛羌殺太守，杜陵園火，郡國九地震，六州蝗，三郡大水也。五年，郡國十二地震，八雨水，九州蝗，先零寇河東，至河內，詔曰：「災異蜂起，寇賊縱橫，夷狄猾夏，戎事不息，百姓匱乏也。」七年，郡國十八地震，南陽七郡民譏也。未若元初元年郡國五旱蝗，十五地震，蜀郡夷殺縣令，羌絕隴道，敗刺史也。二年，郡國十九旱蝗，詔稱災異不息，被蝗。七年，地裂日食，十餘地震，羌戰丁奚，三軍敗沒也。若斯災厄，亦孔之醜，而獨舉元年二年咎徵，動爲口實，何與？（卷六，頁一五二－三）

元二既不爲永初元年二年，則何指乎？方叔以爲當爲皇帝卽位之元年二年，其證如左：

⑴王充論衡：「今上嗣位，元二之間。」云云，所謂元二者，蓋卽位之元年二年也。

⑵鄧騭傳：「永初元年夏，涼部叛羌搖蕩西州，詔騭將羽林五校士擊之。冬，徵騭班師迎拜大將

軍。」帝紀班師在二年十一月，傳有脫字也。又云：「時遭元二之災，人民荒饑，盜賊群起，四夷侵叛，騭崇節儉，罷力役，進賢士，故天下復安。」則此傳所云元二者，亦謂元年二年也。

(3)安帝紀書兩年之間，萬民饑流，羌貊叛戾，又與傳同，此碑所云，西戎虐殘，橋梁斷絕，正是鄧騭出師時，則史傳碑碣皆與論衡合。

(4)建初者，章帝之始年，永初者，安帝之始年，乃知東漢之文所謂元二者如此。（同上）

方叔以爲史傳碑碣所云皆與論衡合，故元二者，乃卽位之元年二年，非專指永初元年二年也。至於他處所云之元二，方叔以爲悉當讀爲「元元」。而元元之訓，諸家殊指，方叔析其義如左：

甲、元元，善也。

(1)戰國策蘇秦曰：「子元元。」高誘注：「元元，善也。」

(2)顏師古文帝詔注：亦曰善意。

乙、元元，百姓也。

(1)文選陳琳爲袁紹檄曰：「割剝元元。」呂向注：「謂衆人也。」

(2)鍾會檄蜀：「以濟元元之命。」呂延濟注：「謂百姓也。」

丙、元元，卽原始也。

(1)兩都賦：「元元本本，殫見洽聞。」章懷注曰：「元其元，本其本。」李善注：「謂得其元本。」

(2)漢書敍傳曰：「元元本本，數始於一。」張安曰：「數之元本也。」

丁、元元，卽玄玄也。

盧鴻洞元室歌曰：「談空空兮覈元元。」蓋本北山移文：「談空空於釋部，覈元元於道流。」乃以元元代玄玄耳。」

方叔之引據最詳博，非但駁前人以「元二」爲永初元年、二年之誤，更以爲載籍中「元二」多應作「元元」。復離析「元元」之義爲數類，以息後人之爭。其考證之周備詳密，於此已可見一斑。

5. 蠱冶通用條，楊用修以爲蠱冶二字通用，舉周易「冶容誨淫」，太平廣記引作「蠱容誨淫」爲證。耀文正楊曾反駁之。方叔歷引諸書云：

(1)維摩詰經有妖蠱語，唐沙門玄應音義云：「蠱，周易作冶。」

(2)傅武仲舞賦：「貌嫽妙以妖蠱。」五臣作「妖冶」。

(3)張衡思玄賦：「咸妖麗以蠱媚。」章懷注：「蠱音野。」

(4)謝惠連詩：「酈生無文章，西施整妖冶，胡爲空耿介，悲哉君志瑣。」惠連自注：「冶，果鄔切。」

(5)晏子春秋：「古冶子。」馬融廣成頌作「蠱與冶通。」（卷六，頁一五四）

由此可知「冶」、「蠱」二字通用，已灼然可見。方叔證成用修之說，庶免後人狺狺然而爭也。

此外，焦竑筆乘以爲離字有十六義，方叔歷引諸書，以爲十六義之外，尚得百六十義。至於考字音，焦竑以爲苴字有十四音，方叔博考之。以爲有數十音。此二條最可見方叔之博證精神，惟文長數頁，玆不具引。

方叔於方言俗語亦甚爲注意，其鄉人姚旅，作露書數十卷，內載莆田方言數條，方叔覺其未備，采諸所見而增廣之，載之巵林卷七②。如：「夥頤」條云：

莆人遇意外事而駭動者，發聲輒云夥頤。史記：「陳勝故人見殿屋幃帳，曰：夥頤，涉之爲王沈沈者。」索隱引服虔曰：「楚人謂多曰夥。」又言：「頤者，助聲之辭也。」謂涉爲王，宮殿帷帳，其物衆多，驚而偉之，故稱夥頤也。（卷七，頁二〇八）。

是知「夥頤」爲漢代古語沿用至明末者。又如：「眚」條云：

人物瘦瘠謂之眚，本周禮大司馬職：「馮弱犯寡則眚之。」鄭玄注曰：「眚，猶人眚瘦也。」亦作省。」謝承後漢書曰：「袁閎面貌省瘦。」是也。（同上）

是知「眚」字用作瘦瘠，已見之周禮。至如謂寒涼憀戾爲「淒其」，則本詩邶風綠衣：「絺兮綌兮，淒其以風。」謂縱任遊戲曰「佻達」，則本詩鄭風子衿：「挑兮達兮，在城闕兮。」（卷七，頁二〇九）故方叔以爲其鄉方言，多可與經史互證者。明代考據家此種重方言之傳統，導之於楊愼，至方叔考證日見周密，稍後之方以智遂集大成，並開啟清人研究之風氣。

附注

①離字有十六義條，見「巵林」（台北市，世界書局，民國五十二年，與胡應麟「少室山房筆叢」合冊），卷六，

頁一六六—一七三。直有十四音條，同上書，卷六，頁一七三—六。

②見「卮林」，卷七，莆中方言條。

第三節　考訂史事與地名

一、史事

前代考據家之考史者，楊愼所考較膚泛，且案斷失之粗率；焦竑則考史事外，兼及典章制度。方叔承前人之緒，而特重魏晉南北朝史。卮林卷四歷代史條，詳錄漢末至隋朝之史書百餘種，可知其詳於六朝史部目錄；且其考六朝史事，辨析入微，非沈潛有年者不能也。玆舉其較具創獲者數則，述之如左：

1 紂未殺季歷：史記龜策列傳：「紂殺周太子歷，囚文王昌，投之石室。」索隱以爲「殺周太子歷」文在「囚文王昌」之上，則歷爲季歷無疑，其言季歷不被紂誅者妄也。方叔引諸書非之云：

(1)呂氏春秋云：「王季歷困而死，文王苦之，有不忘羑里之醜。」

(2)竹書紀年：「文丁十一年，周公季歷伐翳徒之戎，獲其三大夫，來獻捷，王殺季歷。」沈約注曰：「王嘉季歷之功，錫之圭瓚秬鬯，九命爲伯，既而執諸塞庫，季歷困而死。因謂文丁殺季歷。」

(3)晉書束晳傳：「太甲殺伊尹，文丁殺季歷。」（卷一，頁三一）

方叔以爲據上述，季歷在商蓋不得善終，殺之者爲紂之祖父文丁，非紂也。

2 牽招未殺韓忠：酈道元水經注曰：「雁門水逕高柳縣城北，昔牽招斬韓忠於此處。」方叔引魏志辨之云：

牽招，字子經，觀津人，太祖辟爲從事。太祖討袁譚，而柳城烏丸出騎助譚，乃遣招詣柳城，値遼東太守公孫康使韓忠齎單于印綬往假峭王，峭王大會，忠與招爭言，招捉忠頭頓築，拔刀將斬之。峭王驚怖，徒跣抱招救請，忠乃還坐，峭王便辭遼東之使。（卷一，頁一七）

是知韓忠之頭，非斷自牽招之手，道元誤也。

3.白門非擒陳宮之處：酈道元水經注以爲下邳城有三重，南門謂之白門，乃魏武帝擒陳宮之處也。方叔引諸書云：

(1)魏志：「建安三年，魏太祖征呂布，其將侯成縛陳宮降，呂布與麾下登白門樓，圍急，乃下降，遂生縛布。」

(2)獻帝春秋：「司空攻呂布於下邳，布登西北白門樓上，城陷，士擒以詣司空。」

(3)後漢書：「曹操擊呂布，至下邳城，圍之，布與麾下登白門樓，圍急，下降。」（卷一，頁二〇）

是知白門所擒者爲呂布，非陳宮，道元之注，蓋誤也。

4.呼孫權爲至尊：周瑜與孫權牋云：「當今天下方有事役，是瑜乃心夙夜所憂，願至尊先慮未然，然後康樂，今既與曹操爲敵，劉備近在公安，邊境密爾，百姓未附，宜得良將以鎭撫之。魯肅知略足任，乞以代瑜，瑜隕踣之日，所懷盡矣。」此周瑜向孫權推薦魯肅，牋中稱孫爲「至尊」。梅鼎祚書記洞詮以爲時孫權行車騎將軍領徐州牧，牋中安得卽稱至尊，此史氏追稱之文耳。方叔以爲孫權稱帝後，群臣俱呼陛下，自稱吳王以前，遡其承兄始據江東之日，群下皆呼至尊。舉證云：

(1)劉備伐吳，陸遜疏云：「伏願至尊高枕。」此黃武元年，權稱王時也。

(2)呂蒙當襲南郡，說權曰：「至尊以征虜能，宜用之；以蒙能，宜用蒙。」此建安二十四年也。

(3)權征合肥，為張遼所襲，賀齊曰：「至尊人主，常當持重。」則建安二十年也。

(4)曹公破走，權迎魯肅，肅曰：「願進至尊，威德加於四海。」已在建安十三年。

(5)權征黃祖時，甘寧曰：「至尊當早規之。」又在十二年，權直為討虜將軍領會稽太守耳。（卷七，頁一八〇）

此已足證孫權未稱王前，群臣已俱呼至尊。然方叔仍疑或為盧溥、陳壽等輩修史時謬相推與，故又引證云：

(1)漢書樓護傳：「主簿諫王商，將軍至尊，不宜入閭巷。」是將軍曾稱至尊也。

(2)黃義仲十三州記曰：「郡之言君也，改公侯之封而言君者，至尊也。」是郡守亦可稱至尊也。

（同上）

是知將軍、郡守皆可稱至尊，則孫權行車騎將軍徐州牧時，周瑜呼之為至尊，實非後之史氏所追稱也。

5.深公非殷源：世說新語輕詆篇：「深公云：人謂庾元規名士，胸中柴棘三斗許。」劉孝標注以為深公即殷源。方叔先舉世說新語中稱公之諸人如左：

(1)世說之稱公者，山（山濤）、張（張華）、羊（羊祜）、溫（溫嶠）、褚（褚裒）、王（王尊）、蔡（蔡謨）、庾（庾亮）、謝（謝安）、郗（郗愔、郗鑒）、陶（陶侃）及桓宣武（桓溫）十三人耳。皆位登台司，巍然公輔者也。

(2)叔夜（嵇康）以名勝公尊，安道（戴逵）以高隱見賞，衆望所歸，亦得茲號。

(3)慧遠（遠公）、道安（安公）、法深（深公）、道林（支公），以方外緇侶，取名之半，綴之以公，猶云耆宿耳。（卷一，頁一一）

以上爲世說中稱公者，至於殷源實不得稱公，方叔云：

(1)殷源在世說中，稱殷侯、殷浩、殷淵源、殷中軍、殷揚州，至桓公稱阿源，盡矣，不登三事，望非嵇、戴，顧得稱公，於例未允。

(2)殷浩字淵源，唐以諱，始改爲深源，蕭、梁之日，安得以「深」代「淵」乎？（卷一，頁一一）

足證深公非殷源。方叔以爲深公乃竺法深。世說中法深五見，而於此獨以爲殷侯，必非孝標原注。蓋孝標注多爲唐人敬胤所亂，此注或卽是也。

6.崔浩罹禍之故：道宣廣弘明集以爲崔浩進讒於太武帝，言太子晃結納沙門玄高謀反，太武帝終信讒言幽死晃於禁中，縊玄高於郊南。方叔以爲「道宣所紀，殆爲厚誣」，遂辨之云：

(1)太平眞君十一年六月浩被誅夷，明年六月，晃遭摧殞，則晃之禍不由浩興也。

(2)讀魏收魏書，收蓋不平於浩者，浩之細瑕，輒細加曲筆，況茲大事，能無直書，收於浩傳云。

(3)太武以浩輔導東宮之勤，賜繒絮布帛各千段。

(4)魏書閹官傳云：「東宮爲宗愛所構，以憂薨。」凡收書太武連歲行事，晃亦彌年監撫，而於愛傳忽露其事，若以浩之浸潤而釀晃之禍，收能爲浩貸乎？

(5)玄高事，慧皎高僧傳大同，但云：「僞太平〔眞君〕五年九月，高就禍於平城之東隅。」是宋元嘉二十一年（四四四），不言殺晃。（卷六，頁一六三）。

據此五點，方叔以爲道宣所記爲誣，而崔浩之所以被禍，據宋書所載，乃浩圖謀不軌所致。宋書云：

索虜以柳光世爲折衝將軍，河北太守，封西陵男，光世姊夫僞司徒崔浩，虜之相也。元嘉二十七年（四五〇），虜主拓跋燾南寇汝潁，浩密有異圖，光世要河北義士爲浩應，浩謀洩被誅，河東大姓坐連謀夷滅者甚衆。光世南奔，得免。（同上）

方叔辨之云：

(1)浩之在魏，佐命運籌，固無遺策，躍馬跋扈，蓋非其人。高歡、宇文泰之徒，並嚄唶宿將，屈身弱主，故能淪移鼎祚，手奪神器。浩不遭傾頹之運，而事猜禍之君，七十老翁，反欲何爲？

(2)異時李孝伯卒，太武悼之曰：「李宣城可惜。」又曰：「朕失言，崔司徒可惜，李宣城可哀。」若浩名列叛人，豈宜追悼。

(3)魏收作魏書，齊文宣勅曰：「好直筆，朕終不作魏太武誅史官。」文宣，魏之臣吏，聞見不遙，造次一言，必非飾說明矣。（同上）

是知宋書所云不確，而南朝人所以有此言，方叔以爲「或魏人諱其國惡，而以浩反聞於南朝，故史官樂書其事也」。至於崔浩之受禍，方叔以爲乃肇因於非毀佛法，其說曰：

(1)魏書云：「浩非毀佛法，妻敬好釋典，浩怒，取而焚之，損灰廁中，及浩幽執檻中，衞士數十人溲其上。自宰司之被戮，辱未有如浩者，世以爲報應之驗。」

(2)高僧傳曰：「博陵崔浩，猜嫉釋教，與天師寇氏（寇謙之）說僞主燾，以爲太平（眞君）七年毀滅佛法，梟斬沙門。太平末有釋曇始爲說法。燾大生慚愧，遂感厲疾，崔、寇次發惡病，燾以過由於彼，於是誅翦二家，門族都盡。」

(3)續高僧傳曇曜傳：「太平眞君七年（四四六），司徒崔浩，邪佞諛詞，令帝珍敬老氏，虔劉釋種，至庚寅年（太平眞君十一年；四五〇年），太武感致癘疾，方始開悟，兼有白足禪師來相啟發，帝心悔，誅夷崔氏。（同上）

此方叔引諸書，證崔浩之死，乃因非佛也。或有以浩刊撰國史於路，暴揚國惡，遂至族誅者。方叔則以刊史謀叛，皆其微咎，謗佛乃主因也。然據今人陳寅恪與逯耀東先生之考證，崔浩之死，乃因其所代表之中原政治集團與代北政治集團之衝突，故該事株連甚廣，中原大族幾皆牽連。修史與謗佛，乃其近因而已②。方叔之辨雖未能直探其本源，然所引之廣弘明集、續高僧傳資料，陳、逯二先生皆不之及，此亦可見方叔之博學。

7.登聞鼓：王應麟玉海引後魏書：「世祖闕左懸登聞鼓以達冤。」又引水經注：「闕右置登聞鼓以納諫。」應麟自注引通鑑云：「神䴥四年十月也。」依此應麟似以爲達冤、納諫皆神䴥四年十月之事也。

方叔辨之云：

魏書刑罰志：「神䴥中，詔崔浩定律令，闕左懸登聞鼓，人有窮寃，則撾鼓，公車上其奏。」玉海所以知其年月者，以太武紀、神䴥四年十月，詔崔浩定律令，故也。（卷三，頁七一）

此明玉海引文之出處，並析應麟所以知年月之故，然後再辨之云：

不知闕左平枉，乃在桑乾；闕右求言，則洛城朱雀闕也。案道武天興元年，都代郡桑乾之平城，下至太武，尚屏恒朔，及太和十七年，始遷雒陽，上距神䴥六十餘載，雖器同事合，而地迥年乖。援平城之故實，傅雒邑之新模，非矣。（同上）

方叔以爲闕左平寃，乃北魏都桑乾之事；闕右納諫，則爲遷雒陽以後之事，兩者相距六十餘年。而應麟竟合二事爲一，實失之不考。

二、地名

方叔之考地名，散見於卮林各卷中，中以卷一析酈與卷三附王所考較多。析酈者，析酈道元水經注之誤也；附王者，附說王應麟玉海之誤也。玆論之如左：

1雒水：魚豢魏略：「漢火行，忌水，故洛字去其水而加佳；魏爲土德，土，水之牡也，水得土而流，土得水而柔，故雒除佳而加水。」魚豢謂漢爲火德，忌水，故改「洛」字爲「雒」；魏爲土德，改「雒」爲「洛」。方叔以爲魚說非是，歷引諸說云：

(1)左傳：「遷九鼎於雒邑。」「伊、雒之戎。」「會雒戎。」「至於雒。」「還及雒。」「館雒汭。」「臨上雒。」

(2)周禮：「豫州川：滎、雒。」

(3)山海經：「讙擧之山，雒水出焉。」又：「門水至河入雒。」

(4)史記夏本紀：「踰於雒。」又：「伊、洛、瀍、澗，東過雒汭，尊雒自熊耳。」

是知自周以來，卽稱雒，不煩漢代改之也。方叔又反質魚豢云：

(1)漢之受命，非始於洛，洛之從水，何忌之有？

(2)江、淮、河、漢，四瀆之大者，皆不去水，而獨更於洛，何也？

(3)高帝建國曰漢，傳之百世，避忌宜孰有先者，如豢之說，漢字便當加佳矣。（卷一，頁一）

是知雒字非因漢而改。段玉裁擧左傳、周禮之文皆作雒，又以漢石經尚書多士篇與周禮鄭注引召誥皆作雒，以爲今古文尚書亦不作洛。作洛者乃魏曹丕所改，丕爲揜己紛更之咎，乃妄言漢變洛爲雒③。玉裁所考，足以證成方叔之說。

2.武邱：酈道元水經注引魏書郡國志以爲司馬宣王（司馬懿）軍次邱頭，王凌面縛水次，故改稱武邱。方叔引魏志王凌傳云：

嘉平三年王凌陰謀廢立，太傅司馬宣王乘水道討之，大軍奄至百尺，凌窮蹙，乘船出迎。宣王軍到邱頭，凌面縛水次。（卷一，頁一九）

又引高貴鄉公紀云：

甘露三年，司馬文王（司馬昭）陷壽春，斬諸葛誕，詔曰：「大將軍親總六戎，營據邱頭，內夷群凶，外殄寇虜，克敵之地，宜有令名，其改邱頭爲武邱，明以武平亂，後世不忘也。」（同上）

可知，司馬懿雖嘗討王淩至邱頭，而武邱之名則至司馬昭克諸葛誕始改，道元之注誤也。

3.襄城：酈道元水經注曰：「襄陽城北枕沔水，昔張公遇害，亡劍於是水。」方叔以爲張華遇害在雒，安得亡劍沔流？遂引雷次宗豫章記云：

雷孔章爲豐城令，於獄掘得兩劍，一曰龍淵，一曰太阿，孔章留其一，匣龍淵以進張公，及張遇害，此劍飛入襄城水中。（卷一，頁二一）

是知張華之劍亡入襄城水中，酈氏遂誤爲襄陽也。

4.黃鵠山：酈氏水經注謂沙羨縣東之黃鵠山，林澗甚美，譙郡戴仲若（戴顒）野服居之。方叔引宋書云：

戴顒，字仲若，譙郡銍人，衡陽王義季鎭京口，長史張邵與顒姻通，迎來，止黃鵠山，山北有竹林精舍，林澗甚美，顒憩此澗，義季亟從之遊，顒服其野服，不改常度，爲義季鼓琴並新聲變曲，太祖每欲見之，常謂張敷曰：「吾東巡日，當讌戴公山也。」（卷一，頁二一）

可知戴顒所居之黃鵠，乃京口之山，非沙羨縣東之黃鵠山也。

5.魏天淵池：天淵池在洛陽，王應麟玉海引魏紀、水經注、晉宮閣紀，又引江總芳林園天淵池銘、梁武帝首夏泛天淵池詩，似以爲江總、梁武帝所述之天淵池，卽魏之天淵池。方叔辨之云：

王（應麟）於天淵池列載梁詩，江銘，蓋謂卽洛園曲沼也。夫自晉以來，伊、洛淪陷爲狄場，宋、齊、梁、陳，畫疆而守，長淮難涉，安得彌蓋洛邑，授簡玆池。覽宋、齊書，建業自有上林苑、華林園，自有天淵池、昆明池，蓋宴遊之所，輒摹洛都者也。（卷三，頁六八）

方叔以爲自北方淪入胡人之手，南人已不得入洛邑，江總、梁武帝所述之天淵池，必在建康，蓋摹洛邑而建者也。方叔又舉證曰：

(1)宋文帝元嘉數年間，天淵池芙蓉二花一蔕。

(2)太始二年，明帝泛天淵池，白魚入舟。

(3)齊永明七年，得靈石，世祖於天淵池親投試之。

(4)沈約亦有應詔作天淵池水鳥賦。（同上）

此爲南朝有天淵池之明證。王應麟以江總、梁武帝所述建康之天淵池，繫之於洛邑下，蓋不知建康亦有該池，而誤合之也。

6.羊腸坂：王應麟玉海紺珠以爲羊腸坂有二，一爲漢書地理志之上黨壺關；一爲皇甫士安（皇甫謐）地理書所云太原北九十里之地。方叔引隋書云：

崔頤從煬帝登太行山，詔問何處有羊腸坂，對曰：「地理志上黨壺關縣有。」帝曰：「不是。」頤曰：「皇甫謐地理書云：太原晉陽西北九十里有羊腸坂。」帝曰：「是也。」（卷一，頁六九）

此先明玉海文之出處；次再引高誘淮南子注云：

羊腸，山名，今太原晉陽西北九十里，通河西上郡關，曰羊腸坂是也。（同上）

是知太原晉陽西北之羊腸，爲通河西上郡（上黨）之要道。方叔謂：「太原、上黨，俱在弁州，道理不遙，封疆如錯，晉陽之西北，即壺關之東南，羊腸蓋自一耳。」（同上）則玉海以羊腸爲二，自誤也。

7.奔牛壩：謝肇淛五雜俎，以爲丹陽之奔牛壩爲梁武帝時，僧人奔至此化爲牛，故名之。方叔則以爲梁武帝之前，該地已名奔牛壩，舉證云：

(1)南齊書：「全景文與沈休之出都，到奔牛埭，有人相之曰：『君等皆方伯也。』」

(2)宋書：「孔覬反，會稽太守遣建威將軍沈懷明東討，至奔牛，築壘自固。」

(3)又：「元凶弒立，世祖入討，遣顧彬之，劉季之合勢，與劭將華欽，庾導相遇於曲阿之奔牛塘，路甚狹，軍人多齎籃屐，於菰葑中夾射之，欽等大敗。」（卷七，頁一九四）

由此可知奔牛之名，宋、齊之世已有，實不待梁武帝時僧人奔之而得名也。

附注

①見焦竑，「焦氏筆乘」（台北市，台灣商務印書館，民國六十年），卷二，頁四一，崔浩受禍自有故條。

②參見陳寅恪，「崔浩與寇謙之」，「陳寅恪先生論文集」（台北市，九思出版社，民國六十六年），頁五六七—九九。又見逯耀東先生，「崔浩世族的政治理想」，「從平城到洛陽」（台北市，聯經出版事業公司，民

國六十八年），頁七四一一〇二。

③見段玉裁，「說文解字注」（台北縣，漢京文化事業公司，民國六十九年），十一篇上一，頁一八，洛字。

第四節　糾胡應麟之誤

方叔所糾元瑞諸書之誤，如卮林卷八糾玉壺遐覽、九流緒論、詩藪、史書佔畢；卷九糾二酉綴遺、九流緒論、詩藪、莊嶽委談、甲乙剩言；卷十糾史書佔畢等，皆屬札記之作。此類書籍，皆爲卽興之作，未暇參證各種文獻，各書也精粗互見。方叔以全力糾正此等書之誤，故創獲甚多。

前章論及元瑞之治學已漸趨客觀，然元瑞喜爭奇鬥勝，糾駁用修時有小失而大譏者，方叔於此頗有指陳，如：用修謂唐將薛仁貴著有周易新注本義，爲文武兼修之材。元瑞則以爲鐫虜、注易非一人，方叔引諸書證元瑞之非，並譏之云：「蓋徒見用修之論，輒思所以勝之，不知其自陷於挂漏而乖僻也。」（卷八，頁二二五）又如：元瑞於華陽博議卷末曾著論闡明讀書應客觀，方叔引其言而譏之云：「然〔元瑞〕每於用修遺言，輒疏剔小疵，乖謬大美，以丹鉛當奇貨，以伐山資遷怒，博議云云，豈慮後人之擴後人也。」（卷八，頁二三〇）此皆糾元瑞態度之失者。

至於糾元瑞考證或筆記之失，約可分：糾考人物之誤與糾考地名之誤二類：

一、糾考人物之誤者

㈠人物事蹟之誤者：如：卮林卷八楊泉、衞元嵩、薛仁貴、許詢等條是也。玆舉例述之。

1.楊泉：楊氏撰太玄經十四卷，馬總意林曾鈔存百餘言，馬氏僅云：「梁國楊泉，字德淵。」而不言何時。隋志及鄭樵藝文略俱云晉人，惟舊唐書作唐人。元瑞以爲唐人諱淵，泉字德淵，其爲晉人無疑，舊唐書誤也。方叔辨之云：

(1)北堂書鈔引晉錄：「會稽相朱則上書言，楊泉淸操自立，徵聘終不移心，詔拜泉郎中。」

(2)隋志著錄晉處士楊泉集二卷，在薛瑩下，閔鴻上，是吳人而入晉者。

(3)物理論屢稱傅子，蓋與休奕善也。

(4)藝文類聚又載楊泉賦數首，皆稱吳時人。（卷八，頁二二二）

是知楊泉爲吳人入晉者，元瑞以爲晉人，亦未確。

2.薛仁貴：楊愼云唐薛仁貴，著周易新注本義十四卷，元瑞以爲唐書仁貴傳，第稱其力田起家，並不言其涉獵經史，卽史傳中不盡載著述，然仁貴以武人有此，斷所不遺，今新舊唐書無及此者，則此書非其撰述無疑矣。方叔則以爲：

(1)班氏書所列將相儒生之行事，往往不載於本傳而附著之他篇者，蓋作史之法也。且如其人所論譔一一具列傳末，則藝文不必志矣。

(2)觀仁貴討賀魯疏，簡潔而盡事情，又知西方得歲，不宜用兵，皆博學有文，豈力田起家者所能暗解乎？

(3)薛氏望出河東，無別支於他郡者，其世系表獨無二仁貴，則鐫廣注易，立功立言者，其爲一人無

疑矣。（卷八，頁二二五）

按：方叔所云是也。元瑞以爲有二薛仁貴，實失之不考。

(二)增補或辨正同姓名人物者：如：巵林卷八王褒、洪崖先生、王喬；卷九張萬福、李文悅、李伯禽諸條，及卷十唐代同姓名錄皆是也。茲舉例明之。

1王褒：元瑞以爲漢有三王褒，北周及唐又各有一王褒，故古今有五王褒。方叔則以爲古今有王褒八人，其舉證云：

(1)漢書：「宣帝時，修武帝故事，益州刺史王襄奏王褒有軼才，上詔爲聖主得賢臣頌云云，是時上頗好神仙，故褒對及之。」

(2)五行志：「成帝綏和二年，鄭通里男子王褒，衣絳衣，帶劍，入北司馬門，上前殿，入非常室中，解帷組結佩之。」則又一王褒耳。

(3)三洞珠囊曰：「王褒，字子登，前漢王陵七世孫，服青精䭀飯，趨步峻峯如飛鳥，無津梁直渡積水，又服雲碧晨飛丹腴，視見甚遠，太上道君賜王君素明瓊紋玗丹錦旌，號清虛道人。」神仙傳同。

(4)周書：「王褒，字子淵，爲梁元帝尚書左僕射，江陵陷，入長江，仕周，封石泉縣子。」

(5)博志：「文帝黃初三年，武都西都尉王褒，獻石膽二十斤。」

(6)王隱晉書曰：「王褒，字偉元，少立操尚，以父儀爲司馬文王所殺，絕世不仕。」

(7)晉書又曰：「元帝鄭夫人妹適長沙王褒，帝召爲尚書郎。」

(8)隋時亦有一王褒。北史：「宇文述討蕭瓛，瓛遣王褒守吳州。述遣兵襲褒，褒衣道士服，棄城遁。」（卷八，頁二一五—六）

是知古今有八王褒①。此補元瑞之不足者也。

2.李文悅：元瑞史書佔畢以爲唐有兩李文悅，一見安史叛時，一見憲宗修麟德殿時。方叔謂安史之亂，賊將姓李者，如：立節、欽、湊、廷堅、史魚、歸仁、廷訓、竭誠、令崇、懷仙、抱忠諸人，獨不見有所謂李文悅者。李文悅之名，見於下列各書：

(1)通鑑：「（憲宗）元和元年，劉闢綿江柵將李文悅以城降高崇文。」

(2)二唐書：「高霞寓從高崇文擊劉闢，下鹿頭城，降李文悅。」

(3)高崇文傳：「阿跌光顏軍鹿頭西，斷賊糧里，其將李文悅以兵三千自歸。」

李文悅之名始見於是時。方叔又考之云：

(1)通鑑：「（憲宗）元和十三年，修麟德殿右龍武大將軍李文悅，白宰相論諫。自北門諸衞遷南牙諸衞，充威遠營使。十四年，吐蕃圍塩州，刺史李文悅拒守，凡三十七日，吐蕃不能克。」唐書吐蕃、回紇二傳並同。

(2)唐書吐蕃、回紇傳云：「（穆宗）長慶元年六月，吐蕃犯靑塞堡，塩州刺史李文悅發兵擊之。（卷九，頁二六七）

據上引各書所述，方叔以爲文悅蓋蜀川劉闢之降將，入朝仕至龍武將軍，以抗直欲諫左轉，遂出爲塩州刺史。元瑞以爲唐有兩李文悅，誤也。

此外，元瑞讀唐書得唐同姓名者，單名而同者，宗室一〇三人，庶姓三〇人；雙名而同者二十五人。方叔以爲單名者易同名，雙名者較可避免。然方叔重考雙名之同名者有二五〇人之多，單名者則不復更採，亦不勝收也。此皆可補元瑞之不足。據方叔所考，同名者以李氏爲多，蓋李氏爲唐之國姓，而賜姓又時有之，故繁衍鼎盛也。

㈢增補同稱謂人物者：如：夫子、顏子、四友、三傑五老、七子、七賢、七貴、八王八達諸條皆是。茲舉例述之如左：

1.顏子：元瑞史書佔畢謂稱顏子者，黃憲外，尚有謝尚、徐陵、周續之、陸雲諸人。方叔以爲稱顏子者史不乏人，如：

⑴荀彧別傳曰：「鍾繇以爲顏子既沒，能備九德，不貳其過，惟荀彧然。或問繇曰：君雅重荀君，比之顏子，可得聞乎？」

⑵魏志：「太祖稱荀攸曰：公達外愚內智，外怯內勇，不伐善，無施勞，顏子不能過也。」

⑶晉書曰：「文立師事譙周，門人以立爲顏回。」

⑷又曰：「羊祜，蔡邕外孫，太原郭奕見之，曰：此今日之顏子也。」

⑸梁書曰：「伏挺，字士標，齊末，舉秀才。梁高祖謂爲顏子，引爲征東行參軍，時年十八。」

(6)隋書曰：「李士謙，字子約，事母以孝聞，伯父魏岐州刺史瑒，每曰：此兒吾家之顏子也，若前乎黃生者。」

(7)張璠漢紀曰：「朱穆之年二十爲郡督郵，迎新太守，太守問曰：『君年少爲督郵，將因族世，自有令德。』穆之曰：『郡中瞻仰明公，以爲非顏淵不敢使迎孔子。』太守奇其才，歎曰：『吾非仲尼，督郵所謂顏回也。』」

(8)濟北先賢傳：「戴宏，字元襄，年二十二，爲郡督郵，府君欲撻之，宏曰：鄙郡遭明府，咸以爲仲尼之居國，以宏爲顏回，豈聞仲尼有撻顏回之義，府君異其對，卽署主簿。」（卷九，頁二四八）

是知，荀彧、荀攸、文立、羊祜、伏挺、李士謙、朱穆之、戴宏等，皆有顏回之稱，非止元瑞所稱之數人也。

2七子：元瑞史書佔畢以爲七子不始於建安，鄭公孫黑强與六大夫盟，已謂之七子。方叔以爲公孫黑事在昭公元年，然七子亦非昉於此。前乎此者多矣，其證有：

(1)襄二十七年：「鄭伯享趙孟於垂隴，子展、伯有、子西、子產、子太叔、二子石從。趙孟曰：七子從君，以寵武也，請皆賦，武亦以觀七子之志。」此其先一也。

(2)僖十年：「晉七輿大夫：左行共華，右行賈華、叔堅、騅歂、纍虎、特宮、山祁。」杜預注亦謂之七子。二也。

⑶毛詩小雅十月之交：「皇父卿士，番維司徒，家伯維宰，仲允膳夫，棸子內史，蹶維趣馬，楀維師氏，豔妻煽方處。」鄭玄箋曰：「厲王淫於色，七子皆用后嬖寵方熾之時並處位，言妻黨盛，女謁行之甚也。」三也。（卷九，頁二五三）

是知七子不始於公孫黑與六大夫盟之事也。此外，漢景帝時亦有七子：

陸機五等諸侯論曰：「六臣犯其弱綱，七子衝其漏網。」呂向注曰：「七子，謂吳王濞、膠西王卬、楚王戊、趙王遂、濟南王璧光、淄川王賢、膠東王雄渠，皆謀反。」（同上）

此以漢景帝時謀反之七王為七子。方叔又以為陳壽魏志舉建安七子僅得王粲、徐幹、陳琳、阮瑀、應瑒、劉楨六人，蓋一時失察。按之曹丕典論，乃遺魯國孔融也。

㈣補雙名人物之不足者：雙名之禁始於新莽，後人遂以東漢無雙名之人，元瑞讀後漢書及通鑑，考得一百一人，錄之於所著之史書佔畢。方叔於卮林卷十二名條，以為元瑞所列之一百一人，失誤者有八，如：臨孝存，方叔先引史書述及孝存者：

⑴范曄後漢書孔融傳：「融為北海相，郡人甄子然、臨孝行，知名早卒，融命配食縣社。」

⑵魏志注引續漢書：「融為北海相，郡人甄子然、孝行知名，融令配食縣社。」此無「臨」字。

⑶漢紀云：「使甄子然、臨配食縣社。」此無孝行字。

以為續漢書、漢紀所記皆誤，元瑞改「孝行」為「孝存」是也。即鄭玄傳之臨孝存。然據伏滔青楚人物論：「後漢時，鄭康成、周孟玉、劉祖榮、臨孝存、侍其元矩、孫賓碩、劉公山，皆青土有才德者。」

所述諸人皆以字稱之，方叔以爲臨孝存亦必字號，其名當稱臨碩。其說曰：

鄭志，康成弟子有臨碩者，予常疑卽其名，覽周禮序云：「林孝存以周官爲末世瀆亂之書，作十論七難以排之，鄭玄徧覽群經，知周禮乃周公致太平之迹，故能答林碩之論難。」予始曠若發蒙。（卷十，頁二七三）

是知臨孝存本名臨碩。元瑞以孝存爲雙名，實失之不考也。此方叔糾元瑞舛誤之顯例也。此外，方叔又補東漢雙名者，計宗室十二人，庶姓一二六人，婦人三十四人。據此東漢之雙名者，亦不罕見也。

元瑞同時人陳士元著名疑，亦以爲東漢、三國無雙名者。元瑞考東漢雙名者外，又兼考三國雙名者二十八人，亦著之史書佔畢。方叔以爲元瑞所考之二十八人，舛誤者有八人：如：周生烈，元瑞以爲魏志有傳，姓周，名生烈。方叔辨之云：

王肅傳末云：「魏初徵士敦煌周生烈，亦歷注經傳，頗傳於世。」則未嘗有傳也。又注曰：「臣松之按：此人姓周生，名烈。何晏論語集解有烈義例，餘著述見晉武帝中經簿。」裴氏之說甚明，元瑞可謂鹵莽而云矣。（卷十，頁一八五—六）

是知周生烈，姓周生，名烈，乃單名者，元瑞以爲雙名，方叔以鹵莽責之是也。此外，方叔又補三國雙名者，六十五人，則三國雙名者，實非不經見也。

二、糾考地名之誤者

元瑞丹鉛新錄曾糾用修考地名之誤者甚多，然其中有元瑞自誤者，玆擇數例如左，一則以見元瑞之疏漏，二則以見方叔考訂之縝密。

1.鬼方：楊用修以爲鬼方爲極遠之國，惟不言何地。元瑞丹鉛新錄云：「鬼方，前輩有以爲楚者，以楚俗尙巫，故謂鬼方，竹書伐鬼方上有次荆之文，則此說宜可證，楊云極遠，恐未然。」是知元瑞以鬼方爲楚地。方叔先引諸書證成用修之說：

(1)詩大雅蕩：「覃及鬼方。」毛傳：「鬼方，遠方也。」孔穎達曰：「鬼方，遠方，未知何方也。」

(2)匡衡傳應劭注亦曰：「遠方。」

是知用修非臆說也。然用修所謂極遠之國，當屬何地？方叔歷引諸書云：

(1)揚雄趙充國頌：「遂克西戎，還師於京，鬼方賓服，罔有不庭。」師古曰：「鬼方，言其幽昧也。」李善引世本注曰：「鬼方，於漢則先零戎是也。」

(2)章帝紀：「有司言，孝明皇帝克伐鬼方，開道西域。」似鬼方乃西戎也。

(3)山海經海內北經曰：「鬼國在貳負之尸北。」注曰：「貳負之尸在上郡。」

(4)干寶易注：「高宗，殷中興之君。鬼，北方國也。離爲兵戈，故稱伐；坎當北方，故稱鬼也。」此說則爲北狄。

(5)尚書大傳：「文王受命二年，伐鬼方；三年，伐密須；四年，伐大夷；五年伐耆；六年，伐崇。」

按：文王未嘗南征，則謂在楚之陽者，或未然也。（卷八，頁一三一—二）

此雖未明言鬼方屬北方何地，然已足證元瑞以南方爲鬼方之誤②。南方尚鬼，乃就其風俗言之，非稱其地也。如尚鬼之地，卽可稱爲鬼方，則中國之地鬼方多矣。

2.鹽澤醋溝：唐岑參詩：「雁塞通鹽澤，龍堆接醋溝。」楊愼引闞駰十三州志以爲醋溝水在中牟，鹽澤則見於漢書。元瑞以爲穆天子傳：「天子至於鹽」之「鹽」與竹書紀年：「王觀於鹽澤」之「鹽澤」，卽岑參詩之「鹽澤」，今在河東解縣。方叔歷引諸書以爲鹽澤有五：

(1)漢書：「葱嶺河東注蒲昌海，蒲昌海一名鹽澤，去玉門陽關三百餘里。」

(2)水經注：「泑澤卽蒲昌海，亦有鹽澤之稱。」

(3)地理志：「朔方縣有金連鹽澤、青鹽澤。」

(4)又：「雁門郡沃陽縣，鹽澤在東北。」

方叔以爲岑參所詠，以地道尋之，當是蒲昌海也。元瑞以爲河東解縣，蓋謬言也。至於醋溝之所在，由於岑氏詩云：「龍堆接醋溝。」如知龍堆之所在，則醋溝亦易考矣。方叔考之云：

(1)西域傳：「徐普欲開道避白龍堆之險。」

(2)揚雄亦言，康居，烏孫豈能踰白龍堆寇西邊。

(3)地理志：「敦煌郡正西關外，有白龍堆沙，有蒲昌海。」孟康曰：「龍堆形如土龍，高大者二三

丈，在西域中。」（卷八，頁二二八）

據前所述，龍堆在敦煌郡，則醋溝必在涼州之外。方叔以爲苟如楊慎所云醋溝在河南之中牟；又如應麟所言，鹽澤在河東，則岑參所吟：「雁塞通鹽澤，龍堆接醋溝。」雁塞須越四千五百里而內與河東之澤連；龍堆須越五千里而東與中牟之接，作詩者無乃太憒憒乎？

3.湖陰：楊用修曰：「陽虎將殺季孫，不克，取寶玉大弓以叛。明年，乃得之隄下，晉明帝，覘王敦，遁歸湖陰，以七寶鞭獲免。」元瑞引晉書明帝紀：「王敦將謀簒，下屯于湖，帝乃乘駿馬微行，至于湖，陰察敦營壘而出。」以爲「陰」字當屬「察」字爲句，因上之「下屯于湖」下本無「陰」字，且下句「陰察」與「微行」相應也。自溫庭筠作湖陰曲，後人往往承訛。又元瑞以爲當作「明帝自湖遁歸，遇旅嫗與七寶鞭。」用修作「遁歸湖」者非是也。此元瑞糾用修之誤者也。然方叔則以爲用修已作于湖解，引用修之言曰：

升菴集云：「王敦屯于湖，陰察營壘而去，此晉紀本文。于湖，今之歷陽也。帝至于湖爲一句，陰察營壘爲一句，溫庭筠作湖陰曲，誤以陰字屬上句也，張耒作于湖曲以正之。」（卷八，頁二二八）

可知用修亦知作「于湖」，而不作「湖陰」。然用修因態度較輕率，故前後牴牾。元瑞雖知糾用修「湖陰」應作「于湖」，固不知「于湖」爲縣名，而以爲「于此」、「于彼」之「于」，故前引文乃作「自湖遁歸」、「遁歸湖」也。至於于湖之所在，方叔亦有考：

晉書地理志：丹陽郡有于湖、蕪湖、姑熟諸縣，接壤聯盟。（同上）

是知于湖屬丹陽郡，在江南，用修云在歷陽，歷陽屬淮南郡，在江北，用修亦非也。

附　注

①按明亦有一王褒，字中美，侯官人。博極群書，少有詩名，洪武中領應天鄉薦，歷永豐知縣。永樂中，與修大典，擢漢府紀善，好汲引士類。工詩文，爲閩中十才子之一。此爲元瑞、方叔所不及。詳見焦竑編，「國朝獻徵錄」（台北市，台灣學生書局，民國五十八年）卷二一，頁一三，王褒傳。

②王國維謂鬼方即昆夷，西周晚年謂之玁狁，亦即後世之匈奴。詳見王氏，「鬼方昆夷玁狁考」，「觀堂集林」（台北市，世界書局，民國五十年），卷一三，頁五八三—六二二。

第五節　考據工作之得失

方叔之考據有二長處：一爲態度謹嚴；非但引文皆能明注所出，且每作論證，皆能反覆再三，故失誤少而創獲多。二爲博證精神：每作一論證，引證特爲詳博，如靑雲條，糾楊愼、陳耀文之失，引證幾楊、陳二人之數倍①；又如前人云離有十六義，方叔則以爲有一百六十義；前人云苴有十四音，方叔則以爲有數十音②。各條皆能舉證歷歷。有此二大特點，使卮林成爲晚明最謹嚴之考據著作，足與方以智通雅並駕齊驅。雖然，其書仍不免缺失，茲述之如左：

一、考據失之瑣屑

卮林全在糾前人之舛誤，凡四十家，各隨其家臚列諸說，繫以考證。每糾一家，或三、五條，或十數條不等，所糾者或文字音義之誤，或史事之誤，或人名、地名之誤，或詩句之誤，對象甚夥，內容也失之博雜，遂無法建立自己之學問系統。否則，以方叔謹嚴之態度，及其博洽之學識，自能成一家之言，實不必爲前人補闕拾遺也。

卮林中之考異事僻典者甚多，茲舉例數則，以見方叔考證工作之瑣屑：

1.解鳥獸語條：王世貞宛委餘編載解獸語者有介葛盧；解鳥語者有公冶長、侯瑾；解馬語者有陽翁仲、李南，解牛語者有詹何；解虎語者有沈僧照。方叔以爲何孟春餘多序錄所載甚詳，世貞之書後出，反不如何書之詳。遂引何書中解鳥語，而爲世貞所遺者，魏尙、成武丁、楊宣、管輅、張子信、孫守榮等，

並一一考證之。（卷五，頁一二八）

2.飛燕條：王世貞宛委餘編載漢趙后名飛燕，張平之狗亦名飛燕；豫章王蕭嶷之馬亦曰飛燕。方叔則引諸書中，人物或馬等之名飛燕者，一一考證之。（卷五，頁一三二）

3.雙名條：王世貞宛委餘編載男子用疊字爲名者，有夏主赫連勃勃、吐蕃將乞藏遮遮、國相尙婢婢、唐琵琶客羅黑黑、樂工紀孩孩……等等。方叔則歷引諸書中男子用疊字者數十人，以補世貞之不足。（卷五，頁一四〇）

4.女官條：胡應麟丹鉛新錄謂女子有官位者，爲王世貞卮言采摭幾盡，然尙遺一二，北史有女侍中陸令萱。樂府雜錄有鄭中丞。方叔引諸書，有女侍中，女尙書，女學士，女博士等數十人。（卷八，頁二三八）

此外，如：五龍條、忽雷博勞條、寄生條、韎鞨條③等，皆此類，玆不具舉。又糾胡應麟之誤一節，所述及之考同姓名人物，同稱號人物、東漢雙名人物、三國雙名人物、唐代同姓人物等，無非好奇逞強之心作祟。此種好奇心使方叔之考證工作成一畸形之發展。某些條目，曾花費其工夫不少，然於學術之貢獻則甚尠，謂其爲精力之浪費，亦不爲過也。

二、考據工作之缺失

方叔之考證失之瑣屑，前已云之矣，然其考證態度則甚爲嚴謹，故卮林全書明顯之誤失並不多。下文之例，有方叔誤解前人文意者，亦有考證疏誤者，玆合併敘之：

1.金雎詩條：用修引隋志以爲郭文著金雄記、金雎詩。元瑞云：「隋志緯書小注有金雎記，無所謂金雎詩也。」按元瑞之意，以為隋志緯書小注並無述及金雎詩，非謂郭文無金雎詩也。而方叔竟誤解元瑞之意，以為元瑞謂郭文並無金雎詩之作，遂引諸書曰：

⑴洞仙傳：郭文擧書箬葉上，著金雄記、金雎詩，後人於其所住牀席下得之，次第尋看，讖緯相似，乃傳於世。

⑵宋書符瑞志：「太史令駱達奉陳符讖，引金雎詩云：『大火有心木抱之，悠悠百年是其時。』金雎詩又云：『云出而兩漸欲擧，短如之何乃相岨，交哉亂也當何所，唯有隱巖殖禾黍，西南之朋困桓父。』達說之曰：『兩云，玄字也；短者，祚短也；巖隱不見，唯應見谷；殖禾谷邊，則聖諱炳明也。』」（卷八，頁二二六）

據此，方叔云：「則金雎之作亦有之矣，但不見隋志耳。」足見方叔誤解元瑞之意。

2.許詢條，胡應麟詩藪謂世說甚重許玄度（許詢），而不云其能詩，且孫綽（興公）云：「一吟一詠，許當北面。」亦言許詢不喜於詩。然元瑞以為詢詩有：「青松凝素髓，秋菊落芳英。」儼如唐律。且晉人稱詢為五言妙絕。而謂許詢當亦文士，非止清談者而已。方叔卻誤以為元瑞謂許詢非文士，遂擧證云：

⑴簡文稱許掾云：「玄度五言詩，可謂妙絕時人。」則讚許之能詩者又至矣。

⑵續晉陽秋曰：「詢有才藻，善屬文，過江後，郭璞五言，會合道家言而韻之，詢相祖尚，又加以三世之辭，而詩騷之體盡矣。詢為一時文宗，自此作者悉體之。」

⑶中興書曰：「詢有才藻，善屬文，時人皆欽愛之。」

(4)詩品曰：「永嘉以來，淸虛在俗，爰洎江表，玄風尚被，世稱孫、許，彌善恬澹之詞。」

(5)隋經籍志有晉徵士許詢集三卷，梁八卷，錄一卷。（卷八，頁二四一）

據此，方叔以爲詢實長於操觚，短於握麈者，雖集錄無存，文獻不足，然王羲之（逸少）、孫綽（興公），皆有答許詢詩，江淹（文通）有擬許徵君自敍詩，又詢出都迎姊，於路賦詩，於蕭山亦有詩。全在證成許詢爲善詩者。然元瑞並不云許詢不善詩，方叔之所云云，適足證成元瑞之說而已。

3.丹水條：劉琨扶風歌：「朝發廣莫門，暮宿丹水山。」廣莫門，方叔引文選李善注晉宮閣名曰：「洛陽城廣莫門，北向。」，以爲劉琨指此。又丹水，酈道元水經注云：「上黨郡，丹水出長平北山，東南流，注於丹谷。」以爲丹水在上黨。方叔考之云：

> 上黨去雒千五百里，朝發洛城，暮宿高都，雖有乘風之翼，躡景之足，不能如是之疾，且其詩曰：「顧瞻望宮闕。」寧有天井關頭可睇德陽殿角乎，倘曰寓言，則安得以高都實之？考地理志，弘農有丹水縣，丹水出上雒冢嶺山，東至析入鈞者，斯爲近之耳。（卷一，頁一四）

方叔以爲丹水非上黨之丹水，乃上雒冢嶺山之丹水。然許宗彥以爲劉琨所謂之廣莫門，必非洛陽城門，引左傳：「狄之廣莫，於晉爲都。」幷州有廣莫門，劉琨當取此義。且劉琨未聞至陝，所云之丹水恐非方叔所云上雒冢嶺山之丹水也④。則方叔之所考，皆未詳確，仍有待重加考訂也。

4.寡婦城條，酈道元水經注云：「夏屋城東側，因河仍墉，築一城，世謂之寡婦城，賈復從光武追銅馬五幡於北平所作也。」方叔引地理志：「太原廣武縣有賈屋山。」注：「卽史記趙簡子登夏屋者。」

是知夏讀爲賈，故夏屋轉爲賈屋，賈屋又變爲賈復，而賈復更譌爲寡婦也，酈道元謂賈復築之，亦穿鑿之言也。然趙一清云：

汝水注之桓水二源奇導於賈復城，復南擊郾所築也。俗語訛謬，謂之寡婦城。以寡婦爲賈復，是一佳證。且賈屋，山名；賈復，城名，固未可合而爲一也。漢廣武縣在今山西代州西十五里，有廣武故城。而賈復城今在直隸保定府完縣西南至廣縣四十里。方叔以并州之山嶺，當冀域之城地，可謂不思之甚矣⑤。

按：趙氏以爲寡婦爲賈復之訛。而賈屋在今山西代州；賈復則在直隸，方叔合而爲一，大謬矣。

三、後人之批評

方叔之卮林，雖有前述諸缺失，然並不影響其爲晚明第一流之考證學著作，王士禎曾謂方叔援據該博，並贊其作廣陳、諗胡，爲楊氏之功臣⑥。然又云有不必辨者，士禎云：

周嬰方叔，極稱辨博，然有不必辨者，如：詮鍾、辨文明太后青臺雀歌、杜蘭香贈張碩詩數條。不知名媛詩歸，乃吳下人僞託鍾、譚名字，非眞出二公之手，何足深辨？⑦

四庫提要以爲方叔「考訂經史，辨證頗爲該洽。」⑧於士禎之譏方叔，曾反駁之云：

然鍾惺、譚元春之書，盛行於天啟、崇禎間，至眞贋並出，無由辨別，今鄉曲陋儒，尚奉其緒論，繆種流傳，知爲依託者蓋少。既悉其謬，卽當顯爲糾正以免疑誤。後人，如士禎之言，出於鍾惺則當辨，不出於鍾惺卽不必辨，則惟攻其人非攻其書矣，以是咎嬰，仍不免門戶之見也⑨。是知四庫提要於方叔之辨鍾、譚之書，甚爲推許，而於士禎所駁，則斥爲門戶之見。淸末李慈銘亦贊之云：「其書雜辨群籍引用之誤，聞見博洽，立論多有據依。方叔，明末人，而文章爾雅，絕無當日纖詭之習，尤難能也。……在明代說部中爲最有根柢，較之筆精、談薈、蟫雋、疑耀諸書，相去遠矣。」⑩可謂推崇備至。周中孚鄭堂讀書記亦稱其「所刊正多中肯綮，由其徵引該洽，故能擧正其群書之失而自成一家言。」⑪

後人每將楊愼、胡應麟、焦竑諸人之考證，與顧炎武及淸代考證家，判若涇渭。其間學風之轉變，於周嬰及方以智，已可見其一二，故方叔之考證，實有承先啟後之功。

附注

①青雲條，見周嬰，「巵林」（台北市，世界書局，民國五十二年，與胡應麟「少室山房筆叢」合冊），卷六，頁一四五－八。

②離有十六義條，見「巵林」，卷六，頁一六六－一七三。苴有十四音條，同上書，卷六，頁一七三－六。

③五龍條，見「巵林」，卷五，頁一二九－一三二。忽雷博勞條，同上書，卷五，頁一三六－七。寄生條，同上書，卷五，頁一四二－三。韎韐條，同上書，卷六，頁一五五－六。

④引見「巵林」，卷一，頁一四。

⑤引見「巵林」，卷一，頁一六。

⑥見王士禎，「池北偶談」，卷一八，頁四。「筆記小說大觀正編」（台北市，新興書局，民國六十年），冊七。

⑦同上，頁六。

⑧見「四庫提要」（台北縣，藝文印書館，民國五十八年），卷一一九，子部雜家類，頁一三，巵林十卷補遺一卷提要。

⑨同注⑧。

⑩見李慈銘，「荀學齋日記」，壬集下，頁四四。轉引自胡玉縉，「四庫全書總目提要補正」（台北市，木鐸出版社，民國七十年），卷三六，頁九四九－九五〇。

⑪見周中孚，「鄭堂讀書記」（台北市，世界書局，民國四十九年），卷五五，頁七，巵林十卷補遺一卷提要。

第十章　方以智

第一節　生平與考據學著作

一、生平

方以智，字密之，號曼公①，安徽桐城人。神宗萬曆三十九年（一六一一）十月生，清聖祖康熙十年（一六七一）卒，年六十一。

桐城方氏，可溯至以智九世祖方法。法，字伯通，舉惠帝建文元年（一三九九）應天鄉試，出方孝孺之門。成祖即位後，自沉於望江。其忠義之氣，於方氏家風影響甚鉅。以智曾祖父方學漸，受教於耿定向，倡性善說，重視下學功夫，爲挽王學末流之弊，有「藏陸於朱」之說。祖父方大鎮，亦重學，曾云：「仕優而學，學優而仕，隨學隨仕，隨仕隨學，兩相濟相成也。」居官曾力倡理學。父方孔炤，明亡，隱居白鹿，各經均有著述。以智有三子，即中德、中通、中履，均能承父志，博學淹通，著述宏富。

以智生，適曾祖父方學漸自無錫東林書院講學歸，故乳名東林。祖父大鎮以「易蓍圓而神，卦方以智，藏密同患，變易不易。」因取名曰「方以智」，字「密之」。七歲，祖父親爲擇塾師。九歲，隨父至福建福寧州任所，於長溪聆熊明遇講論西學與物理學，此爲以智接受西學之始。

以智因慕司馬遷之周遊天下，於崇禎三年（一六三〇），載籍出遊江、淮、吳、越間，與陳子龍、李雯訂交。以天下名山大川不過爾爾，遂回桐城家居讀書。七年（一六三四），桐城民變，乃流徙南都金陵。金陵文人結社之風甚熾，以智曾參與社事，交結友朋。九年（一六三六），黃宗羲得瘧疾，以智爲其診脈。宗羲於以智之年少才高，敬畏不置。

崇禎十二年（一六三九），以智舉鄉試，次年登進士第，居北京。先是以智父以討伐流賊張獻忠事，爲楊嗣昌所劾，下獄；以智懷血疏，膝行，號泣長安門外，閱兩載，崇禎帝爲其孝心所動，釋其父，而授以智翰林院檢討。十七年（一六四四）三月二十九日，流賊李自成陷北京，崇禎帝自縊煤山。以智哭帝於東華門，遂爲賊所執，備受拷打，至兩髁骨見猶不屈，於四月十二日夜潛出北京，五月十日抵南都。時福王即位南都，馬士英、阮大鋮用事。藉機大捕東林復社人物。阮大鋮誣加以智降賊罪名，列名追捕，不得已乃變名姓，流離嶺南，以賣卜賣藥爲生。

桂王永曆元年（一六四七），詔以翰林院學士入閣，上疏固辭，四年間，帝連下十詔，以智連上十疏辭之，蓋經世之心已滅，退隱之路漸萌也。三年（一六四九），隱居平樂平西山。次年（一六五〇），爲清將馬蛟麟所執，欲降之，令冠服置左，白刃置右，聽其所擇，以智辭左受右，蛟麟乃延之上坐，禮之甚恭，因請出家，故隨之至梧。六年（一六五二），與施閏章訂交。七年（一六五三），回桐城，往天界禮覺浪道盛禪師爲師，閉關高座寺竹關，受大法戒。作象環寤記，闡明三教合一之理。九年（一六五五），丁父憂，出關廬墓三年，隨後六、七年，行跡大抵不出新城縣境。

康熙三年（一六六四）冬，應吉州諸護法之請，入主青原山七祖道場。青原山位於江西廬陵縣境，爲佛教與江右王學重鎭。以智之會通三教，與該山之環境有關。其著作藥地炮莊九卷，物理小識十二卷，通雅五十二卷等，陸續刋行。又爲其師編天界覺浪禪師語錄三十三卷，並與施閏章合編青原志略十三卷。康熙九年（一六七〇）十一月一日，以老病辭青原山淨居寺住持，退居陶菴大悲閣。

康熙十年（一六七一）春，以智於江西廬陵被逮，押至南昌，次子中通亦在故鄉桐城被捕。以智遭流放粵西，此卽所謂粵難也。時中德、中通均繫獄中，三子中履隨行。舟由南昌循贛江押解，時溽暑，因船中人相繼病倒，以智滯廬陵養痾閱月，又迫登程，至萬安惶恐灘，自沉完節以終，時十月七日也。次年，中通奔喪萬安，旋因粵案再發，被追捕歸里。此次，方家三兄弟同遭株連，全案至康熙十二年（一六七三）九月始結。至方家因何事罹禍，今則未明也②。

綜觀以智一生，遭亡國之痛，顚沛流離，又罹不白之寃，可謂一大傷心人也。然其文章，其志節，實堪照青史，耀千秋。其姪方中發讚之曰：「絕世奇男子，天留守歲寒，刀山九死易，雪窖半生難。正氣摧鉤黨，微言接杏壇，文章與名節，何一不全完？」③實當之無愧。

二、考據學著作

以智晚年逃禪，又遭不白之寃，自沉而終，故有清一代其著作流傳甚少。首先蒐集考訂其著作者，爲七世孫方昌翰。昌翰曰：

> 公之著述繁富，其載入四庫全書者通雅五十二卷、物理小識十二卷、藥地炮莊九卷。見於經義考者易餘二卷。雜見於通志、郡邑志、家集者，稽古堂集、嚮言、膝寓信筆、冬灰錄、象環寤記、此藏軒別集、此藏軒尺牘，廬墓考、東西均、鼎薪、正韻箋補、切韻聲源、一貫問答、猺峝廢稿、會宜編、經考、禪樂府諸書，尚有家藏鈔本。他如學易綱宗、易籌、諸子燔痏、四書約提、漢魏詩風、陽符中衍、旁觀鐸、太平鐸、烹雪錄諸書目百餘種，其目不能悉載，今皆佚去無存。茲僅將嚮言、膝寓信筆、稽古堂文初、二集刻入方氏叢書。通雅有東洋及族中重刻本，物理小識有江西重刻本④。

此爲昌翰於光緒十四年（一八八八）所作之考證。迄今又歷數十年，以智著作之存佚，又多所出入。據一九六〇年大陸學者之調查報告，以智之著作現存抄本二十餘種⑤。如以之合以臺灣與海外各地所藏，以智之著作約得左列二十餘種：

㈠經部

(1)易餘（抄本）

(2)通雅五十二卷
(3)四韻定本（抄本）
(4)正叶（抄本）
(5)五老約（抄本）
(二)史部
(1)兩粵新書
(2)青原志略（與施閏章合編）
(三)子部
(1)藥地炮莊九卷
(2)東西均（抄本）
(3)性故（又名「會宜編」，抄本）
(4)一貫問答（抄本）
(5)冬灰錄（抄本）
(6)愚者智禪師語錄四卷
(7)廬墓考（抄本）
(8)印章考（見清顧湘輯「篆學瑣著」內）

(9)物理小識十二卷

(10)內經會通（抄本）

(11)醫學會通（抄本）

(四)集部

(1)浮山文集前編十卷

(2)浮山前集（抄本）

(3)浮山後集（抄本）⑥

(4)博依集十卷（存七卷）

(5)流離草（由抄本「方密之詩鈔」錄出）

(6)流寓草（同上）

(7)藥集（抄本）

(8)膝寓信筆（見日本東洋文庫藏「桐城方氏七代遺書」內）

(9)象環寤記（抄本）

(10)合山欒廬占（抄本）

計二十八種，然兩粵新書據朱希祖考證，實非以智之書⑦，則實存二十七種而已。其中臺灣可見者爲通雅五十五卷、藥地炮莊九卷、東西均、愚者智禪師語錄、物理小識十二卷、浮山前集、浮山後集、象環寤記、印章考等九種⑧。以此九種著作，作爲研究以智學術思想之資料，實稍感不足。以智著作中，有關考據者僅通雅一種。通雅爲以智早年從事考據工作之總成績，亦爲明代考據學集大成之作。全書計五十五卷，卷首三卷，正文五十二卷。今有傳本三種：

(1)清康熙五年（一六六六）姚文燮刋本，前有姚文燮與錢秉鐙序，及姚氏通雅凡例；以智崇禎十四年（一六四一）自序，崇禎十五年（一六四二）又序及凡例。

(2)四庫全書本，缺姚文燮、錢秉鐙序及通雅凡例。

(3)清光緒六年（一八八〇）桐城方氏重刋本，缺錢秉鐙序。正文末有通雅刋誤補遺。

玆先錄卷首三卷之篇目如左：

(1)卷首一，有：音義雜論、辨證說、刋落折中說、注釋正字說、古書參差說、六書形聲轉假說、說文概論、古籀用篆不必改楷說、古篆隨意增減說、推論、方言說、四聲通轉說、漢晉變古音沈韻塡漢晉音說、音韻通別不紊說、音義始論等十五節。

(2)卷首二，有：讀書類略提語、襍學攷究類語、藏書刪書類略、小學大略等四節。

(3)卷首三，有：詩說、文章薪火等二節。

卷首一爲雜論文字音義之作，卷首二則提示讀書之方法，卷首三乃以智之詩文論。卷首一可謂爲以智文字音義觀念之綱領，將於本章第三節詳之。通雅正文計有五十二卷，分二十五目⑨，各目下又分數類不等。玆錄其類目如左：

(1)疑始：卷一，專論古篆古音；卷二，論古篆古音。
(2)釋詁：卷三，綴集；卷四—五，古雋；卷六—八，謰語；卷九—一〇，重言。
(3)天文：卷一一，釋天；卷一二，陰陽。
(4)地輿：卷一三—四，方域；卷一五，水注；卷一六，地名異名；卷一七，九州建都考略。
(5)身體：卷一八。
(6)稱謂：卷一九。
(7)姓名：卷二〇，姓氏；卷二一，同姓名。
(8)官制：卷二二，仕進；卷二三—四，文職；卷二五，武職（附兵制）。
(9)事制：卷二六。
(10)貨賄：卷二七。
(11)禮儀：卷二八。
(12)樂曲：卷二九。
(13)樂舞：卷三〇。
(14)器用：卷三一，書札；卷三二，書法、裝治、紙筆、墨硯、印章；卷三三，古器；卷三四，雜用諸器；卷三五，戎器具。
(15)衣服：卷三六，彩服；卷三七，佩飾

⒃宮室：卷三八。

⒄飲食：卷三九。

⒅算數：卷四〇。

⒆植物：卷四一，艸；卷四二，草；卷四三—四，木。

⒇動物：卷四五，鳥；卷四六，獸；卷四七，蟲。

㉑金石：卷四八。

㉒諺原：卷四九。

㉓切韻聲原：卷五〇。

㉔脈考：卷五一。

㉕古方解：卷五二。

足見以智學識之博雜。前云通雅集明代考據學之大成，乃就此而言也。

至於通雅之著成時代，前人亦曾論之。姚文燮序云：「先生是書成於己卯以前」。己卯即崇禎十二年（一六二九）。今人羅常培據姚氏之說亦謂通雅作成於是年⑩。劉葉秋竟以爲作成於萬曆己卯年（一五七九）⑪，可謂失之毫釐，差之千里矣。今檢通雅自序，一署崇禎十四年（一六四一），一署崇禎十五年（一六四二），則知全書殆成於崇禎十五年之前。此後隨時有補記，故各卷中之附記有署崇禎十六年，或更晚者⑫，至於卷首三詩說，題「庚寅答客」，庚寅爲永曆四年（清順治七年，一六五〇）殆爲通雅最晚完成之部分⑬。書成，中通、中履二子或曾檢閱一過，故各卷時有按語⑭。至康熙五年（一六六六），始由姚文燮雕板印行⑮。其刊行雖上距明亡已二十餘年，然全書泰半成於明亡之前，故仍視爲明代之考據學著作。

附注

①以智別號甚多，早年稱浮山愚者，龍眠愚者、宓山、鹿起山人；明亡後，改稱吳秀才，又稱吳石公；流寓嶺南時，稱愚道人、愚者智、笑翁；逃禪梧州之初，法名行遠，號無可；至天界，改名大智，又稱弘智。此外，另有五老、藥地、浮庭、墨歷、木立、愚者大師、欒廬大師、筍參上人、極丸老人、浮渡智、閒翁等。見張永堂先生著，「方以智」，頁一。「中國歷代思想家」（台北市，臺灣商務印書館，民國六十七年），第三十七種。

②近年研究方以智之風氣甚熾，已完成之專著，有：余英時先生之「方以智晚節考」（香港，新亞研究所，一九七二年）；張永堂先生之「方以智研究初編」（國立臺灣大學歷史研究所碩士論文，民國六十二年，未出版）、「方以智的生平與思想」（國立臺灣大學歷史研究所博士論文，民國六十六年，未出版）、「中國歷代思想家—方以智」（台北市，台灣商務印書館，民國六十七年）。美人裴德生（Willard James Peterson）有「方以智對西學的反應」（Fang I—Chih's Response to Western Knowledge，Harvard Doctoral Dissertation，April, 1970）。「匏瓜：方以智與對思想革新之衝動」（Bitter Gourd· Fang I－chih and the Impetus for Intellectual Change．New Haven and London: Yale University Press，1979.）

等。單篇論文甚多，詳見張永堂先生，「方以智研究初篇」。近年考其殉節之論文有：儀眞（李學勤）、冒懷辛之「方以智死難事迹考」，原載「江淮學刊」，一九六二年第二號，轉載於「新亞學術集刊」，第二期（一九七九）；余英時先生之「方以智晚節考補證」，載「屈萬里先生七秩榮慶論文集」（台北市，聯經出版事業公司，民國六十七年）；余英時先生之「方以智晚節考新證」、「方以智死節新考」，同載「新亞學術集刊」，第二期（一九七九）。本小節即參考余英時、張永堂等先生之論著而成。

③方中發，「白鹿山房詩集」，卷五，祖德述。轉引自儀眞（李學勤）、冒懷辛之「方以智死難事跡考」。

④見「桐城方氏七代遺書」，七代系傳，「方以智傳」。轉引自張永堂先生，「方以智的生平與思想」，頁二一八。

⑤見「中國科學院歷史研究所編輯『方以智全集』」，僞「人民日報」，一九六一年六月九日。

⑥大陸學者整理之「浮山前集」十卷、「浮山後集」四卷（抄本），內容不詳。此地方豪先生所藏「浮山前集」，即「流離草」，收以智詩二二二篇。「浮山後集」即「鳥道鳴」、「無生寱」、「借廬語」之合訂本。

⑦見朱希祖，「明季史料題跋」（台北市，大華印書館，民國五十八年），頁五五。

⑧其中，「東西均」、「象環寤記」，一九六二年由大陸中華書局整理出版。

⑨梁啓超，「中國近三百年學術史」（台北市，台灣中華書局，民國五十八年），頁一四九，所錄通雅類目，於「官制」一目下，誤脫「貨賄」一類。張永堂先生，「方以智的生平與思想」，頁三六，云通雅分廿四門，蓋承梁啓超氏之誤。

⑩見羅常培，「耶蘇會士在音韻學上的貢獻」，「中央研究院歷史語言研究所集刊」，第一本，第三分（民國十九年）。

⑪見劉葉秋，「中國古代字典」（台北市，麒麟書店，民國六十九年），頁一〇二。

⑫「通雅」，卷三，頁三八，卷末附記云：「愚道人今年三十六矣，讀書固有命。」愚道人爲以智之號，年三十六，即清順治三年（一六四六）。卷一三，頁一，附記云：「崇禎癸未夏，方以智記。」癸未即崇禎十六年（一六四三）。

⑬「通雅」，卷五〇，「切韻聲原」，爲崇禎十七年（一六四四），至永曆四年（清順治四年，一六五〇）所作，然其時代或不得晚於卷首三之「詩說」。詳見張永堂先生，「方以智研究初編」，第一篇，「評介近三百年來的方以智研究」，頁九二。

⑭「通雅」，卷首二，頁三三，有方中通按語，文長不錄。卷三，頁一二、頁一三；卷六，頁七、頁一三、頁二六；卷九，頁一七，均有方中履按語。

⑮梁啓超，「中國近三百年學術史」，頁二〇五云：「崇禎十五年出版之方密之通雅五十卷。」蓋以著成時代爲刊行之時。且所云通雅之卷數亦誤。

第二節　早年爲學方向

一、淵博之學識

明亡於崇禎十七年（一六四四），時以智年三十四。以智之治學方向，殆亦因明亡而分爲兩期。前期，就其所著之通雅、物理小識觀之，乃側重於博雅之考證與物理之研究；後期之主要著作有東西均、藥地炮莊、愚者智禪師語錄等，蓋主於會通三教。由博雅之考證學與物理研究，轉而爲三教之會通，殆受環境劇變之影響。此已入清初之事，非本書之範圍，故不贅。今述其早期治學之方向。

晚明士林，反王學末流之風已熾，學者或著論抨擊王學家，或主張調合朱、陸。桐城方氏，受當時學風之薰染，亦有反心學之傾向。以智曾祖父方學漸頗不滿王學左派及狂禪派，主張崇實以反虛，更有調合朱、陸之說。葉燦云：「先生潛心學問，揭性善以明宗，究良知而歸實，掊擊一切空幻之說，使近世說無㝵禪而肆無忌憚者無所開其口，信可謂紫陽之肖子，新建之功臣。」①葉氏以方學漸承繼朱子學崇實之精神。以智祖父方大鎭，曾有「仕優而學，學優而仕，隨學隨仕，隨仕隨學，兩相濟相成也。」②之言，此亦重學之言論。以智之父孔炤，曾痛責晚明士人不講實學，不達時變，致罪亡國之禍③。此皆可見方氏尚實學之家風。

另就晚明傳入之西學言之，以智亦頗受其影響。當時傳入之西學，以科學知識居多，如：天文曆算、機械物理、工程學、數學、醫學、生物學、地理學等皆是。此等學問屬於應用科學之範疇，乃崇實之學。以智長於此種環境，於九歲受西學於熊明遇④。然熊氏之西學知識有限，顯不能滿足以智之求知欲。迄崇禎三年（一六三〇）至九年（一六三六），以智流寓金陵，始執卷就教於西方傳教士畢方濟（Francisus Sambiasi）。然與以智交往最密者爲湯若望（Joannes Adam Schall von Bell）。湯氏曾告以有關「礦水」之知識。此後，以智非但與西方傳教士交往，更泛閱西學書籍。據張永堂先生考證，以智所閱之西書約有天學初函所收之二十種⑤及主制群徵、西儒耳目資、天步眞原、崇禎曆書、遠鏡說、坤輿格致、坤輿萬國全圖、名理探、辯學三筆、遠西奇器圖等十種，合計三十種⑥。上述諸書之內容或爲中土所不及，或爲中土所無，以智沉潛其中，必大受影響，故其著作時引之西書有十餘種之多⑦。曾云：「遠西學人，詳於質測，而拙於通幾。」⑧又云：「太西質測頗精，通幾未舉，在神明者之取郯子耳。」⑨「質測」與「通幾」爲其新創之名詞，「質測」指科學，「通幾」指哲學。就其言觀之，足見其於西洋之科學深有心得。而西洋科學之特徵，乃在於重實驗，重證據。此於以智之考證工作，必有相當助益。

此外，自楊愼、陳耀文、胡應麟、焦竑以來之博雜考證風氣，上述各章述之已詳，以智讀其書，兼論其得失，受熏習必深。家學淵源、西學、考證學風等外在之因素，於其學術自有一定之影響。然最重要者乃其力學精神。以智年十五，群經子史已略能背誦⑩。年二十，更遍訪諸藏書家，就抄其目⑪。以此種勤奮力學爲內因，糅合上述三種外因，遂造就其宏博之學識。馬其昶所作傳，曾云：

先生博涉多奇，凡天人、禮樂、律數、聲音、文字、書畫、醫藥、下逮琴劍、技勇、無不折其旨趣。著書數十萬言，各流海外⑫。

今若披閱通雅及物理小識二書，即知馬氏並非獎飾之言。通雅之卷目，已錄之於前一小節。物理小識十二卷，分天類、曆類、風雷雨暘類、地類、占候類、人身類、醫藥類、飲食類、衣服類、金石類、器用類、草木類、鳥獸類、鬼神方術類、異事類等十五類。其書雖屬札記體，然能疑人所不疑，見人所未見，非泛泛之作也。舉上述二書，已足證以智之淹貫博通。

然若祇能博通，亦僅一書簏而已。以智非但能博通，且有前人所不及之成就。其重視經學、糾正說文、提倡拼音文字、蒐集考訂方言等，皆能啟導風氣於先。玆特就其重經一端申述之，以見當時學風轉變之趨向。以智有關經學之著作有經學篇、十三經異同等⑬，今二書皆已亡佚。然以智重經書之語，仍可於通雅中見之，如：「敦詩書，悅禮義之人，無忝立本。」⑭「讀聖作當虛心以從經。」⑮「生平雅志在經史。」⑯晚年更有「聖人之經即聖人之道。」⑰之言。蓋以智已悟及經書中藏有聖人之道，求道者於經書中求之即可，遂有「藏理學於經學」⑱之主張。因此，以智於當時王學末流之糟粕六經，深致不滿，其說曰：

> 慈湖因象山謂六經註我，而遂以文行忠信非聖人之書，則執一矣。……執此而禁人詩書，則六經必賤而不尊，六經既不尊，則師心無忌憚者群起矣。……今皆以掃除是道，市井油嘴皆得以鄙薄敦詩書、悅禮樂之士，為可傷嘆，故不得已而破其偏⑲。

又云：

……離怪難識以爲博，空疏不學以爲靈，……至狂子僇民群起，糞掃六經，師心杜撰，於是乎冥趣倒行，愈變愈下，嫌鐘鼓玉帛爲芻狗，而遂甘爲鬼魅也⑳。

王學末流所以「糞掃六經」、「師心杜撰」，乃不明聖人之道卽寓於六經所致，故以智倡「藏理學於經學」以糾之也。此種重經之傾向，如與黃宗羲「學者必先窮經」㉑，顧炎武「經學卽理學」㉒之言合而觀之，則當時學風之趨向，亦可知其一二矣。

二、考據工作之特徵

前述以智學術之淵源，崇實之家學，重實驗、重證據之西學，與其本身之力學，皆可造就其與前人不同之治學態度。玆歸納其考據工作之特徵爲四點，分述如左：

㈠嚴謹之態度：以智前之考據家，或引文不注所出，或剽竊前人成說，或肆意妄斷，以智懲前人之弊，其通雅引前人之書必注所出，其說曰：「此書必引出何書，舊何訓，何人辨之，今辨其所辨，或折衷誰是，或存疑俟考，便後者之因此加詳也。士生古人之後，貴集衆長，必載前人之名，不敢埋沒。」㉓以此說徵之其通雅，大抵得其實。且又以考證須有持久之工夫，非可速成，故云：「必博學積久待徵乃決。」㉔以智旣以考證須「博學積久」，則於前代考據家之草率從事，必有所批評，其云：

新都（楊愼）最博而苟取僻異，實未會通；張東莞（張萱）竊取尤多，嶺南之九成（陶宗儀）、

> 子行（吾丘衍）也。澹園（焦竑）有功於新都，而晦伯（陳耀文）、元美（王世貞）、元瑞（胡應麟），駁之不遺餘力。以今論之，當駁者多不能駁，駁又不盡當㉕。

前代之考據家，所以「當駁者多不能駁，駁又不盡當」，乃因態度欠嚴謹，不能輔之以積學之功夫所致。通雅所以能匡正前人之失，而迭有所得者，端賴以謹嚴之態度處之。

㈡懷疑精神：以智之懷疑精神，幾貫穿其通雅與物理小識二書。錢秉鐙述以智之言云：「吾與方伎遊，卽欲通其藝也。遇物欲知其名也。物理無可疑者，吾疑之，而必欲深求其故也，以至於頹牆敗壁上有一字焉，吾未之經見，則必詳其音義，考其原本，既悉矣，而後釋然於吾心。」㉖所謂「物理無可疑者，吾疑之」云云，乃對自然界事物之懷疑精神；所謂「頹牆敗壁上有一字焉，吾未經見，則必詳其音義」云，乃對書本資料之懷疑精神。其東西均更云：

> 疑何疑？誰非可疑？又誰可疑乎？善疑者，不疑人之所疑，而疑人之所不疑；善疑天下者，其所疑決之以不疑；疑疑之語，無不足以生其至疑。新可疑，舊亦可疑，險可疑，平更可疑㉗。

所謂「舊亦可疑」，乃是一種不崇古之精神。以智以其「疑人所不疑」之態度，施之於考證，自有前人所不及之貢獻。如：通雅卷一、卷二疑始，卽專論古篆、古音之誤，卷中糾正古人或前代考據家之誤者，隨處皆有（將於下節論之），此卽得力於特有之懷疑精神。

㈢實證精神：考證工作之成敗，取決於證據之强弱，此學者所共喻。然論證過程中，因無證據而妄斷者亦頗有之。以智之治學，特强調證據之重要。如前引之考證「必博學積久，待徵乃決。」所謂「待徵乃決」，即藉證據判斷是非之意。又云：

> 智常見數千年不決者，輒通考而求證之㉘。

數千年不決之疑問，欲考究之而得新結論，自應有新之證據始可。又云：

> 是正古文，必藉他證乃可明也。……智每駁定前人，必不敢以無證妄說㉙。

「駁定前人，必不敢以無證妄說」，即是一種謹嚴之治學態度。此態度終身爲其所信守。通雅卷首一辨證說，即在舉例申明此一理論者。而通雅中所考訂之聯綿字，如旖旎有十四變，逶迤有三十二變㉚，皆其窮蒐旁證而得，非徒事附會者可比也。

㈣會通古今：以智考證工作之目的，非如前代考據家之好奇逞強，乃在會通古今；會通之要，必先能折其中。嘗云：「生今之世，承諸聖之表章，經群英之辨難，我得以坐集千古之智，折中其間，豈不幸乎？」㉛而所謂「折中」，首應有不以今律古之觀念，以智於此曾再三致意云：

> 古人說理事之音義，轉假譬喻爲多，不可執後人之詳例以論也。況有卮寓附會者乎！㉜

「不可執後人之詳例以論」，即不可以今律古之意，非但不可以今律古，更不可泥古，故云：「考古所以決今，然不可泥古。」㉝此外，於今人之成就亦應肯定之，嘗云：

> 古人有讓後人者，韋編殺青，何如雕板。龜山在今，亦能長律。河源詳於闊闊，江源詳於緬志，南極下之星，唐時海中占之，至泰西入，始爲合圖，補開闢所未有㉞。

「韋編殺青，何如雕板」云云，乃強調今之勝古，此類之語，通雅中甚多，如：

後人因考辨而積悟之，自詳於前，前人偶見一端，而況有傳訛強爭者乎㉟。學術成就，既須以智相積，後人又能以較縝密之治學方法勝之，今必強於古。此乃以智疑古而不薄今之精神表現。以智既能不以今律古，又能不薄今，則今古之會通，始有平等之基礎。其作通雅，通者通古今也；雅者正古今之誤也。通雅者，正古今之誤而會通之也。其作書之意，已具書名之中，故云：「惟通，斯得其全。」㊱是知會通古今爲以智考據工作之最高目的。

以智之考據學，既有前述數項特徵，其通雅遂集明代考據學之大成，兼導清代學術之先路。下文將擇通雅中較具考證規模者，分數小節論述之，以見其考證成就。

附注

①葉燦，方明善先生行狀。轉引自張永堂先生，「方以智的生平與思想」（國立臺灣大學歷史研究所博士論文，民國六十六年），頁一六。

②見方中履，「汗青閣文集」，卷上，頁九上。出處同注①。

③見鄭三俊，「方貞述先生墓誌銘」。出處同注①。

④方以智，「膝寓信筆」云：「幼隨家君，長溪見熊公，草談此事。」轉引自容肇祖，「方以智和他的思想」，「嶺南學報」，九卷一期（民國三十七年十二月），頁九七—一〇四。

⑤「天學初函」共五十二卷，崇禎元年（一六二八）李之藻刊行。分理編（宗教）與器編（科學）二部分，理編

收：西學凡一卷、畸人十篇二卷、交友論一卷、二十五言一卷、天主實義二卷、辯學遺牘一卷、七克七卷、靈言蠡二卷、職方外記五卷等九種。器編收：泰西水法六卷、渾蓋通憲圖說二卷、幾何原本六卷、表度說一卷、天問略一卷、簡平儀說一卷、同文算指八卷、圜容較義一卷、測量法義一卷、測量異同一卷、句股義一卷等十一種。合計二十種。其後內容另有重訂刊印，故各種刊本卷數略有不同。

⑥詳見張永堂先生，「方以智研究初編」（國立臺灣大學歷史學研究所碩士論文，民國六十二年），第二篇，方以智與西學，頁九－一四。

⑦同注⑥。

⑧見方以智，「物理小識」（臺北市，臺灣商務印書館，民國六十七年），自序。序中以智又云：「以費知隱，重玄一實，是物物神神之深幾也。寂感之蘊，深究其所自來，是曰通幾。物有其故，實考究之，大而元會，小而草木蠡蠕，類其性情，徵其好惡，推其常變，是曰質測。」此為以智於「通幾」、「質測」二詞之闡釋。

⑨見「通雅」，卷首二，頁六。

⑩馬其昶，「桐城耆舊傳」，卷六，頁一五，方密之先生傳。見沈雲龍主編，近代中國史料叢刊（台北縣，文海出版社，民國五十八年），第四十一輯。

⑪「通雅」，卷三，頁三七。

⑫同注⑩。

⑬通雅凡例，頁二云：「經傳字義連用者，此則引之，以為原本，至于解經大指，大經大訓，此不及也。別載經

學篇中。」卷八，頁三〇云：「曩者嘗列十三經之異同，以便參證，今失其本。」可見以智有經學篇，十三經異同諸書。

⑭通雅，卷首二，頁一下。

⑮同上，卷首二，頁三下。

⑯同上，卷二，頁三八。

⑰方以智、施閏章合編，「青原志略」，卷三，仁樹樓別錄。轉引自張永堂先生，「方以智的生平與思想」，頁一三七。

⑱同上，凡例。

⑲方以智，「東西均」（上海，中華書局，一九六二年），道藝篇，頁八七。

⑳通雅，卷首三，頁三二。

㉑全祖望述黃宗羲之言云：「公謂明人講學，襲語錄之糟粕，不以六經爲根柢，束書而從事於遊談，故受業者必先窮經。經術所以經世，方不爲迂儒之學，故兼令讀史，又謂讀書不多，無以證斯理之變化。多而不求於心，則爲俗學，故凡受公之教者，不墜講學之流弊。」見全祖望，鮚埼亭集（台北市，華世出版社，民國六十六年），卷一一，梨洲先生神道碑文，頁一三六。

㉒顧炎武，與施愚山書云：「理學之傳，自是君家弓冶。然愚獨以爲理學之名，自宋人始有之。古之謂理學，經學也，非數十年不能通也。故曰：君子之於春秋，沒身而已矣。今之所謂理學，禪學也。不取之五經，而但資

之語錄，校諸帖括之文而尤易也。又曰：論語，聖人之語錄也。舍聖人之語錄，而從事於後儒，此之謂不知本矣。」見顧亭林文集（台北市，世界書局，民國五十二年），卷三，頁六二。後人遂將其「古之謂理學，經學也」之言，歸納爲「經學即理學」。

㉓通雅，凡例，頁一。

㉔同上，頁三。

㉕通雅，自序，頁三。

㉖通雅（康熙五年浮山此藏軒刊本），錢秉鐙序。

㉗東西均，疑何疑篇，頁一三五。

㉘通雅，卷首一，頁二。

㉙同上，頁七。

㉚「旖旎」條，見通雅，卷六，頁九下。「逶迤」條，見通雅，卷六，頁二下。

㉛同注㉘。

㉜同注㉘。

㉝通雅，卷首一，頁一。

㉞同注㉝。

㉟通雅，卷五〇，頁二一。

㊱方以智，浮山文集前編（晒藍印明此藏軒刊本），卷三，頁四二上。

第三節　考訂文字音義

以智承繼楊愼以來考據家重視文字音義研究之風，從事更縝密深入之考訂，小學之研究，遂進入另一嶄新之境地。

當時王學家既糟粕六經，於文字本身之價值自不重視。以智懲前人之弊，特著論强調文字之重要，如：

(1)備萬物之體用，莫過于字；包衆字之形聲，莫過于韻，是理事名物之辨當管庫也。……此小學必不可少者也①。

(2)聲音文字，小學也。然以之載道法紀事物，世乃相傳，合外內，格古今，雜而不越，蓋其備哉！士子協于分藝，卽薪藏火，安其井竈，要不能離乎此②。

(3)函雅故，通古今，此鼓篋之必有事也。不安其藝，不能樂業；不通古今，何以協藝相傳，詎曰訓詁小學可弁髦乎？理其理，事其事，時其時，開而辨名當物，未有離乎聲音文字而可學以正告者也③。

以智以爲文字乃「理事名物之辨當管庫」，尤爲「載道法，紀事物」所不可或缺之工具。士人「卽薪藏火，安其井竈」，皆不能離乎此。故訓詁小學實不可弁髦。

以智既强調文字之重要，是通雅一書於當時通人之說，或字、韻書，時有糾駁與闡釋。卷首一有音義雜論等十五節，正文卷一、卷二疑始，卷三至卷十釋詁，卷四九諺原，卷五。切韻聲原；即其研究文字音義之總成績。其所考究，隨事物之不同，而有不同之方法，然有一共同之特徵，卽以音求義。以智以爲「音有定，字無定，隨人塡入耳。」（通雅，卷五〇，頁一）其法乃據聲音與文字之關係，以聯繫異形之字，於叚借字與聯綿字，頗有創發，此爲前賢所不及，是以成就卓著。

玆就以智所考，釐爲糾說文之誤、釐定字音、考訂通假字、考訂聯綿字、考方言俗語等五小節論述之。其與各該節有關之理論，亦隨文詳之。

一、糾說文之誤

明末以前於說文較具貢獻者，爲南唐徐鉉、徐鍇兄弟。徐鉉嘗校定說文；並增補說文所無之字四百餘，謂之新附，世稱大徐本說文；徐鍇作說文解字繫傳四十卷，世稱小徐本說文。明中葉以後，考據之風漸盛，於文字之音義時有考訂，惟於說文一書仍未加措意。至明末趙宧光作說文長箋，始有意於說文之研究。然趙氏所據之本，爲宋末李燾之說文五音韻譜④，說解又多疏舛⑤，實非許氏之功臣。胡樸安氏以顧炎武日知錄中有說文一節，於說文頗有匡正，因推稱顧氏有啟導說文研究之功⑥。實則，當時於說文有系統而深入研究者，應推方以智。

以智之研究說文，約可分兩方面論之：其一，說文總論，分見卷首一、二。卷首一有說文概論，於說文收字之疏漏、說解之舛誤、引書之異同等，皆有指陳。卷首二有論說文源流及字學家辨定說文之敍述兩節。其二爲卷一、二疑始論古篆古音時，於說文之辨正。此部分最足見以智研究說文之成果，以及小學之造詣。玆將以智兩方面之研究，綜爲兩小節論述。

(一)糾一字分爲二字或三字者：說文一書之收字，有因重文而誤分者，有因古今字而誤分者，更有因偏旁筆畫稍異而誤分者，此皆叔重一時失察所致，以智論之甚夥，玆擧例明之：

1.說文：「疑，惑也，从子止匕，矢聲。」又：「𠤕，未定也，从匕吴聲。」以智以爲𠤕未定之訓，即是惑意，且許氏說文自用疑字，無用𠤕者。可知𠤕爲疑之重文（通雅，卷一，頁三）。

2.說文：「頁，頭也，从𦣻，从儿，古文䭫如此。」又：「𦣻，頭也，象形。」又：「𩠐（首），古文𦣻也。巛象髮。」以智以爲三字當爲一字，辨之云：

(1)𩠐（首）之爲𦣻，猶孚之爲子；頁之加人，猶需之加雨，說文俱訓頭，不當分爲三。

(2)說文頁訓頭，以爲古䭫首之首，未嘗有他音，孫氏胡結之音，非也。

(3)古今書傳未嘗用頁字者，凡頭、顱、顋、頂、顙、頟之類，俱从頁，頁之即𩠐（首）明甚。（通雅，卷二，頁一）

按：以智之說是也。清人徐灝云：「頁與首、𦣻本一字，因各有所屬分而爲三，首乃古文象形，𦣻即首之省。……小篆又省爲頁，檢首、𦣻二部，其屬僅一二字，而凡人事之屬乎首者，多从頁，則頁即首字無疑也。」⑦此足證成以智之說。

3.說文：「大，天大地大，人亦大焉。象人形。古文亣也。」又：「亣，籀文大，改古文，亦象人形。」以智云：「說文分二部，孫氏音大，爲徒蓋切。□〔原誤作介〕，籀文，孫氏他達切。按古籀特字勢少差，許氏分一字爲二部，孫氏又別其音，尤非矣。」（通雅，卷二，頁九）以智以爲篆籀因字勢稍異，許氏分爲二部，孫炎竟誤分爲二音。段玉裁以爲此以古文、籀文互釋，明祇一字而體稍異，後來小篆偏旁，或从古，或从籀，故不得不分爲二部⑧。容庚以爲□（大），象人正立之形，□、□爲一字，說文分二部，金文祇作□⑨。是知段、容二氏皆以爲大、□不得分二部。此皆足證成以智之說。

4.說文：「聿，手之疌巧也，从又持巾。凡聿之屬皆从聿。」又：「聿，所以書也，楚謂之聿，吳謂之之不律，燕謂之弗。从聿一，凡聿之屬皆从聿。」以智以爲書傳無聿字，且手之疌巧何以取義于巾？知聿卽聿字，後人於聿加竹，聿遂借爲發語詞。（通雅，卷二，頁三〇）徐灝以爲聿卽聿之省，而非从巾⑩。金文聿字或作□（聿）或作□（聿）⑪，是知聿、聿本爲一字。以智之說是也。

5.說文：「鼓，擊鼓也。从攴壴，壴亦聲。」又：「鼓，郭也，春分之音萬物郭皮甲而出，故曰鼓。从壴，从屮又，屮象垂飾，又象其手擊之也。」以智以爲鼓、鼓本一字，辨之云：

按鼓不應有二字，說文于弢字又曰：「屮垂飾，與鼓同意。」蓋不能自一其說，从攴爲是，擊鼓爲鼓，猶著衣爲衣，非有二字，攴乃支之訛。（通雅，卷二，頁四二）。

徐灝以爲鼓从壴从又持半竹擊之，爲考擊之稱，後轉爲鼓鼙之名，故又改支从攴，爲鼓擊之鼓，實則鼓，鼓本一字⑫。此可證成以智之說。

(二)糾說解之誤者：文字由大篆變爲小篆，字形每有訛變，許愼依小篆以解字立義，故牽强者甚多，以智之所糾駁，皆能深中肯綮。玆擧數例如左：

1.止，說文云：「下基也，象草木出有阯，故以止爲足。」以智云：「止卽趾，象足掌形，二止爲步。……足、疋、歪、步之屬，皆从止，止乃足，非取象于草。」（通雅，卷一，頁五〇）以智之說是也。孫詒讓云：「綜考金文、甲文，疑古文𠙴爲足，止本象足跡而有三指，猶說文又字注云：『手之列多略不過三』是也。」⑬今諸家解止字者，皆以爲象足掌之形，許愼殆因小篆訛變而誤解耳。

2.夤，說文云：「敬惕也。易曰：夕惕若夤。」以智以爲今易經無此文。艮卦九三：「艮其限，列其夤，厲薰心。」虞注：「夤，脊肉也。」王弼亦云：「當中脊之肉也。」是知夤當从肉爲是，从夕者訛也。且夤字當以脊肉爲本義，而敬與時乃借用也。（通雅，卷二，頁一四）徐灝以爲「夤，脊肉也。」乃其本義，鄭本作䐜，後人移月（肉）於上作夕，遂譌爲从夕⑭。金文秦公簋有𡖂字，上从肉，下从寅，容庚以爲卽夤字⑮。是知从夕作夤者誤也。

3.得，說文：「行有所㝵也。从彳，㝵聲。」以智云：「說文作㝵，又作得。鄭、趙、揚皆从見。六書故作㝵，从貝又。……今據得，正貝形，見乃訛耳。」（通雅，卷二，頁一九）以智以爲得應从貝，說文云从見者誤也。按：甲骨文𢓊，羅振玉氏云：「此以从又（手）持貝，得之意也。或增彳，許書古文从見，殆从貝之譌。」⑯此足證成以智之說。

4.午，說文：「五月陰氣啎屰，昜冒地而生也。」以智以爲說文五月陰氣午屰之說甚曲，辨之云：

(1)斷木爲杵，借爲子午。……所以知其爲午臼之杵者，从午从臼，此明證也。

(2)父乙鼎文作，庚午鬲文作，借爲子午。（通雅，卷二，頁三五）。

按：以智之說是也。叔氏鼎作，下爲杵頭，上之「」，乃用以操作之把手，可知「午」爲杵之古文。

5.匕，說文：「匕，相與比敍也，从反人，匕亦所以用比取飯，一名柶。」以智以爲說文之从反人，非也。引前人之言云：

(1)雜記：「匕以桑長三尺，或曰五尺。」

(2)少牢饋食禮：「左手執俎，卻右手執匕柄，縮于俎，以受于羊鼎西，司馬在鼎東，二手執挑匕柄，挹湆注于疏匕，升以受尸，尸卻手授匕柄，坐祭齊之。」

(3)鄭玄曰：「挑讀如或舂或抗之抗，作挑者秦人語也。挑長柄可以抒物于器者，今文挑作抗。」

(4)鄭玄又曰：「二匕皆有淺深，狀如飯橾。」（通雅，卷二，頁四〇）。

以智以爲：「說文誤从匕爲反人，又謂匕一名柶，非也，柶小于匕，古以扱醴及醢醬匕之類也。皀从匕象形也。」（同上）其說是也，匕實爲象形字。王筠以爲匕字蓋兩形各義，比敍之比从反人，其篆當作；一名柶之匕，蓋本作，象柶形。許愼誤合之也⑰。此可證成以智之說。

至於說文收字之疏漏，如：「有妙無妙」；「有瀏、鎦而無劉」；「無妥而綏从妥」；「無春而有舂、蠢」；「無蹤而車部有蹤」；「無希而禾部有稀」；「俛、浼、勉、冕，皆免聲而無免」。引書之異同，如：「亢龍」作「炕」；「五品不遜」作「愻」；「諼草」作「藼」；「啟予之足」作「跢」；「我興受其敗」作「退」；汜字引詩作「江有汜」，洍字又引作「江有洍」；……等。（通雅，卷首一，頁二〇—一）皆爲以智所譏。

據此，以智考訂說文之成就，實非顧炎武所可企及。云以智導清儒研究說文之風氣，實較得其實也。

二、釐定字音

以智之考訂字音，一爲多音字之分析；二爲正音讀之誤。此兩者，楊愼、焦竑已甚重視，以智承其緒，於楊、焦二氏亦頗有諟正，玆分述如左：

㈠多音字之分析：楊愼升菴外集卷九〇、九一有賁字七音、苴有十四音、滇字三音、屈字四音等數十條。弱侯筆乘與俗書刊誤亦有苴有十四音、率有五音、甄三音、齊八音、繇六音、湛七音、敦九音等條。以智通雅卷一有不有十四音、賁字十四音、敦有十七音、苴有十七音等條。玆錄敦有十七音、苴有十七音兩條如左：

1 敦有十七音：焦竑筆乘、問奇集云敦有九音，方子謙韻會小補、呂維祺音韻日月燈列十四音，以智則以爲有十七音：

(1)灰韻，音堆，詆也，詩：「敦琢其旅。」「敦彼獨宿。」注：「獨處不移皃。」答賓戲：「欲從墪敦而度高乎泰山。」墪、敦，皆小邱名。

(2)元韻，音惇，大也。姓敦名洽，𠍴之醜人。

(3)又音豚，敦煌郡名。詩：「鋪敦淮濆。」鄭箋：「音屯。」

(4)寒韻，音團，聚皃。詩：「敦彼行葦。」

(5)蕭韻，音雕，畫弓，天子弓也。一作弴。

(6)準韻，音準，布帛幅廣也。周禮內宰：「出其度量敦制。」

(7)阮韻，音遯，左傳：「渾敦。」

(8)隊韻，音對，器名，周禮：「珠槃玉敦。」

(9)願韻，音頓，豎也。又太歲在子曰困敦。智又按爾雅「敦邱」注，引詩：「至于頓邱。」

(10)號韻，音導，覆也，覆燾，一作敦。周禮司几筵：「每敦一几」鄭氏讀。

(11)皓韻，陸德明讀敦一几。

(12)尤韻，劉昌宗讀「敦一几」。

(13)直由切，與憝同。

(14)他昆切，與憝同。

(15)又可音懟。

(16)子謙載貞韻，殊倫切，與敦同。

⒄先韻，都佉切。（通雅，卷一，頁三九）。

2.苴有十七音：楊愼、焦竑筆乘、方子謙韻會小補有十四音，呂維祺音韻日月燈列十五音，以智以爲有十七音：

⑴子餘切，有子廡。
⑵莊俱切，漢時姓。
⑶宗蘇切，茅苴藉祭也，與菹通。
⑷布交切，天苴，地名，在益州，見史記注。
⑸天苴，與巴同。
⑹鋤加切，水中浮草。
⑺子邪切，菜壞。
⑻似嗟切，苴咩，城名。
⑼再呂切，履中草薦。
⑽側下切，糞草。
⑾才野切，慢也。
⑿將預切，糟魄也。
⒀側魯切，說文：「酢菜也。」

⒁平聲，臻余切，亦酢菜也。

⒂水草曰苴，一作蒩，又作菹；今作渣，非是。又有直家切之音。

⒃都賈切，土苴不精細也。

⒄張位曰：「川蘒苴，音鮓。」（通雅，卷一，頁四〇）。

與以智同時之周嬰，以爲苴有數十音⑱。則以智之十七音，似尚未完也。蓋字音每因時因地而變，如欲尋出字之多音，則通讀字書外，復需詳考方音，始得其全。明代考據家所以汲汲於某字幾音者，實不免好奇爭勝之嫌。

㈡正音讀之誤：以智糾前代字韻書或古韻音注之誤者甚多，茲舉數例如左：

1. 犧獻不當音娑：禮記犧尊鄭注：「畫作鳳凰尾婆娑然，故音娑。」以智以爲鄭氏無所據，直是臆說耳。辨之云：

⑴南史劉杳傳：「刻木爲鳥獸，鑿頂及背以出納酒。」魏時，魯郡得齊子尾送女器，〔犧尊作犧牛形〕。永嘉中，賊曹嶷于青州發齊景公冢，得二樽，亦爲牛象。」

⑵阮諶三禮圖畫爲牛象。

按：以智之說是也。洪邁云：「今世所存故物，宣和博古圖所寫，犧尊純爲牛形，象尊純爲象形。」⑲今容庚商周彝器通考錄有各種鳥獸尊，如：鴞尊、梟尊、象尊、羊尊、犧尊等，皆各象其形⑳。犧尊既爲犧牛形之尊，自應讀其本音，鄭玄音娑者誤也。

2.鮦誤音紂：漢書地理志汝南郡有鮦陽縣，應劭曰：「在鮦水之陽。」孟康云：「鮦音紂紅反。」然後人皆音「紂」，如：

(1)襄四年左傳：「猶在繁陽。」注：「在鮦陽縣南。鮦，音紂。」

(2)後漢書陰興子慶封鮦陽侯，注：「鮦音紂。」

(3)孫愐東韻字下云：「又直蒙、直柳二切。」

(4)字彙：「鮦，文九切。」（通雅，卷一，頁一一）

以智以爲此乃因地理志孟康之音「紂紅反」，訛失其下「紅反」字，遂有此誤也。

3.繁不必音鞶：前人皆以繁讀如鞶，左傳：「曲懸繁纓。」又曰：「其可以旌繁乎？」繁皆讀如鞶。周禮：「王之玉路，錫樊纓；金路，鉤樊纓；象路，朱樊纓。」鄭玄：「樊讀如鞶。」以智以爲繁既與樊相通用，則當音樊明矣，音鞶乃鄭玄拘泥處（通雅，卷一，頁一二）。

4.選當音算：漢書蕭望之傳：「張敞曰：有金選之名。」應劭以爲選音刷，顏師古以選應作鋝。以智以爲古選、算通音，如：

(1)漢書武帝詔引詩：「九變復貫，知言之選。」音算，叶貫。

(2)齊語：「選具」；左傳：「鍼懼選于寡君。」幷與算同。

(3)公孫賀傳贊引「斗筲之人何足選」，即論語「何足算也」。

(4)韓愈進學解：「不可選記。」謂算記㉑。（通雅，卷一，頁一二～一三）。

按：詩邶風柏舟：「不可選也。」後漢書朱穆傳注所載絕交論引作「不可算也。」知二字同音。且今閩南語，選仍音算，此皆可證成以智之說。

5.殍音孚：沈括夢溪筆談譏白居易詩：「俱化爲餓殍。」作夫字押。以智以爲殍字收入唐韻「敷」字下，有撫俱切、平表切二音，皆訓餓死。是則殍字有二音，居易所押蓋从唐韻之平聲，沈括未深考耳。（通雅，卷一，頁四二）

以上爲分析字音與考字音之誤者。至於以智於古音之分部，似未甚明晰。通雅中僅述及部分古韻相通，如：

(1)佳、來皆與齊、微通。（卷一，頁二九）
(2)古先、眞多通。（卷二，頁二一）
(3)虞、尤韻通。（卷一，頁一四）
(4)古家、麻韻通歸魚、模。（卷五，頁二七）
(5)古麻與歌通。（卷四九，頁二八）
(6)古陽、庚通。（卷一六，頁五）
(7)蕭、尤二韻無不相轉。（卷一〇，頁二）
(8)侵、覃、鹽、咸，聲皆相通。（卷八，頁一一）

是知以智未能就諸韻部通轉之關係，予以系統之歸納，以推究古韻之分部。較之顧炎武之分古音爲十部，實有不及。

三、考訂通假字

明代考據家，自楊愼以來卽甚注意通假字之考訂，焦竑筆乘曾列舉經書中之通假字一〇八則，本書焦竑一章已略及之。以智於通假字之硏究，視焦竑爲深入。

以智曾探究通假字形成之因，以爲古字簡少，後因事變義起，不得不分，故未分字先分音（卷一，頁五），其後「則因有一音，而借一字配之」（卷一，頁一八）此通假字孳多之故也。旣知通假字乃文字之借用，則其所借必有聲韻之關係，今人以爲通假之條件爲同音、雙聲、疊韻，以智雖未及此，然其所考，皆能符此三原則。玆就其所考擧例論之：

1.丘、區古通：以智以爲二字今呼雖異，古則同聲通用，其證如左：

(1)陸機詩：「音厥丘字。」

(2)晉宮閣名，所載若干區者，別爲若干丘。

(3)今江、淮田野人，猶謂田丘爲區。

(4)俗書驅字作駈，亦遺音也。

(5)楚元王傳謂空爲丘，王武傳訓丘爲區。（通雅，卷一，頁一四）

按：禮記鄭注：「嫌名謂音聲相近，若禹與雨、丘與區也。」可證丘、區同音。且今閩南語丘、區仍同讀。此皆可證成以智之說。

2. 我、義古通：經傳多書蟻作蛾，如：

(1)左傳：「蛾析。」禮記：「蛾子時術之。」列子：「未聚禽獸蟲蛾。」黃帝紀：「淳化鳥獸蟲蛾。」元帝紀：「白蛾群飛蔽日。」長楊賦：「扶服蛾伏。」皆讀「蛾」爲「蟻」。

(2)隸釋仲秋下旬碑有蛾附之句，此云蜂聚蛾動，亦蟻省也。㉒

(3)魯峻碑釋文曰：「周官注云：儀、義二字，古皆音儀。詩以『實惟我儀』協『在彼中河』；『樂且有儀』協『在彼中阿』。太玄亦以『各遵其儀』協『不偏不頗』，徐廣音檥船作蟻。漢碑凡『蓼莪』皆作『蓼儀』，此碑又作『蓼莪』。」（通雅，卷一，頁一六）

按：義从我得聲，古音皆在歌部，可通用。以智之說是也。

3. 歉、嗛、慊、謙、嫌通用：

(1)孟子：「吾何慊乎哉。」晉語：「嗛嗛之德，不足就也。」穀梁傳：「一穀不升謀之嗛。」此以慊嗛爲歉。

(2)孟子：「不慊於心則餒。」莊子：「必齕齧俛列盡去而後慊。」史記：「先生以爲慊於志。」則又以慊爲愜。

(3)大學：「自謙。」則又以謙爲愜。

(4)漢書：「嗛讓而弗發也。」則又以嗛爲謙。

⑸說文：「慊，疑也。」荀子曰：「臭之而無嗛于鼻。」漢書：「偷得避慊之便。」則又以慊、嗛爲嫌。（通雅，卷一，頁二八）

按：歉、嗛、慊、謙、嫌，皆從兼得聲，古音皆在談部，自可通用，以智之說是也。

4. 綏，緌、妥通用：

⑴禮記：「武車綏旌。」此以綏爲緌者也。

⑵禮記：「執天子之器，上衡國君，平衡大夫，則綏之。」又曰：「國君綏視，大夫衡視。」二綏字，鄭玄皆讀爲妥，此以綏爲妥者也。

按：綏、緌、妥，古音同在微部，可通用。以智之說是也。

5. 包、孚通：

⑴包犧，一作庖犧、炮犧，即伏羲。可知古呼包如孚。

⑵左傳隱九年：「及莒盟於浮來。」公、穀作「包來」。

⑶說文：𩚳，古文飽。[illegible]，古文保。[illegible]，又引古文孚。

⑷竹中膜曰：「从包與从孚同，如：脬與胞、桴與枹、莩與苞、浮與泡、捊與抱之類互通。」（通雅，卷一，頁四三～四）

按：古無輕唇音，孚字古皆讀重唇音，是知孚有包音。以智之說是也。

此外，以智於文字中所謂「一聲之轉」者，亦甚措意，如：「無」字，以智以爲通作「无」，而亡、勿、毋、莫、末、沒、毛、秏、蔑、微、靡、不、曼、瞀，皆一聲之轉，舉證云：

1. 無，易經俱作无。

2. 又通作亡

論語：「亡而爲有。」與無同。

3. 又通作勿

論語：「非禮勿視。」

4. 又通作毋

(1) 論語：「毋意毋必。」

(2) 書無逸、史記魯世家作「毋逸。」

(3) 洪範：「無偏無黨。」史記宋世家作「毋偏毋黨。」

(4) 春申君傳：「毋望之福，毋望之禍。」凡史記無多作毋。

5. 又通作莫

莫、毋，無聲近相通。

詩「莫敢不來享」，俱與無同。

6. 又通作末

(1) 論語：「末由也已。」

⑵禮記文王世子：「末有原。」皆與無通。

7.又通作沒，盡也

⑴論語：「文王既沒。」

⑵南齊豫章王嶷臨終召諸子曰：「吾無後，當共相勉厲。」卽沒後。

8.又通作毛

⑴後漢馮衍傳：「饑者毛食。」注與無同。

⑵佩觿集曰：「河北謂無曰毛。」

⑶河北讀沒爲門鋪切，而江、楚、廣東則呼無曰毛。

⑷黃綍幡賜緋毛魚袋。則信古有此語矣。

9.又通作蔑

⑴左傳：「蔑以加于此。」

⑵史記孔子世家：「蔑由也已。」

10.又通作微

⑴詩：「微我弗顧。」

⑵國語：「戰也微謀。」

⑶又：「微我晉不戰矣。」

11. 又通作靡

(1)詩：「靡不有初。」

(2)楊子曰：「刺客之靡者也。」

(3)月令：「靡草死。」皆與微同，細草也。

12. 又通作不

詩：「不識不知。」

13. 又通作曼

(1)楊子寡見篇：「曼是爲也。」注：「無同。」言學者無如是爲之。

(2)漢書高帝紀：「韓王信將有曼邱臣。」注：「曼邱，與毋邱同。」智按：「毋邱自是貫邱，而當時口語與注者之語皆以無、曼、毋聲近互通也。

(3)字从無與從曼同，如蔓菁作蕪菁。後漢桓帝永興二年詔：「郡國種蕪菁助食。」卽蔓菁。

14. 又通作瞀，不明貌。

(1)莊子：「伯昏瞀人。」

(2)列子：「之齊遇伯昏無人射，措杯水於肘上。」無人卽瞀人。（通雅，卷一，頁二三—五）

蓋無、亡、勿、毋……諸字皆屬重唇字，發音部位相同，可相通轉。此卽以智所說：「音有定，字無定，隨人塡入耳。」（通雅，卷五〇，頁一）之確證，亦卽以智「以音求義」之一佳例。

四、考訂聯綿字

以智前之考據家，如楊愼升菴外集卷九十二，古音複字，將古籍中之疊字（重言），依韻部順序，羅列蒐集，釋其義，並明其出處。卷九十三古音駢字，蒐集古書中之複音詞並考訂之。皆已啟聯綿字考訂之緒。前已述之，此不贅。焦竑俗書刊誤卷八音義同而字異、卷九音同字義異，亦蒐集聯緜字甚多，至以智之通雅始以全力考訂之。

今人以爲聯緜字可分爲三類：一疊字；二雙聲聯緜字；三疊韻聯緜字。依此觀之，以智通雅卷六——八謰語；卷九、十重言，皆屬於聯緜字之範圍。所謂謰語，以智云：

謰語者，雙聲相轉而語謰謱也。如：崔嵬、澎湃，凡以聲爲形容各隨所讀，亦無不可。（通雅，卷八，頁一）

以智以爲謰語乃雙聲相轉而語謰謱。然通雅所收諸謰語疊韻者甚多。是知以智所言之雙聲，或非今之所謂雙聲也。

玆就以智所考，分雙聲疊韻聯綿字與疊字二類敍述之。

㈠考訂雙聲疊韻聯綿字：通雅卷六至卷八所考雙聲疊韻聯綿字，卷六有八十九條，卷七有一二一條，卷八有一四四條，都三百五十二條。各條皆詳其出處。玆擧例述之。

1. 徬徨：

(1)房皇：禮書：「房皇周浹。」卽徬徨，一作傍偟。
(2)方皇：荀子：「方皇周浹乎天下。」注：「方音旁，猶徘徊也。」
(3)傍偟：莊子：「芒然傍偟乎塵垢之外。」
(4)彷徨：吳語：「王親獨行屏營，彷徨于上林之中。」
(5)傍偟：荆軻傳：「傍偟不能去。」
(6)㥬惶：集韻有㥬惶，卽傍偟。
(7)彷徨：韻會：「彷徨，猶征營也。」
(8)慞惶：見陶弘景周氏冥通記。
(9)張皇：書：「張皇六師，不寧之狀。」
(10)倉皇：杜甫送鄭虔：「倉皇已就長途往。」
(11)蒼黃：北山移文：「蒼黃翻覆。」
(12)蒼皇：韓愈祭女拏文：「蒼皇分散。」（通雅，卷六，頁五下～六上）

以智以爲徘徊爲傍偟，舒徐爲徜徉，急遽則舌齒激聲爲張皇，又穿齒憤聲爲倉黃（同上）。是知傍偟徜徉、張皇、倉黃皆一聲之轉。

2.徜徉：楊愼列八種寫法，以智收有十三種：

(1)常羊：郊祀歌：「周流常羊思所幷。」

⑵相羊：楚辭：「聊逍遙以相羊。」

⑶儴佯：文選上林賦：「招搖乎儴佯。」

⑷襄羊：郭璞曰：「襄羊，猶彷徉也。」

⑸相佯：馮衍賦：「乘翠雲而相佯。」

⑹尚羊：淮南俶眞訓：「尙羊物之終始。」

⑺徜徉：韓愈送李愿歸盤谷序：「終吾生以徜徉。」

⑻倡佯：柳子厚用倡佯。

⑼常翔：見老子指歸。

⑽相翔：見周禮。

⑾彷徉：史記吳王濞傳：「彷徉天下。」

⑿方佯：見漢書。

⒀仿佯：後漢書東平王傳：「消搖仿佯。」（卷六，頁六）

等十三種，然如：仿佯、仿洋，望羊、方羊、倘佯、尙佯、儴徉、猖洋、尙陽、當羊等㉓，皆爲以智所不及。

3.征營：

⑴征營：後漢書鄧騭傳：「惶窘征營。」蔡邕傳、鍾離意傳、郎顗傳俱用征營。

⑵正營：前漢書王莽傳：「人民正營。」

⑶怔營：晉王濬自理書：「惶怖怔營，無地自厝。」

⑷屏營：後漢書張奐傳：「惶懼屏營。」注：「與征營同。」（卷七，頁一）

另有「屏盈」爲以智所不及，蓋屏與征爲叠韻；盈與營同音借用。

4.黽勉：楊愼錄四種寫法，以智則收有七種寫法：

⑴閔勉：漢書五行志：「閔勉遯樂。」顏注：「閔勉猶黽勉，言不息也。」

⑵僶勉：劉公幹詩：「僶勉安能進。」

⑶閔免：漢書谷永傳：「閔免遯樂。」顏注：「猶黽勉也。」

⑷密勿：劉向封事引詩：「密勿從事。」注：「卽黽免。」文選注引谷風詩：「密勿同心。」蓋古讀勿如末，如昧，如沒，故昧爽作昒爽，沒身作歾身。

⑸蠠沒：爾雅：「蠠沒，勉也。」蠠，亦作勔、愐。

⑹侔莫：方言：「侔莫，强也。相勉以努力曰侔莫。」

⑺文莫：晉書欒肇論語駁曰：「燕、齊謂勉强爲文莫。」莫之聲又轉爲務，又轉爲楙，黽之聲轉爲暋，故爾雅曰：「茂，勉也。務、暋，强也。」

另有僶俛、俛勉、暋勉、悗密、牟勉、茂勉、勑莫、懋漠、罔莫、茂明等十數種㉔，爲以智所不及。

至如逶迤一條，洪邁以爲有十二變，楊愼轉注古音略止有八變，方子謙韻會小補所列有十七變，郝敬止收十變。以智所舉則有三十二變（通雅、卷六、頁二），可謂駸駸然多矣。然仍未能極周備，朱起鳳辭通收有七十四變，幾爲以智之一倍有餘㉕。由此亦可見此類字蒐集之匪易。

㈡考訂叠字：以智研究叠字之成果，見於通雅卷九、十，釋詁重言部分。卷九收一一四條，卷十收一〇五條，合計二一九條。惟卷十第一〇四條說文叠字與他條性質不同，如刪除之，則爲二一八條。亦即有二一八組之叠字。各條皆先有標目，然後證其何以相通，茲舉例述之如左：

1.憴憴、譝譝、繩繩、承承相通。以智引證云：

(1)憴憴：爾雅：「競競、憴憴，戒也。」邢昺疏：「抑篇子孫繩繩，小心戒愼也。繩繩音義同。」智以爲繩能直，「繩其祖武」，正言戒愼而繩法之。

(2)譝譝：關尹子曰：「譝譝兮如將孩。」言其直朴也。

(3)繩繩：管子宙合篇：「繩繩乎愼其所先。」

(4)承承：詩考引韓詩外傳抑篇：「子孫繩繩」作「承承」。（卷九，頁一）

由此證知憴憴、譝譝、繩繩、承承相通。朱起鳳辭通僅收憴憴、繩繩兩種寫法而已㉖。足見以智蒐羅之博。

2.諤諤、咢咢、鄂鄂、噩噩、詻詻。

(1)咢咢：韋賢傳：「咢咢黃髮。」師古曰：「直言也。」

(2)鄂鄂：史記趙世家：「不聞周舍之鄂鄂」與「不如一士之諤諤」同。

(3)噩噩：揚子曰：「周書噩噩爾。」義兼渾渾，而聲則通也。

(4)諤諤：爾雅曰作噩，漢書曰作諤，則墨子所云「弗弗諤諤」，即噩噩，其義則諤諤也。（卷九、頁三七）

又管子白心：「愕愕者不以天下爲憂」之「愕愕」，以智未及收錄。

3.哅哅、匈匈、兇兇、凶凶、洶洶、詾詾、恟恟。

(1)哅哅：呂覽曰：「中主以之哅哅也止善，賢主以之哅哅也立功。」與訩同。

(2)匈匈：漢高帝紀：「天下匈匈，勞苦數載。」注：「喧擾也。」

(3)訩訩：三國志趙雲謂公孫瓚曰：「天下訩訩，未知孰是。」

(4)凶凶：後漢書蔡邕傳：「凶凶道路。」

(5)兇兇：漢書翟方進傳：「群下兇兇。」

(6)洶洶：晉書宣帝紀：「天下洶洶。」

(7)恟恟：易林：「爭訟恟恟。」或作詾詾。（卷一〇，頁一三）

按：各字皆從凶得聲，古通用。另有汹汹、忷忷等寫法㉖，爲以智所失收。

4.姁姁，即嘔嘔、呴呴、煦煦。

(1)姁姁：呂覽諭大篇：「燕雀處堂，子母姁姁。」

(2)區區：呂覽務大篇：「區區相樂。」注即呴呴。

(3)姁姁：漢書韓信傳：「言語姁姁。」史記作嘔嘔。
(4)呴呴：東方朔傳：「愉愉呴呴。」與禮記煦嫗之煦同。
(5)煦煦：易林：「候時煦煦。」
(6)昫昫：吳志注：「魏三公奏孫權少蒙翼卵昫伏之恩。」昫與呴同。
(7)喣喣：柳子厚與顧十郎書：「蜂附蟻合，喣喣趄趄。」（卷一〇，頁二六）

另有詡詡、栩栩等寫法㉘，爲以智所不及。

通雅卷九、十之考叠字，大抵如上所舉之例。另有糾古籍中叠字之訛者，如：

1.恒恒乃恇恇之譌，以智云：

梁鴻傳：「嗟恒恒兮誰留。」注：「恐也。」古樂苑、古詩紀，皆作恇恇，陰復春引作恒恒。……說文：「恇，怯也。」卽恇。（卷九、頁一三）

按：梁鴻傳顏注引禮記鄭注曰：「恇恇，恐也。」足見梁鴻傳「恒恒」正應作恇恇，殆以智所見者爲誤本也。

2.列子滴滴乃滂滂之譌，以智云：

荀子：「汸汸如河海。」與滂通。升菴引列子：「美哉國乎，鬱乎芊芊，若何滴滴去此國而死乎？」智按：此非奇字，滂訛爲滴耳。（卷九，頁一三）

按：吳則虞晏子春秋集釋，以爲「滂」與「滴」，因形近而訛㉙。此可證成以智之說。

五、考方言俗語

前述楊慎已啟導研究方言俗語之風氣，升菴外集卷六十三俗言，收俗語數十條。其後明人筆記，如周祈之名義考、焦竑之筆乘與筆乘續集、周嬰之巵林等皆考及俗語；岳元聲更著有方言據一書，輯錄俗語近百條。至以智非但於通雅各卷中述及方言之重要，且著有諺原一卷，集錄古今方言俗語數十條。以智通雅卷首一有方言說，敍歷代有關方言之著作，並歷引前賢以方言注書之例。各卷中亦時有重方言之語，如：

(1)天地歲時推移，而人隨之，聲音亦隨之，方言可不察乎？（凡例，頁三）

(2)草木鳥獸之名，最難考究，蓋各方各代隨時變更，……須足跡遍天下，通曉方言，方能核之。（凡例，頁二—三）

(3)愚歷引古今音義，可知鄉談隨變而改矣。不考世變之言，豈能通古今之詁，而足正名物乎？」（卷首一，頁三）。

(4)古人多引方言以左證經傳。（卷一，頁一）

足見方言可以正名物，兼可佐證經傳。此乃以智特重方言之主因。至於考究古方言之方法，以智以爲「就今之方言，可推古之方言。」（卷一，頁四三）且更以爲歌謠小說，寓有各時之方言。（卷首一，頁一二二）其通雅卷四十九諺原，多以今方言證古方言，卽其方法之應用。

諺原一篇於方言之考訂，有轉引自楊愼俗言一書者，如：

(1)衸袖，袖掖也：掖袖曰衸袖，滇雲之稱用之，或曰鶴袖。（通雅，卷四九，頁一九）

(2)子細：北史源思禮傳：「爲政當舉大綱，何必太子細也。」杜詩：「野橋分子細。」（同上）

(3)將牢，卽把隱：晉載記：「後秦諸將謂姚萇曰：若値魏武王不令符堅至，今陛下將牢大過耳。將牢，猶俗言把隱，五代史莊宗亦有持牢之語。（卷四九，頁二〇）

(4)觰：觰，竹家切，張貌，俗云觰開。（卷四九，頁二一）

(5)盯聹：盯聹，耳垢也，盯，都挺切，聹，乃挺切。

(6)牢愁，轉爲勞懆：牢愁，聊懆，離騷、楊子字異而義同。

以上皆承襲用修之說。然以智所考，實有用修所不及者。以智以逃禪故，轉徙流離於南方各省，所記之俗語，自較用修爲夥，輔之以其謹嚴之態度，考訂亦較詳密。然以今日方言學觀之，以智一如用修，亦僅止於方言中同義異詞之考訂而已。玆就以智所考分類詳之。

㈠兼記各地方言者：

1.通喚、呻喚、生含：顏師古匡謬正俗曰：「太原俗乎痛而呻吟爲通喚。周書痛瘝是其義，江南謂呻喚，關中謂呻恫。」以智謂江北稱痛楚作聲爲生含。（卷四九，頁二）是知同一痛楚作聲，有通喚、呻喚、呻恫、生含之說法。

2.衹：類篇曰：「梁也。」以智謂浙人以梁爲衹。江北曰壓衹。（同上，頁三）是知梁有衹、壓衹之說法。

3.謷：莊子曰：「謷乎大哉。」謷有甚意，以智謂楚、黃人以事之甚者爲謷，與莊子書同義。（同上，頁八）

4.毛：後漢書馮衍傳：「饑者毛食。」佩觿集曰：「河朔謂無曰毛。」以智以爲北人無言毛者，而呼無爲沒，如門鋪切之聲。湖廣、江西、廣東則謂無曰毛，蓋沒字之轉耳。（同上，頁九）

5.招呼聲：方言卷十：「沅、澧之原，凡言相憐哀謂之嘳，或謂之無寫，江濱謂之思，皆相見驩喜，有得亡之意。九嶷、湘潭之間謂之人兮。」以智以爲兮、思、嘳、寫皆餘聲。古人相見曰無恙、無他，卽得亡之意，猶曰得無有他乎，或曰無甚，吳中見故舊皆有此語，餘音或近思，或近些，寫卽些之轉也。武林見人則相呼一聲，皖、麻之間憐人曰兒那，南楚或曰人那，可想見人兮之遺。（同上，頁二二）

以上記江北、江南、湖廣、廣東等地方言之不同，並引揚雄方言或其他古籍爲佐證，足爲考證各地方言之資。

(二)明方言之出處者：

1.頓：頓乃食之意。俗以一飡爲一頓，以智引北史：「農爲中軍，寶爲後軍，相去各一頓。」卽是此意。又以置食之所爲頓，唐劉世讓曰：「突厥數寇，良以馬邑爲之中頓。」（卷四九，頁六）

2.泔：說文曰：「周謂潘曰泔。」以智以爲今通謂米泔水。（同上，頁七）

3.脬：史記倉公傳：「風癉客脬。」以智以爲此卽今人所呼胞字，所謂溺胞，卽膀胱也。（同上，頁

九）

4.雕當：宋祁曰：「人謂作事無據曰沒雕當。」以智謂今語曰不的當，卽此聲也。至於何以用雕當？蓋漢有雕悍之語，唐以來有勾當之語，後人合而爲一也。（同上，頁一三）

5.乖剌：東方朔謂：「吾強乖剌而無當。」王楙以爲其鄉駡人喝剌，卽乖剌之轉。（同上，頁一四）此以乖剌出於漢代，而後代之喝剌，卽乖剌之轉。

6.不耐煩：以智以爲典出宋書庾登之弟仲文傳，（同上，頁一七）唯未引原書，今錄之如下：宋書庾炳之傳：「炳之爲人強急而不耐煩。」

7.欺負：漢書韓延壽傳：「待下吏施恩厚而約誓明，或欺負之者，延壽痛自刻責。」（同上，頁一八）

8.東西：今人謂物曰東西，以智以爲起於南朝。齊豫章王嶷傳：「嶷謂上曰：南山萬歲，殆似貌言，以臣所懷，願陛下極壽百年。上曰：百年亦何可得，止得東西一百，於事亦濟。」（同上，頁二五）

㈢糾前人考俗語之誤者：

1.鷄素本鷄斯：徐文長曰：「鷄斯之制以約髮，近小荷包，云鷄素，相沿誤也。」以智以爲：

鷄斯卽笄縰，或因其名而改，亦未可知。然或是鷄嗉，鷄以嗉盛食，此以盛物，故云。（卷四九，頁一五）

按：禮記問喪：「鷄斯徒跣。」鄭玄注：「鷄斯，當爲笄纚，聲之誤也。」此足明以智之說，兼正以智以爲鷄嗉之誤。

2.乃洶：洶，水石聲也。世說：「劉眞長見王丞相，〔時〕盛暑之月，丞相以腹熨彈棋局，曰：『何如乃洶？』劉既出，人問：『主公何如？』曰：『未見他異，唯聞吳語！』」程大昌演繁露云：「今鄉俗狀涼冷之甚曰冷洶。」卽眞長之謂吳語也。以智以爲：

此解非也。八庚與七陽通。洶當作亨康切。吳人之聲嘗有之，意以爲何如，則曰那行，行字亦音亨康切。老學菴筆記曰：閣門促人曰那行，是卽「何乃洶」之聲也。（卷四九，頁一三下）

按：正字通亦云：「吳音何乃洶，猶言那行。」㉚此與以智之說相同。

3.快謂之愃：楊雄方言：「逞、苦、了，快也。」郭璞注云：「今江東人呼快爲愃。」以智以爲江東語惟以風快爲風愃，行路快者謂之愃燥。（同上，頁二三）是知非如郭璞，凡快皆稱愃也。

上述爲以智考訂方言之大較也。清初考訂方言之風氣綦盛，戴震、杭世駿皆有續方言；翟灝之通俗編，更集方言俗語之大成。乾、嘉以後各地所編之方志，皆有關於方言之記載㉛。凡此皆直承楊愼、方以智等人之傳統也。

附注

①見「通雅」（四庫全書珍本三集本），卷首二，樸學考究類略，頁七下。

②見「浮山文集前編」（明此藏軒刊本），卷三，頁四二上，四書大全序。

③見「通雅」，序。

④李書原名說文解字五音韻譜，明萬曆中，白狼書社重印此書，截去「五音韻譜」四字，爲充大徐校定本說文。見龍宇純先生，「中國文字學」（台北市，作者自印本，民國六十一年，再版），頁三九八。

⑤趙宧光說文長箋之疏漏，方以智與顧炎武各有譏駁。方氏之說，見「通雅」，卷首一，頁二三—二四。顧氏之說，見「日知錄」（台北市，明倫出版社，民國五十九年），頁六一三—六。

⑥胡樸安云：「觀其日知錄內所論說文一節，雖未免尚有錯誤之處，確能以懷疑而開研究學術之先路。」見胡氏「中國文字學史」（台北市，台灣商務印書館，民國五十七年），下冊，頁二五九—六〇。

⑦見徐灝，「說文解字注箋」（台北市，廣文書局，民國六十一年），卷九上，頁一下。

⑧見段玉裁，「說文解字注」（台北縣，漢京文化事業公司，民國六十九年），十篇下，頁四。

⑨見容庚，「金文編」（京都，中文出版社，一九八一年），卷十，頁八上。

⑩同注⑦，卷三下，頁三八下。

⑪同注⑨，卷三，頁二九下。

⑫同注⑦，卷五上，頁六四下。

⑬見李孝定，「甲骨文字集釋」（台北市，中央研究院歷史語言研究所，民國七十一年，四版），卷二，頁四四八。

⑭同注⑦，卷七上，頁五一下。

⑮同注⑨，卷七，頁一一二下。

⑯同注⑬，卷二，頁五八一。

⑰見王筠，「說文釋例」（台北市，台灣商務印書館，民國五十六年，國學基本叢書本），卷六。

⑱見周嬰，「巵林」（台北市，世界書局，民國五十二年，與胡應麟「少室山房筆叢」合冊），卷六，頁一七三，苴有十四音條。

⑲見洪邁，「容齋三筆」（台北市，大立出版社，民國七十年）頁五六四。

⑳見容庚，「商周彝器通考」（台北市，大通書局，民國六十二年），下冊，頁三六二—七三。

㉑按：進學解無此句，恐以智誤記。

㉒按：「有蛾附之句」，通雅原誤作「有蟻附之句」；下句亦誤作「蜂聚蟻動」。

㉓見朱起鳳，「辭通」（台北市，台灣開明書店，民國五十四年，台二版），上冊，卷九，頁八六六—七。

㉔同上，卷一四，頁一四〇七—八。

㉕同上，卷二，頁三六；頁一〇四—七。

㉖同上，卷一〇，頁一〇〇三。

㉗同上，卷一，頁七六—七。

㉘同上，卷一三，頁一三二〇。

㉙見吳則虞，「晏子春秋集釋」（台北市，鼎文書局，民國六十一年）諫上，頁六四。

㉚見張自烈，「正字通」（清康熙十年張氏弘文書院刊本），卷二，頁一五。

㉛詳見胡樸安，「中國訓詁學史」（台北市，台灣商務印書館，民國五十九年），頁二六四—八。

第四節　考訂地理

以智之考訂地理，亦承繼楊愼以來之傳統。所考詳見通雅卷一三至一七。卷一三、四考方域；卷一五考水道；卷一六考地名異名；卷一七爲九州建都考略。考地理之旨，在會通古今。會通之方法，卽綜合前人研究之成果，然後以地圖明之。此意見於卷十三前之小序。該序作於崇禎癸未（十六年，一六四三），亦卽明亡之前一年也。序云：

嘗覽朱考亭（朱熹）、沈存中（沈括）、吳虎臣（吳曾）、范公稱、王伯厚（王應麟）及楊升菴（楊愼）、章本清（章潢）、馮嗣宗（馮復京），各有所辨。欲以朱思本畫方配里法，倣謝莊之截木分合，就各地古事編圖。會括諸志于修攘考，一時不及，姑鈔記所知以俟（卷一三，頁一）。

可知以智本欲綜合前人之說，並仿朱思本與謝莊作地圖之法，著修攘考一書，通雅所錄者乃其考訂文字耳。

由於「郡縣更變，最易淆亂」（卷首二，頁九）其遷變之迹，非地圖無以明之，故以智云：「天文、地理、器象、制度之類，非圖豈易學哉！」（同上）其時利瑪竇萬國圖誌已傳入①，以智之地圖觀念已頗受影響，故欲參考泰西地球畫度繪製禹書經天合地圖（卷一五，頁三七）其圖雖未成，然已足見以智有新穎之地理知識。

此外，以智之考地名、考水道、考地名異音、考歷朝建都，皆能明注古今。此種會通古今之精神，爲以智考據工作之一大特徵，足爲後人之法式。

一、考地名

以智於歷代地名之遷變分合，最爲注意。其所考地名之遞嬗，可約爲數類：其一，古今同名異實者，如：有兗州之河東，有幷州之河東；有雍州之河西，有涼州之河西等是也；其二，古今同實異名者，如陝西一地，虞、夏曰雍州；商、周曰西土；春秋爲秦國；戰國稱關中；楚、漢之際謂之三秦；兩漢又名山西；宋始爲陝西路耳。其三，古今同名同地者，如：楚子入陳，楚師滅陳，皆今之陳州；齊師滅萊，卽今之萊州等是也。前二類實最易混淆，通雅卷一三、一四於此二類地名，考之較詳。此外，於湖、廣、滇、黔各地之諸小民族，及其地名，亦略有述及。

惟以智所考，有襲自用修者，如：卷一三入川有四棧道三谷，舊志以爲一者非也條，襲自用修四道三谷條②。然其能於前人之訛誤，一一考辨之，此固非前人所可企及也。

㈠考同名異實之地名：此類地名，如河東、河西、河南、河北、河內、淮北、淮西、江北、江南、山東、陝西，宋人考之甚詳，章潢圖書編頗采之，以智遂就章氏所錄論述之。玆舉例如左：

1河東：有兗州之河東，有幷州之河東。以智釋之云：

(1)黃河舊道，三代以前，自宋衞州之黎陽附近，折而北流，故北京及河北東路諸州在河之東，卽古兗州之域，故周禮職方：「河東曰兗州。」

(2)自周定王時，黃河舊道漸以湮塞，秦、漢以還，河堤屢壞，乘上游之勢，決而東下，故兗州之域，隔在河北，而河東之名，乃移在幷州。（卷一三，頁一）

2.河西：有雍州之河西，有涼州之河西。以智釋之云：

(1)黃河源自崑崙旁積石，北流二千里，至於銀、夏之交，稍折而東流，不盈千里而折而南流，故宋永興軍路鄜、坊、丹、延諸州，在河之西。戰國之際所稱西河地，卽指此而言，亦卽雍州之域也。

(2)河、湟之間，鄯、涼、甘、肅諸州，亦在河西。漢以來所稱河西地，卽指此而言，亦卽古涼州之域也。（卷一三，頁二）

3.河南：有中土之河南，有邊地之河南。以智釋之云：

(1)黃河大勢如覆斗之狀而關中正在斗間，中原適當如衡，故宋之京畿西路，在河之南，斯中土之河南也。而綏、銀、夏諸州，亦在河南，卽邊境之河南也。

(2)三代以前，河南之稱，止在中土，秦、漢而下，奪外國南牧之地，列爲郡縣，亦名之曰河南。（卷一三，頁二）

如純就中土之河南言之，其領域亦有大小之別，有指一郡而言者；有指一州而言者，有指一道而言者。以智又釋之云：

(1)兩漢河南之稱，惟指一郡而言，卽宋京西屬縣，兼鄭、孟、二周之境而已。

(2)姬周河南之稱，則指一州而言，卽宋東西二京及京西南北路之地。

(3)李唐河南之稱，則指一道而言，包吉靑、徐、兗、豫四州之境，奄黃河以南皆是也。

(4)宋爲東西南三京，及京畿四州之地。（卷一三，頁二）

4.河北：有中國之河北，有邊方之河北。以智釋之云：

(1)河北東西路，在河之北，斯中國之河北也。而陰山捹海之間有秦長城外地，亦在河北，卽邊方之河北也。

(2)陳、隋以前，河北之稱止在中國，李唐之初，塞外突厥之地，悉爲郡縣，亦名之河北。（卷一三，頁二）

以上爲以智所述同名異實之地名，此外，以智於卷中所考各地同名異實之地亦多，玆再擇數例以見一斑：

1.廣陵：

(1)魏太和中，蠻帥田益宗納土于魏，魏爲立東豫州，沿廣陵城。五代志：「汝南郡新息縣，魏置東豫州。」則此廣陵，乃新息之廣陵也。

(2)廣陵在二漢時爲吳國、江都、廣陵國、廣陵郡，劉宋爲南兗州，北齊爲東廣州，後周爲吳州，唐初亦爲邗州。其爲揚州自隋始也。（卷一四，頁四－五）

按：新息之廣陵屬河南；改名爲揚州之廣陵，屬江蘇。是知有二廣陵也。

2.城父：

(1)楚靈王十二年，王狩于州來，使蕩侯，潘子、司馬督、囂尹午、陵尹喜帥師圍徐，以懼吳王，次于乾谿。此則城父之乾谿。

(2)楚昭王二十七年，吳伐陳，昭王帥師救陳，次於城父，將戰，王卒于城父。（卷一四，頁一六）

前一城父，在今安徽亳縣東南；後一城父，在今河南寶豐縣東四十里。是知楚有二城父。

另有以智以爲同名異實，而實指一地者，如：五嶺，各家之說如左：

(1)裴淵廣州記曰：「大庾、始安、臨賀、桂陽、揭揚，是爲五嶺。」

(2)鄧德明南康記曰：「大庾一，桂陽騎田二，九眞都龐三，臨賀萌渚四，始安越城五。」

(3)輿地記：「一曰台嶺，一曰塞上，卽大庾也；二曰騎田；三曰都龍；四曰萌渚；五曰越嶺。」（卷一四，頁一六）

以智以爲「各家所云不一」。實則，鄧德明南康記與輿地記所云相同。又裴淵廣州記之始安，卽越城嶺；臨賀卽萌渚嶺；桂陽卽騎田嶺；揭揚卽都龐嶺。則三說乃指一事耳。以智云不一者，實失之不考。唯鄧德明以都龐在九眞，以智云「九眞太遠，非是。」則甚確。

(二)辨前人之訛誤者：

1語兒亭當作禦兒亭：雋里地縣南有語兒亭，唐陸廣微吳地記謂范蠡與西施通，至此生一子。以智以爲此乃附會之最可笑者，而陳晦伯（耀文）、胡元瑞（應麟）引之以駁用修西施沈死之說③，豈不更可笑邪！實則，語兒當作禦兒。以智云：

國語吳語曰：「吾用此禦兒臨之。」韋昭注：「禦兒，越北鄙，在今嘉興，言吳邊兵若至，吾以禦兒之民臨敵之。」（卷一三，頁一七）

足知原作禦兒亭，作語兒或女兒者，皆聲音之訛也。

2.張良封邑在沛：張良封留侯，留在徐州沛縣。或以爲在陳留。王洙云：「宋武北征過陳留，下教修復（留侯廟）。」可見以陳留爲留侯之封地。以智辨之云：

(1)按傅亮爲劉裕修張良廟教云：「塗次舊沛，停駕留城。」本謂沛縣之留城。

(2)今留城縣有留侯廟存焉。（卷一三，頁二〇）

可知張良所封乃徐州沛之留城。

3.郇陽非順陽、新陽：史記蘇秦列傳：「楚北有陘塞、郇陽。」徐廣以爲順陽；司馬貞索隱以爲郇陽乃新陽之訛。以智云：

(1)漢中旬陽縣旬水南入沔。蘇秦所謂郇陽卽旬陽、洵陽。郇、旬、洵，三字通。

(2)徐廣以爲順陽，順陽在鄧州穰縣西新野也。

(3)索隱以爲新陽，新陽在蔡州眞陽縣西南汝寧也。（卷一三，頁三四）

是知郇陽在漢中郇陽縣，徐廣、索隱皆非也。洪頤煊亦云：「郇陽卽旬陽。」④此可證成以智之說。

4.吳會非一郡：後人以吳會爲一處，以智舉證糾之云：

(1)漢順帝永建四年分會稽爲吳郡。

⑵吳志：「朱桓部伍吳、會二郡。」

⑶莊子釋文云：「浙江爲吳、會分界。」（卷一四，頁六）

是知吳會實爲二郡，作一地者非也。然趙翼云：「西漢會稽郡治本在吳縣，時俗郡縣連稱，故云吳會。」

⑤西漢時吳縣既可稱吳會，則以吳會爲一地，又非全訛也。

5.熊耳山非二：洱記云：「熊耳山在商州上洛縣南四十里，商州今屬西安府。其洛南縣卽漢上洛也。」又云：「禹導洛自熊耳，則在虢州盧氏縣界。盧氏今屬河南府之陝州。」遂以爲商州及虢州盧氏縣，各有熊耳山。以智糾之云：

熊耳在陝西、河南之界，輿地記于商州熊耳載伊水所出。而伊水出盧氏悶頓嶺，經洛陽入洛，可徵矣。（卷一四，頁一六）

按：熊耳跨陝西、河南兩省，就陝西言之，則在商州上洛；就河南言之，則在虢州盧氏縣。非有二也。

上述爲以智考同名異實之地名與辨前人訛誤之要者。此外，通雅卷一四，有三驍卽三苗、廣有蠶戶、龍戶驪家馬人馬流也、狼𤟤𧰼國也諸條，皆記西南諸民族者。蓋以智見聞頗廣，故所記爲前人所不及也。

二、考水道

以智之考水道，約可分三方面論之：其一，考水道之位置，如：論江之源、考河源、三江不一、淮源在信陽等皆是；其二，考同名異實之川，如丹水有七、漳有十一、洛水有九、黑水不一等皆是；其三，譏桑欽水經及酈道元注之誤。

惟以智之考訂，有承襲用修者，如：外水卽岷江、內水卽涪江、中水卽沱江條（卷十五，頁一二），襲自用修外水內水中水條⑥。另孔明渡瀘非今之瀘州條（卷一五，頁三四），則直引用修之說而已。其他所考，創獲亦不多。玆舉例述之：

㈠明水道位置：

1.大江之源：用修承前人之說以爲江源於岷山，此前已述之。以智則云：

(1)雲南志謂金沙江之源出於吐蕃之犁石，南流漸廣，至於武定之金沙巡司，經麗江、鶴慶，又東過四川之會川、建昌等衞，以達於馬湖、敍南，然後合於岷江。

(2)緬甸宣慰司志，謂金沙江濶五里餘，緬恃以爲險，遠近大小言之，江源出于吐蕃犁石，卽崑崙之南。（卷一五，頁一）

據所引，以智已知長江之上游爲金沙江，且發源於吐蕃。此優於用修者也。然據徐宏祖考證：「雲南有二金沙江：一南流北轉，卽此江（指長江上游之金沙江）；一南流下海，卽王靖遠（王驥）征麓川，緬人恃以爲險者。雲南諸志，俱不載其出入之異，互相疑溷。」⑦其所謂南流下海之金沙江，卽今之怒江。以智所引緬甸宣慰司志，卽混二江爲一者也。是知以智亦不能正前人之誤。

2.淮水之源：禹貢：「導淮自桐柏。」水經：「淮水出南陽平氏縣胎簪山，東北過桐柏山。」郎瑛七修類稿以爲淮源當依禹貢出桐柏山，不可依水經出胎簪山，胎簪低於桐柏百餘丈，源又小。以智則以爲：

凡水之源皆小愈合而愈大，禹貢亦就所見言之耳。桐柏、胎簪皆源也。（卷一五，頁二八）

又云：

淮水出信陽州胎簪山過唐州桐柏山，歷光蔡、潁壽、盱眙，至淮安、塩城北入海，此故道也。今并于河。（同上，頁二七）

按：胎簪山在河南桐柏縣西三十里，爲桐柏山旁之小山，淮河始源於此，其水甚小，至桐柏山水始大，後人遂以爲淮河源於桐柏也。

3. 三江位置：用修以爲三江之說，諸家皆於下流求之，實未的。而以郭璞之說：「岷山大江所出也；崍山，南江水所出也；岷山，北江水所出也。三江皆發源於蜀，而注震澤。」最詳確。實則，此乃用修地域之偏見，不足爲取。以智則以爲張守節史記正義之說爲最確，張氏云：

三江在蘇州，自西南至太湖曰松江；自東南入白蜆曰上江，亦曰東江；自東北下三百餘里入海曰下江，亦曰婁江⑧。

是張氏以爲松江、上江（東江）、下江（婁江）爲三江，以智引申其說云：

(1)太湖與吳江長橋東北合龐山湖者，松江也。
(2)又東南分流出白蜆入急水灘之山東而入海者東江也。
(3)自龐山過大姚東北經崑山、石浦、安亭，由青浦入海，婁江也。

三江之說，實千古懸案，以智所云之三江，實亦小川。蓋古人僅知今江浙地區有三大江，故作禹貢者，以其所聞記之，而未能審知耳。朱子語類云：「因說禹貢，曰：此最難說；蓋他本文自有繆誤處。……蓋禹當時，只治得雍、冀數州爲詳，南方諸水，皆不親見，恐只是得之傳聞，故多遺闕，又差誤如此。」朱子雖不敢謂聖人之經不是，然已明言本篇記水道，多遺闕差誤⑨。以智不明此理，欲深究之，恐治絲益棼耳。

此外，考黃河之源，則逕引潘昂霄河源志之說而已；考雲夢，以江北爲雲，江南爲夢，則承宋人沈括、羅泌而來。凡此，皆無新見。

㈡考同名異實之水：

1. 丹水有七：

⑴澤州高平縣有泫水，一曰丹水，漢上黨高都縣莞谷丹水所出，東南入泫水。高都澤州晉城縣，隋曰丹州。漢丹水屬弘農郡，以爲白起坑趙卒水盡赤，故曰丹水。

⑵山海經，洛水出讙舉山，東與丹水合，丹水出竹山，洛合丹，然後合尸水、乳水、蠱尾之龍餘水、陽虛之玄扈水。自讙舉至玄扈，凡九山。河圖玉板曰：倉頡爲帝南巡，登陽虛，臨玄扈，龜負丹甲青文之圖，卽此處也。其內鄉縣之丹水乎？

⑶水經，丹水出上洛冢嶺山，至丹水縣入於汮（應作均），逕三戶城合於南陽之淅水，其逕南鄉縣北，所謂商於之地也。呂覽曰：堯有丹水之戰，以服南蠻。

(4)水經注：陰溝卽狼湯渠，亦名汳水。」又云：「丹泌（應作沁）亂流，故汳兼丹水之稱。」

(5)竹書紀年曰：「宋殺其大夫皇緩於丹水之上。」是獲渠兼丹水之稱。

(6)朱虛縣有東丹水，西丹水，出丹山。今作凡山，訛也。

(7)夷水逕夷道縣，合丹水，水有赤氣，故名。（卷一五，頁一八—九）

以智所引山海經，乃隱括而成，非原文也。且經中多恍惚之言，所言山水今多不可考。以智所引之丹水，殆亦應作如是觀。另水經注云：「丹水出丹陽山，東北逕丹陽城東，又東入河。」⑩此丹水爲以智所不及。則丹水固不止七也。

2洛水有九：

(1)蜀有雒縣，雒水自章山至新都谷入湔，蜀都賦：「浸以緜雒。」

(2)周禮職方氏：「雍州，其浸渭洛。」易氏曰：「左馮翊懷德縣，卽彊梁原之洛水邊有圁洛，北條荆山在縣西，正洛水源也。孔安國注禹貢漆、沮，亦曰：「洛水出馮翊北。」

(3)又一洛水，出慶州洛源縣。有於白山，洛水所出，東流至鄜州洛交縣，又東南流至京兆府雲陽東，又徑同州澄城西北。

(4)淮南子地形訓：「洛出獵山。」注：「獵山在北地西北邊外。洛東南流入渭。詩云：『瞻彼洛矣。』是也。」

(5)東都之洛，出弘農，卽上洛縣熊耳山。水經謂出讙舉山，至鞏縣入河。

(6)水經注：「廣漢泉出臨洮西傾山，逕洛和城南，洛和水出和溪，逕黑水城而北，注白水。」此一洛也。

(7)又有平洛水出玉女台下平洛澗，注於潁，是亦洛水也。

(8)「鵲南溪水注于洛水，洛澗北歷秦墟下。」注：「淮謂之洛口。」此又一洛也。

(9)瑯琊臨沂縣有洛水注之。洛水出太山南武陽之冠石山，此又一洛也。（卷一五，頁二〇）

以智又以爲如將粵西柳州之洛容縣，雲南瀾滄亦名洛，二者亦計之，則洛有十一矣。實則，以智上云二、三、四等三條洛水，實一水耳，卽今所謂北洛水也。蓋以智知求其異，而短於求其同也。

(三)譏桑欽、酈道元之誤：自用修刊水經，並爲其作補注以來，研究水經者漸多，朱謀㙔水經注箋四十卷、周嬰卮林卷一之析酈，其著者也⑪。以智承前人之緒，於水經及其注，皆有所匡正，如云：

(1)水經敘大江過會稽、餘姚入海，此桑君長之大誤也。

(2)敘岷江至豫章口而止，及敘沔水，當自漢口入江而止，乃言其過中渚、石城分爲二江，是大小失倫矣。

(3)二江謂一爲焦山下海之江；一爲丹徒向姑蘇之小河，大小混稱，更失矣。

(4)敘沔至石城分爲二，其一過毗陵；而南江過寧國，又與桐水合，此皆不能通。（以上見卷一五，頁三四—五）

(5)水經：「渭逕渭城南而沈水注之。」沈水當作泬水。（卷一五，頁三一）

以智以爲此皆桑欽之大誤。酈道元非但不能正桑欽之誤，且因「好傅會，紀異聞，舛錯不少。」（卷一五，頁三五），如道元云：「南江枝分歷烏程南，通餘杭縣，則與浙江合，故闞駰十三州志曰：江水至會稽與浙江合。」（同上）以智斥爲誤極。桑、酈二氏所以多誤者，以其居北地，故耳。

三、考地名異音

以智前之焦竑，已注意及人名或地名之特殊讀音，其所考見俗書刊誤卷六略記駢字中。然所記僅十餘條耳。以智承弱侯之緒，於通雅卷一六專考地名異音。以智以爲地名之讀音每爲前人所忽，故詳爲考辨之。其所考，有僅明其音者；有明其音兼考其地者；有考其音兼明其寫法者；另殿以異字同實之地名數十條。玆舉例述之：

㈠考地名之音讀：

1.盩厔，音周窒，漢縣，今屬西安府。以智釋其名曰：「山曲曰盩，水曲曰厔。」（卷一六，頁二）

2.浩亹，孟康音合門，漢屬金城，今臨洮府之金州也。（卷一六，頁三）

3.龜玆，音丘慈，漢上郡有龜玆縣。以智以爲此乃因龜玆國而得名。（卷一六，頁四）

4.緱氏，緱音溝，今河南府偃師縣有緱山、轘轅山。（卷一六，頁五）

5.方與，音房豫。左傳城郎注，杜預曰：「高平方與有郁郎亭。今澤州高平縣，戰國之長平，漢之泫氏也。秦破趙長平卽此。（卷一六，頁七）

6.陽夏，夏音檟，馮異封陽夏侯。陽夏，地名，尚德論曰：「太康被羿所距，營陽夏城居之。今拱州太康縣是。（同上，頁七）

7.閼與，閼音焉；與，去聲。胡三省音閼爲遏。爲韓地。以智引正義：「秦韓相攻於閼與，而趙奢破秦軍。」（卷一六，頁一一）

8.費縣，音秘，音蜚。後爲姓，或作鄪、濆。趙明誠曰：「費長房、費褘，音蜚；琅邪費氏音秘。」（卷一六，頁一五）

9.乘丘、千乘，皆去聲。今濟南府濱州，爲漢千乘地；乘丘，屬漢泰山郡。（卷一六，頁一六）

10.軑，音大，屬江夏。漢王霸子符封軑侯，後漢書作「軑」，音犬。以智以爲說文：「軑，特計切。」韻會引漢書地理志有軑縣，音徒蓋切；且唐韻、韻會無「軑」字，證知後漢書作「軑」者誤也。（卷一六，頁一八）

11.牂牁，音近臧戈，繫船橛也。漢書作牂牁，郡地故且蘭。且音苴，沅水所出，或作牂牱、亦作椿柯，常璩作戕牁，郭忠恕作戕𢧵。（卷一六，頁二四）

上引爲以智明地名之異音者。以智所考數十條，此僅其略而已。此外，又有糾舊音之誤者，如：曲逆，舊音去遇，以智以爲當音如字（卷一六，頁八）；句注，句音鈎，音章句之句者非也（卷一六，頁一二）。又有明其寫法者，如：涅，應從曰土，作湼者非也（卷一六，頁六）；于越，即於越，作干者非也（卷一六，頁一三）。凡此皆可見以智考證之心細。

㈡考異字同實之地名：

1.爾稽，即尼谿：

(1)史記孔子世家：「齊景公欲封孔子以尼谿之田。」

(2)晏子春秋外篇：「公悅之，欲封之以爾稽。」即尼谿。

2.亞駝，即嘑沱，一作虖池、惡池、呼沲、惡沱、虖勹：

(1)史記蘇秦說燕，南有嘑沱。後漢光武紀：「至嘑沱河。」

(2)周禮職方：「并州川，虖池。」山海經：「泰頭之山，共水出焉，南注於虖池。」

(3)禮記：「晉人將有事于河，必先有事于惡池。」即虖沱。

(4)秦穆公伐楚，詛楚文曰：「告盟于不顯亞駝火神。」即滹沱之神。

(5)韓非初見篇：「中山、呼沲以北不戰而畢爲燕。」

(6)法言吾子篇：「浮滄海而知江河之惡沱。」注：「惡沱，淺水也。」

(7)山海經：「虖勹一作多。」即滹沱也。（通雅，卷一六，頁二五）

以上所引，寫法雖不同，然皆指滹沱河。以智云：「此水自代郡鹵城（今繁峙）流至參，合雲州、文安、霸州入海。」（同上）

3.什方，即什邡。

(1)漢書張良傳：「漢高帝惡雍齒，欲殺之，用良計，封爲什方侯。」猶言釋放。

(2)後漢書儒林傳：「楊仁拜什邡令。」注：「益州縣名，音十方。」（通雅，卷一六，頁二六）

4.儌倀，即肅愼。

(1)後漢書東夷傳：「挹婁，古肅愼之國。」孔融傳：「肅愼貢楛矢，丁零盜蘇武牛羊。」

(2)後漢書文苑傳杜篤論都賦所稱昆彌、儌倀，即肅愼。（卷一六，頁二七）

以智引周禮大司馬「大獸公之」注，獸五歲曰愼，亦作麖，禮逐疫與挽歌用倀童。倀、麖、愼三字互通。此外，周書王會篇作稷愼，史記作息愼，後爲女眞。

5.苟扁，即勾漏。

(1)晉書葛洪傳：「聞交趾出丹砂，求爲勾漏令。」

(2)漢書地理志，交趾郡有苟扁縣。即勾漏。（同上）

以上諸條，以智皆引有出典，偶或略作考證，以明其相通之理。此外，又有「戶孫，即烏孫國，見呂覽。」、「烏亘，即烏桓，晉書作烏丸。」、「貿戎，成元年：『王師敗于茅戎。』公、穀作貿戎。」等數十條。以智以其博洽之學識，集錄史書中諸音同字異之地名，於後人研究史學，自有其一定之貢獻。

四、考歷代建都

自五帝至今，歷數十朝代。各朝代每囚事實需要，建都亦各異，甚有一朝遷都數次者，如：商、周等是。此外，各朝所封之諸侯國，或稱兵作亂之群雄，亦各有其都邑。如就各朝、或各諸侯等之建都，一一考明之，於各朝遷遞之迹固可了然於胸，且更可明地理重心遷變之大勢。此以智前之考據家，似未顧及。

以智之考歷代建都，分爲兩類，其一爲各朝建都，如古都、商都八遷、周建都、秦都咸陽、漢都、三國、兩晉南北朝都、宋齊梁陳皆因之、隋都長安、唐五都、五代都、宋四京、元大都上都等皆是；其二爲諸侯或群雄建都，如：五霸、十二諸侯、六國、西漢末諸國、晉十六國、隋末諸國、後五代十國等是。

玆就各朝建都部分，擇商都八遷、周建都二條討論之。商、周二代，遷都頻繁，且因文獻不足，以智所考，頗有可商者，玆分述如左：

㈠商建都：

以智據諸書所載，以爲商都八遷，並考之如左：

(1)封商在上洛商是也。

(2)昭明居砥石遷于商。

(3)湯始居亳，有三亳，二在梁國，一在河洛之間，穀熟爲南亳，即湯都也。蒙爲北亳，即景亳，湯所受命也。偃師爲西亳，即盤庚所徙也。

(4)仲丁遷囂，敖倉是也。今之開封府鄭州滎陽縣，秦置敖倉於此，河陰縣有敖山。

(5)河亶甲居相，去鄴四十里。

(6)祖乙遷于耿，河東皮氏縣在今平陽蒲州之河津縣。遷邢，即襄國。今順德府邢台縣，所謂龍岡也。

音耿。爲邢者，索隱之說也。

(7)盤庚遷亳殷，偃師也。

(8)武乙徙河北居朝歌，卽漢野王，今懷慶府河內縣也。

(9)或曰：竹書紀年南庚三年遷奄，在淮夷北。

上述爲以智所考，殷八遷都之所在。然得補充者有四：

其一，據史記殷本紀：「自契至湯八遷。」此八遷以智實未述及。據王國維先生考證，八遷者，契本居亳，後居於蕃，爲一遷。昭明居砥石，爲二遷。昭明復由砥石遷商，爲三遷。相土居商丘，又居東都，爲四遷、五遷。帝芬遷殷，爲六遷。夏孔甲九年，殷侯復歸於商丘，爲七遷。湯復居亳，爲八遷⑫。以智僅云：「昭明居砥石遷于商。」實嫌疏略。

其二，以智謂「盤庚遷亳殷，偃師也。」此實承書序以來之誤。書序云：「盤庚五遷，將治亳殷。」史記殷本紀遂謂：「盤庚之時，殷已都河北；盤庚渡河南；復居成湯之故居。」實則孔穎達尚書正義述束皙所引孔子壁中尚書云：「將始宅殷。」是書序「治亳」二字，乃「始宅」之訛。司馬遷蓋亦據誤本書序爲說也⑫。以智以「盤庚遷亳殷」，實承前人之誤。

其三，史記以盤庚之遷，爲由河北遷河南。按：孔穎達正義引汲冢古文云：「盤庚自奄遷于殷。」奄卽後之魯地，爾時在黃河之南。殷，卽今河南安陽之殷虛，在黃河之北。以智受史記之影響，又誤以「宅殷」爲「亳殷」，遂謂盤庚所遷者爲河南偃師，此皆不考之過也。

其四，以智以「武乙徙河北居朝歌。」此乃因史記殷本紀：「帝武乙立，殷復去亳徙河北。」而為說也。實則史記既誤謂盤庚徙河南，故又謂武乙去亳徙河北⑭，否則無以解殷末都朝歌之疑也。以智不知，又承其訛。

綜上所述，以智之考訂，差訛實多，蓋僅據史記為證，資料不足，故時有疏漏也。

㈡周建都，以智考之如左：

(1)后稷，岐山縣人，封邰。扶風斄城是也。卽今鳳翔府。

(2)公劉徙豳，今西安府邠州也。

(3)太王邑岐，今有岐山縣。古岐周地，云在美陽，是武功縣，非今之扶風縣也。

(4)王季宅程，周書作郢。

(5)文王徙酆，在京兆鄠縣東南。

(6)武王都鎬，漢鑿昆明池是也。

(7)周公營洛，卽今河南府。

(8)懿王徙伏丘。秦曰廢丘，京兆槐里是也。今之興平縣。

(9)厲王居彘。通典晉州霍邑，漢彘縣，今霍州。

(10)平王徙洛。兩周，正義曰：「王城及鞏。」非也。桓居河南，惠居洛陽。

以上為以智所考周朝建都所在也。玆補述如左：

其一，說文：「郃，炎帝之後姜姓所封。周棄外家國……右扶風斄縣是也。」以智蓋據此爲說也。然后稷所封之郃城，與漢置之斄城，雖同在武功縣，一在縣南八里，一在縣西南二十二里，實非一地⑮。此恐非以智所知。

其二，以智云：「王季宅程，周書作郢。」按：竹書紀年：「文丁五年，周公季歷作程。帝辛二十九年，紂王釋西伯，諸侯逆西伯歸于程。三十三年，西伯遂遷于程。」以智蓋據此爲說。

其三，西周，正義以爲王城及鞏。以智謂「桓居河南，惠居洛陽。」以糾正義之失。通雅卷十四，於此事另有考辨。按：周公、召公相成王，先營洛邑，是爲王城。周公既營洛邑，又營下都，以處殷頑民，是爲成周。至周敬王時，與子朝爭立，子朝居王城，謂之西王，敬王居狄泉，即成周，以其在王城之東，謂之東王。因有西周、東周之稱。其後周考王封其少子揭於河南（王城），是爲西周桓公。西周桓公之孫惠公又封其少子班於鞏，是爲東周惠公。茲列其世系如左：

定王┬哀王
　　├思王
　　├考王—威烈王—安王—烈王—顯王—愼靚王（以上各王居成周）—赧王（居西周）
　　└西周桓公—威公—惠公┬武公—共太子……（爲秦所滅，徙其君於憚狐）
　　　　　　　　　　　　└東周惠公……（爲秦所滅，徙其君於陽人）

按當時周室本有七邑，顯王二年，韓、趙分周地爲二：西周屬有河南、穀城、緱氏三邑；東周屬有洛陽、平陰、偃師、鞏四邑。周之分東西，自此始也。周天子則寄食而已。前述正義以爲西周居王城，以智以居河南正之。實則王城，卽屬河南邑，正義實不誤也。又正義以東周惠公居鞏，以智以居洛陽正之。實則，惠公封於鞏，領有洛陽、平陰、偃師、鞏四邑。正義實不誤也。

各朝諸侯之建都，玆舉「六國」爲例，以見一斑：

(1)趙：晉獻公賜趙夙居耿，趙衰居原，簡子居晉陽，獻侯治中牟，敬侯元年始都邯鄲，卽磁州縣。

(2)魏：晉獻封畢萬魏城；悼子徙治霍；魏絳徙安邑，卽禹都。惠王三十一年徙大梁，今開封。

(3)韓：韓武子封於韓原，宣子徙居懷州武德縣；貞子徙平陽；哀侯滅鄭，徙都鄭。

(4)齊：田和都臨淄，卽太公之營丘。齊詩曰：「子之營兮。」

(5)楚：熊繹當周成王時封居丹陽；文王都郢（今荆州）；昭王徙都；楚復還郢；襄王時秦拔郢；考烈王徙壽春，命曰郢。

(6)燕：武王封召公於燕，都薊。卽今京城。

各國所都，皆能繫之以今地名，所考大抵得其實。

綜而言之，以智之考地理，成就並非甚高。然其所注意之問題，如：江源、黃河源、三江、九江、雲夢等，皆所謂「數千年不決者」，以智所考雖未有何新結論，然其於此等問題，保有高度之興趣，使清代考據家能直承此種傳統，而作進一層之研究。清初之地理書如顧炎武之天下郡國利病書、顧祖禹之讀史方輿記要、胡渭禹貢錐指、閻若璩四書釋地、江永春秋地名考實；專考水道者，如：黃宗羲今水經、齊召南水道提綱、萬斯同崑崙河源考等，各書之體例雖與以智互有出入，然其欲會通古今之精神則一。啟導之功，自應推以智也。

附注

①參見方豪，「中西交通史㈣」（台北市，中國文化出版事業社，民國六十三年，五版），頁一五二。

②見焦竑編，「升菴外集」（台北市，台灣學生書局，民國六十年），卷三，頁六下。

③陳耀文之說，見「正楊」（台北市，台灣學生書局，民國六十年），頁二，頁九—一〇，西施條。胡應麟之說，見「少室山房筆叢」（台北市，世界書局，民國五十二年），卷二十五，藝林學山七，頁三二五。

④見洪頤煊，「讀書叢錄」（台北市，臺灣商務印書館，民國五十五年，叢書集成簡編本），卷二，頁二八，郇陽條。

⑤見趙翼，「陔餘叢考」（台北市，世界書局，民國四十九年）卷二一，頁一七，吳會條。

⑥同注②，卷五，頁四。

⑦見徐宏祖，「徐霞客遊記」（台北市，鼎文書局，民國六十二年），卷二〇，江源考，頁六。

⑧此爲以智約略之言，非原文。

⑨見屈翼鵬師，「尙書集釋」（台北市，聯經出版事業公司，民國七十二年），頁五六。

⑩見酈道元，「水經注」（台北市，世界書局，民國六十三年），卷四，頁四〇。

⑪當時校水經注者有黃省曾、柳僉、謝兆申、趙琦美、吳琯、朱之臣、馮舒、夏允彝等人。曹學佺則以水經注編入所著「輿地名勝志」中。另鍾惺、譚元春亦有評點之本。足見晚明士人於水經注之重視。詳見鄭德坤,「水經注書目錄」與「水經注板本考」二文。見鄭著,「中國歷史地理論文集」(香港,中文大學出版社,未標出版年),頁五一一一〇一。

⑫見王國維,「觀堂集林」(台北市,世界書局,民國五十年),卷一二,頁五二三,說殷。

⑬同上。

⑭見屈翼鵬師等著,「史記今注」(台北市,中華叢書委員會,民國五十二年),頁五二。

⑮見程發軔,「春秋左氏傳地名圖考」(台北市,廣文書局,民國五十六年),頁一。

第五節　考官制

明中葉起，典制已頗受注意。弘治十年（一四九七）有徐溥等奉敕撰大明會典一八〇卷，萬曆間有于愼行、王圻皆明習典制，于氏著有筆麈十八卷，於歷代典制，略有考述；王氏續馬端臨文獻通考作續文獻通考，然頗舛駁。考據家如楊愼、焦竑於典制亦有考訂，惟稍嫌疏略。以智通雅，卷二三至二五考官制，分仕進、文職、武職等目。其所考已比楊愼、焦竑加詳，惟方之杜佑通典、鄭樵通志及馬端臨文獻通考之選舉、職官等目，仍有不及。其可取者，蓋能就古今各種官制之演變，詳爲考訂，以明其遷遞之跡。此外，與官制有關之各種詞彙，亦略有闡釋。此殆亦其會通古今之一例也。其所考分仕進、文職、武職三目，今則參考當代有關政治制度史之著作，重新釐爲中央官制、地方官制、選擧、爵祿等項敍述之。

一　中央官制

古代之政府組織，乃以皇帝爲主所構成之政治實體。國家之實權全操之於皇帝，皇帝而下之諸臣，僅承受其命而已。故論述政治制度，實應先論皇帝之職權，以智於此實未論及。於繼承皇位之東宮制度，則有論述。玆本不屬於中央官制之範圍，惟其旣爲統治主體，故先敍述之。

㈠東宮官：自六國以來，皇太子之教育、輔導，已甚受注意。各國亦設有師傅以輔導之，故史記商鞅用律，太子犯法，刑其師傅①。至漢初叔孫通爲太子太傅，張良爲少傅，此後兩傅爲各代所襲用，爲東宮官之最高階，此外，另有其他東宮官：

1.詹事：本爲秦官，掌皇后太子家，成帝時省之，幷于大長秋。後魏有太子左右詹事，唐置詹事府，宋有詹事、少詹，但品俱正六，明制則詹事正三，少詹正四也。

2.左右春坊：沿自北齊及隋之門下坊。唐高宗龍朔改門下坊爲左春坊，左庶子爲左中護，改隋之典書坊爲右春坊，右庶子爲右中護。此左右春坊之所自也。

3.左右諭德：唐置，以擬散騎常侍。

4.中允、贊善：唐太宗貞觀中改中書舍人爲中允，高宗龍朔改爲贊善，今則並存其名。

5.司經局：自晉以來有之，梁之典經局，唐之桂坊也。皆以洗馬領之。元有太子司經，其曰校書正字，昉于劉宋，至北齊有太子校書郞。隋司經局置正字二人。

6.侍讀、侍講，始于唐玄宗開元二年（七一四），命馬懷素、褚無量更日侍讀，遂置此名，而宋仍之②。

㈡諸卿：六國時，齊、楚已有五官制度。三晉之國，已有少府、大田諸官。此卽後代諸卿之淵源。秦時有奉常、郞中令、衞尉、太僕、廷尉、鴻臚、宗正、治粟內史、少府爲九卿。漢承秦制，自丞相、御史大夫外，亦有九卿、太常、光祿勳、衞尉、太僕、廷尉、大鴻臚、宗正、大司農、少府等是也。或有加執金吾、大長秋、將作大匠爲十二卿。諸卿屬於行政性質者，僅有管刑獄之廷尉，管招待外賓之大鴻臚，管國家財務之大司農；其他則以皇室之禮樂、車馬、宗族、侍衞爲主要職務。

魏、晉、宋、齊承漢制。梁則置十二卿，北齊有九寺，唐亦因之，皆曰棘卿。宋設九卿，皆以爲命官之品秩而無職事，神宗元豐正名始有職掌。高宗中興以來併省冗職，除太常寺、大理寺不罷外，宗正由太常兼；衞尉幷於工部；太僕幷於駕部；太府、司農幷於戶部；光祿、鴻臚幷於禮部。紹興時復置太尉、司農，餘遂廢。明則以六部尚書、都察院都御史、通政司使、大理寺卿爲九卿，至於前述諸卿則存太常、太僕、光祿、鴻臚、尙寶而已（卷二四，頁六）。上述爲歷代諸卿演變之沿革。玆分述之如左：

1.太常：秦爲奉常，景帝中元六年（前一四四）改爲太常。漢官解詁曰：「太常爲九卿之首。」屬官有大樂令、大予雅樂郎、大祝、太宰。今有大史令、大卜令、醫令、大官令等（卷二四，頁七）。至於太掌之職掌，續漢志云：「掌禮儀祭祀，先奏其禮儀；及行事，掌贊天子。每選試博士，奏其能否。大射、養老、大喪，皆奏其禮儀。」③此爲以智所未述及。

2.光祿勳：秦郎中令，掌宮殿掖門戶，漢更名光祿勳。漢官解詁曰：「勳之言閽也。」以智譏爲不通。至北齊曰光祿寺，兼掌膳食帳幕。唐高宗龍朔改司宰。睿宗光宅改司膳。自此與光祿勳絕，特襲其名耳。宋仍唐，元豐官制，屬有大官令、上林司（卷二四，頁七）。

3.衞尉：掌宮門衞屯兵。實宮正之職，而秦郎中令，亦掌宮殿掖門戶，或曰亦宮正也，屬官有公車令、大誰長、衞士令、衞司馬、衞侯、旅賁令等（卷二四，頁九）。以智以爲明錦衣衞掌朝內鹵簿、護衞，正兼衞尉之任。

4.太僕：周禮有太僕，下大夫掌正王之服位，出入王之大命，王出入則自左馭而前驅。周穆王置太僕正，秦特襲其名耳。漢太僕領五監六廄，王莽改太御，後漢復名太僕。魏因之。晉、宋不嘗置，郊祀則權置執轡，事畢則省。唐領乘黃、典廄、典牧、車府等四署。天下監牧置八使。宋初輿馬之政，分隸郡牧、騏驥院。太僕但掌天下五輅屬車耳。明之太僕，則竟管馬政矣。至於漢太僕屬有騎馬令、未央廄令、考工令、車府令、牧師菀令（卷二四，頁九—一〇）。

5.廷尉：有虞曰士，夏曰大理，周爲司寇，秦制建廷尉，漢景更名大理，武帝復名廷尉，哀帝復名大理，後漢復名廷尉。蓋漢無司寇，故廷尉爲重，有正、監、平，謂廷尉三官，隋名大理寺，唐、宋因之。宋有大理獄官，左斷刑，右治獄，分左右廳，廳各五案。晏公類要云：「棘司近日旣有刑部，又設大理寺與都察院，稱三法司，有大獄，則公斷之。」（卷二四，頁五）

6.大鴻臚：周官有行人，掌大賓客之禮。象胥掌蠻夷閩貉之國使。秦有典客，掌諸侯及歸義蠻夷，卽是官也。漢名鴻臚。應劭曰：「鴻，聲也。臚，傳也。」其屬官有行人、譯官、別火三令丞及郡邸長丞。凡事之尊重者遣大鴻臚，而輕賤者遣行人也。景帝改名大行令，武帝更名大鴻臚。秦有典屬國，成帝併入大鴻臚，隋開皇廢之，入太常，尋復置。唐嘗改司文司賓，皆復舊，領典客，司儀二署。宋南渡併入禮部。明代鴻臚卿專爲臚贊之官，士夫不歷此官。惟南都之鴻臚卿爲大老迴翔之地耳（卷二四，頁一〇）。

7.宗正：掌皇室親族。漢平帝元始五年（西元五年）詔曰：「宗室自太上皇以來族親，各以世氏，郡國置宗師以糾之，致教訓焉。二千石選有德義者以爲宗師。考察不從教令有寃失職者，宗師得因郵亭書言宗伯，請以聞。」晉灼曰：「宗伯，宗正也。」（卷二四，頁七）按：自元始四年（西元四年），更宗正爲宗伯，東漢復爲宗正。南朝梁稱宗正卿，唐、宋以其機構稱宗正寺。金代稱大睦親府，元代改爲大宗正府，明稱宗人府。此皆以智所不及。

8.大司農：秦有治粟內史，漢初因之，景帝更名大農令，武帝更名大司農，掌錢穀貨幣，以當時無戶部也。屬官有太倉令、均輸令、平準令、都內史、藉田令、導官令、斡官、廩犧令、騪粟都尉、市長。導官主舂御米及作乾糒；斡官，斡鹽鐵也（卷二四，頁八）

9.少府：周有玉府、內府，秦、漢之少府似之。少府掌山海地澤之稅，名曰禁錢。續漢志曰：「掌中服御諸物，衣服寶貨珍膳之屬。」屬官有符節令、大官令、尚食、五尚、太官獻丞、湯官令丞、樂府令、若盧令、莊戈令、織室令、黃門令、給事中、鉤盾令、尚方令、御府令、掖庭令、守宮令、上林令（卷二四，頁八—九）。

以上爲以智所述諸卿職掌及演變之大略。惟自尚書省有六部尚書以來，諸卿所掌之業務，頗與尚書重複，故晉之荀勗已云：「九寺可并於尚書。」④杜佑更議其官職重設，庶務煩滯⑤。是以以智於宋中興以來併省諸卿之政策頗爲贊同。殆爲統一事權，節省公帑計也。

(三)三省：三省之制成立于六朝，然其官職實由兩漢演變而來，以智曾考之云：

1.尙書省：爲行政總機關，肇始於漢成帝置尙書，至後漢而權益重，唐高宗龍朔改曰中台，都堂居中，左右分司，都堂東有吏、戶、禮部三行，西有兵、刑、工三行，每行四司，凡二十四司（卷二三，頁五）。

2.中書省：漢代中書本宦者之官，其後改用士人。魏、晉始謂之中書省。北魏曰西台，高宗龍朔亦然，睿宗光宅曰鳳閣，玄宗開元曰紫微。自魏文帝黃初時置中書監，晉因之，又置舍人，晉孝武來常居內殿，以省官一人司詔誥，位在西省，因曰西省郎，唐中書舍人爲文士之極任（卷二三，頁五）。

3.門下省：東漢時稱侍中寺，以伺應皇帝爲主要職務。晉以後始稱門下省。至唐高宗龍朔改爲東台，咸亨時復爲門下省，睿宗光宅改爲鸞台。中宗神龍又復爲門下省；玄宗開元元年（七一三）改爲黃門省，五年（七一七）復爲門下省，五代因之未改。侍中、門下侍郎爲其主官，隸有給事、散騎常侍、諫議大夫等官（卷二二，頁六）

以上乃以智所考三省之沿革，實僅及於各省稱謂之更替而已。至於其權力關係之變遷消長，如自魏晉以來，尙書令之權爲中書監、令所奪，中書省已變爲中央總機關，此後規模益大，元廢三省之制，中書省更爲惟一之最高行政機構。至明洪武時不設丞相，中書省之名始廢。至於門下省，本爲皇室之服務機構，隋唐時始變爲政務機構。此種權力之消長，以智皆未及詳考，實爲疏略也。

此外，如監察機構之監察御史；文教機構之秘書省；以智皆有考述，惟皆述其稱謂變遷而已。至於所謂三台、八座、三公、五公、八公、黃散等俗稱，實爲以智興趣之所在，故皆及之。惟受本書體例所限，玆從略。

二、地方官制

地方政府包括諸侯國、郡、州、縣等，以智於諸侯國之官司組織，略而不及。玆就其所述郡、州、縣變遷之大勢，略作討論：

1.京畿：自古以來，京師所在，皆特別置意經營，故秦以近臣內史掌京師。漢景帝時分左內史、右內史，武帝更右內史爲京兆尹，左內史爲左馮翊。又秦官有主爵中尉，景帝更名都尉，武帝更名右扶風，是爲三輔，治長安城。後漢都洛陽，置河南尹，三輔不改號，但減秩耳。又以左馮翊、右扶風屬司隸校尉，尋省。魏、晉因之。宋、齊、梁、陳均爲丹陽尹，北魏爲代尹，東魏爲魏尹，北齊清都尹，北周及隋復爲京兆尹。唐京兆本雍州，置牧，親王領之。別駕二牧，高宗永徽改長史。玄宗開元改京兆尹、少尹二人。五代有開封尹。宋置權知府，以待詔以上充，蔡京乞罷之，置牧、尹各一，牧以皇子領，尹以文官充。徽宗崇寧中定京畿四府。明制南北兩京尹丞，皆與京堂一例。（卷二四，頁一六—七）

2.州、郡：自春秋起，郡縣制度逐漸成立，當時縣大而郡小，左傳曰：「上大夫受縣，下大夫受郡。」周書作雒篇：「千里百縣，縣有四郡。」至戰國時，則郡大而縣小，甘茂謂秦武王曰：「宜陽縣大名曰縣，其實郡也。」此爲春秋、戰國郡、縣遞變之例證。

秦廢侯，置三十六郡以監縣。郡有郡守。漢初郡、國並置。有郡一百三，國有王國、侯國，隨時增減。漢景帝中元二年（前一四八）更名太守，郡爲諸侯王國者置內史。成帝省內史，以相治民。郡皆統于大監察區之州。以智云：

郡、國皆統于州，然州乃部之名，或十二，或九，後漢分十四部。

所謂「州乃部之名」，係指將全國分爲數監察區，由刺史所部，故云。惟據漢書武帝紀：「元封五年，初置刺史，部十三州。」⑥則西漢似有十三州，非十二或九也。東漢承武帝之制，亦設十三州，非以智所云之十四州也。

南北朝時，郡仍屬于州，後魏郡置三太守，北齊制郡九等。隋開皇時，廢郡存州，州卽郡也。大業時又改爲郡。唐武德又罷郡置州。改太守爲刺史，加號持節，後加號爲使。天寶初，改州爲郡，自是州郡史守更相爲名，其實一也。五代仍刺史之號。宋、元以來設府于州，府卽州也。明制以州屬府，則分爲二矣。且於知府上有監、司、撫、按，由戶、工、刑三部郎爲之間，知府之權益輕矣。（卷二四，頁一七）。

3.縣：周時分郡、縣二級，縣有縣正，秦分縣爲二等，縣萬戶以上爲令，減萬戶爲長。漢因秦制，成帝綏和初長相墨綬。哀帝建平間，復黃綬。晉制不經宰縣，不得入爲台郎。後魏縣置三令長，北齊置縣爲九等，隋復古，分令長。至於唐縣之等級，以智云：

唐縣有赤畿、望、緊、上、中、下六等，赤畿爲一等也。一作七等，京都所治爲赤縣，旁邑爲畿縣。（卷二四，頁二〇）

據杜佑通典，唐縣實分七等。通典云：

大唐縣有赤（三府共有六縣）、畿（八十二）、望（七十八）、緊（百一十一）、上（四百四十六）、中（二百九十六）、下（五百五十四），七等之差，凡一千五百七十三。⑦

所謂赤縣、畿縣，即以智所云：「京都所治爲赤縣，旁邑爲畿縣。」又依資地美惡有望、緊之別，復依戶數多寡分上、中、下三等。

宋建隆初，諸縣除赤畿外，有望、緊、上、中、下五等，始以朝臣爲知縣。乾德初，詔京官知縣以三年爲任。元縣各有達魯花赤掌縣印，以知縣爲縣尹，掌判縣事，而丞也、尉也、主簿也，皆古有之，元之呼赤者，言正掌職事也。明初，縣亦分三等，上縣命從六品，中縣正七品，下縣從七品，已而定命並七品。

上述京畿有京尹，州、郡有太守或刺史，縣有縣長或縣令，皆爲定制之行政長官。然有臨時派往各州郡之大臣，如漢文帝遣丞相出刺各郡國，宣帝置都護加官，魏文帝置都督軍事，晉武帝置大都統，後魏元和中，廣陵王羽持節安撫六鎭，酈道元慰撫關右；隋楊素爲河北安撫大使；唐高宗儀鳳元年（六七六），遣大臣分道巡撫，以宰相來恆爲河南道大使，薛元超爲河北道大使；左丞崔知悌、司業鄭祖玄爲江南道大使，此即後代安撫使、巡撫之所昉也（卷二四，頁一五）。

此外，以智於唐節度使之起源亦有所考。唐初各道有將一人，曰大總管，已而更名爲大都督。太宗時行軍曰總管，在其本道曰大都督，高宗永徽時，都督帶使持節者，始謂之節度使，然猶未以名官。通典曰：「自（睿宗）景雲二年始以賀拔延嗣爲涼州都督，充河西節度使。」通鑑綱目：「景雲元年冬以薛納爲幽州經略節度大使。節度之名自此始。」以智以爲：

考孫權初置節度官，使典掌軍糧，漢順帝時，武都太守趙沖平羌有功，詔沖督河西四郡兵，爲節度，節度之義起此。（卷二四，頁一三）

然所引僅可證明漢末三國時有節度之名而已，非有如唐代節度使之官也。

三、選舉

選舉旨在擢拔人才，戰國時已行薦舉之制，卿大夫及近臣皆可向國君推舉人才。士人之游說、上書，亦往往可發現眞才。此外國君之養士，亦儲備人才之方法。周禮中更有「宰夫書其能者，與其良者，以告于上卿大夫。」「三年則大比，考其德行道藝，而與賢者、能者，禮賓之。」等舉士之方法。可見先秦之選舉方式甚多。至漢以後制度逐漸確立。以智曾就各代之選舉制度略加考訂，茲述之如左：

㈠兩漢：兩漢之辟舉，約可分爲詔舉、歲舉、察舉三類，其中以詔舉爲多。以智曾將漢之詔舉詳爲舉例，茲錄之如左：

(1)漢高帝詔：「其有意稱明德者，必身勸，爲之駕，遣詣相國，署（原誤作「書」）行義年。」

(2)文帝二年舉賢良方正直言極諫者。

(3)武帝建元亦舉。丞相綰奏罷之。

(4)昭、宣、元、成，皆舉賢良直言，茂材異等。

(5)後漢每因日食災異，或初卽位，輒詔舉士。

此爲兩漢詔舉之顯例。至於詔舉之名目，有賢良、賢良方正、賢良直言、孝弟力田、孝廉等，種種名稱不一而足。以智嘗舉例云：

(1)孝弟力田，自高祖舉爲三老，惠帝舉者復其身」。

(2)高后元年「初置孝弟力田二千石者一人」。

(3)武帝嘗遣存問賜帛。元封六年舉獨行君子詣行在所。元光元年初令郡國舉孝廉各一人，又舉有道至孝，延平中舉隱士。建初辟士四科：一德行，二學通，三明法，四多略。公府亦以此辟士，光祿四行郎以此。（卷二二，頁一—二）

以智所舉似以孝弟力田爲多，實則，西漢以賢良爲盛，東漢以孝廉爲多⑧。

至於詔舉之方式，有射策、對策兩種。以智嘗引顏師古之言釋其義云：

射策者謂爲難問疑義書之於策，量爲大小，署爲甲乙之科，列而置之，不使彰顯。有欲射者，隨其所取得而釋之，以知優劣，射之言投射也。對策者，顯問以政事經義，令各對之，而觀文辭，定高下也。（卷二二，頁三）

此射策與對策之別也。然以智云：「余以爲量爲大小，列而置之，隨人欲射之說，恐未必然，或似今出題試法耳。」（卷二二，頁四）至於唐摭言以爲「題于几上，令士人以矢投之。」以智以爲尤非。

射策，亦有甲、乙科之別，以智曾舉證云：

(1)蕭望之以射策甲科爲郎。

(2)匡衡以射策甲科不應令，除爲太常掌政。

(3)馬宮、翟方進、何武、王嘉竝以射策甲科爲郎。

(4)房鳳以射策乙科爲太常掌故。

然甲、乙科之別，以智並未說明。就前引例觀之，蓋高第者爲甲科，爲郎；其次者爲乙科，爲掌故。故匡衡以不應令，除爲太常掌故，房鳳以射策乙科爲太常掌故。

至於歲舉，乃由郡國向中央薦舉人材，其科目有茂才、孝廉、明經等科。所舉之士人，乃經由上述射策、對策覆試，然後再授予官職。此爲以智所不及。

(二)唐代：辟舉之制自漢行之，魏時州郡皆置中正以選舉，劉毅曾言其弊，晉太始中舉賢良、方正、直言，又舉異行，其秀孝則策試之。隋詔以志行修謹、清平幹濟二科舉人。至唐制舉之科目繁多，大抵隨事所需而設，並無常制。以智於此並未詳述。

自漢以來所行之歲舉制度，由於豪門大家之逐漸發展，社會之階級逐漸形成。魏時爲求吸收人才，又有九品中正之設，南北朝承之，又漸爲世家大族所把持。至隋乃行科舉制度，此後沿用千餘年始廢。以智於此等科舉制度之所以興，並未述及，於唐、宋取士之大概，則頗有所論。

據玄宗御撰之唐六典，唐代考試科目，有秀才、明經、進士、明法、明字、明算六科。唐初秀才科最高，太宗貞觀中有擧而不第者，坐其州長，由是廢絕。士族趨向惟明經、進士二科，而進士尤重。其時明經止試策，高宗調露二年（六八〇）從劉思立之請，始試帖經及雜文。據通典，明經雖有甲、乙、丙、丁四科，進士有甲、乙二科。自高祖武德以來，明經惟有丁第，進士惟乙科而已。進士試詩賦時務策五道、帖一大經，全通爲甲第，策通四帖過以上爲乙第及第（卷二二，頁四）。此以智所述唐代科擧之大略也。

(三)宋代：宋代之制擧，太祖乾德詔制擧三科，一曰賢良方正、二曰經學優深、三曰詳嫻文理。此外，另有才識兼茂、試洞韜略、軍謀宏遠等科，以智並未述及。然自隋唐以來，制擧已漸失其意義。故司馬光云：「國家雖設賢良方正等科，其實皆取文辭而已。」⑨

宋代之科目，實承自唐、五代，有進士、九經、五經、三禮、三傳、開元禮、三史、學究、明法等科。進士科改以試賦取士，自太祖開寶六年（九七三）至仁宗嘉祐（一〇六三），凡三十六擧。太宗太平興國二年（九七七）御殿覆試禮部合格八科擧人，得九經一人，開寶通禮四人、三禮八十人、三傳五十三人、三史三人、學究四十一人、明法十四人，凡百九十六人。此後以智所述宋代科擧之大事有：

(1)眞宗淳化三年（九九二），加論一道，以三題爲準，又詔律賦依平仄用韻，殿試糊名。

(2)眞宗景德復賢良、博經、才識、吏埋、韜略、邊寄等六科。

(3)眞宗大中祥符四年（一〇一一），晁迥定禮部貢院條例，上發解進士條例。

(4)仁宗天聖元年（一〇二三），定科場條貫。

⑸哲宗紹聖初年（一〇九四）令進士純用經義，而改置宏詞一科。
⑹高宗紹興二年（一一三二），以朱勝非請，復元祐十科。
⑺紹興十五年（一一四五），分經、賦爲二科。（卷二二，頁五—六）

此外，與科舉有關之重要改革，以智述及者有：

⑴進士賜御詩、袍、笏、聞喜宴，自太平興國二年（九七六）始。
⑵進士唱名，自太宗雍熙二年（九八五）始。
⑶廷賜袍笏，自眞宗大中祥符元年（一〇〇八）始。
⑷糊名始于眞宗淳化三年（九九三），而諸州糊名自仁宗明道二年（一〇三三）始。
⑸易書立于眞宗大中祥符；而諸州易書，自仁宗景祐四年（一〇三七）始。
⑹廷試不黜，始于英宗嘉祐二年（一〇五七）。
⑺三年一擧，始于英宗治平四年（一〇六七）。（卷二二，頁六）

其中三年一擧事，以智以爲始于治平四年，然據宋史英宗紀云：「治平三年冬十月丁亥，詔禮部三歲一貢擧。」⑩玉海：「（英宗）治平三年十月丁亥，詔三年一開科場。」⑪文獻通考：「英宗治平三年，令禮部三歲一貢。」⑫可知諸書皆以治平三年（一〇六六）行三年一擧制，以智云四年者非也。至元仁宗時，始從李孟之請，制三歲一開科，八月郡縣鄉試，明年二月會試，中者策之于廷，賜及第、出身有差。此制爲明淸所沿用。

上述爲以智考選舉制度之大較也。此外，與選舉有關之各種語彙，如登名、新士、重試、打毷氉、覓舉梯媒、燒尾宴等，亦皆有所考。此種語彙每流行於士人間，官修史書或未及收錄。以智能注意及之，可謂有心人也。

四、爵祿

論古代爵制者，輒以五等爵爲說，實則所謂公、侯、伯、子、男，並非爵名。侯爲武士之稱，公、伯、子、男爲族屬名號⑬。其實，五等爵之說，乃周末儒者依舊名而賦以等級，非當時制度也。考之古籍，中國有爵制，殆始自春秋，降至戰國，各國均有爵制，如上聞、上卿、關內侯、五大夫等，皆爲當時各國之爵名。而秦至商鞅變法，更定二十等爵以寵戰士。

漢承秦制，以智引漢書百官表云：

爵一級曰公士，二上造，三簪裊，四不更，五大夫，六官大夫，七公大夫，八公乘，九五大夫，十左庶長、十一右庶長、十二左更、十三中更、十四右更、十五少上造、十六大上造、十七駟車庶長、十八大庶長、十九關內侯、二十徹侯（避武諱曰通侯）。（卷二二，頁一八）

而賜爵自公士以上不得過公乘，賜爵者有罪得贖，貪者得賣與人。按賜爵之本意乃在勸有功，故秦、漢之社會，殆無不重視爵位，然自西漢以降，爵制漸次敗壞，以智曾舉證云：

⑴惠帝元年（前一九五），民有罪得賣爵三十級，以免死罪。應劭曰：「一級值錢二千，凡爲六

萬，若今贖罪入三十足綝矣。」

(2)惠帝六年（前一八九），令民得賣爵入粟拜爵，晁錯之議也。六百（原缺「百」字）石爲上造（原誤作「進」），稍增至四千石爲五大夫。各以多少級數爲差。

(3)景帝時，修賣爵，令裁其賈以招民。

(4)武帝置武功爵，食貨志云：「級十七萬，凡直三十餘萬金。」是何其貴也。（卷二二，頁二〇）

此種濫設爵名，使爵位成一買賣、贈送之商品。至魏代乃設新爵制，蓋爲懲前代之弊也。

漢代賜爵過濫，如皇帝即位、立太子、太子冠、改元、郊祀、祥瑞、災異、尊廟號，無不賜民爵，于愼行筆麈曾云：「漢賜民爵，不知其制」，以智考之云：

文定所言，漢賜民爵，不知其制。智亦疑之，疑天下民盡賜爵。立社稷、即位、皇太子改元，恩詔重複，則幾無百姓矣。常見漢詔賜高年帛。又因宋賜民爵，必以高年，乃始較然于漢詔所稱民殆鄉老，或里長之謂乎，猶今之耆民壽官也。其公乘以下觀高帝詔令諸吏善遇高爵，則公士等猶夫民耳。（卷二二，頁一九—二〇）

可知所謂賜民爵，非指一般百姓，乃指鄉老也。

魏文帝皇初三年（二二二），初制封王之庶子爲鄉公，嗣王之庶子爲鄉侯，公之庶子爲亭伯⑭。元帝咸熙五年（二六四）建公、侯、伯、子、男五等爵。晉武帝泰始二年（二六六）詔本爲縣侯者，傳封次子爲亭侯，爲鄉侯、爲關內侯，皆食本戶十分之一。至唐爵凡九等，以智引唐書百官志云：

一曰王，食邑萬戶，正一品；二曰嗣王、郡王，五千戶，從一；三曰國公，三千戶，正二；四曰開國郡公，二千戶（原誤作「石」），從二；五曰開國縣公，千五百戶，正三；六曰開國縣侯，千戶，從三；七曰開國縣伯，七百戶，正四；八曰開國縣子，五百戶，正五；九曰開國縣男，三百戶，從五。（卷二二，頁二一—二）

按：唐書百官志，第三等國公之官品爲從一品；第四等開國郡公爲正二品；第五等開國縣公爲從二品⑮。以智所錄或有誤也。

于愼行筆塵曾以爲唐、宋無賜民爵事，以智曾舉證辨之云：

⑴唐高宗紀乾封元年封禪改元，中宗神龍元年祀明堂大赦。玄宗天寶八載，謁太淸宮大赦。德宗大歷十四年，卽位大赦，皆賜民古爵。

⑵宋端拱元年，賜高年百二十人爵，爲公士。開寶中，澶、密等州民，年八十以上賜爵公士。咸平五年賜京城父老百十九，歲祝道帛爵公士。祥符三年賜祥符等縣年八十以上者爵公士。祥符二年以天書降賜爵。（卷二二，頁一九）

可知唐、宋亦有賜民爵事，于愼行以爲無有，實失之不考。

至於古代百官祿秩，以智亦有所考。漢代以石數多少爲秩，史記：「燕噲自三百石吏以上而効之」。以智以爲以石計祿，始見於此。西漢官俸，皆半錢半穀，如漢初丞相，歲秩萬石，奉月錢六萬，貢禹拜諫大夫，秩八百石，奉錢月九千二百。晉書百官表載有西漢末所定俸制，以智引之云：

漢延平中，中二千石，奉錢九千，米七十二斛。

眞二千石，月錢六千五百，米三十六斛。（卷二二，頁二三）

此可見前漢末年俸制之多寡。至唐代之俸制，玄宗開元二十四年（七三六），定百官俸：一品，月三十一千⑯，遞至九品，月一千九百餘。代宗大曆十二年（七七七），加京官俸，三公、宰相每月各一百二十貫。自武宗會昌以後，三師二百貫，三公一百六十貫，侍中百五十貫，令僕百四十貫，尚書御史大夫一百貫，節度使三十貫。此計一歲而言也。一貫當十緡，二百貫則爲二千緡。此爲以智所述漢、唐俸制之大較也。

其他與祿秩有關之語彙，如：餐錢指月奉；斗食意爲祿少，雈料指幕府官俸，亦皆有所考。

附注

①「史記」商君列傳云：「太子犯法，衞鞅曰：『法之不行，自上犯之。』將法太子。太子，君嗣也，不可施刑，刑其傅公子虔，黥其師公孫賈。」見「新校史記三家注」（台北市，世界書局，民國六十一年），卷六十八，頁二二三一。

②以上所述，見「通雅」（四庫全書珍本第四集），卷二三，頁二〇。

③見「新校後漢書注」（台北市，世界書局，民國六十一年），冊五，卷二五，百官志二，頁三五七一。

④見房玄齡等撰，「晉書」（台北市，鼎文書局，民國六十八年），卷三九，荀勗傳，頁一一五五。

⑤見杜佑撰，「通典」（台北市，新興書局，民國四十八年），卷二五，職官七，頁一四七，總論諸卿。
⑥見「新校漢書集注」（台北市，世界書局，民國六十一年），卷六，武帝紀，頁一九七。
⑦同注⑤，卷三三，職官一五，頁一九〇，縣令。
⑧見鄧嗣禹撰，「中國考試制度史」（台北市，學生書局，民國五十六年），第一篇，第三章，科舉以前之取士法，頁三三。
⑨見司馬光撰，「司馬文正公傳家集」（台北市，台灣商務印書館，民國五十六年），卷二〇，頁六，論舉選狀。
⑩見托托等撰，「宋史」（台北市，鼎文書局，民國六十七年），冊二，卷一三，英宗本紀，頁二五九。
⑪見王應麟撰，「玉海」（台北市，華文書局，民國五十三年），卷一一六，頁二一。
⑫見馬端臨撰，「文獻通考」（台北市，新興書局，民國四十七年），卷三一，選舉四，頁二九一。
⑬傅斯年撰，「論所謂五等爵」。見「傅斯年全集」（台北市，聯經出版事業公司，民國六十九年），冊三，頁三四。
⑭「鄉公」、「鄉侯」，以智通雅誤作「卿公」、「縣侯」。
⑮見歐陽脩等撰，「新唐書」（台北市，鼎文書局，民國六十八年），卷四六，百官志一，頁一一八八。
⑯以智誤作「三十千」。詳見王溥撰，「唐會要」（台北市，世界書局，民國四十九年），卷九一，頁一六五四。

第六節　考據工作之缺失

以智從事考證之成就，已考述如前，則其於明代學術史之地位，已足確立。惟就通雅全書觀之，仍有微疵。

就考證態度而言，以智視前代考據家謹嚴，此前已論之。且引有「士生古人之後，貴集衆長，必載前人之言，不敢埋沒。」（通雅，凡例，頁一）之言，可證以智之矜愼。然檢視通雅全書，仍有因襲而未及詳注者，如：

(1)卷十三，入川有四棧道三谷，舊志以爲一者非也條（頁三一），襲自用修四道三谷條①。

(2)卷十五，外水卽岷江、內水卽涪江、中水卽沱江條（頁一二），襲自用修外水內水中水條②。

(3)卷四十九諺原，所錄俗言，如：祠袖、繚褉、子細、將牢、怨、觰、耵聹、牢愁諸條，皆襲自用修俗言一書③。

以智引用修之說，可謂不勝枚舉，多能明標所出，上引數則疏失，雖無礙於以智考據態度之嚴謹，然爲美中不足者。

至於其他重要疏失，玆分誤引僞書、妄刪引文、引書名不當、論證之疏失等項論述之。

一、誤引僞書

以智於前代僞書亦不全否定其價値，如云：「書不必盡信，貴明其理，或以辨當時名物，或以驗聲音稱謂之時變，則秦、漢以降之所造所附，亦古今之徵也。」（卷首一，頁五）實乃通達之言。蓋僞書，如能論定其時代，則仍可作爲研究該時代之史料。以智卽持此態度以待僞書，故云：「緯書雖僞造，然可以察漢人之方言。以證古音之轉變，故載之。」（卷一〇，頁二四）

然明人因好奇而作僞者甚夥，所作僞書，如：豐坊之子貢詩傳、王文祿之申培詩說④、楊愼之雜事秘辛、王逢年之天祿閣外史、王世貞之短長說、無名氏之子夏易傳等，皆僞託者也，以智不察，引以證古字形或字音，則大謬矣。玆將其所誤引之僞書，擇要條擧如左：

㈠誤引詩傳、詩說者：

1.「雅故」條，以智云：「詩說大小疋，卽雅正也。」（卷三，頁三）

2.「扶於」條，以智云：「扶蘇之詩，子貢詩傳作：鄭靈公棄世臣而任狂狡，子良憂之，賦扶胥。」（卷七，頁一八）

3.「小疋、胥雅卽小雅」條，以智云：「禮記作胥雅，申培詩說作小疋、大雅。」（卷八，頁二七）

4.「暘之水」條，以智云：「見詩傳，相傳子貢所述。」（卷八，頁二八）

5.「叶用，卽協用」條，以智云：「申培詩說：竊台，卽新臺。」（卷八，頁三〇）

6.「蘄蘄」條，以智云：「子貢詩傳（原誤作「說」）：漸漸作嶃嶃。」（卷九，頁三三）

蓋詩傳、詩說皆故作古字，以使人信之，以智不察，遂受其欺。

(二)誤引明人其他僞書者：

1.「生達有條達之義」條，以智云：「沈汝納（士龍）、胡孝轅（震亨）所刻漢雜事，太后謂帝曰：『吾入宮後，知有幼妹，中外隔闊，目所未見。不謂爭達如爾。』此書出於王子充，諸韻書皆未考出，故載於此。」（卷五，頁三二）按：漢雜事秘辛，實爲楊愼僞作，以智以爲出於王子充，誤也。

2.「霘霘」條，以智引黃憲外史曰：「晉儒之名翁翁焉。」（卷九，頁二二）所謂「外史」，卽天祿閣外史，乃明人王逢年僞作，托名漢黃憲，以智遂爲其所欺。

3.「邑邑」條，以智引短長說曰：「亞父歸彭城，邑邑刺刺，唇燥吻涸。」（卷一〇，頁一一）按：短長說爲王世貞僞作，以智不知，遂爲其所欺。

4.「徐徐」條，以智引子夏易傳云：「困卦作來荼荼。」按：今本子夏易傳十一卷，刻入漢魏叢書，與宋人所引子夏易傳不同，恐爲明人僞作。以智不察，而以爲眞子夏傳也。

以上諸僞書，明人疑之者已多，而以智則篤信之。可見其工於疑古，而略於疑今也。全祖望於答弟子問通雅優劣時，嘗云：「藥地（以智之號）不能審別僞書，故所引多無稽。」⑤徵之以上所引，祖望之言非苟論也。

二、妄删引文

以智引書之隨意刪略，一如楊愼、焦竑、胡應麟諸考據家。例如：

1.卷首一，方言說引劉歆取方言書曰：「詔問逌人軒使，歲八月循路采童謠、歌戲，欲頗得其最目，因從事郝隆求之，但有其目，聞子雲採取先代絕言，異國殊詞，非子澹雅沈鬱，不能成此，欲驗考坐知。」（頁二八）此段文字語義頗不明晰，乃以智隨意刪略所致。原文應作：「詔問三代周秦軒車使者、逌人使者，以歲八月巡路，求代語、童謠、歌戲，欲得其目，因從事郝隆求之有日，篇中但有其目，無見文者。……聞子雲獨採先代絕言，異國殊語，以爲十五卷，其所解略多矣，而不知其目，非子雲澹雅之才，沈鬱之思，不能經年銳積，以成此書。……今聖朝留心典誥，發精於殊語，欲以驗考四方之事。不勞戎馬高車之使，坐知傜俗，適子雲攈意之秋也。」⑥

2.卷二，「匕非反人」條，以智引少牢饋食禮云：「左手執俎，卻右手執匕柄，縮于俎，以受于羊鼎西，司馬在鼎東，二手執挑匕柄，挹湆注于疏匕，升以受尸，尸卻手授匕柄，坐祭齊之。」（頁四〇）按：今在儀禮有司徹，原文應作：「左手執俎，左廉縮之，卻右手執匕枋，縮于俎上，以東面受于羊鼎之西，司馬在羊鼎之東，二手執挑匕枋，以挹湆注于疏匕，若是者三。……尸卻手授匕枋，坐祭嚌之。」

3.卷四，「詩負之」條，以智引內則云：「世子生，卜士負之，吉（原誤作「言」）者齋宿，朝服寢門外，詩負之。」（頁九）按：原文應作：「國君世子生，告于君，接以大牢，宰掌具，三日，卜士負之，吉者宿齊，朝服寢門外。」

4.卷五，「望衍」條，以智云：「男巫望衍，授號，冬堂贈，春招弭，以除疾病。」（頁二八）按：此爲周禮春官男巫之文，以智引之，不具書篇名，已屬不當，又删略之。原文應作：「男巫掌望祀望衍，授號，旁招以茅，冬堂贈，無方無算，春招弭，以除疾病。」

5.卷五，「推築」條，以智引三國志顏斐傳⑦：「帝召軍市吏于斐前，杖一百，時典農私推築斐謝。斐白宣王曰：『典農竊見推築，假令斐謝，是更爲不得明公意也。』」（頁二九）按：三國志無顏斐傳。顏傳見三國志卷十六任蘇杜鄭倉傳裴松之注。原文作：「靑龍中，司馬宣王在長安立軍市，而軍吏士多侵侮縣民，斐以白宣王。宣王乃發怒召軍市候，便於斐前杖一百。時長安典農與斐共坐，以爲斐宜謝，乃私推築。斐不肯謝，良久乃曰：『斐意觀明公受分陝之任，乃欲一齊衆庶，必非有所左右也。而典農竊見推築，欲令斐謝，假令斐謝，是更爲不得明公意也。』宣王遂嚴持吏士。自是之後，軍營，郡縣各得其分。」

6.卷九，「仍仍」條，以智引淮南子精神訓云：「窮鄙之社，叩盆拊瓴，擊建鼓，撞巨鐘，乃始仍仍然，羞也。」（頁六）按：原文作：「今夫窮鄙之社也，叩盆拊瓴，相和而歌，自以爲樂矣，嘗試爲之擊建鼓，撞巨鐘，乃性仍仍然，知其盆瓴之足羞也。」

三、引書名不當

此所謂引書名不當，或指引書名體例不一；或指引書篇省略過多，未易索解；或指引書名訛誤。此種疏失，以智前之考據家，不甚嚴重。以智生於考據學風日趨謹嚴之晚明，而有此失，殆個人習慣使然，非關學風也。茲分項舉例如左：

(一)引書名體例不一者：

1.禮記一書，以智引用甚多，然體例頗不一致，如：

(1)戴記：「蛾子時術。」（卷一，頁一五）按：此爲學記篇之文。

(2)記曰：「煦嫗覆育萬物。」（卷一，頁二七）按：此爲樂記篇之文。

(3)記曰：「武車綏旌。」（卷一，頁三三）按：此爲曲禮上之文。

(4)禮記：「廣賁之音作而民剛毅。」（卷一，頁三七）按：此爲樂記篇之文。

(5)禮三年問曰：「焉使倍之，故再期也。」（卷一，頁四四）

以上五條，有戴記、記曰、禮記、禮，四種引法。且或載篇名，或略之，莫衷一是。

2.明初之字學家趙撝謙，字古則，著有六書本義、聲音文字通。以智引其說甚夥。然體例亦不一致，如：

(1)趙撝謙曰：「分隸有匕無七，有ナ無又。」（卷一，頁一七）

(2)趙氏本義、米氏奇字乃从伯琦之說。（卷一，頁四八）

(3)古則、士龍皆主舟竟岸之說。（卷二，頁六）

(4)六書本義言本爲脊月而借爲寅恭。（卷二，頁一四）

(5)說文，匚、府良切，又有匸，巫禮切，趙古則并爲一，可也。（卷二，頁一七）

(6)撝謙乃作尗字。（卷二，頁三五）

以上六條，有趙撝謙、趙氏本義、古則、六書本義、趙古則、撝謙六種引法。

3.楊愼之轉注古音略，以智引之最多，體例也最淆亂：

(1)轉注略曰：「晉有汲郡人不準。」（卷一，頁三五）

(2)升菴古音。（卷一，頁三七）

(3)轉注曰：「俗有祼袖揎拳之語。」（卷一，頁四二）

(4)轉注古音引「行夫焉介」之焉音夷。（卷一，頁四五）

(5)轉注略：「亥音几。」（卷二，頁四）

(6)升菴轉注古音，亦不知于之爲澗，不之爲丕，負之爲背。（卷四，頁一〇）

(7)新都曰：「文子：『羿死挑部』，即棓。」（卷七，頁三八）

(8)楊收棓于絳韻。（卷七，頁三八）

以上八條，計有轉注略、升菴古音、轉注曰、轉注古音、轉注略、升菴轉注古音、新都曰、楊等八種引法。

4.方日升，明永嘉人，字子謙，著有韻會小補，以智引其說甚多，體例亦參差不一，如：

(1)方子謙曰：「韻會原注。」（卷一，頁六）

(2)韻會補定音冢。（卷一，頁一一）

(3)小補引朱子楚辭後語曰：「孟子：不理于口。」（卷一，頁二九）

(4)不，韻會小補有八音。（卷一，頁三五）

(5)不，有不、背、鋪三音，子謙小補未收入。（卷一，頁三七）

(6)子謙言賁星一作孛星。（卷一，頁三八）

(7)方子謙小補失載佹詩，亦不知佹卽詭字。（卷三，頁一三）

以上七條，計有方子謙曰、韻會補、小補、韻會小補、子謙小補、子謙、方子謙小補七種引法。以智引方日升之說數十條，大抵有以上七種引法。

其他引各家之說，大抵皆如是，文繁不具引。然就以上所引數例，已足徵以智引古人之說，漫無定準。故周中孚譏之曰：「書中所稱引，不盡載書名，援舉古人，其字號官地隨處異稱，不盡載名姓，讀者往往瞀惑，是其一短。」⑧可謂深中其弊之言也。

(二)引書篇名省略過多，未易索解者：

1.卷五，「暴挫」條，酷吏論曰：「馮當暴挫」云云（頁二四）。按：此爲史記酷吏列傳太史公曰之文。以智省作酷吏論，後人將誤以爲歐陽修朋黨論一類之文也。

2. 卷六，「徜徉」條，韓盤谷序：「終吾生以徜徉。」（頁六）按：此爲韓愈送李愿歸盤谷序之文。

3. 卷七，「恒擾」條，梁鑑曰：「吳承伯奄至，吳興吏民恒擾。」（頁九）按：此爲資治通鑑梁紀之文。

4. 卷八，「泓澮」條，王沈釋時論：「空囂者以泓噲爲雅量。」（頁一三）按：此爲晉書文苑傳王沈傳之文。

5. 卷八，「傀然」條，客難曰：「魁然無徒。」（頁一五）此爲東方朔答客難之文。

6. 卷十，「衎衎」條，蜀志楊戲贊：「費賓伯當官理任，衎衎辯舉。」（頁二二）此爲三國志蜀志卷四十五，楊戲傳季漢輔臣贊之文。

㈢引文未舉書篇名者：

1. 卷五，「望衍」條，引「男巫望衍，授號，冬堂贈，春招弭，以除疾痛。」（頁二八）未注書篇名。實爲周禮春官男巫之文。

2. 卷八，「左股」條，引「明夷于左股」（頁二四），未注書篇名。實爲周易明夷六二之文。

3. 卷八，「勗簡」條，引「予其楙簡相爾」（頁二五）未注書篇名。實爲尚書盤庚之文。

4. 卷八，「三嗅」條，引「三嗅而作」（頁二六），未注書篇名。實爲論語鄉黨之文。

5. 卷二二，「辟舉」條，引「宰夫書其能者，與其良者，以告于上卿大夫。」（頁一一），未注書篇名。實爲周禮天官宰夫之文。

6.卷二三，「太府」條，引「以張湯甯成掾，以湯爲無害，言太府，調茂陵尉。」未注書篇名。實爲漢書卷五九張湯傳之文。

以上所舉各項引書之缺失，雖未必影響論證之正確性，然實非一謹嚴之考據家所應有，故特舉出討論，以爲後人治學之參考也。

四、論證之疏失

以智考證訛誤處，前文考訂文字音義、考地理、考官制諸節，已隨文略及之。至於行文之小疏失，亦頗有之，茲就所見舉數則如左：

1.卷首一，以智條舉許愼說文引經文與通行本違異者甚多，遂云：「考叔重時石經已定，何獨異如此。」（頁二二）按：說文作成於漢和帝永元十二年（西元一〇〇年）[9]；石經則刊始於漢靈帝熹平四年（西元一七五年），立石於靈帝光和六年（西元一八三年）[10]。可知石經後於說文八十餘年，何能曰「叔重時石經已定」？

2.卷首二，以智糾趙宧光說文長箋之誤時，云趙氏之長箋止守徐鉉本（頁二九）。按：南唐徐鉉、徐鍇兄弟，於說文一書皆有撰作。徐鉉校定說文，並新增四百餘字，曰新附。宋末李燾散亂說文，又混入徐鉉之說文新附，稱其書爲說文解字五音韻譜。至明萬曆中白狼書社重刊李氏書，截去「五音韻譜」四字，僞充徐鉉校定本說文。趙宧光所見者，卽此僞充之本⑪，以智以爲徐鉉本，誤也。

3.卷三，「齊諧卽莊」條，以智云：「升菴言張華作博物志，漢前已有博物記。元瑞因類書有博物記，言魏郭后事，證非漢人。夫安知漢前不更有博物記邪！茂先續之耳，」（頁二二）以智以爲漢時已有博物記，張華之博物志乃續前人之作。按：博物記與博物志爲一書，諸書稱引不一，如：

(1)後漢書郡國志瑯琊郡下注引博物記：「公治長墓在城陽」云云，史記仲尼弟子列傳裴駰集解引作「張華曰」云云。

(2)後漢書郡國志漢中郡注引博物記曰：「沔陽縣北有丙穴。」太平御覽卷九百三十七引作博物志。

(3)後漢書郡國志廣陵郡注引博物記云：「女子杜姜」云云，宋羅願爾雅翼釋獸作博物志。

(4)史記龜策列傳裴駰集解引張華博物記曰：「桀作瓦。」直標明張華博物記。而太平御覽卷一百八十八引此，正作博物志⑫。

凡此，皆足證博物記、博物志實爲一書。楊愼以漢前有博物記，已屬附會，以智更附合之，實失之不考。

4.卷四九，「雞素本雞斯」條，六韜云：「太公等求得雞斯之乘。」以智釋之曰：「雞斯，蓋國名。」（頁一五）按：淮南子道應篇：「得騶虞、雞斯之乘。」高誘注：「雞斯，神馬也。」郭璞注山海經海內北經引六韜云：「文身朱鬣，服若黃金，項若雞尾，名曰雞斯之乘。」⑬是知雞斯乃神馬之名，以智以爲國名，實失察。

諸如此類之小缺失，通雅中甚多。可知，雖以智之淹貫博通，疏漏仍在所不免也。

五、結語

通雅一書既集明代考據學之大成，故自康熙五年（一六六六）刊行後，即甚得佳評。姚文燮曾云：

> 通雅一書，……舉凡天人經制之學，無所不該，其大旨尤在乎辨點畫、審音義；因而考方域之異同，訂古今之疑僞。……引據古文，旁稽謠俗，博而通之，總之不離乎雅者[14]。

可謂推崇備至。其後四庫全書以之入子部雜家類，譽其考據精核，迥出楊愼、陳耀文、焦竑等人之上，且兼有導顧炎武、閻若璩、朱彝尊等清代考據家之功[15]。四庫簡明目錄更以爲「援據博奧，條理分明，明一代考證之書，罕與並鶩。」[16]近人梁啟超更以通雅爲「近代聲音訓詁學第一流作品，清代學者除高郵王氏父子以外，像沒有那位趕得上他。」[17]錢玄同亦云：

> 前代關於語言文字學的著作，創見最多的不過黃扶孟（生）的字詁與義府，方密之（以智）的通雅，王石臞（念孫）的廣雅疏證，朱允倩（駿聲）的說文通訓定聲數書而已。[18]

近代研究以智思想者，亦甚推重其考據學之成就。然推譽以智考據者雖多，就通雅作系統研究者殆無一人。致雖知以智考據成就甚高，其貢獻何在，則未竟明瞭也。本書研究通雅，受全書體例限制，僅爲拋磚引玉而已。至於更深入之探究，將有待來茲。

附注

①見焦竑編，「升菴外集」（台北市，台灣學生書局，民國六十年），卷三，頁六下。

②同上，卷五，頁四。

③同上，卷六三，頁一—一一。

④申培詩說，前人皆誤作豐坊僞作，實爲王文祿抄錄豐坊「魯詩世學」一書之詩序而成。詳見林慶彰，「豐坊與姚士粦」（私立東吳大學中國文學研究所碩士論文，作者自印本，民國六十七年），頁八八—一一九。

⑤見全祖望，「經史問答」（台北市，廣文書局，民國六十年），頁二二九—三〇。

⑥見嚴可均，「全上古三代秦漢三國六朝文」（京都，中文出版社。一九七五年），册一，「全漢文」，頁三四九。

⑦按：「斐」字原誤作「裴」，下引文同。

⑧見周中孚，「鄭堂讀書記」（台北市，世界書局，民國四十九年），卷五五，頁六，通雅五十二卷提要。

⑨許愼說文解字敍云：「粤在永元，困頓之年，孟陬之月，朔日甲申。」永元爲漢和帝年號；「困頓之年」，指永元十二年：「孟陬之月」即正月。是知許愼之書作成於漢和帝永元十二年（西元一〇〇年）。詳見向夏撰，「說文解字敍講疏」（坊印本，未標出版時地），頁二〇八。

⑩見張國淦撰，「歷代石經考」（台北市，鼎文書局，民國六十一年），頁一。

⑪參見龍宇純先生，「中國文字學」（台北市，作者自印本，民國六十一年，再版），頁三九八。

⑫見范寧撰，「博物志校證」（台北市，明文書局，民國七十年九月），頁一六四。

⑬見郭璞撰，「山海經注」（四部叢刊初編縮本），卷一二，頁五八下。此十八字不見於今本六韜，似爲佚文。

⑭見「通雅」（康熙五年浮山此藏軒刊本），姚文燮序。

⑮見「四庫提要」（台北縣，藝文印書館，民國五十八年），卷一一九，子部，雜家類三，頁一一，通雅五十二卷提要。

⑯見「四庫全書簡明目錄」（台北市，洪氏出版社，民國七十一年），卷一三，子部十，雜家類，頁四八〇，通雅五十二卷提要。

⑰見「中國近三百年學術史」（台北市，台灣中華書局，民國五十八年），頁一五一。

⑱見朱起鳳，「辭通」（台北市，台灣開明書店，民國五十四年，台二版），卷首，錢玄同序。

第十一章　結　論

茲就前文各章所述，歸納爲下列結論：

其一：考據乃是一種治學方法，歷代有學術活動卽有某種形態之考據存在。就今存文獻觀之，自孔門傳經以來，卽有校勘、考訂之事，漢儒爲復興經學，特重章句訓詁。六朝時，南方說玄理，北方重訓詁、考據。唐代之注疏，則合二者爲一。宋人說理學外，亦重考據，如朱熹、王應麟等皆爲大家。

其二：明中葉以後考據學所以興起，其因有五：一、理學家本身之需要：當時理學家爲徹底解決朱、陸異同問題，多有反求於經典之要求。二、士人之反廢學：因科舉之陋，及王學家以直指本心爲教，人人棄經典如敝屣，有心人如王鏊、楊愼等遂起而糾之。三、復古運動之影響：前七子之復古，使後人趨之若鶩。所謂復古，卽復秦漢之古，而秦漢時所留存之物已甚少，士人遂由好古轉而炫奇。明代考據所以以炫奇爲特質，與復古運動關係特大。四、楊愼之特起：用修之身分特殊，又博學多才，其考據之書風行後，士人或效之，或糾之，遂成一種風氣。而用修之炫奇好博，更爲明代士人所仿效。五、書肆業之發達：此有助於文獻之流傳，使考據資料易於取得。前人探究明代考據之興起，每側重於前兩項因素，而忽略後三項。此實不足以完全解釋之也。

其三：自楊愼開創博雅炫奇之考據學風，直至晚明方以智集其大成。其間陳耀文、王世貞、胡應麟、焦竑、周嬰等人，皆能糾前人之訛誤，使學風漸趨謹嚴。諸考據家之所考，有因炫奇好博而甚無謂者，如考某時代單、雙名人物、考以疊字爲名者、考夫婦面貌相同者、考婦人之爲官者。此皆無關學術之發展。此種時間、精力之浪費，使其等不能專力於經史之考證。然明人之考證，仍有値得稱述者。其考經特重字義、名物之考訂；假借字、異文之蒐集與僞經之考辨。又由於世人不甚重視文字音義，諸考據家皆强調文字音義爲治學第一要務，於是辨訂字形、糾說文之誤、離析字音、考古音、考聯緜字、俗語等，皆蔚然興起矣。其中糾說文之誤、考古音、考俗語，皆爲前人所不及。而梅鷟之辨古文尚書，胡應麟之辨四部僞書，陳第之考古音，皆有功於清學。又因考地理而及於水經之校勘、箋注，實爲清人研究水經之先導。至於考民間傳說與戲曲，更爲前古所未有。此皆明學之可貴者也。

其四：明代考據之特質爲好奇炫博，諸考據家皆兼通經學、小學、天文、地理、典制、動植物、醫學等，清初黃宗羲、顧炎武、毛奇齡、顧祖禹、萬斯大、胡渭、閻若璩、姚際恒等之所考，好博則甚近似。可知明中葉至清初之考據，皆崇尙博雅，至乾、嘉以後始漸趨專門。又明代考據家，如楊愼、陳耀文、焦竑、陳第等，皆有經世之思想，此與顧炎武、黃宗羲等人之行事皆甚相近。可知，清初之學風實承自明中葉，今人或以爲明代無考據，或以爲考據始於淸初，皆非窮本溯源之論也。

其五：明代考據學之意義，在於其爲淸學開創諸多路徑，使淸人得以由此一學術水平繼續深究。故若非明人篳路襤褸之功，恐清人亦無此康莊大道也。明代考據既有啟導淸學之功，則凡欲究淸學之發展演變者，首應先窮究明人之學，始可免忘本之譏。此事劉師培曾致意再三，研究明清學術思想者，不可等閒視之也。

重要參考書目

一、經部

易傳　宋程頤撰　民國七十年台灣學生書局影印本
周易本義　宋朱熹撰　民國六十四年廣學社印書館影印本
周易古經今注　高亨撰　民國六十三年樂天出版社影印本
周易古經通說　高亨撰　民國六十六年洪氏出版社影印本
尚書注疏　舊題漢孔安國傳　唐孔穎達疏　民國五十四年藝文印書館影印十三經注疏本
書經讀本　宋蔡沈撰　民國六十七年大方出版社影印本
尚書考異　明梅鷟撰　民國六十七年台灣商務印書館四庫珍本九集本
尚書考異　明梅鷟撰　清嘉慶十九年刋平津館叢書本
尚書考異　明梅鷟撰　清光緒十八年浙江刋本
尚書疏衍　明陳第撰　民國六十二年台灣商務印書館四庫珍本五集本

尙書古文疏證　清閻若璩撰　民國六十九年漢京文化事業公司重編皇清經解續編本
晚書訂疑　清程廷祚撰　同前
尙書後案　清王鳴盛撰　民國六十九年漢京文化事業公司重編皇清經解本
古文尙書撰異　清段玉裁　同前
尙書今古文注疏　清孫星衍撰　同前
尙書辨僞　清崔述撰　民國六十四年河洛出版社影印崔東壁遺書本
閻毛古文尙書公案　戴君仁撰　民國五十二年中華叢書編委會排印本
尙書釋義　屈翼鵬師撰　民國五十七年中國文化出版事業社排印本
尙書詮釋　屈翼鵬師撰　民國七十二年聯經出版事業公司排印本
詩經注疏　漢鄭玄箋　唐孔穎達疏　民國五十四年藝文印書館影印十三經注疏本
詩集傳　宋朱熹撰　民國六十年中華書局影印本
詩經小學　清段玉裁撰　民國六十九年漢京文化事業公司重編皇清經解本
詩經通論　清姚際恆撰　民國六十年廣文書局影印本
詩經原始　清方玉潤撰　民國四十九年藝文印書館影印本
詩經說義　清康有爲撰　民國六十八年文史哲出版社排印本
詩經釋義　屈翼鵬師撰　民國六十九年中國文化大學出版部排印本

詩經詮釋　屈翼鵬師撰　民國七十二年聯經出版事業公司排印本
左傳會箋　日本竹鴻光鴻撰　民國五十八年廣文書局影印本
春秋左傳注　楊伯峻撰　民國七十一年源流出版社影印本
春秋左傳地名圖考　程發軔撰　民國五十六年廣文書局排印本
四書集注　宋朱熹撰　民國五十五年世界書局排印本
經典釋文　唐陸德明撰　民國六十九年漢京文化事業公司影印通志堂經解本
經義考　清朱彝尊撰　民國六十七年中文出版社影印本
群經補義　清江永撰　民國六十九年漢京文化事業公司重編皇清經解本
經史答問　清全祖望撰　民國六十年廣文書局影印本
九經古義　清惠棟撰　民國六十九年漢京文化事業公司重編皇清經解本
經義述聞　清王引之撰　民國五十二年廣文書局影印本
經解入門　清江藩撰　民國六十六年廣文書局影印本
中國經學史　馬宗霍撰　民國五十七年台灣商務印書館排印本
讀經示要　熊十力撰　民國六十七年洪氏出版社影印本
歷代石經考　張國淦撰　民國六十一年鼎文書局影印本
書傭論學集　屈翼鵬師撰　民國五十八年台灣開明書店排印本

宋人疑經改經考　葉國良撰　民國六十七年台灣大學中國文學研究所碩士論文
爾雅義疏　清郝懿行撰　民國五十七年中華書局四部備要本
說文解字注　漢許愼撰　清段玉裁注　民國六十九年漢京文化事業公司影印本
說文通訓定聲　清朱駿聲撰　民國六十四年藝文印書館影印本
說文釋例　清王筠撰　民國五十六年台灣商務印書館國學基本叢書本
說文解字注箋　清徐灝撰　民國六十一年廣文書局影印本
說文解字敘講疏　向夏撰　坊賈據中華書局香港分局本影印（缺版權頁）
俗書刋誤　明焦竑撰　四部善本叢書館影印文淵閣四庫全書本
六書故　明戴侗撰　民國六十四年台灣商務印書館四庫珍本六集本
正字通　明張自烈撰　清康熙十年張氏弘文書院刋本
校正康熙字典　清張玉書奉敕撰　民國六十二年藝文印書館影印本
辭通　朱起鳳撰　民國五十四年台灣開明書店影印本
金文編　容庚撰　民國七十年中文出版社影印本
甲骨文字集釋　李孝定撰　民國七十一年中央研究院歷史語言研究所影印本
中國古代字典　劉葉秋撰　民國六十九年麒麟書店影印本
甲骨文研究　郭沫若撰　民文出版社影印本

轉注古音略　明楊愼撰　民國五十四年藝文印書館百部叢書集成影印函海本
古音略例　明楊愼撰　同前
古音叢目　明楊愼撰　同前
古音獵要　明楊愼撰　同前
古音餘　明楊愼撰　同前
古音附錄　明楊愼撰　同前
古音複字　明楊愼撰　同前
古音後語　明楊愼撰　同前
毛詩古音考　明陳第撰　民國六十六年廣文書局影印本
屈宋古音義　明陳第撰　民國五十八年台灣商務印書館叢書集成簡編本
音論　清顧炎武撰　民國五十五年廣文書局音學五書本
韻補正　清顧炎武撰　同前
古韻標準　清江永撰　民國五十五年廣文書局影印本
音學十書　清江有誥撰　同前
六書音均表　清段玉裁撰　民國六十九年漢京文化事業公司影印說文解字注本
十三經音略　清周春撰　民國五十六年宏業書局影印粵雅堂叢書十一集本

語言問題　趙元任撰　民國四十八年國立台灣大學文學院排印本
中華音韻學　王力撰　民國五十九年泰順書局影印本
中國古音學　張世祿撰　民國六十一年先知出版社影印本
古音學發微　陳新雄撰　民國六十一年嘉新文化基金會排印本
楚辭音均　林蓮仙撰　民國六十八年香港昭明出版社影印本
漢語史稿　王力撰　民國五十九年泰順書局影印本
中國語法理論　王力撰　民國六十年泰順書局影印本
中國文字學史　胡樸安撰　民國五十七年台灣商務印書館影印本
中國訓詁學史　胡樸安撰　民國五十九年台灣商務印書館影印本
中國文字學　龍宇純撰　民國六十一年作者自印本
用字假借釋例　黃子降撰　民國六十四年文史哲出版社影印本

二、史部

新校史記三家注　漢司馬遷撰　宋裴駰等注　民國六十一年世界書局影印本
史記會注考證　日本瀧川龜太郎　民國六十一年藝文印書館影印本
史記今注　屈翼鵬師等注　民國五十二年中華叢書委員會排印本

史記地名考　錢穆撰　民國五十七年龍門書店排印本
新校漢書集注　漢班固撰　唐顏師古注　民國六十一年世界書局影印本
新校後漢書注　宋范曄撰　唐李賢注　民國六十一年世界書局排印本
新校三國志注　晉陳壽撰　宋裴松之注　民國六十一年世界書局影印本
晉書　唐房玄齡等撰　民國六十八年鼎文書局影印本
隋書　唐魏徵等撰　民國六十八年鼎文書局影印本
新唐書　宋歐陽修等撰　民國六十八年鼎文書局影印本
宋史　元脫脫等撰　民國六十七年鼎文書局影印本
明史　張廷玉等撰　民國六十四年鼎文書局影印本
明史紀事本末　清谷應泰撰　民國六十五年華世出版社影印本
清代通史　蕭一山撰　民國五十二年台灣商務印書館排印本
古本竹書紀年輯校訂補　范祥雍撰　民國六十六年世界書局竹書紀年八種本
逸周書集訓校釋　清朱右曾撰　民國五十年世界書局影印本
國朝獻徵錄　明焦竑編　民國五十八年學生書局影印本
本朝分省人物考　明過庭訓撰　民國六十四年成文出版社影印本
狀元圖考　明顧祖訓編　明萬曆三十五年刋清初武林陳氏增補本

列朝詩集小傳　清錢謙益撰　民國五十四年世界書局影印本
續藏書　明李贄撰　民國六十三年學生書局影印本
桐城耆舊傳　清馬其昶撰　民國五十八年文海出版社近代中國史料叢刊本
楊文憲公年譜　明簡紹芳編　清道光間鵝溪孫氏刊古堂書屋叢書本
陳第年譜　金雲銘編　民國六十一年台灣銀行排印本
乾道臨安志　宋周淙撰　文淵閣四庫全書本
連江縣志　曹剛等修　邱景雍纂　民國十六年鉛印本
莆田縣志　清廖必琦等修　宋若霖等纂　民國六十二年成文出版社影印本
白塩井志　清郭存莊修　趙淳等纂　清乾隆二十三年刋本
新都縣志　清張奉書修　張懷洵纂　清道光二十四年刋本
新都縣志　陳習删等修　閔昌術等纂　民國六十年台灣學生書局影印民國十八年鉛印本
旌德縣志　清陳炳德修　趙良霨纂　民國十四年石印本
南雍志　明黃佐撰　民國六十五年偉文圖書公司影印本
續南雍志　明黃儒炳撰　同前
徐霞客遊記　明徐宏祖撰　民國六十二年鼎文書局影印本
黃河變遷史　岑仲勉撰　民國七十一年里仁書局影印本

水經注　後魏酈道元撰　清戴震校　民國六十三年世界書局影印本
水經注圖　清楊守敬繪　民國五十六年文海出版社影印本
中國形勢一覽圖　童世亨著　民國二十二年上海商務印書館排印本
中國分省新圖　丁文江等編　民國三十七年上海申報館排印本
中國歷史地圖　日箭內亙著　和田清增補　民國六十六年九思出版社影印本
通典　唐杜佑撰　民國四十八年新興書局影印本
通志略　宋鄭樵撰　民國七十一年里仁書局影印本
文獻通考　元馬端臨撰　民國四十七年新興書局影印本
唐會要　宋王溥撰　民國四十九年世界書局影印本
歷代職官表　清黃本驥編　民國六十二年國史研究室影印本
明季史料題跋　朱希祖撰　民國五十八年大華印書館影印本
新校漢書藝文志　漢班固撰　民國五十二年世界書局影印本
漢書藝文志考證　宋王應麟撰　民國四十八年台灣開明書店影印二十五史補編本
郡齋讀書志　宋晁公武編　民國五十七年廣文書局書目續編本
晁公武及其郡齋讀書志　劉兆祐師撰　民國五十八年嘉新文化基金會排印本
直齋書錄解題　宋陳振孫編　民國五十七年廣文書局書目續編本

陳振孫學記　喬衍琯撰　民國六十九年文史哲出版社排印本
國史經籍志　明焦竑編　民國五十四年台灣商務印書館叢書集成簡編本
世善堂藏書目錄　明陳第編　民國五十八年廣文書局書目三編本
千頃堂書目　清黃虞稷編　民國五十六年廣文書局書目叢編本
傳是樓書目　清徐乾學編　民國四年仁和王氏鉛印本
四庫全書總目　清紀昀等撰　民國五十八年藝文印書館影印本
四庫全書簡明目錄　清紀昀等撰　民國七十年洪氏出版社影印本
續修四庫全書提要　民國六十年台灣商務印書館排印本
四庫提要辨證　余嘉錫撰　民國五十八年藝文印書館影印本
四庫全書總目提要補正　胡玉縉撰　民國七十年木鐸出版社影印本
書目舉要　國立中央圖書館編　民國五十三年中華叢書編委會排印本
諸子辨　明宋濂撰　民國六十八年世界書局僞書考五種本
四部正譌　明胡應麟撰　民國五十六年台灣開明書店影印本
古今僞書考　清姚際恒撰　民國六十八年世界書局僞書考五種本
古今僞書考補證　黃雲眉撰　民國六十一年文海出版社影印本
古書眞僞及其年代　梁啟超撰　民國四十五年中華書局影印本

僞書通考　張心澂撰　坊賈據民國四十六年上海商務印書館修訂本影印（缺版權頁）

隸釋　宋洪适撰　民國六十五年新文豐出版公司影印石刻史料新編本

商周彝器通考　容庚撰　民國六十二年大通書局影印本

王厚齋學術考略　莊謙一撰　民國六十七年文史哲出版社排印本

王應麟著述考　呂美雀撰　民國六十年台灣大學中國文學研究所碩士論文

王應麟的經史學　何澤恒撰　民國七十年國立台灣大學中國文學研究所博士論文

方虛谷研究　潘柏澄撰　民國六十七年新文豐出版公司排印本

豐坊與姚士粦　林慶彰撰　民國六十七年私立東吳大學中國文學研究所碩士論文

方以智晚節考　余英時撰　民國六十一年香港新亞研究所排印本

方以智研究初編　張永堂撰　民國六十二年台灣大學歷史研究所碩士論文

方以智　張永堂撰　民國六十七年商務印書館中國歷代思想家本

方以智的生平與思想　張永堂撰　民國六十六年台灣大學歷史研究所博士論文

中國歷史地理論文集　鄭德坤撰　香港中文大學排印本

中國地理學史　王庸撰　民國五十四年台灣商務印書館影印本

中國社會政治史　薩孟武撰　民國六十四年三民書局排印本

中國經濟史考證　日本加藤繁撰　民國六十五年華世出版社排印本

中國考試制度史　鄧嗣禹撰　民國五十六年台灣學生書局排印本
中西交通史㈣　方豪撰　民國六十三年中國文化出版事業社排印本
宋代中央政治制度史　楊樹藩撰　民國六十六年台灣商務印書館排印本
明代中央政治制度史　楊樹藩撰　民國六十七年台灣商務印書館排印本
明代私家藏書考略　袁同禮撰　香港中山圖書公司影印本
校讎學史　蔣元卿撰　民國五十八年台灣商務印書館影印本
圖書板本學要略　屈翼鵬師、昌瑞卿師合撰　民國五十三年中華文化出版事業社排印本
中國古代史籍校讀法　張舜徽撰　民國六十一年地平線出版社影印本
國學發微　劉師培撰　民國四十八年國民出版社影印本
國學概論　馬瀛撰　民國六十七年德華出版社影印本

三、子部

先秦諸子繫年　錢穆撰　民國六十四年作者自印本
晏子春秋集釋　吳則虞撰　民國六十一年鼎文書局影印本
朱子及其哲學　范壽康撰　民國五十三年台灣開明書店影印本
朱子新學案　錢穆撰　民國六十年作者自印本

黃震及其諸子學　林政華撰　民國六十五年嘉新文化基金會排印本
讀書續錄　明薛瑄撰　清文淵閣四庫全書本
傳習錄　明王守仁撰　葉紹鈞點注　民國七十一年台灣商務印書館影印本
困知記　明羅欽順撰　民國六十七年廣文書局影印本
東西均　明方以智撰　民國五十一年上海中華書局排印本
弘道書　清費密撰　民國九年刋本
明儒學案　明黃宗羲撰　民國六十三年河洛出版社影印本
明清思想家論集　王煜撰　民國七十年聯經出版事業公司排印本
明代思想史　容肇祖撰　民國六十四年台灣開明書店影印本
王門諸子致良知學之發展　麥仲貴著　民國六十二年香港中文大學排印本
晚明思想史論　嵇文甫撰　民國三十三年商務印書館排印本
左派王學　嵇文甫撰　民國二十三年開明書店排印本
方以智藥地炮莊的儒道思想研究　李素娓撰　民國六十七年國立台灣大學中國文學研究所碩士論文
近代中國思想學說史　侯外廬撰　坊印本
中國近三百年學術史　梁啟超撰　民國五十八年台灣中華書局影印本
中國近三百年學術史　錢穆撰　民國六十九年台灣商務印書館影印本

中國近三百年學術思想論集五編甲、乙集　存萃學社編　民國六十三年香港崇文書店影印本
清代學術概論　梁啟超撰　民國五十九年台灣中華書局影印本
人文精神之重建　唐君毅撰　民國六十五年台灣學生書局排印本
歷史與思想　余英時撰　民國六十五年聯經出版公司排印本
物理小識　明方以智撰　民國六十七年台灣商務印書館影印本
本草綱目　明李時珍撰　民國六十二年鼎文書局影印本
書史　宋米芾撰　民國五十四年台灣商務印書館叢書集成簡編本
畫繼　宋鄧椿撰　民國五十四年藝文印書館百部叢書集成影印學津討源本
古今註　晉崔豹撰　民國五十二年世界書局晉唐劄記六種本
容齋隨筆　宋洪邁撰　民國七十年大立出版社影印本
夢溪筆談校證　宋沈括撰　胡道靜校證　民國五十年世界書局影印本
履齋示兒編　宋孫奕撰　民國五十四年百部叢書集成影印知不足齋叢書本
墨莊漫錄　宋張邦基撰　民國六十一年新興書局筆記小說大觀正編本
夢粱錄　宋吳自牧撰　民國六十七年新興書局筆記小說大觀二十一編本
林間錄　宋釋惠洪撰　民國六十四年台灣商務印書館四庫珍本六集本
輟耕錄　元陶宗儀撰　民國五十二年世界書局影印本

震澤長語　明王鏊撰　民國五十四年藝文印書館百部叢書集成影印寶顏堂秘笈本

七脩類稿　明郎瑛撰　民國五十二年世界書局影印本

升菴外集　明楊愼撰　焦竑編　民國六十年台灣學生書局影印本

丹鉛雜錄　明楊愼撰　民國五十五年台灣商務印書館叢書集成簡編本

丹鉛續錄　明楊愼撰　同前

譚苑醍醐　明楊愼撰　民國五十九年廣文書局影印本

正楊　明陳耀文撰　同前

井觀瑣言　明鄭瑗撰　民國五十四年藝文印書館百部叢書集成影印寶顏堂秘笈本

經籍會通　明胡應麟撰　民國五十二年世界書局少室山房筆叢本

丹鉛新錄　明胡應麟撰　同前

史書佔畢　明胡應麟撰　同前

藝林學山　明胡應麟撰　同前

九流緒論　明胡應麟撰　同前

三墳補逸　明胡應麟撰　同前

二酉綴遺　明胡應麟撰　同前

華陽博議　明胡應麟撰　同前

莊嶽委談　明胡應麟撰　同前
玉壺遐覽　明胡應麟撰　同前
雙樹幻鈔　明胡應麟撰　同前
甲乙剩言　明胡應麟撰　民國六十三年新興書局筆記小說大觀四編本
焦氏筆乘　明焦竑撰　民國六十年台灣商務印書館影印本
玉堂叢語　明焦竑撰　民國七十一年木鐸出版社影印本
見聞雜記　明李樂撰　明萬曆間朱國楨校刋本
詹氏小辨　明詹景鳳撰　明萬曆間王元貞校刋本
湧幢小品　明朱國楨撰　民國六十二年新興書局筆記小說大觀正編本
通雅　明方以智撰　清康熙五年姚文燮刋本
通雅　明方以智撰　民國六十年台灣商務印書館四庫珍本三集本
通雅　明方以智撰　清光緒六年桐城方氏重刋本
槎菴小乘　明來斯行撰　民國六十年台灣學生書局影印本
巵林　明周嬰撰　民國五十二年世界書局影印本
日知錄　清顧炎武撰　民國五十九年明倫出版社影印本
香祖筆記　清王士禎撰　民國六十二年新興書局筆記小說大觀續編本

池北偶談　清王士禎撰　民國六十年新興書局筆記小說大觀正編本
因樹屋書影　清周亮工撰　民國五十二年世界書局影印本
春明夢餘錄　清孫承澤撰　民國五十四年香港龍門書店影印本
古今釋疑　清方中履撰　民國六十年台灣學生書局影印本
陔餘叢考　清趙翼撰　民國四十九年世界書局影印本
讀書叢錄　清洪頤煊撰　民國五十五年台灣商務印書館叢書集成簡編本
癸巳類稿　清兪正燮撰　民國四十九年世界書局影印本
鄭堂讀書記　清周中孚撰　民國四十九年世界書局影印本
觀堂集林　王國維撰　民國五十年世界書局影印本
刨根兒集　方師鐸撰　民國五十四年文星書店排印本
藝文類聚　唐歐陽詢撰　民國五十八年新興書局影印本
玉海　宋王應麟撰　民國五十三年華文書局影印本
山海經注　晉郭璞撰　台灣商務印書館四部叢刊初編縮本
山海經校注　袁珂撰　民國七十年里仁書局影印本
穆天子傳　晉郭璞注　民國五十八年台灣商務印書館叢書集成簡編本
博物志校證　范寧撰　民國七十年明文書局影印本

太平廣記　宋李昉等奉敕撰　民國六十七年文史哲出版社排印本
鍾馗神話與小說之研究　胡萬川撰　民國六十九年文史哲出版社排印本
觀世音菩薩授記經　宋曇無竭譯　民國六十四年新文豐出版公司影印大藏經本
大方廣曼殊室利經　唐釋不空譯　同前
高僧傳　梁釋慧皎撰　民國六十四年新文豐出版公司影印大藏經本
觀音大士慈容五十三現象贊　明胡應麟編　民國六十七年佛教出版社
中國佛教史籍概論　陳垣撰　民國六十三年三人行出版社影印本
明季滇黔佛教考　陳垣撰　民國七十二年彌勒出版社現代佛學大系本
佛教大辭彙　日本龍谷大學編　昭和四十八年日本富山房排印本
觀世音菩薩本事　後藤大用著　黃佳馨譯　民國七十一年天華出版事業公司

四、集部

楚辭補注　宋洪興祖撰　民國五十七年藝文印書館影印本
楚辭集注　宋朱熹撰　民國六十三年華正書局影印本
杜詩鏡銓　唐杜甫撰　清楊倫注　民國五十八年中華書局影印本
歐陽修全集　宋歐陽修撰　民國五十年世界書局影印本

蘇詩評注彙鈔　清趙克宜編　民國五十六年新興書局影印本
朱文公文集　宋朱熹撰　民國五十三年台灣商務印書館四部叢刊初編縮本
陸九淵集　宋陸九淵撰　民國七十年里仁書局影印本
宋學士文集　明宋濂撰　民國五十六年台灣商務印書館國學基本叢書本
白沙子全集　明陳獻章撰　民國六十三年河洛出版社影印本
王陽明全集　明王守仁撰　民國六十九年文史書店影印本
王龍溪全集　明王畿撰　民國五十九年華文書局影印本
升菴全集　明楊愼撰　民國四十六年台灣商務印書館國學基本叢書本
弇州山人四部稿　明王世貞撰　民國六十六年偉文圖書公司影印本
弇州山人四部續稿　明王世貞撰　民國五十九年文海出版社影印本
焚書　明李贄撰　民國六十三年河洛出版社影印本
少室山房類稿　明胡應麟撰　民國五十四年藝文印書館百部叢書集成影印續金華叢書本
白楡集　明屠隆撰　民國六十六年偉文圖書公司影印本
焦氏澹園集　明焦竑撰　民國六十六年偉文圖書公司影印本
焦氏澹園續集　明焦竑撰　民國三年至五年上元蔣氏愼修書屋排印金陵叢書乙集本
浮山文集前編　明方以智撰　哂藍印明此藏軒刊本

顧亭林文集　清顧炎武撰　民國五十二年世界書局影印本
結埼亭集　清全祖望撰　民國六十六年華世出版社影印本
段玉裁遺書　清段玉裁撰　民國六十六年大化書局影印本
春在堂全書　清俞樾撰　民國五十七年中國文獻出版社影印本
觀堂集林　王國維撰　民國五十年世界書局影印本
傅斯年全集　傅斯年撰　民國六十九年聯經出版公司影印本
陳寅恪先生論文集　民國六十六年九思出版社影印本
胡適文存　胡適撰　洛陽圖書公司影印本
全上古三代秦漢三國六朝文　清嚴可均編　一九七五年京都中文出版社影印本
全漢三國晉南北朝詩　清丁福保撰　一九七九年京都中文出版社
藝苑卮言　明王世貞撰　民國四十八年藝文印書館歷代詩話續編本
詩藪　明胡應麟撰　民國六十二年正生書局影印本
胡應麟詩藪之研究　鄭亞薇撰　民國六十六年政治大學中國文學研究所碩士論文
西河詞話　清毛奇齡撰　民國五十九年廣文書局詞話叢編本
新曲苑　任訥編　民國二十九年中華書局排印本
曲海總目提要　董康等撰　民國五十六年新興書局影印本

永樂大典戲文三種校注　錢南揚撰　民國六十九年華正書局影印本
錄鬼簿　明鍾嗣成撰　民國六十三年鼎文書局歷代詩史長編二輯本
太和正音譜　明朱權撰　同前
典品　明呂天成撰　同前
琵琶記考述　張棣華撰　民國五十五年正中書局排印本
中國古典戲劇論集　曾永義撰　民國六十四年聯經出版事業公司排印本

五、單篇論文

新亞學報發刊辭　錢穆撰　新亞學報第一期　民國四十四年八月
中華學術的體系　高明撰　國學方法論叢總論篇　民國六十八年學人文教出版社排印本
考據學例　岑仲勉撰　圖書季刊新五卷四期　民國三十三年十二月
歷史的考訂與歷史的解釋　勞榦撰　中央日報六版　民國四十五年十一月六日
論考據和義理　毛子水撰　中央日報六版　民國四十五年十二月四日
再論考據和義理　毛子水撰　中央日報六版　民國四十六年三月十二日
兩篇難懂的文章　李實（徐復觀）撰　民主評論八卷一期　民國四十六年一月
關於義理之學　陳珙撰　民主評論八卷八、九期　民國四十六年四、五月

答毛子水先生「再論考據與義理」　李實（徐復觀）撰　民主評論八卷八期　民國四十六年四月
考據與義理之爭的插曲　民主評論八卷一七、八期　民國四十六年九月
論考據與義理之爭　張春樹撰　中央日報六版　民國四十六年八月六日
論考據與義理的關係以及義理的驗證　陳拱撰　民主評論八卷二二、三期　民國四十六年十一、二月
考據、義理與學術精神　萬先法撰　民主評論八卷二四期　民國四十六年　十二月
考據學的責任與方法　胡適　民主潮一一卷六期　民國五十年三月
「訓詁明則義理明」一主斷之意義及其限制　韋政通撰　民主評論一二卷一四期　民國五十年七月
明代思想名著述要　楊家駱撰　學粹一卷三期　民國六十八年四月
從宋明儒學的發展論清代思想史　余英時撰　中國學人二期　民國五十九年九月
實證精神的尋求—明清考據學的發展　林慶彰撰　中國文化新論學術篇—浩瀚的學海　民國七十年十二月
八股文的沿革及其對士風的影響　陳平達撰　中國文化復興月刊八卷七期　民國六十四年七月
明代教育政策及社會形態對學術與學風之影響　程運撰　中華文化復興月刊三卷六期　民國五十九年六月
初期學術風氣之分析　程運撰　中國文化復興月刊四卷三期　民國六十年三月
明代文學復古之論戰　吳重翰撰　廣大學報一卷一期　民國三十八年三月

明代前後七子的復古　王貴苓撰　詩與詩人㈡　民國四十八年文學雜誌社排印本
明代七子派詩文論產生之背景　龔顯宗撰　靜宜學報四期　民國七十年六月
中明學術風氣之分析　程運撰　中國文化復興月刋四卷四期　民國六十年四月
晚明學術風氣之分析　程運撰　中國文化復興月刋四卷六期　民國六十年六月
略論明代中晚期經世思想的特質　石錦撰　中國歷史學會史學集刋四期　民國六十一年五月
晚明士大夫階級的生活　吳晗撰　新動向半月刋二卷一期　民國二十八年一月
晚明的經濟與社會研究導論　許德珩撰　東方雜誌三九卷一八期　民國三十二年十一月
晚明的社會風氣　忱農撰　民主評論六卷一七、一八期　民國四十四年九月五、二十日
晚明諸儒之學風與學術　錢穆撰　人生一九卷六—八期　民國四十九年二、三月
晚明書業的惡風　屈翼鵬師撰　台灣大學三十周年校慶特刋　民國六十五年三月
明修撰升菴公遺像跋　楊崇煥撰　國風半月刋五卷五期　民國二十三年九月一日
硬漢楊升菴　楊昌溪撰　中央日報六版　民國三十一年十一月四日
楊愼生平與著作　梁容若撰　書和人一三一期　民國五十九年三月二十一日
談楊升菴的作品　梁容若撰　書和人一三三期　民國五十九年四月十八日
談楊愼批評杜甫　陳友琴撰　杜甫研究論文集第二輯　民國五十一年上海中華書局排印本
楊愼之詩經學　林慶彰撰　孔孟月刋二〇卷七期　民國七十一年三月

第一個蒐集證據證明僞古文尚書的人—梅鷟　戴君仁　新時代一卷二期　民國五十年二月
梅鷟尚書考異述略　劉文起撰　木鐸五、六期合刊　民國六十六年三月
陳耀文及其考證學　林慶彰撰　東吳文史學報四期　民國七十一年四月
胡應麟年譜　吳晗撰　清華學報九卷一期　民國二十三年一月
讀焦竑漢書藝文志糾繆　吳之英撰　國專月刊四卷二、三期　民國二十五年十、十一月
焦竑及其思想　容肇祖撰　燕京學報二三期　民國二十七年六月
焦弱侯訪問記　費海璣撰　暢流五三卷　期　民國六十五年二月十六日
焦竑國史經籍志的評價　昌瑞卿師撰　屈萬里先生七秩榮慶論文集　民國六十七年聯經出版事業公司排印本
焦竑之史學思想　李焯然撰　書目季刊一五卷四期　民國七十一年三月
焦竑及其玉堂叢語　李焯然撰　食貨月刊一二卷六期　民國七十一年九月
焦竑之三教觀　李焯然撰　東方　一九八二年
焦竑與陳第—明末清初古音學研究的兩位啟導者　李焯然撰　語文雜誌七期　一九八一年六月
陳第古音學出自楊升菴辨　楊崇煥撰　國風半月刊五卷一〇、一一期合刊　民國二十三年十月一日
陳第「東番記」考證　方豪撰　文史哲學報七期　民國四十五年四月
最先渡台的學者—陳第　朱玟瑩撰　文史薈刊第一輯　民國四十八年六月

明代學者陳第的生平　高嘯雲撰　書和人四五三期　民國七十一年十月
陳第的「毛詩古音考」　王天昌撰　書和人四五三期　民國七十一年十月
方以智和他的思想　容肇祖撰　嶺南學報九卷一期　民國三十七年十二月
方以智的著述及其生平　不題作者　中華藝林叢論史學類(一)　民國六十五年文馨出版社影印本
中國科學院歷史研究所編輯「方以智全集」　人民日報　一九六一年六月九日
方以智和陶詩手卷及全文　方豪撰　東方雜誌復刊七卷七期　民國六十三年一月
方以智與王夫之　張永堂撰　書目季刊七卷二期　民國六十一年十二月
方以智與西學　張永堂撰　天主教學術研究所學報五期　民國六十二年十月
「方以智的生平與思想」提要　張永堂撰　史原八期　民國六十七年九月
方以智晚節考補證　余英時撰　屈萬里先生七秩榮慶論文集　民國六十七年聯經出版公司排印本
方以智晚節考新證　余英時撰　新亞學術集刊二期　民國六十八年
方以智死節新考　余英時撰　同前
方以智死難事迹考　儀眞(李學勤)、冒懷辛合撰　同前
「方以智晚節考」及「補證」讀後感　勞思光撰　同前
讀方以智「東西均」　王煜撰　明清思想家論集　民國七十年聯經出版事業公司排印本
中國清代以來學術文化精神之省察　唐君毅撰　人文精神之重建　民國六十五年台灣學生書局排印本

顧寧人學術之淵源—考據學之興起及其方法之由來　牟潤孫　民主評論五卷四期　民國四十三年二月
顧炎武與清代歷史考據學派之形成　杜維運撰　故宮文獻三卷　民國六十一年九月
顧炎武的「博學於文」說與清代考據學風的形成　黃秀政撰　史學集刊九期　民國六十六年四月
清代考據淵源和發展之社會史的觀察　羅炳綿撰　新亞學術集刊二期　民國六十八年
清盛世的學術工作與考據學的發展　杜維運撰　大陸雜誌二十八卷九期　民國五十三年五月
清代儒家智識主義的興起初論　余英時撰　清華學報新十一卷一、二期合刊　民國六十四年十二月
清代漢學衡論　徐復觀撰　大陸雜誌五四卷四期　民國六十六年四月十五日
清代漢宋之爭平議　何佑森撰　文史哲學報二十七期　民國六十七年十二月
清代「漢宋之爭」的再檢討—試論漢學派的目的與極限　王家儉撰　中央研究院國際漢學會議論文集歷史考古學組上冊　民國七十年十月
清初學風與乾嘉考證之學　張火慶撰　中華文化復興月刊十五卷六期　民國七十一年六月
从古文字學方面來評判清代文字、聲韻、訓詁之學的得失　于省吾撰　中國近三百年學術思想論集五編甲集　一九七四年香港崇文書店影印本
論史料學、歷史編纂學與歷史哲學的關係　朱永嘉撰　同前
對清代考據學幾種不同的看法　不題作者　同前
論乾嘉考據學派的歷史作用及批判繼承問題　劉益安　同前

談乾嘉學派　楊向奎撰　同前
談乾嘉學派　不題作者　中華藝林叢論史學類(二)　民國六十五年　文馨出版社影印本
清乾嘉時代之歷史考證學　杜維運撰　大陸雜誌特刊二輯　民國五十一年五月
宋人疑經的風氣　屈翼鵬師撰　書傭論學集　民國五十八年　台灣開明書店排印本
論儒釋兩家之講經與義疏　牟潤孫撰　新亞學報四卷二期　民國六十年二月
耶蘇會在音韻學上的貢獻　羅常培撰　中央研究院歷史語言研究所集刊一本三分　民國十九年
三百篇聯緜字研究　張壽林撰　燕京學報一三期　民國二二年
聯緜字淺說　孫德宣撰　輔仁學誌十一卷一、二期合刊　民國三十一年
雙聲疊韵聯緜字研究　甘大昕撰　國文月刊五十期　民國三十五年十二月
聯緜字通說　周法高撰　中國語文論叢　民國五十二年正中書局排印本
汲冢書考　朱希祖撰　朱希祖先生文集　民國六十八年里仁書局影印本
汲冢竹書考略　屈翼鵬師撰　圖書月刊二卷一期　民國三十一年一月
中國古書之眞僞　高本漢撰　國學方法論叢工具篇　民國六十八年學人文教出版社排印本
辨僞學史　曹養吾撰　古史辨(二)　民國五十九年明倫出版社影印本
辨僞書重要著作提要　程元敏撰　書目季刊二卷三期　民國五十七年三月
李太白氏族之疑問　陳寅恪撰　陳寅恪先生論文集　民國六十年九思出版社排印本

中華婦女纏足考　賈伸撰　史地學報三卷三期　民國十三年十月
古劇脚色考　王國維撰　王觀堂先生全集　民國五十七年文華出版公司影印本
八仙考　浦江清撰　清華學報十一卷一期　民國二十五年一月
觀音大士變性記　張沅長撰　聯合報副刊　民國六十九年一月十五日
觀音變形不變性　毛一波撰　中央日報副刊　民國六十九年二月三日
由佛經談佛與觀音的性別　邢福泉撰　中央日報副刊　民國六十九年五月二十九日

六、英日文論著

明代思想研究　荒木見悟撰　昭和五十三年東京創文社排印本
中國における近代思維の挫折　島田虔次撰　昭和五十三年東京筑摩書局排印本
王陽明與明末儒學　岡田武彥撰　昭和四十五年東京明德出版社排印本
陽明學便覽　荒木見悟等編　陽明學大系第十二卷　昭和四十九年　東京明德出版社
考證學と實諭學　清水泰次撰　支那三五卷六期　昭和十九年
明代中葉以降の經學について　山本正一撰　東洋文化一九四期　昭和十六年
Theodore de Bary : The Unfolding of Neo- Confucianism , Columbia University Press.
New York and London , 1975

國家圖書館出版品預行編目資料

明代考據學研究

林慶彰著. – 修訂一版. – 臺北市：臺灣學生，1986.10
面；公分

ISBN 978-957-15-1970-8(精裝)
ISBN 978-957-15-1971-5(平裝)

1. 考據學 2. 明代

011.7　　114005479

明代考據學研究

著作者　林慶彰
出版者　臺灣學生書局有限公司
發行人　楊雲龍
發行所　臺灣學生書局有限公司
地址　臺北市和平東路一段 75 巷 11 號
劃撥帳號　00024668
電話　(02)23928185
傳真　(02)23928105
E-mail　student.book@msa.hinet.net
網址　www.studentbook.com.tw
登記證字號　行政院新聞局局版北市業字第玖捌壹號
定價　精裝新臺幣一〇〇〇元
　　　平裝新臺幣　七〇〇元

一九八六年十月修訂一版
二〇二五年九月修訂一版二刷

01105　